谨以此书

献给中国福利彩票发行 20 周年

中国福利彩票市场营销研究丛书

中国福利彩票市场营销管理

胡正明　著

经济科学出版社

图书在版编目（CIP）数据

中国福利彩票市场营销管理／胡正明著. —北京：经济
科学出版社，2007.5
（中国福利彩票市场营销研究丛书）
ISBN 978 – 7 – 5058 – 6409 – 2

Ⅰ. 中⋯　　Ⅱ. 胡⋯　　Ⅲ. 彩票 – 市场营销学 – 中国
Ⅳ. F832.5

中国版本图书馆 CIP 数据核字（2007）第 092637 号

前　言

　　这套耗时三年、长达 160 万字的中国福利彩票市场营销研究丛书，包括《中国福利彩票营销理论前沿》、《中国福利彩票市场营销通论》和《中国福利彩票市场营销管理》，在中国福利彩票发行 20 周年之际与广大读者见面了。这是中国彩票史上第一套营销专著。

　　本丛书是笔者集近 30 年的营销理论与实战研究经验，经过深入的调查研究，在密切联系市场营销理论和中国福利彩票市场营销实践的基础上，广泛吸收相关学科的知识完成的。它的出版，在丰富和扩展市场营销研究领域方面填补了彩票市场的空白。

　　为了能让读者更全面地认识中国彩票和彩票市场，掌握彩票营销的理论知识，本丛书在撰写中突出了三大特点：

　　第一，设计的整体性。

　　本丛书从三个不同的角度入手，写成了三本专著。一方面，每本书都相对独立，不存在相互间内容的重复；另一方面，三本书共同构成了一个彩票市场营销的研究系统，基本涵盖了彩票市场营销的各个方面，具有不同要求的读者均可读到自己感兴趣的内容。

　　《中国福利彩票营销理论前沿》一书是对中国福利彩票市场的整体研究，在对彩票产生根源探索的基础上，对外国彩票市场与中国福利彩票市场进行了比较研究，然后专题研究了中国福利彩票营销的理论基础、中国福利彩票营销的方法论、中国福利彩票管理体制改革、中国福利彩票资金的合理配置、中国福利彩票市场的法规建设、中国福利彩票营销的环境驾驭、中国福利彩票营销的彩民调研、中国福利彩票营销的市场竞争等问题，并对上述问题分别提出了笔者的观点和建议。

《中国福利彩票市场营销通论》一书是对中国福利彩票营销的基本理论和基本实践的研究，总结已有的研究成果，提出了新的市场营销概念、地位、体系，设计了中国福利彩票营销的基本流程。针对中国福利彩票市场营销的特点，研究了中国福利彩票的营销哲学、中国福利彩票营销的市场选择、中国福利彩票营销的产品策略、中国福利彩票营销的分销策略、中国福利彩票营销的促销策略、中国福利彩票市场的服务营销、中国福利彩票市场的品牌营销、中国福利彩票市场的诚信营销、中国福利彩票市场的文化营销和中国福利彩票市场的整合营销等理论和实践问题。

《中国福利彩票市场营销管理》一书是对中国福利彩票营销管理理论和实践的研究，设计、分析了中国福利彩票内部营销管理和外部营销管理的营销管理体系，并对中国福利彩票营销的战略管理、策略管理、策划管理、计划管理、组织管理、人员管理、关系管理、投注站管理、项目管理和绩效管理进行了专题研究，从理论与实践的结合上探讨了营销管理的体系、机制和规律。

第二，研究的创新性。

彩票市场在中国是一个新兴市场，也是一个垄断发行的特殊市场，因此，学术界对彩票市场研究的理论著作极少，可直接参考的资料只有中国福利彩票的发展历程和相关规定，从而决定了本书不仅要求创新，而且也只能创新。为了填补中国彩票市场营销研究的空白，本丛书从中国彩票市场的实际情况出发，进行了创新研究。

首先，注重进行基础理论的创新研究。目前，中国出版的营销学著作多数是外文版的译著，内容更新的速度不快；许多新的理论分散在不同的著作中，缺乏内容的系统性，这对于非营销专业的人员来说，要把握这些理论是很困难的。同时，有些外国人研究的东西并不一定适合中国的国情，这需要中国人的研究来丰富和发展。

而撰写的专著，在写作过程中，运用市场营销的基本理论和相关的管理理论作指导，对中国彩票市场尤其是福利彩票市场进行了深入的调查研究，大量运用了中国福利彩票市场营销的数据和实例来说明问题，因此，三本书的内容均具有很强的实用性。

本丛书虽然是由笔者提出框架、设计提纲并最后执笔完成的，但整个研究过程包含着许多人的辛勤劳动。在此，对为本项目的顺利研究提供支持和帮助的人员表示衷心感谢！

首先，感谢中国福利彩票发行管理中心和山东省福利彩票发行中心的各位领导，没有他们的有力支持，本丛书就无法如期高水平地完成。其次，感谢在本研究工作中付出辛勤劳动的博士生和硕士生们。我的博士研究生郑浩、花昭红、于志华、胡保玲、王桂萍参加了大纲的讨论、彩民调查、部分章节初稿的资料收集和写作等工作；硕士研究生郭涛、于宁、贾锦田、孙峰、常晓燕、施世蕾、明天、于强参加了彩民调查、部分章节初稿的资料收集和写作等工作。他们的付出为本研究的顺利开展打下了基础。

本丛书在撰写过程中参考了国内外大量的研究成果，特向其作者致以诚挚的谢意。由于水平所限，疏漏之处在所难免，请广大读者提出宝贵意见，共同推进中国福利彩票市场营销理论研究的发展。

胡正明

2007 年 4 月于山东大学

用彼得·德鲁克的话说："只有中国人才能建设中国。"基于以上认识，笔者在总结已有营销理论的基础上，提出了一系列新的观点。（1）针对传统的营销概念容易使人产生"营销只是一项职能"的误解，提出了新的定义："市场营销是市场营销者通过形成并运用正确的营销哲学，提供适当的思想、产品、服务或项目，运用整合的营销手段，以比竞争者更好地满足服务对象的需求，来实现自己营销目标的活动过程。"（2）提出了开展"市场营销基本问题"研究的建议，并明确指出"市场营销研究的基本问题就是'营销主体与服务对象的关系'问题"。在买方市场条件下，营销主体与服务对象的关系是主要矛盾，服务对象则处于矛盾的主要方面。（3）提出了"市场营销是整个企业的行为"的观点，在营销工作中必须重视市场营销的系统运作，提高市场营销的整体效率和效益。（4）第一次把市场营销的内容概括为八个字："调研、理念、策划、整合"。把现代市场营销哲学的核心内容概括为"顾客中心、竞争导向、整合营销、营销创新"四个方面。（5）提出了市场营销的定时问题。（6）提出并设计了内部营销管理和外部营销管理概念和研究体系。

其次，突出了研究内容的移植创新。由于彩票市场营销研究中可供参考的资料太少，笔者便突出了移植创新。运用相关学科的理论知识，结合福利彩票的营销实践，对品牌营销、诚信营销、文化营销、整合营销、战略管理、策略管理、计划管理、组织管理、人员管理、策划管理、关系管理、项目管理、绩效管理等内容进行了创新研究。

再次，进行了应用性创新研究。本丛书密切联系中国福利彩票的市场情况，在进行实地调查研究的基础上，对福利彩票营销的许多方面进行了创新，包括营销思想创新、营销管理创新、营销方法创新等。

第三，内容的实用性。

本丛书是为提高福利彩票从业人员的营销管理和业务操作技能

目　录

第一章

中国福利彩票营销管理概述

在许多国家或地区，彩票已发展成为一个新型的产业，彩票市场日益成熟。中国目前的彩票市场正在培育过程中，还没有成为一个新的产业，人们对彩票营销的认识还存在着一些误区，彩票市场的营销管理水平还较低。因此，开展彩票市场营销管理研究，是中国彩票市场的管理者、理论研究人员和实际操作人员的共同职责。

福利彩票是新中国成立以来发行的第一支彩票，也是发展速度快且声誉好的彩票。但是，由于中国彩票市场的发育不成熟，其营销管理无论在理论研究方面还是实际操作方面都存在许多不足。本章从福利彩票营销管理的内涵入手，分析营销管理的过程、内容和任务，以便为热心彩票营销的理论工作者和政府管理人员正确认识福利彩票营销管理、为福利彩票从业人员提高营销实践水平打下坚实的基础，也为体育彩票的营销提供借鉴。

第一节　福利彩票营销管理的含义

新中国的彩票事业是改革开放的产物。1987 年 7 月 28 日，第一张以"扶老、助残、救孤、济困"为宗旨的福利彩票（当时称作"中国社会福利有奖募捐券"）在石家庄问世，开创了新中国彩票的先河，标志着新中国彩票市场的产生，彩票从此闯入人们的生活。中国福利彩票至今已有 20 年的历史，在这期间，彩票市场取得了长足发展，各地彩票发行机构的新玩法层出不穷。福利彩票年销售额由 1987 年的 1740 万元增长到 2006 年的 495 亿多元，累计总销量突破了 2128 亿多元，共筹集公益金 706 亿多元，① 为促进中国社会福利事业的发展做出了巨大贡献。

市场营销是一门运作市场的学问，主要研究在市场经济条件下驾驭市场、开拓市场、占领市场、开展市场竞争和提高经济效益的理论、方法和技巧。福利彩票市场的健康发展，离不开福利彩票发行销售机构（以下简称"福利彩票机构"）对彩票市场营销管理的研究和管理水平的提高。因此，明确市场营销管理的基本概念，把握彩票市场营销管理的内涵，是开展福利彩票营销管理研究的基础和前提。

一、福利彩票营销管理的定义

在市场经济条件下，市场是一切经济活动的集中体现。从组织到个人，无不与市场有着千丝万缕的联系。市场是所有单位从事经营管理活动的出发点和归宿，是不同国家、地区、行业的机构和个人相互联系与竞争的载体。而市场营销既是市场活动的中心环节，又是评判一个单位经营活动成功与失败的决定要素。因此，研究福利彩票营销管理，从而认识市场、适应市场和占领市场，必须明确市场营销和市场营销管理的定义。

关于市场营销的定义，美国市场营销协会定义委员会 1985 年给市场营销下的定义是："市场营销是（个人和组织）对思想、产品和服务的构思、定价、促销和分销的计划和执行过程，以创造达到个人和组织的目标的交换。"该定义主要强调了市场营销是一种应用面很广的职能，忽视了市场营销在更高层次的作用，致使市场营销在美国出现了被边缘化的危险。因此，美国市场营销协会定义委员会于 2005 年提出了新的定义："市场营销不仅是一种组织功能，还是创新、沟通、传递价值给顾客的一个过程，并且通过管理顾客关系来使组织和利益相关者获益。"

欧洲关系营销研究的代表格隆罗斯（1990）从关系的角度为市场营销下

---

① 引自《新民晚报》，2007 年 3 月 7 日。

定义："营销是在一种利益之下，通过相互交换和承诺，建立、维持、巩固与消费者及其他参与者的关系，实现各方的目的。"① 该定义的特点是强调营销各方的"双赢"和"多赢"。

这些定义各有所长，综合理论界研究的观点，本书的定义是：市场营销是市场营销者通过形成并运用正确的营销哲学，提供适当的思想、产品、服务或项目，运用整合的营销手段，以比竞争者更好地满足服务对象的需求，来实现自己营销目标的活动过程。

对福利彩票营销过程的组织、人员、计划、活动等进行的管理就是营销管理。研究福利彩票营销管理，首先要明确什么是管理。法国著名的管理学家亨利·法约尔（Henri Fayol）认为："管理就是实行计划、组织、指挥、协调和控制"。美国管理学家路易斯·布恩（Louis Boone）和戴维·克茨（David Kunz）认为："管理就是使用人力及其资源去实现目标。"诺贝尔经济学奖的得主赫伯特·西蒙（Herburt Simon）认为："管理就是决策。"丹尼尔 A. 雷恩（Daniel A. Wren）认为："管理就是发挥其某些职能，以便有效地获取分配和利用人的努力和物质资源，去实现某个目标。"孔茨（Koontz）认为："管理是在正式组织起来的团体中，通过他人并同他人一起把事情办妥的艺术。"彼得·德鲁克（Peter Drucker）认为："管理就是一种以绩效责任为基础的专业职能。"詹姆斯·穆尼（James Mooney）指出："管理就是指导别人、激励别人的方法和技术。"

综合这些著名管理"大家"的观点，本书提出一个大家都能够接受的定义，即：管理就是在一定的环境条件下，管理者通过计划、组织、领导、控制等职能，运用一定的管理手段和方法，调动组织内的各种资源去实现组织目标的动态活动过程。

营销管理是管理学的一个分支。因此，营销管理的定义必然包含着管理的基本内容。例如，梅清豪教授等给营销管理下的定义是："营销管理是为了实现各种组织目标，创造、建立和保持与目标市场之间的有意交换和联系而设计的方案的分析、计划、执行和控制"。②

福利彩票营销管理是指福利彩票机构为了获得更大的效益，而对整个营销

---

① 弗朗西斯·布拉星顿、史蒂芬·佩提特：《市场营销学》（第二版），广西师范大学出版社2001年版，第13页。

② 梅清豪等：《市场营销学原理》，电子工业出版社2001年版，第8页。

活动的手段、方法和技巧进行的组织、计划和执行的过程。福利彩票营销管理可以从整体、内部和外部等三个角度进行研究。整体营销管理是指对整个公司营销活动进行的管理，即在科学的营销管理理念的指导下，运用整体的力量，发挥整体的优势占领市场。内部营销管理是指对公司内各个职能部门和员工开展的营销活动的管理，包括营销计划管理、营销组织管理、营销人员管理、营销项目管理和营销绩效管理。外部营销管理是指对面向顾客、竞争对手和社会公众开展的营销活动的管理，包括营销战略管理、营销策略管理、营销策划管理、营销关系管理和投注站管理。

福利彩票营销管理的过程是通过识别、分析、选择和发掘福利彩票市场中的营销机会，以实现营销战略任务和目标的活动过程。主要包括分析市场机会、制定营销战略、制定营销方案和实施营销方案。

二、福利彩票加强营销管理的必要性

彩票业作为一个新兴的产业，在社会信息化快速发展和竞争日趋激烈的形势下，要赢得竞争优势，就必须能够正确地分析市场需求的现状与趋势，制定科学的营销计划，合理有效地配置资源，加强市场营销管理。

首先，加强营销管理是福利彩票机构适应买方市场到来的要求。从市场发展的规律来看，从卖方市场到买方市场的转化过程就是在市场竞争的加剧之时。对竞争日渐激烈的中国彩票市场而言，具有前瞻性目光的人士早已看到，买方市场已经形成。如何适应市场、创造需求，是彩票业面临的带有战略性的问题。各发行机构应该认识到，拥有目前的市场份额并不完全意味着必然占有市场，还必须依靠行之有效的方式去进行市场拓展，这个行之有效的方式就是加强营销管理，建立和完善市场营销管理体系。

其次，加强营销管理是福利彩票机构转变营销观念的要求。在中国的彩票市场上，存在着福利彩票和体育彩票两家发行销售机构。中国福利彩票发行得早，品牌知名度和忠诚度高，在销售站点的布局、广告宣传、促销手段等方面做得比较好，具有明显的先发优势。中国体育彩票虽然起步晚，但市场经济条件下没有迟到的经营者，利用其天然的优势开展营销宣传，也时常引起彩民的强烈反应，在2000~2003年曾连续四年销售额超过福利彩票。但是，由于整个彩票市场只有两家机构在竞争，因而广大从业者普遍没有市场危机感，也就没有掌握专业营销知识和操作技能、提高市场营销管理水平的紧迫感。就其对市场的态度和行为而言，各发行机构还处于为完成短期销售目标而采用广告、公关等促销手段为主的促销导向型阶段，尚未建立市场营销导向理念，更没有达到战略营销导向的高度。因此，福利彩票机构必须加强营销管理，以便推动机构整体尽快实现观念转型。

再次，加强营销管理是福利彩票机构提高彩民忠诚度的要求。市场营销管理的实质是需求管理。福利彩票机构在开展市场营销的过程中，一般要设定一个在目标市场上预期要实现的交易水平。然而，实际需求水平可能低于、等于或高于这个预期的需求水平，换言之，在目标市场上，可能没有需求、需求很小或超量需求。而通过市场营销管理活动，就可以应付这些不同的需求，以提高彩民的满意度和忠诚度。

最后，加强营销管理是福利彩票机构提高战略决策能力的要求。市场永远在变化，所有稳定都是暂时的，彩票市场也不例外。作为彩票市场营销的管理者，必须未雨绸缪，提高营销战略决策能力。但是，目前中国两大彩票发行机构总体上讲是短期行为多，多数缺乏整体的营销规划。例如，两大彩票机构纷纷推出各种各样的新玩法，然而市场并没有相应变大，彩民往往也都是从这种玩法转到另外一种玩法上去，不但没有引起新的市场需求的增长，反而使得彩民的品牌意识混乱。因此，福利彩票机构必须加强营销管理，树立战略营销观念，准确把握和预测市场需求的发展动态，制定和实施科学的营销战略，以便更好地实现机构的市场目标和销售目标。

第二节　福利彩票营销管理的指导思想和任务

从福利彩票营销管理的概念可以看出，营销管理的基本内容包括四个方面：采用什么样的指导思想管理、对什么人管理、管理什么和采用什么方法管理。彩票营销管理的指导思想即营销管理理念。对什么人管理，分为对彩票发行销售机构以外的环境因素尤其是彩民的管理和对机构内部人员的管理，至于管理什么则与管理的对象有关。彩票市场营销管理的方法是指采用什么方法提高彩票营销的效率和效益，这将在第四节研究。

一、福利彩票营销管理的理念

福利彩票从诞生的那一刻起，它就担负着独特的社会职能：筹集社会福利资金，以促进中国福利事业的发展。因此，福利彩票发行机构在营销活动中有着高度的社会责任感，首先考虑的是社会的整体利益。在营销活动过程中，营销人员以彩民的需求为导向，研究彩民的心理，不断推出适合彩民兴趣的彩票品种，对彩民购彩进行科学指导。在服务中确立"急彩民所急、想彩民所想"的宗旨，为彩民提供全方位的服务。另外，营销人员还在业务、需求等方面与彩民建立关联，形成一种互助、互求、互需的关系，把彩民与福利彩票事业联系在一起。这种经营者与消费者及社会之间的关系，在本质上是一种营销哲学，人们习惯上把它叫做"营销理念"。

营销理念是营销者开展营销活动的指导思想，是人们对市场营销活动的根本看法，是开展营销活动的出发点，也是进行市场营销活动的行为准则和思维方法。它植根于市场经济，贯穿于营销活动的全过程，概括了一个组织的营销态度和思维方式，其实质在于如何认识和处理企业（生产销售）、消费者（市场需求）、社会整体三者之间的关系。营销理念不是固定不变的东西，它在一定的经济基础上产生和形成，并随着社会经济的发展和市场供求关系的变化而发展变化。指导思想一旦改变，则必然引起整个市场营销工作的相应改变。作为市场经济的产物，在不同的市场力量对比下，营销理念有着不同的内容。

在西方国家，随着供求关系的变化，企业营销理念大体经历了五个阶段的变化：以产品为导向的生产观念、产品观念、推销观念，以顾客为导向的营销观念和以市场为导向的社会营销观念。就福利彩票市场营销而言，随着彩民购买彩票的进一步理性化，运用新的营销理念指导营销活动，成为每一个彩票发行销售机构的首要选择。

1. 生产观念

生产观念产生于 19 世纪末 20 世纪初。由于社会生产力水平还比较低，商品供不应求，市场经济呈卖方市场状态。表现为企业生产什么产品，市场上就销售什么产品。这种市场状态导致了生产观念的流行。在这种观念指导下，企业的经营重点是努力提高生产效率，增加产量，降低成本，生产出让消费者买得到和买得起的产品。因此，生产观念也称为"生产中心论"。该观念的优点是促进了生产规模的扩大和产品成本的降低，从而扩大了市场规模。

2. 产品观念

企业在营销过程中发现，顾客在消费过程中并不"同情弱者"，总是喜欢购买质量优、性能好和有特色的产品，从而产生了产品观念。该观念认为：产品销售情况不好是因为产品不好，只要企业制造出好的产品，就不愁挣不到钱，"酒香不怕巷子深"是这种观念的形象说明。为此，企业总是在生产更好的产品上下工夫。该观念的优点是促进了产品质量的提高；但由于企业过分强调质量在营销中的地位，从而淡化了消费者的其他需要，导致产生"市场营销近视"，出现顾客"不识货"、不买账的情况。

3. 推销观念

第二次世界大战以后，资本主义工业化大发展，社会产品日益增多，市场上许多商品开始供过于求。企业为了在竞争中立于不败之地，纷纷重视推销工作，如：组建推销组织、培训推销人员、研究推销技巧、扩大广告宣传等，以诱导消费者购买产品。这种观念的核心是：企业会做什么，就努力去推销什么。该观念的优点是促进了企业与顾客的沟通。由生产观念、产品观念转变为推销观念，是企业营销指导思想上的一大变革，但这种变革没有摆脱"以生产为中心"或"以产定销"的范畴。

4. 营销观念

随着买方市场的出现，产生了以消费者为中心的营销观念。该观念认为：实现企业目标的关键是切实掌握目标消费者的需要和愿望，并以消费者需求为中心，集中企业的一切资源和力量，设计、生产适销对路的产品，安排适当的市场营销组合，采取比竞争者更有效的策略，满足消费者的需求，以获取更多利润。

营销观念与推销观念的根本不同是：推销观念以现有产品（即卖主）为中心，以推销和销售促进为手段，刺激销售，从而达到扩大销售、取得利润的目的。市场营销观念是以企业的目标顾客（即买主）及其需求为中心，以集中企业的一切资源和力量、适当安排市场营销组合为手段，达到满足顾客的需要、扩大产品销售、取得较高效益的目标。

可见，市场营销观念把推销观念的逻辑彻底颠倒过来了，不是生产什么就卖什么，而是首先发现和了解消费者的需求，消费者需求什么就生产什么、销售什么。消费者需求在整个市场营销中始终处于中心地位。它是一种以顾客的需要和欲望为导向的营销哲学，是企业营销思想的一次重大飞跃。

5. 社会营销观念

社会营销观念出现于 20 世纪 70 年代，它的提出一方面是基于"在一个环境恶化、爆炸性人口增长、全球性通货膨胀和忽视社会服务的时候，单纯的市场营销观念是否合适"这样的认识；另一方面也是基于对广泛兴起的以保护消费者利益为宗旨的消费主义运动的反思。他们认为，单纯的市场营销观念提高了人们对需求满足的期望和敏感，导致了满足眼前消费需要与长远的社会福利之间的矛盾，致使产品过早陈旧，环境污染更加严重，也损害和浪费了一部分物质资源。正是在这种背景下，人们又提出了社会营销观念。这是一种对营销观念进行重要补充和完善的新观念。其基本内容是：企业提供产品不仅要符合消费者的需要与欲望，而且要符合消费者和社会的长远利益，强调将企业利润、消费者需要和社会利益三个方面统一起来。

营销理念发展的五个阶段，前三种是旧观念，后两种是新观念。在不同的市场营销理念指导下，企业考虑问题的顺序、营销问题的重点、采用的手段、策略及营销目标均不相同。

新中国经济的发展经历了一个曲折的过程，企业的营销理念没有形成五种典型的观念，而是在产销关系上分为以产定销、以销定产和以需定产三个阶段。随着社会主义市场经济制度的确立，企业的营销理念也因为所处市场形态的不同而表现为从生产观念、产品观念、推销观念、营销观念向社会营销观念的过渡状态。

现代市场营销理念的核心内容包括顾客中心、竞争导向、整合营销和营销创新四个方面。这是现代先进企业指导思想的集中体现。中国福利彩票的营销理念，由于受到复杂的内部条件与外部环境的深刻影响而复杂化。从内部条件看，彩票属于国家垄断行业，政府在管理中有着深刻的计划经济背景，因而营销理念相对落后，经常体现出计划经济的色彩；但是从外部环境来看，消费者的日渐成熟，娱乐服务产品的激烈竞争，又促使彩票经营者不得不认真研究彩民的购买行为，采用更新的营销理念指导行动。从目前中国福利彩票机构的营销现状来说，则是产品观念、推销观念、营销观念和社会营销观念并存，在以顾客需求为中心进行整体营销方面还存在很大差距。因此，转变营销观念，将成为中国福利彩票机构营销管理的重点内容之一。

二、福利彩票营销管理的任务

福利彩票机构进行营销管理，目的是刺激彩民对彩票产品的需求，并帮助福彩机构在实现其营销目标的过程中，影响需求水平、需求时间和需求构成。可见，福利彩票市场营销管理的任务就是在不同的需求状况下采取相应的营销对策，以刺激、创造、适应及影响彩民的需求。

由于彩民的人数、购买力和购买欲望在不断变化，彩票市场会出现不同的需求状况，福利彩票机构必须认真分析不同时期、不同条件下的需求状况，采取相应的营销策略来满足彩民的需求，从而扩大福利彩票的销售量。一般说来，彩票市场会有 6 种不同的需求状况，彩票发行销售机构要针对面临的市场情况选择应对策略。

1. 负需求

负需求是指市场上众多消费者不喜欢某种产品或服务。譬如很多喜欢购买"30选7"的彩民对"双色球"是负需求，很多一直购买体育彩票的彩民对福利彩票是负需求。陕西体彩"宝马案"弄虚作假的事件发生后，彩民开始怀疑"即开型"彩票的诚信度，对即开型彩票产生负需求。针对负需求提出的挑战，福利彩票机构的对策是采用转换性营销策略。在分析消费者为什么不喜欢这些产品的基础上，针对目标顾客的需求重新设计产品或发行方式，以改变顾客对某些产品或服务的信念。

2. 无需求

无需求是指消费者对某种产品从来不感兴趣或漠不关心。例如有些消费者

9

由于对彩票的不了解而出现对彩票的无需求，或者对新的玩法不熟悉而产生无需求。针对无需求，福利彩票机构的对策是采用刺激性营销策略来创造需求。通过积极有效的促销手段，把产品利益同人们的自然需求及兴趣结合起来。

3. 潜在需求

潜在需求是指现有的产品或服务不能满足许多消费者的强烈需求。例如，许多年轻的彩民已经对最高奖金额小的玩法不屑一顾，从而对大奖额的玩法产生了需求。由于目前的彩票不能满足这些彩民的需求，必须采用开发性营销策略。福利彩票机构的任务是准确地衡量潜在的市场需求，开发出有效的产品和服务，将市场上的潜在需求变成现实需求。

4. 下降需求

下降需求是指目标顾客对某些产品或服务的需求出现了下降趋势。例如，在某一时期彩民对某种玩法的需求出现下降。造成需求下降的原因很多，新产品的出现会使老产品的需求下降，服务质量降低会使畅销产品的需求下降，竞争者加大促销宣传力度也会造成自己产品的下降需求。针对下降需求，福利彩票机构的对策是采用恢复性营销策略。认真分析需求下降的原因，以采用更有效的沟通方法再刺激需求，或通过寻求新的目标市场，以扭转需求下降的格局。

5. 不规则需求

不规则需求是指消费者对产品的需求时超时负，表现出不规则状态。不规则需求通常是由客观原因造成的，消费者心理的变化也会造成对产品或服务需求的不规则。例如在投注机的使用方面，在开奖前的投注高峰时不够用，在非投注高峰时则出现闲置。针对不规则需求，福利彩票机构的对策是采用协调性营销策略。通过灵活的促销及其他激励因素设法调节需求与供给的矛盾，使二者达到同步，使供求趋于协调。

6. 充分需求

充分需求是指某种产品或服务的市场需求与供应在水平上和时间上趋于一致，即供求平衡。这是市场营销的理想状态。在这种情况下，企业容易达到预期的营销目标，但竞争激烈，市场需求也会随时间的推移而改变。针对充分需求，福利彩票机构的对策是采用维持性营销策略。居安思危，采取维持性市场营销策略，不断改进彩票玩法，严格控制成本费用，稳定销售渠道，适当扩大广告宣传和增加销售服务，并密切关注彩民的满意程度，以巩固自己的市场阵地。

福利彩票机构在不同的需求状态下采取的营销对策和营销管理的任务如表1－1所示：

表1－1　　　不同需求状态下采取的营销对策和营销管理的任务

市场需求状态	营销任务	营销对策
1. 负需求	纠正需求	转换性营销
2. 无需求	激发需求	刺激性营销
3. 潜在需求	实现需求	开发性营销
4. 下降需求	恢复需求	恢复性营销
5. 不规则需求	调节需求	协调性营销
6. 充分需求	维持需求	维持性营销

第三节　福利彩票营销管理的体系

福利彩票营销管理的内容涉及许多方面，从管理对象的角度可以划分为内部管理和外部管理两个部分。为了全面把握营销管理体系的内容，必须了解营销管理的整体构成。

一、福利彩票营销管理的构成

分析营销管理的构成，首先要明确市场营销在企业中的地位。美国休利特·柏卡德公司（Hewlett-Packard）的戴维·柏卡德（David Packard）指出："市场营销太重要了，以致它不能只看作是营销部门的事"。美国西北大学的斯达芬·贝尼特（Stephen Burnett）教授补充了上述观点："在一个真正杰出

11

的市场营销机构中，你很难说出谁在营销部门中。因为在该机构中，每个人都要根据顾客的影响来作出决策。"① 从它的最终结果看，也就是从顾客的角度看，市场营销是整个公司的活动。迈克尔·波特的公司价值链理论告诉我们，顾客从价值链中得到的顾客总价值取决于每一个价值活动过程，而不是其中的某一个价值活动，任何一个环节出现纰漏，都将导致顾客不满，甚至"一丑遮百秀"。

为此，从总体上把握营销管理的构成是提高营销管理水平的切入点。市场营销管理可以从三个角度进行研究，即整体营销管理、内部营销管理和外部营销管理。整体营销管理是指从公司整体的角度研究营销管理的全部内容，即运用整体的力量、发挥整体的优势占领市场。内部营销管理是指对公司内各个职能部门和员工开展的营销活动的管理。外部营销管理是指对面向顾客、竞争对手和社会公众开展的营销活动的管理。整体营销管理、内部营销管理和外部营销管理的关系如图1-1所示：

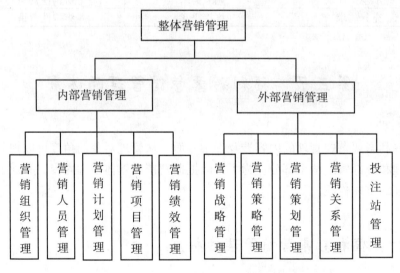

图1-1 内部、外部营销管理的关系

---

① 转引自菲利普·科特勒:《市场营销管理》(第六版)，科学技术文献出版社 1991 年版，序言第 1 页。

公司的营销工作是一个整体,这不仅表现为市场目标、发展目标、利益目标、贡献目标等营销目标的整体性;而且表现为向社会提供的产品、服务等要集实用性、技术性、审美性、社会性、伦理性、文化性于一身,让顾客在各个方面都满意的营销客体的整体性;也表现为人员推销、广告、公共关系、营业推广等营销活动的整体性;又表现为市场选择战略、市场竞争战略、市场发展战略等营销战略的整体性;还表现为自销、经销、代理等营销方式的整体性。为了完成整体的营销任务,实现整体的营销目标,必须适应市场的变化,以比竞争对手更有利的条件,从多方面满足顾客的需求,这就需要从公司外部和内部同时开展工作。从外部来说,要向顾客提供适销对路的产品和服务,制定目标顾客能够接受的价格,利用能够便利送达顾客的营销渠道,通过与社会公众快速迅捷的信息沟通和促销活动,实现产品销售,取得公司的效益。从内部来讲,市场营销职能部门必须做好全体营销人员的管理工作,在坚持顾客导向的营销思想指导下,对公司的营销业务活动进行全过程、全环节、全系统的管理,从而为完成销售任务准备条件。

由于内部营销管理和外部营销管理是实现同一目标的两个层次,因此,必须从分析各自的核心内容入手,把握内部营销管理和外部营销管理的关系。

首先,内部营销管理和外部营销管理的关系,表现为公司的营销效率和营销效益的关系。内部营销管理的是对营销组织、营销计划、营销人员和营销项目的管理,这些工作的每一项内容,都与公司营销效率的高低有关,可见,内部营销管理的核心是提高效率。外部营销管理是对营销组合、顾客关系、竞争关系和公共关系的管理,每一项工作都关系到公司的经济效益和社会效益水平,可见,外部营销管理的核心是提高效益。而提高营销效率和提高营销效益是公司的两项重要任务,其中提高营销效率是提高营销效益的重要途径。因此,从另一个角度讲,内部营销管理和外部营销管理的关系,又是一种营销途径和营销结果的关系。

其次,内部营销管理和外部营销管理的关系,表现为营销基础和营销实现的关系。内部营销管理是外部营销管理的基础。没有内部营销管理,外部营销管理就成了无根之木、无源之水,缺乏坚实的基础。因为如果不能搞好内部营销管理,那么公司内部员工的工作积极性就无从谈起,更谈不上员工的满意,内部工作效率也不会很高;不满意的员工也就无法向外部的顾客以及其他利益相关者提供满意的服务。内部营销管理的成果要通过外部营销管理来实现。从

13

根本上来说，内部营销管理是将公司本身的工作做好，不能直接实现效益目标。而要取得好的经济效益和社会效益，还需要通过外部营销管理的努力来实现。因为如果没有强有力的外部营销管理，就不能树立良好的公司形象，顾客便无法更好地了解公司及其产品，也就不可能喜欢公司、购买其产品及服务，不可能成为公司产品及服务的忠实购买者，公司的经济目标和社会目标也就无法实现。

福利彩票机构在营销活动中，为了保证通过彩民满意来实现发行销售的总目标，必须强调营销者的整体性，即市场部、技术部、财务部、办公室等职能部门要统一协调地开展工作，苦练内功，搞好内部营销管理，强化内部服务意识。通过有效的营销组织、计划和管理，充分调动营销人员的积极性和创造性，提高员工的满意度；通过营销人员做好营销策划、销售网点设计等营销工作，提高彩民的满意度。

二、福利彩票市场的外部营销管理

福利彩票市场的外部营销管理是指对面向彩民、竞争对手和社会公众开展的营销活动的管理。为了比竞争对手更好地满足彩民的需求，需要运用营销战略、营销策略等提高自己的知名度和美誉度。

外部营销是营销者在适应外部环境的基础上，运用内部因素开展营销工作的结果。

营销环境是指市场营销的外部条件，是福利彩票机构不能够控制的因素，包括宏观环境和微观环境两个层次。宏观环境是指那些给企业带来市场机会或造成环境威胁的主要社会力量，如国家为彩票发行销售制定的方针政策和法规、社会经济发展水平和速度、科学技术的发展水平和应用程度、人口数量、受教育程度、宗教信仰、风俗习惯等。它们或者为福利彩票的发行销售提供机会，或者为福利彩票的发行销售带来威胁。微观环境是指那些影响福利彩票机构对其目标市场服务能力和经济效益的各类单位和人员，包括竞争者（如体育彩票、各种抽奖、摸奖和非法彩票）、微机网络硬件和软件的供应者、彩票的印刷者、投注站点的销售者、各类彩民和政府机关、新闻媒介等社会公众。这些组织和人员对福利彩票发行销售的销售效率和效益产生不同的影响。研究外部环境是为了发现环境带来的机会和威胁，以便充分利用可能的市场机会，减少或避免环境带来的威胁。

内部因素是指福利彩票机构开展市场营销活动的基础和占领市场的条件。包括福利彩票机构赖以生存和发展所拥有的物质条件和非物质条件及主观工作情况。物质条件是指福利彩票机构拥有的人、财、物；非物质条件是指福利彩票机构领导者的水平、员工的素质、机构的设置、规章制度、企业文化、信息和无形资产等，它们都是彩票机构的重要财富。主观工作是指福利彩票机构对客观物质条件和非物质条件的运用，它们是开拓和占领市场的手段和措施。内部因素是福利彩票机构在市场营销活动中可以控制的因素。福利彩票机构通过对自己的内部条件的分析，可以准确地弄清自己的长处、短处、优势、劣势，以便在市场营销活动中扬长避短（或扬长补短），发挥优势。同时，可以找到造成企业短处和劣势的原因，以便在市场营销活动中挖掘潜力，制定相应的营销战略和策略，以开拓和占领新的市场，取得更大的经济效益。

福利彩票外部营销管理的过程包括进行营销调研、建立营销理念、进行营销策划和整合营销资源四个阶段。

（一）营销调研管理

调研是营销的前提，即通过调查了解、分析研究福利彩票机构所处的营销环境、行业和自身的特点，为营销策划准备条件。调研包括宏观环境调研、彩民方面的调研、供应商方面的调研、体育彩票方面的调研和市场方面的调研等五大类。宏观环境调研包括社会对彩票的看法、政府对彩票的倾向、新闻导向方面的调研。彩民是彩票市场活动的主体，他们的状况直接关系到福利彩票机构的命运，因此开展市场调查首先要了解彩民的情况。彩民调研主要包括彩民需求、彩民范围与结构、彩民的购买动机和行为等。供应者方面的调研，就是调查了解供应者的构成与分布状况。通过对供应者状况的调查，可以为制定发展战略提供必要的资料和依据。竞争者方面的调研包括一般竞争状况调研和主要竞争对手调研两方面内容，其重点是对主要竞争对手的调研。内容包括主要竞争者产品状况、价格状况、利润状况、市场占有率及其发展趋势、竞争策略和手段等。通过对竞争者状况的调研，可以了解自己与竞争者的优势和劣势，以便在经营中掌握竞争的主动权。市场方面的调研是对福利彩票机构在市场营销活动中所涉及到的各种不可控因素和可控因素的状况的调研，主要包括市场营销环境调研和市场营销组合因素调研。通过市场营销环境调研，可以了解影响福利彩票机构市场营销工作和结果的外部因素的内容与发展变化情况，以便于根据市场环境的要求组织营销活动。通过对市场营销组合因素的调研，可以有的放矢地开展市场营销活动，取得更好的经济效益。

（二）营销理念建设

理念是营销的指导思想，是营销活动的基础，在市场营销中有着举足轻重的作用，因为有什么样的营销理念，就会有什么样的营销行动。转变营销理念，进行理念创新，是福利彩票机构的重要工作之一。通过提出具有超前意识的指导思想，可为福利彩票的营销策划打下基础。关于营销理念的内容，前面已专门论述。

（三）设计策划方案

策划是对未来营销工作进行的谋划和设计，是市场营销的核心内容。营销策划是指运用现代营销理论，结合本单位的特点，提出与众不同的观点和思路并设计出营销方案。营销策划的范围很广，包括营销组织策划、营销战略策划、营销策略策划、营销活动策划等，每一方面又都包含丰富的内容。

1. 营销组织策划

营销组织策划是指对福利彩票机构管理体制和机制的设计。目前，中国福利彩票发行销售实行三级（中央、省、地）管理，地（市）为基础。营销组织策划主要包括：各级组织内部的机构的设置；各级机构的隶属关系和职权范围；各级机构的运行机制管理制度；等等。

2. 营销战略策划

营销战略策划是对涉及福利彩票机构全局和长远发展的不同营销内容的规划，包括市场选择战略策划、市场发展战略策划、市场竞争战略策划、区域市场营销战略策划、全球市场营销战略策划、品牌营销战略策划等。每一项战略策划包含多层次的内容，例如市场选择战略策划包括如何进行市场细分、怎样选择目标市场、采用什么样的市场定位、选择什么时间上市等。

3. 营销策略策划

营销策略策划是对实现营销战略目标的方式、方法、措施的策划，主要体现在营销组合中。"市场营销组合"是尼尔·鲍顿（N. H. Borden）在 1950 年左右开始采用的概念，其含义是为了实现企业的最佳效益目标而对内部因素的组合运用。他认为营销组合包含产品规划、定价、品牌化、分销渠道、人员销售、广告、营业推广、包装、售点展示、售后服务、物流管理、调研和分析等12 个要素。后来，理论研究和实际工作者对营销组合的因素进行了补充，增加到 20 多个因素。1960 年，杰罗姆·麦卡锡（Eugene Jerome McCarthy）对这些因素归为 4 类，用 4 个以"P"开头的英文单词表示，即产品（Product）、价格（Price）、地点（Place）和促销（Promotion），简称"4P"。这是一个有助于记忆营销组合主要工具的简便方式，同时成为人们展开营销的最基本思维框架。由于美国在当时的营销组合因素中没有包含公共关系①，1986 年，菲利普·科特勒（Philip Ketele）提出了"大市场营销"的概念，为了成功地进入特定市场，并在那里从事业务经营，在策略上协调使用经济的、心理的、政治的和公共关系的手段，以争取外国或当地各有关方面的合作和支持。这样，政治（Politics）和公共关系（Public Relations）就成为营销组合的新内容，营销组合由"4P"扩展为"6P"。20 世纪 80 年代，服务经济对经济发展的促进作用吸引了学者的研究兴趣，服务营销应运而生，服务产品的独特性使得传统的营销组合理论缺乏适应性，布姆斯（Bernard H. Booms）和毕纳（Mary J. Bitner）对原有的营销组合框架进行了扩充，增加了人员（People）、过程（Process）、有形展示（Physical-evidence）三个因素，把服务产品的营销组合由"4P"扩展为"7P"。由于福利彩票属于典型的服务产品，"7P"的营销组合为福利彩票经营者进行营销管理提供了有利的手段。

随着营销研究的深入，有的学者认为"4P"组合不能充分体现顾客中心，1990 年，罗伯特·劳特朋（Lauteborn）提出用"4C"组合进行营销策略安

---

① 中国在 1978 年引进市场营销理论时，理论工作者就把公共关系理论作为促销的工具增补在促销因素中，成为促销的四大工具之一。同时，把利用政府关系开拓市场作为公共关系的重要内容。

排：即从消费者的欲望和需求（Consumer Wants and Needs）、消费者获取满足的成本（Cost）、消费者购买的方便性（Convenience）、企业与消费者的有效沟通（Communications）四个方面进行营销策略策划。进入 21 世纪，随着旧经济向新经济的转型，有人开始公开反对"4P"组合，提出用"4R"组合取代"4P"组合。观点之一是：通过寻找公司产品与顾客需要的关联（Relevance），追踪顾客的反应（Reaction），与顾客建立互动关系（Relationship），以吸引更多回头客的回报（Return）。艾略特·爱登伯格（Elliott Ettenberg）在其出版的《4R 营销》（The Nest Economy：Will You Know Where Your Customers Are?）① 一书中提出新的 4R：即关系（Relationship）、节省（Retrenchment）、关联（Relevancy）、报酬（Reward）。尽管"4C"组合和"4R"组合的作者设计了很好的思路和框架，但由于其可操作性差，无法进行实践操作，目前仍然主要作为营销的指导思想启发人们的思维，在营销实际应用的策略仍然是"4P"，服务业则是"7P"。福利彩票营销属于服务业营销，在福利彩票价格固定的前提下，福利彩票营销者的营销策略策划主要集中在产品开发、分销渠道、促销、人员、过程和有形展示上。

　　福利彩票作为一种特殊的服务产品，产品策略的策划以满足顾客的需求为中心展开。福利彩票的早期表现形式为各种印刷图案，随着电脑彩票的普及，其载体多数简化为各种印刷式的数字符号。虽然其表现形式日益简化，但由于彩票玩法的日益丰富，其产品内容不断创新，给消费者带来不同的消费体验。纵观全球 130 多个国家和地区彩票业的发展趋势，一个显著的特征就是彩票游戏种类不断更新和多样化。如法国销售的即开型彩票有"无比勇"、"棒哥"、"百万富翁"、"21 点"、"五张牌"、"星座"、"孤独者"和"拉斯维加斯"等十几种不同的类型，并不断设计出新的彩票种类随时投放市场。挪威的 Norsk Penning Loteeriet 在 1988 年首先引进开发了即开型玩法获得成功，但很快就面临着乐透品种的竞争，该公司有关负责人认为，扩大彩票市场销售的惟一出路就是开发新的产品，通过产品改进和新产品开发来扩大市场销售。中国的福利彩票经过 20 年的发展，已经从以传统型为主发展到传统型、即开型彩票和乐透型彩票等多种彩票并存的局面。福利彩票发行"套票"的成功给国际彩票业增加了新的范式，这是中国彩票业的独特贡献。但是，目前福利彩票的价格

---

① 艾略特·爱登伯格：《4R 营销》，企业管理出版社 2003 年版，第 25 页。

结构、资金结构和游戏规则仍然单一，不能满足不同彩民的偏好，从而影响市场容量的扩大。因此，不断开发适合彩民需求的新玩法，是福利彩票产品策略的关键。

目前，中国彩票的发行价格绝大多数是每注2元，表面看来好像没有对价格策略进行设计的必要，其实不然。彩民购买彩票主要受获奖动机驱使，在彩票奖金的提取比例既定的情况下，彩票奖项的丰富程度与彩票的发行量成正比；设置的奖额越大，需要发行的彩票量也越大，这也就是国外某些彩票有能力提供巨额奖项的根本所在。不可否认的是：固定价格对于调动各方面购买彩票的积极性是不利的。因此，应该在进行科学市场调查的基础上，遵循不同市场、不同品种、不同价格的思路，建立差异化的市场价格体系。即针对不同层次的彩民设置不同的彩票品种，不同的彩票品种制定不同的价格，不同价格的彩票设置不同的奖额。这样，既有适合于中高收入阶层消费的品种，又有定位于工薪阶层的小额彩票，每一种彩票的价格又可根据不同的时段进一步细化。彩票的发行价与零售价之间留有适当的利润空间，既不太高又不太低，实现既能抑制经销商的投机行为又能调动其销售积极性的双重目的。

福利彩票渠道策略的策划以给彩民提供便利为标准。网点销售是福利彩票销售的主渠道，因此，福利彩票销售网点策划就成为渠道策略的关键内容。销售网点（投注站）的设计要便于各阶层、各年龄段的人随时随地购买彩票，减轻天气、季节、场地对彩票销售的影响；要摆脱干扰，减少与交通、治安、环卫、绿化等城管部门的矛盾，以降低彩票工作的风险系数。因此，投注站要选取那些人口数量比较多的商业区、居民区、马路边等，这些地方的人口密集，潜在彩民比较多，同时也易于彩民之间进行交流。

福利彩票促销策略的策划要突出与彩民实行双向沟通，用积极的方式适应彩民的情感需求，建立基于共同利益上的新型企业——顾客关系。双向沟通有利于协调矛盾，融洽感情，培养忠诚的顾客。而忠诚的彩民不但是稳固的消费者，而且还是最理想的推销者。目前中国福利彩票销售的促销宣传手段主要是电视、广播、报纸、过街横幅广告、宣传单、宣传车；宣传的内容主要是销售彩票的意义和作用、彩票的基本知识、销售时间和地点、销售规模、返奖方式、设奖等级、中奖符号、中奖个数、领奖须知。这说明福利彩票机构正在初步运用促销策略，但这些活动大部分属于短期行为。在现代营销活动中，必须通过多种促销手段和方式来刺激消费者需求，从而促进其购买，但要突出重点。福利彩票的促销策略要突出三种方式：公共关系促销、广告促销和诚信促销。

公共关系促销的对象主要包括政府机构和新闻媒介。彩票是政府垄断的行业，其销售规模和销售效果必须通过政府行为来实施，必须得到政府有关部门的协同支持。同时，由于彩票既具有筹集资金兴办社会福利事业的正面作用，又具有博彩投机的负面效用，新闻媒体从哪个角度宣传，将在很大程度上影响彩票的社会形象。因此，从正面引导新闻宣传是福利彩票促销策略的重要内容。

广告促销的设计，不仅要为某一次具体销售活动作短期效果的宣传，更要考虑如何树立良好的福利彩票品牌。中国福利彩票本身具有广告媒介的价值，并且已经有一定的广告收入，但在具体的运营过程中，需要进行客观科学的价值评估，并依据市场运行机制进行媒体运作的策略指导。现在中国有"齐鲁风采"、"南粤风采"等众多品牌，这样不利于福利彩票的长期发展。中国福利彩票应该有自己统一的品牌，而各个地区的品牌应该在中国福利彩票这个大品牌的基础上发展。为了树立中国福利彩票的良好品牌形象，应进一步重视长期的广告宣传方案，制作全国性的企业广告、观念广告和公益广告，逐步培养消费者的彩票意识，以达到开拓长期市场的战略目的。同时，要对消费者进行合理的消费引导。例如，在各种媒体上，经常播放有关福利彩票的公益广告，感谢彩民的支持；同时使人们正确认识彩票。要让彩民知道，中了大奖应该值得庆贺，即使不中奖也不要有什么心理负担，这些钱支援了国家的现代化建设，帮助了社会上那些最需要帮助的人。

诚信是彩票的生命。在2003年召开的"全国福利彩票工作会议"上，民政部部长明确指出："彩票机构一定要严格管理，规范操作，诚实守信，取信于民，认真构建福利彩票的诚信体系。"中国福利彩票事业要赢得再一次跨越式的发展，除了充分挖掘市场潜力、更新玩法之外，全面、系统地构建诚信体系已势在必行。新中国成立以后，彩票从无到有，由1987年发行1740万元跃升至2006年的495亿多元，这些都得益于诚信体系的建立。实践证明，良好的信誉是彩票营销最好的促销手段。构建福利彩票诚信体系，可以强有力地塑造福利彩票的良好形象，使福利彩票成为诚信的象征，可以拥有良好的社会口碑，从而提高福利彩票的核心竞争力，有效地抵制私彩，获得较大的市场竞争力。正是由于福利彩票的信誉日益确立，才能在近几年取得稳中有升的营销业绩。

福利彩票是一种人性化的产品，在福利彩票的营销过程中，沟通是非常重要的，也是福利彩票营销中应用最多、最广的营销手段，因此，人员在营销组合因素中起着特别重要的作用，尤其是福利彩票投注站的销售人员。福利彩票是一种心灵产品，需要得到回应，投注站的销售人员与彩民不断的沟通，可以吸引来新的彩民，也可以留住老彩民，有利于彩民忠诚度的培养。这样，在营销组合设计中注意提高从业人员特别是投注站人员的素质，就成为保证营销目标实现的重要内容。

福利彩票的产品并不仅仅包括彩票本身，还包括整个营销过程。因此，过程管理是保证福利彩票营销工具成功实施的关键。加强过程管理能够保证福利彩票产品及服务质量的稳定，如对彩民在选号过程中的建议和指导，打票过程的顺畅、不间断，及一些购买过程中的服务等。福利彩票中心要建立各种规章制度来规范彩票购买过程中的一些行为，宣传一些好的做法，对一些不规范的行为予以惩罚，从而保证销售活动的成功进行。

福利彩票营销的有形展示主要体现在销售彩票的设施方面，如选号板、模拟选号机，以及纸笔、座椅等，选号板记录了各期中奖的号码，从中可以让彩民看出号码的走向，从而有利于彩民进行选号；模拟选号机也可以帮助彩民选号，一些便民的设施也可以增近福利彩票和彩民的距离。

4. 营销活动策划

营销活动策划是指对具体的彩票销售活动的过程、内容进行的事先设计。例如，对彩票的销售、开奖、发奖、福利资金的使用等的策划，都必须体现出福利彩票"扶老、助残、救孤、济困"的发行宗旨，都必须提高工作效率并取得更大的效益。

（四）整合营销资源

整合即整合组织的全部资源，以保证营销策划方案的实施。营销的整合有四大层次，第一层是营销工具的整合。如对产品、价格、渠道、促销的整合，促销中对人员推销、广告、公共关系、营业推广的整合，公共关系中对政府关系、媒介关系、社区关系、顾客关系、供应关系、销售关系、公众关系的整合，等等。第二层是营销流程的整合。亦即对分析、计划、执行和控制的管理过程的整合；对生产、销售、服务、品牌创立的整合。第三层是组织内的整合。即通过对营销部门与非营销部门的协调，使各部门团结一致，共同为彩民服务。第四层是组织间的整合。即彩票发行销售机构要充分利用供应商、经销商、机构团体等利益相关群体和政府的资源，为福利彩票的发行销售创造更大的市场空间。

三、福利彩票市场的内部营销管理

内部营销（Internal Marketing）是由瑞典服务营销学者克里斯丁·格隆鲁斯（Christian Gronroos）在 20 世纪 80 年代提出的概念，他认为内部营销就是将传统上公司用在外部的营销思想、营销方法用于公司内部，以便使公司的每个员工、每个部门、每个层次都形成顾客导向的内部最大动力，来满足最终顾客的需求，其目的是通过激励员工树立顾客意识，以求得公司长期发展。他在1981 年的著作中，称内部营销即"把公司推销给被看作是'内部消费者'的雇员"。[1] 其含义是：雇员的满意程度越高，越有可能建成一个以顾客和市场为导向的公司。后来他将这一概念进一步推展，主张"以一种积极的、通过营销方式进行的、互相协调的方法来推动公司内部职员为顾客创造更好的服务"。美国营销管理专家菲利普·科特勒教授认为："内部营销是指成功地雇佣、训练和尽可能激励员工很好地为顾客服务的工作"。[2]

笔者认为，内部营销实质上是内部营销管理问题。内部营销管理的含义是：在公司全员参与的情况下，通过各个职能部门之间的相互协调，对公司的各项营销业务活动进行统筹规划和全面管理，以提高内部营销效率来促使公司整体效率和效益的最大化。实施内部营销管理，就是在企业能够成功地达到有关外部市场的目标之前，必须有效地运作公司和雇员之间的内部交换。

（一）内部营销管理的作用

内部营销管理的提出，在福利彩票机构内形成一种更为完善的营销思想，

---

① 丹尼斯 J. 克希尔：《内部营销》，机械工业出版社 2000 年版，第 5 页。
② 菲利普·科特勒：《市场营销管理》（第 8 版），上海人民出版社 1997 年版，第 39 页。

为发行销售机构进行科学的营销管理提供了理论依据。内部营销管理在福利彩票营销管理中具有独特的作用:

1. 开展内部营销管理有助于在福利彩票机构内部形成巨大的动力

对于彩票的发行销售机构而言,想让员工怎样对待顾客,就应当怎样对待员工,这样员工才会有巨大的工作动力。内部营销管理强调对员工的激励,把员工当作顾客来看待,以此培育员工的顾客导向意识。同时,内部营销管理不仅强调某一个人或某一个部门的营销管理活动,而且强调人与人和部门与部门之间的合作,因而有利于各部门的协调发展。在企业中,前台人员与后台人员之间互相不买账、各自强调各自重要的现象司空见惯。前台人员的意识或潜意识里会觉得,自己是企业利润的主要创造者,后台人员是为自己提供服务的;在后台人员的意识或潜意识里则会这样想:前台人员有什么了不起,离开了后台人员肯定不行。如果不实行全面的内部营销,不同的部门之间人员的冲突甚至对立可能会泛滥成灾。因此,开展内部营销,一方面有利于提高员工参与内部营销管理的积极性;另一方面又有利于增强公司的凝聚力,使员工有"公司兴衰我有责,公司发展我有份"的思想和行动,从而形成整个公司的巨大发展潜力。

2. 高效的内部营销管理是对外部营销管理的最好的支持

外部营销强调的是彩票的发行销售机构向外部做出承诺,内部营销则强调使员工具备有效履行承诺的能力。因此,外部营销管理是通过内部营销有效地激励员工来实施的。彩票的发行销售机构在外部营销中,要选择服务的市场,并确定彩民对产品或服务的具体要求,然后将所有彩民需求的信息清晰、准确地在公司内部进行传播沟通。市场营销职能部门也应当根据自己掌握的信息做出产品需求的正式陈述,建立一个动态的信息控制和反馈系统,并开发一种职能以建立报告产品经营失败或缺陷的早期预警系统。要建立这样一个系统来充分发挥机构的市场营销职能,就必须在内部强化营销管理。在彩民需求日趋复杂化与多样化的背景下,彩票的发行销售机构要准确掌握市场动态,建立一个畅通的内外信息传播与沟通通道特别重要。通过内部实施高效的营销,可以在公司营销中做到"六全",以达到彩民满意的营销目标。公司营销的"六全"即:营销产品全满意,营销活动全参与,营销职能全组织,营销服务全时空,营销谋略全方位，营销关系全发展。

3. 开展内部营销管理可以充分整合各种营销资源，提高营销效率

传统营销管理研究的是对外部市场的管理，主要侧重于外部资源的开发和利用，而对内部的营销组织设计、营销计划制定、营销人员开发等缺乏足够的重视，对各项营销业务、各个营销职能部门的协调、沟通工作也做得不够，致使营销管理效率低下。这不仅表现为对外部市场了解不够，而且表现为内部动力不足。通过科学严谨的内部营销管理，"练好内功"，可以充分开发内部资源，实现内部资源和外部资源的整合利用。这样，一方面实现了资源效益的最大化；另一方面，使彩票机构的各类营销业务能够更高效的运转，使各个部门更好地沟通，从而使机构整体的营销效率大大提高。

（二）内部营销管理的理论基础

内部营销管理的理论基础是：

1. 员工是公司第一顾客的理论

内部营销管理的理论基础之一，是"员工是公司第一顾客"的理论。内部营销管理的提出，是对市场营销"以顾客为中心"的基本原则的深化。因为在内部营销管理中，"顾客中心"的工作首先从机构内部做起，先将内部的员工塑造成为"满意的顾客"，再由这些满意的员工为外部顾客提供满意的产品和服务。实际上，福利彩票机构只有很好地为员工服务，员工才能更好地为彩民服务。因此，如果一个部门或组织不能直接为彩民服务，那就应该向那些能够为彩民提供服务的人服务。

2. 内部市场化理论

内部营销管理的理论基础之二是"内部市场化"理论。市场营销有两个基本原则，一是"顾客中心"，二是"竞争导向"。开展内部营销管理，将更好地体现这两个原则。不仅要更好地为顾客服务，而且要把市场竞争的思想引入公司内部，既要做到"下道工序就是顾客"，又要做到"竞争中的合作"，各部门协调一致，共同实现彩票发行销售的目标。

3. 全员营销理论

内部营销管理的理论基础之三是"全员营销"理论。营销不仅仅是市场营销人员的事情，它更需要每一个员工共同参与。营销人员仅仅是公司吸引并保持顾客这一任务的一个参与者，世界上最好的营销部门也无法出售那些质量低劣、无法满足顾客需求的产品。因此，彩票发行销售机构的全体员工是否就营销观念、质量意识等方面形成共同的信念和准则，以及能否在共同的价值观念基础上建立崇高的目标，决定着机构为彩民所提供的产品与服务的质量，从而决定彩民购买的总价值。可见，内部营销管理是以全员营销理论为基石的。

（三）内部营销管理的原则

根据内部营销管理的概念，营销的各个部门应积极参与公司的各项营销决策，在各部门协调合作的前提下，通过对本部门的营销活动进行管理，为争取和支持公司扩大市场份额和提高营销效益而共同努力。为此，在进行内部营销管理时，应遵循以下原则：

1. 以彩民满意为中心

营销管理的实质是需求管理。以顾客为中心的思想，就是要求彩票发行销售机构从彩民的角度出发，而不是从自己的观点出发去辨明顾客的需求。每种彩票都包含有一些可互换选择的属性和特性，如果营销职能部门不研究彩民，则不可能知道彩民的这种互换选择，也就不可能做到使彩民满意。据美国市场营销协会调查，一个满意的顾客会再次购买；会较少注意竞争的品牌和广告；会购买公司新加入产品线的其他产品；会向至少3个人说公司的好话。与之相反，一个不满意的顾客会对11个人抱怨所买到的产品。为此，福利彩票机构应该认识到一个忠诚的彩民在几年内可使自己增加收益的事实，认识到忽视彩民、在小事上使彩民受委屈、使彩民抱怨增多是不利的。

2. 各职能部门要分工协作

福利彩票机构内各个职能部门的共同目标是争取顾客。各部门及全体员工必须在增进整体利益的共同目标下，协调一致，为争取彩民发挥应有的作用。

为此，各个职能部门必须分工明确，各司其职，各负其责。市场部的核心职责是"为了使彩票好卖"，销售部（投注站）的核心职责是"为了把彩票卖好"，服务部的核心职责是"联络彩民感情和树立良好的公司形象"，开发部的核心职责是"为了使彩票更好地满足彩民的不同需要"，技术部的核心职责是"为了保证彩票销售线路的畅通"，采购部的核心职责是"用最低价格买到符合需要的生产要素"，财务部的核心职责是"为了保证彩票资金的安全收发"。同时，各个部门必须做到密切协作，相互配合，横向沟通，共同发展。反之，相互推诿，或者封闭信息，将带来重复劳动、加大信息成本、滋生矛盾的弊端，从而造成效率低下。为了方便机构的协调，省级彩票发行中心把市场部、销售部、服务部的职能合并，由市场部统一组织实施。

3. 内部营销管理与外部营销管理要全面整合

内部营销管理和外部营销管理是营销管理的两个方面。内部营销管理是指面向内部员工的营销管理，外部营销管理是指直接面向顾客的营销管理，二者的总体目标是一致的。前者通过卓有成效地聘请、训练和尽可能地激励员工来提高员工的满意度，并通过员工满意的工作，更好地为顾客服务，从而提高顾客满意度。后者通过向顾客提供适销对路的产品和令人满意的服务，来提高顾客的满意度。可见，二者在管理内容和工作重心上是不同的。只有把内部营销管理和外部营销管理全面整合起来，才能实现公司的营销目标。因为顾客从价值链中得到的总价值取决于每一项活动过程，任何一个环节出现纰漏，都将导致顾客不满。

4. 合理分配并有效控制营销资源

公司内部的人、财、物等发展资源都是有限的，在公司内部进行资源的优化配置，才能达到最大限度地利用资源和赢得市场的目标。但实际上，部门间倾向于站在自己的立场上来确定公司的问题和目标，每个部门对于哪种公众和哪类活动最为重要，可能持有不同的观点；对公司营销资源的分配，也会有不同的意见。市场部希望公司多提供广告促销费用以加快市场开拓，销售部希望降低销售价格以扩大产品销量，服务部希望增加免费服务项目以树立良好的公司形象，采购部希望提供充足的资金以满足购买的需要。原则上，所有的部门都应互相合作，以实现公司的整体目标。但是，各个部门之间仍存在很多不可避免的冲突和误解，而这种冲突将进一步影响到整个机构的营销管理活动的执行。为此，对公司的营销资源必须进行合理分配，并严格的监管与控制其有效的使用，以此来保证整个营销管理目标的实现。

（四）福利彩票内部营销管理的保证条件

内部营销是一种把员工当成顾客，进而取悦员工的哲学；是一个通过创造优良的工作和生活环境来满足员工的需求，然后由员工满足彩民需求的过程。在福利彩票营销管理中，实施内部营销管理需要创造一定的条件。

第一，必须形成优秀的企业文化。彩票市场竞争归根到底是人才的竞争，而人才的竞争更多的是一种文化的竞争，无论人才还是文化，都离不开一个载体"人"。有了"人"就需要支撑"人"的价值观念及生活方式，而这两种东西的决定因素是文化。如果有了优秀的文化系统，就可产生优秀的价值观念及生活方式；从而为"人"缔造一种优秀的环境。如中国文化的精髓是"儒家思想"为代表的孔孟之道，孔孟之道的价值观念是一种"积极入世"的观念，也就是要争取机会有所作为。孔孟之道的生存理念是"仁、义、礼、智、信"。在福利彩票机构内部就应以此为引申，让全体员工矢志不渝，开拓创新，形成一个积极向上的价值观念和生存方式，从而形成一个优秀的工作环境和生活环境。

第二，需要营造科学的制度准则。为了使内部营销顺利进行，必须在福利彩票机构内部建立起规范的制度，并要求所有的员工严格遵守，通过制度化的管理来保证"内部营销"的和谐。目前，福利彩票机构在制度建设方面取得了一些成就，但也存在很多不足，尤其是标准化方面不够严格，各地规章制度不统一。这虽然能够发挥各分支机构的灵活管理优势，但影响了运行效率，使各地经营效益参差不齐；也影响了彩民对福利彩票品牌的统一形象识别。

第三，需要建立激动人心的愿景。按照马斯洛的需要层次理论，人的最大价值的体现就是自我实现，实现理想的第一个阶梯就是有追求的目标（即愿景）。愿景是人的前进方向，如果有一个能够激发人们希望的愿景，对员工将产生极大的导向性。这就是内部营销的"愿景环境"。因此，福利彩票机构不仅需要满足员工的生存，更重要的是要引导员工不断向前发展。应当根据福利彩票的现状与发展方向，提出企业发展的长远目标，以激励全体员工朝着共同的方向努力。

第四，需要建立全面的创新机制。内部营销管理既重视协调，更重视创新，因此，在福利彩票机构内部建立创新机制，是进行内部营销管理的重要条件。创新机制不仅能够保证人的"能力"不断创新，更需要"全面制度"的创新，只有这样才能保障组织内部的协调。在福利彩票发行销售过程中，由于地方机构有着较大的自主权，因而在创新机制建设方面具有比较大的余地。

第五，需要建立完善的激励机制。为了保证内部营销管理的实施，需要在机构内部建立完善的激励机制，通过外在的压力和内在的动力，促进全体员工努力完成任务。福利彩票机构的激励机制设计包括对部门的激励和对个人的激励两个方面。对部门的激励要以精神方面的激励为主，对个人的激励则要求物质激励和精神激励相结合。

第六，需要营造"学习型组织"。飞速发展的社会经济形势和激烈的市场竞争，使社会组织和个人面对的生存环境越来越残酷，要想跟上社会的发展，需要具有不断进步的能力，解决的办法就是不断学习，以掌握新的生存本领。因此，营造"学习型组织"就成为彩票机构生存发展的重要条件，也是开展内部营销的保证条件。福利彩票发行机构的管理人员大多来自行政机关，大都缺乏营销管理的知识和能力。为此，必须在经营管理方面不断充实自己，掌握市场研究的方法，不断跟上竞争的需要。

需要说明的是：在强调搞好内部营销的时候，不要忽视内部营销的目的。福利彩票机构开展内部营销的目的，是使所有的成员明确组织的目标是为国家筹集社会福利事业发展资金，而这一目标是通过向彩民提供满意的产品或服务从而增加彩民购买彩票来实现的。所以，组织的工作重心应放在外部市场上。不论服务对组织来讲是多么内部化，如果过分强调内部消费者而忘记了外部消费者，可能会导致灾难发生。正如《内部营销：公司成长的下一步》（1996）的作者丹尼斯·克希尔所说：内部营销并不是最后的结局。实行内部营销是为了把外部营销工作做得更好。正确的做法是：发现你的外部顾客需要什么、你的雇员需要什么，然后寻找这些需要的结合区域。

第四节　福利彩票营销管理的过程

福利彩票市场的营销管理过程就是识别、分析、选择和发掘福利彩票市场中的营销机会，以实现营销战略任务和目标的活动过程。主要包括分析市场机会、制定营销战略、制定营销方案和实施营销方案。

一、福利彩票市场的机会分析

市场机会分析是福利彩票市场营销管理的前提和基础，营销管理的各项活动都是围绕着市场机会的发现和利用进行的。市场机会是指福利彩票市场上存在的没有被满足或者没有被充分满足的消费需求。在现代市场营销活动中，市场需求不断变化，竞争更加激烈，任何企业都不能仅靠吃老本生存下去，而必须不断寻找、发现和利用新的市场营销机会。如果福利彩票机构在市场上找不到可以利用的机会，就很难取得长期、稳定的发展。

市场营销机会是由市场环境的变化提供的。在现实营销中，环境机会可以表现为不同的层次和类型。从范围来说，表现为全面市场营销机会、局部市场营销机会、行业市场营销机会、边缘市场营销机会；从时间来说，表现为现实市场营销机会和潜在市场营销机会；从表现形式来说，表现为表面市场营销机会和隐蔽市场营销机会；等等。分析这些表现形式的目的，是为了把环境机会变为企业机会。

全面市场营销机会是指在大范围的市场上出现的未被满足的消费需求。它意味着环境的变化在全国市场上为经济发展提供了机会。局部市场营销机会是指在某一个特定区域内出现的未被满足的消费需求。它意味着环境的变化给该地区带来的机遇。行业市场营销机会是指在某一行业产品上出现的市场机会，它使该行业能够得到较快发展。行业市场营销机会与局部市场营销机会都是全面市场营销机会的一部分，但前者表示线上的机会，后者则表示面上的机会。行业市场营销机会是行业内企业争取的目标，因而竞争激烈。边缘市场营销机会是指在不同行业的结合部出现的市场机会。由于这种机会存在于行业间的"夹缝"中，不易发现和开发，因而这往往是企业理想的市场营销机会。

现实市场营销机会是由于目前环境的变化而已经存在的市场机会。潜在市场营销机会是市场的变化已露出苗头和消费意向，现有福利彩票的种类未能满足或尚未被人们意识到的隐而未现的需求。例如，根据课题组的调研，目前福利彩票购买者大多是男性彩民，其购买比例远远高于女性，因此，女性彩民市场就是潜在的市场机会。可以结合女性彩民的特征开发新的彩票玩法，以适合女性彩民的需求，从而占领未来的市场。充分利用现实的机会是必要的，为潜在机会做好各项准备更具有战略意义。它可以使福利彩票机构准确地把握未来市场，并将取得优先进入市场带来的竞争优势和超额利润等机会效益。

表面市场营销机会是市场上已经形成的明显的市场机会。隐蔽市场营销机会是指隐藏在某种要求后面的未被满足的消费需求。前者容易识别，因而竞争激烈；后者不易寻找和识别，但竞争对手较少，成功的可能性较大。

福利彩票的市场机会存在于社会生活的各个方面，但并不是所有的机会都可以利用，只有那些符合战略计划的要求、有利于发挥福利彩票优势的机会才是福利彩票的市场机会。分析市场营销机会的表现形式是为了变环境机会为企业机会。但由于环境机会对企业来说并不一定是最佳机会，并且环境机会与实现机会的风险并存，因而必须对环境机会进行寻找、分析和评价，才能实现环境机会向企业机会的转变。

要把环境机会变成企业机会，首先要发现市场营销机会的存在。应该看到，在任何市场上，都经常存在着一些未被满足的要求，这些机会又在不同的对象中表现出来，因而发现市场营销机会，可采用多种方式去寻找。

首先，通过本发行销售机构的员工在内部寻找。员工在福利彩票的销售、开奖、兑奖的过程中，会发现某些不尽如人意的地方，对这些地方的改进和提高，可能就是新的市场机会。常用的寻找办法是合理化建议活动。

其次，请彩民寻找。彩民是彩票的购买者，他们对彩票的需求意向本身就是新的市场机会。因此，彩民对福利彩票机构和彩票提出意见和改进、开发的建议，就是发现市场机会的重要方法之一。向彩民搜集意见可用调查式，也可采用有偿或有奖的办法征集。

再次，通过投注站帮助寻找。投注站直接同彩民接触，他们在同彩民打交道过程中，彩民会把自己的意见和要求及时反映给投注站；投注站的工作人员也会从销售的角度提出意见或建议。汇集这些意见或建议，就能发现新的市场机会。

最后，从竞争者的玩法中寻找。福利彩票的直接竞争对手是体育彩票，间接对手是地下私彩，替代竞争者是那些五花八门的抽奖、摸奖等。其中体育彩票其产品的性质与福利彩票是相同的，其玩法也比较相似，是福利彩票的主要竞争者。因此，研究竞争者的玩法，可以从中发现对方产品的优点和长处，从中受到启迪，从而发现新的市场机会。研究竞争对手的产品，既要研究对方产品本身的特点，又要考虑消费者对该产品的意见。为了从竞争对手的产品中找到市场机会，应该参加对方举行的新闻发布会、促销会以及了解对方的广告内容。

通过上述方法在市场营销活动中会发现多种市场机会，但这些机会并不一定能为自己所利用。为此，还需要对这些机会进行认真地分析和评价，以便确定自己的目标市场。

分析评价市场营销机会的主要标准有以下几条：

第一，看该机会是否与本发行销售机构的任务、目标一致。只有那些与本机构的要求一致的环境机会才能成为自己的市场营销机会。在这里，既要看该产品的开发是否与本企业的任务和目标一致，又要看本机构是否具有开发该市场的能力。

第二，看本发行销售机构能否比竞争者具有更大的优势。体育彩票的发行销售机构也可能发现该机会的存在，但由于双方开发市场的力量是不同的，有的发行销售机构能够享有更大的"差别利益"。只有那些享有最大差别利益的彩票发行销售机构才能在利用该机会中获得大利。

第三，看利用该机会的成本是否能保证本机构盈利。能否保证盈利是衡量该市场机会是否成为企业机会的最终标准。为此，彩票发行销售机构在评价市场机会时要进行成本分析，估计开发该玩法成本的大小。由于彩票的销售价格是规定不变的，成本的高低直接影响到机构的收益，因此，成本的高低就成为衡量市场机会的关键因素。

通过以上的分析可以看出，福利彩票市场的机会是存在的，但是否能够转化成本机构的营销机会，还要看福利彩票自身的资源和能力是否能够与环境机会相适应。

二、制定福利彩票市场营销战略

在分析了福利彩票的市场营销环境之后，就要结合福利彩票中心的内部资源来制定福利彩票相应的市场营销战略，并根据不同的战略类型设计战略方案。

市场营销战略是彩票发行销售机构为了谋求长期稳定的发展，对市场营销活动制定的较长时期的全局性的行动总方案。它指明了本机构在未来一个较长时期营销活动发展的方向。制定营销战略的目的，就是为了使自己站在战略的高度，开阔视野，避免出现"营销近视症"，从而把握未来的命运。随着市场经济的不断发展，新产品的更新速度加快，消费心理瞬息万变，市场竞争愈加激烈。在这种情况下，今天效益好的企业，明天也可能在竞争中落伍，甚至被市场淘汰。因此，为了长期占领市场，并不断提高市场份额，就需要制定营销战略，以保证自己能够在激烈的市场竞争中求得生存和发展。

市场营销战略是一个由多因素构成的有机的、复杂的整体，按照市场营销战略的内容，可以分为市场选择战略、市场竞争战略和市场发展战略。市场选择战略是确定服务方向的战略。任何机构都不可能满足整个市场的全部需要，因而必须通过市场细分，选择自己的目标市场和进行市场定位。制定市场选择战略就是通过市场细分和评估市场机会，从而确定自己的目标市场战略、市场定位战略和市场定时战略的过程。市场竞争战略是指导彩票发行销售机构如何在激烈的市场竞争中取得主动权的战略。市场竞争是市场经济的"铁的法则"，只要存在市场经济，就必然存在着竞争，它贯穿于市场营销活动的一切方面，包括以低成本为基础的价格竞争，以差异化为特征的产品竞争，以突出优势为条件的品牌竞争，以强调识别为内容的形象竞争，等等。每个机构应该根据自身的特点，选择适宜的竞争战略，以取得竞争优势。市场发展战略是彩票发行销售机构在市场营销活动中如何发展壮大自身的战略。彩票机构要在激烈的市场竞争中取得优势地位，提高自己的声誉，必须不断地扩大规模，发展自身。市场发展战略分为三类，即：以鼓励消费者增加购买为特征的密集化发展战略、以延长产业链为特征的一体化发展战略和以跨行业为特征的多元化发展战略。其中密集化发展战略中有市场渗透战略、产品开发战略和市场开发战略，一体化发展战略中包含"产销一体"的前向一体化战略、"产供一体"的后向一体化战略和扩大规模的水平一体化战略，多元化发展战略中有圆心型多元化战略、水平型多元化战略和混合型多元化战略。福利彩票机构需要根据自己的条件，制定不同的营销战略。

制定战略是福利彩票机构领导者的首要工作之一。研究制定市场营销战略的方式，就是研究领导者如何组织力量来完成这一任务。常用的制定市场营销战略的方式有以下五种：

1. 企业家式

该方式是指福利彩票机构的市场营销战略主要依据领导者的知识和经验来确定。这种方式由于仅凭个人的判断和意向，因而制定过程很难做到严格按科学原则和方法办事，属于非程序式或非规范式。该方式主要适用于那些战略对象的范围较小、变化不规律，又存在着离散性和模糊性的机构，并且对领导者知识、经验、创造力和洞察力的要求也较高。因此，只要领导者的素质较高，这种方式制定的战略有较高的成功率。

2. 委员会式

该方式是指福利彩票机构的市场营销战略由各级领导人员和专业人员组成的专门委员会来制定。这种方式适合于那些不设专业部门的企业，其优点是通过持有不同见解和利害关系的人员在一起议论，便于协调各方面的关系，综合各方面的意见，集中各类人员的智慧，制定出成功的战略。并且由于这种战略是由各部门的人员参加制定，在实施时也较容易。这种方式的缺点是速度慢，成员的职责不明确，容易出现因逃避责任而无原则的相互妥协。如果个别成员太强，其他人则容易随声附和。因此，采用这种方式时，企业的主要领导人应注意做好协调工作。

3. 专业部门式

该方式是指福利彩票机构的营销战略由常设的专业部门负责制定。这些专业部门由于专门从事这项工作，他们既掌握制定战略的科学原则与方法，又了解企业的社会目的、企业的内部条件和外部环境，并清楚企业领导者的意向与价值观念，因而制定的战略比较符合企业情况。加上该部门拿出战略方案后还要向各方面征求意见，最终交领导者批准，从而更增加了战略的正确性。

4. 外部专家式

该方式是指福利彩票机构的市场营销战略请营销顾问或有关专家帮助制定。这些顾问和专家由于经验丰富，知识渊博，平时的活动超出了本行业的范围，因而看问题比较全面；并且他们与企业没有利害关系，因而地位比较超脱，分析问题比较客观。因此，许多在制定战略中力量不足的企业采用这种方式。

5. 组合式

组合式是指福利彩票机构在制定营销战略时运用多种方式的组合来完成。例如在分析企业内部情况时用专业部门式，进行系统分析时用外部专家式，进行全面论证时用委员会式，对某些目标模糊的特殊项目的确定则采用企业家式等。这种方式适合于那些企业内外情况错综复杂，竞争者的情况又虚实莫测，宏观环境的某些变化又难以预料的企业。缺点是这种方式需花费较大的人力、物力和财力。

上述制定市场营销战略的方式各有利弊，各自适应于不同的企业，因此，企业在制定营销战略时，应根据自己的条件进行选择。选择的依据主要是企业规模、发展阶段、领导方式、竞争状况、营销的稳定性以及市场发展变化的状况等。

在制定市场营销战略中不仅有多种方式可供选择，其方法也多种多样。常用的方法主要有以下四种：

第一，目标法。又叫"自上而下法"。即先由福利彩票机构的高层领导确定战略发展目标，然后由下面研究采用什么战略实现该目标。由于领导者在确定目标时主要靠主观条件，容易与下面的工作脱节，直接影响战略目标的实现。

第二，基础法。又叫"自下而上法"，即由彩票机构的各基层单位分别制定本部门的战略，然后交由指定部门汇总，最后交领导批准。这种方法来自基层，因而比较注重客观条件分析，但容易忽视主观工作的作用和要求。

第三，结合法。由于上述两种方法的优点和不足是互补的，因而把两种方法结合起来运用，则能更好地发挥优点，克服不足，这就形成了结合法。具体做法是先由上面规定战略目标，然后交给基层研究讨论该目标的合理性，可以维持原目标，也可以进行修改，从而形成大家一致赞同的目标。根据这一目标的要求确定实现目标的途径，形成战略方案，最后交由领导批准，形成机构的市场营销战略。

第四，集中法。即福利彩票机构的市场营销战略只由最高领导层制定，然后逐级下达执行。该方法的优点是始终考虑企业的全局利益和长远利益，能够发挥战略在指导市场竞争和企业发展中的整体效应，并可避免在运用其他方法时产生泄露企业秘密等问题。

三、设计福利彩票营销策略方案

市场营销战略是通过一系列的营销策略来实现的。在制定了福利彩票营销战略之后，就要设计营销策略方案。福利彩票机构的营销策略方案包括营销组合、营销资源和营销费用的安排等内容。关于福利彩票营销组合的内容前面已经分析，这里只分析营销资源和营销费用的安排。

（一）福利彩票营销资源的安排

福利彩票营销方案的实施之前，要对福利彩票营销所需的资源进行安排，这样才能保证营销方案的有效实施。福利彩票营销所需的资源主要包括这样几种：

1. 人力资源

人是福利彩票营销活动中最重要的资源，全部的营销活动都需要人员来完成。福利彩票营销中需要的主要是营销调研人员、福利彩票投注站的销售人员、营销管理人员以及其他一些营销活动进行所必需的人员。合理安排人力资源是福利彩票营销活动成功开展的关键。

2. 财力资源

进行营销活动需要资金的支持，无论是前期的营销调研工作，还是营销方案的制定、投注站的建设、促销活动的开展及宣传广告工作等，都需要有足够的财力资源为基础，因此，合理安排财力资源是福利彩票营销顺利开展的前提。

3. 物力资源

福利彩票营销需要一定的物力资源来支持，如宣传器材、交通工具、办公场所等，特别是在大型的促销活动进行时，更需要一定的物力资源的支持。

合理安排福利彩票营销资源应注意以下问题：（1）营销资源的安排要适度。福利彩票营销活动中需要一定的资源支持，因此在安排资源时要注意适度安排，避免因为过度安排造成资源浪费和资源不足影响营销活动的开展。（2）营销资源的安排要有章可循。营销资源的安排要严格按照营销方案来进行，不能随意安排，营销计划和方案详细列出了要进行的营销活动，是营销资源安排的主要依据。

（二）福利彩票营销费用的分配

福利彩票的营销费用是对福利彩票营销活动的资金支持，其费用的分配主要是营销活动的一些花费，如营销调研费用、促销宣传费用、人员培训费用、投注站建设费用等。

营销费用的分配是非常复杂的过程，在分配时应注意以下问题：（1）费用的分配不能凭空想象，必须建立在充分调研和论证的基础上。对市场需求总量、销售量等的预测都要通过一系列市场调研来获得。（2）保证重点，兼顾一般。为了确保预定利润的实现，在营销费用的分配上，必须保证重点，但同时要保证一些基本的营销活动的费用支出。

四、福利彩票营销方案的实施

通过精心设计的营销方案需要严密的组织与实施，才能实现它的价值。要保证营销方案的顺利进行必须做好以下几方面的工作：

1. 将营销方案层层落实

营销方案制定好之后，要按照方案的要求将营销任务分解，然后分别落实到有关职能部门和个人，使之明确各自在实现福利彩票营销方案中应尽的责任和应该完成的任务。通过层层落实，以保证计划的实现。在落实的同时要规定好完成的时间，以及完成任务的目标和标准，以保障营销方案能够保证质量的按时完成。

2. 建立灵活的激励机制

营销方案的实施需要多方的共同努力，调动各个方面人员的积极性是方案实施的基础条件。因此，要建立良好的激励机制，对任务完成出色的单位和个人要给予奖励，对在执行营销方案中出现的错误和失误要给予批评和纠正。

3. 建立畅通的组织结构

在营销方案的实施过程中，组织结构有着至关重要的作用。它把计划实施的任务分配给具体的部门和人员，明确职责界限和信息沟通途径，协调内部的各项决策和行动。由于营销方案是组织的高层管理人员制定的，而营销方案的执行是组织中的基层人员来进行的，因此，组织结构应该与计划任务保持高度一致，同时组织结构要有利于组织上下或是同级组织之间的信息交流，保证信息的通畅，以保证方案的进行。

4. 加强营销过程控制

对营销过程进行控制是营销方案顺利进行的保证条件。营销管理者要及时掌握营销方案的执行情况，将实际进度与方案进行比较，如果实际进度与计划方案相符合就继续按照方案来进行，如果实际的进程与方案不符合，就要找出问题的症结所在，分析偏差原因，采取修正措施，及时加以纠正，以保证营销活动的顺利进行。

第二章

中国福利彩票营销战略管理

营销战略管理在企业的营销活动中居于重要地位。《中共中央关于国有企业改革和发展若干重大问题的决定》指出："企业要适应市场，制定和实施明确的发展战略、技术创新战略和市场营销战略管理，并根据市场变化适时调整。"[1] 中国福利彩票机构要在激烈的市场竞争中求得发展，就必须进行营销战略管理，制定和实施切实可行的营销战略。

第一节　福利彩票营销战略管理概述

福利彩票营销战略管理来源于一般的市场营销战略管理，但又有它的特殊性。本节从对一般营销战略管理的分析入手，阐述福利彩票营销战略管理的含义和内容，并对福利彩票营销战略管理的基础条件进行探讨。

一、福利彩票营销战略管理的含义

营销战略管理是动态营销的依据，是福利彩票机构在动态竞争中把握福利

---

[1]　《中共中央关于国有企业改革和发展若干重大问题的决定》，（1999 年 9 月 22 日中国共产党第十五届中央委员会第四次全体会议通过）。

彩票机构发展方向的营销工具。世界各国企业的营销实践都已证实，营销战略管理已经成为争取高收益、高利润的关键点，成为赢得竞争优势的重要武器，战略研究也成为高层管理者议事日程的一部分。因此，开展营销战略管理，对福利彩票机构的前途和发展至关重要，是福利彩票机构立于不败之地的保证。

所谓福利彩票营销战略管理，就是指各级福利彩票机构在激烈的市场竞争中，为了谋求长期的生存和发展，制定的具有全局意义的规划。营销战略管理的目的是使福利彩票机构站在战略的高度，开阔视野，避免出现"营销近视"，以掌握福利彩票机构未来的命运。福利彩票营销战略管理是一个综合的名称，它由多层次的具体战略所组成。主要包括市场选择战略、市场竞争战略、市场发展战略和国际市场营销战略管理等，每一战略又包含多项内容。由于彩票市场是国家垄断发行的市场，只在国内市场销售，因而只分析彩票营销的一般战略，而不研究国际市场营销战略。

1. 市场选择战略

市场选择战略是确定福利彩票机构服务方向的战略。任何市场都不可能满足整个市场的全部需求，因而必须通过市场细分，选择自己的目标市场和进行市场定位。目标市场的选择关系到福利彩票机构的投资方向和投资规模，因而在福利彩票机构营销活动一开始就必须明确，并随着营销活动的开展做出适当的修正和调整。福利彩票市场虽然看起来是面对社会公众的，但也有它的目标顾客和忠诚顾客。因此，福利彩票机构所开展的营销活动应针对目标消费群展开。

福利彩票机构的市场选择是一个多层次的过程。在目标市场选择中，可有多种战略选择，包括无差异性目标市场战略、差异性目标市场战略和集中性目标市场战略。在市场定位中又可以采用正向定位战略和反向定位战略等。

2. 市场竞争战略

市场竞争战略是保证福利彩票机构在激烈的市场竞争中取得主动权的战略。竞争是市场经济的产物，它分布在市场活动的一切方面，并贯穿于市场营销活动的始终。福利彩票的直接竞争对手是体育彩票，但还有一些潜在的竞争对手，如地下私彩、其他的抽奖、摸奖活动等。由于营销的客体是完全相同的，市场的竞争就在所难免。福利彩票的竞争战略包含着广泛的内容，既有竞争手段方面的战略，如服务竞争、品牌竞争等；又有竞争方向方面的战略，如在一个地区的进攻、防守等。

3. 市场发展战略

市场发展战略是福利彩票机构在市场营销活动中如何发展壮大的战略。福利彩票机构要在激烈的市场竞争中取得优势地位，提高自己的声誉和知名度，必须不断扩大规模，因而必须认真选择自己的发展战略。市场发展战略包括两个部分：发展方向战略和发展方式战略。福利彩票中心要根据各自的情况确定其战略组合。

由于福利彩票机构分为不同的层次，市场营销战略管理也要划分层次。中国福利彩票发行管理中心进行的是总体营销战略管理，各省级福彩中心进行的是区域营销战略管理。总体营销战略管理是对整个福利彩票市场进行的营销战略管理，它从福利彩票机构全局的利益出发，考虑福利彩票机构的长期发展。区域营销战略管理是省级福利彩票发行中心根据总体营销战略管理的要求进行的，是一种区域性的战略；地市级福彩中心的营销战略管理则是省级福彩中心的执行战略。每一个区域营销战略管理都必须考虑各自的特点。

二、福利彩票营销战略管理的内容

福利彩票营销战略管理是指各级福利彩票中心为了有效地开展市场营销活动，在现代市场营销观念的指导下，根据福利彩票的发行宗旨、长远发展和全局需要，使自己的主观认识适应福利彩票机构的外部环境，制定和实施有效的市场营销战略管理，以提高自己的营销管理水平和适应能力的过程。上述概念包含以下内容：

第一，福利彩票营销战略管理是全局性管理。福利彩票营销战略管理的全局性表现在三个方面：（1）营销战略管理是由各级福利彩票发行中心的最高领导层主持制定的，并且由最高领导层组织实施；（2）营销战略管理的内容涉及福利彩票机构的全局利益，实现营销战略目标是福利彩票机构全体员工的任务；（3）营销战略管理的制定和实施事关福利彩票机构的生存与发展。营销战略管理的全局性决定了它不可能像营销战术那样细致，但仍具有可实施性和可操作性。

第二，福利彩票营销战略管理着眼于长远目标，追求长远利益的最大化。福利彩票营销战略管理和营销现实息息相关，是连接现实与长远的纽带。因此，它着眼于长远目标，追求长远利益的最大化。而不像战术管理那样着眼于近期目标，追求短期利益的最大化。

第三，福利彩票营销战略管强调战略的挑战性，给自身施加压力。福利彩票营销战略管理是知识的体现，福利彩票机构所做的一切活动，都是知识的运用过程，因此，营销战略建立在拥有知识的基础上。如果福利彩票机构的知识能够永远处于"新"的状态，就能够保持创造力，就能够持续向前发展。可见，福利彩票营销管理是一项挑战性的工作，它不像战术管理那样强调稳定性的活动和按部就班的工作，而是不断地给自己施加压力，不断地进行管理创新。

三、福利彩票营销战略管理的前提条件

营销战略管理是福利彩票机构高层管理人员的重要任务。战略本身既要体现福利彩票的发行宗旨，又要反映客观经济规律的要求，从而给战略管理增加了难度，也给领导者提出了更高的要求。福利彩票机构的高层领导者在政策水平、科学知识、实践经验、思维方法、工作作风等方面适应现代企业营销管理的变化，才能制定和实施符合实际情况的营销战略并强化管理。福利彩票营销战略管理的前提条件是：

1. 营销战略管理者必须具有较高的素质和丰富的经验

营销战略管理对福利彩票机构领导者的要求可以归纳为五个方面：一是掌握丰富的知识；二是具有正确的营销战略管理思想；三是具有战略眼光；四是能够进行科学的思维；五是具有对环境变化的敏锐洞察能力。[①]

在营销战略管理过程中，福利彩票机构的领导者必须掌握营销战略管理必须具备的理论知识以及与此相关的经济理论，以避免在战略管理上的盲目性和

---

① 胡正明：《市场营销学》（第二版），山东大学出版社 2000 年版，第 320 页。

片面性；懂得国家的方针、政策、法律、法令和规定，以保证营销战略管理的社会主义方向；掌握进行战略管理的业务知识，从而保证战略管理的正确性；具有良好的政治品质，以保证战略管理中能处理好国家、企业和职工个人的利益关系；具备一定的战略管理的实践经验，以保证在战略管理中少走弯路。

2. 营销战略管理者必须具备正确的营销战略管理思想

营销战略管理思想是营销战略管理的灵魂，有什么样的战略思想就会有什么样的营销战略管理。福利彩票机构领导者的战略思想是营销战略管理思想的集中表现，同时还必须具备其他战略思想。

首先，要具备社会责任思想。福利彩票机构承担着满足社会需要并取得较高经济利益的任务。因此，在进行营销战略管理时，必须考虑自己所承担的社会责任，使营销战略既能符合国家和社会的要求，又能给机构本身带来一定的利益。

其次，要具备开拓发展思想。营销战略规划着福利彩票机构的未来，领导者必须具有开拓发展思想，才能保证在竞争中开拓前进，不断发展。开拓发展思想直接影响福利彩票机构的发展目标与实现目标的途径和措施的抉择，在营销战略管理中必须充分注意这一点。思路决定出路，市场只青睐有思路的头脑。

最后，要具备集中优势思想。任何福利彩票机构在营销活动中都存在一定的优势，同时，在其发展道路上也都感到力量的不足。为了加快发展，应该千方百计地积蓄力量和从其他方面取得力量。这就要求福利彩票机构在营销战略管理中必须把自己的优势集中起来，解决战略中的关键问题，以求取得事半功倍的效果。

3. 营销战略管理者必须具备战略眼光

由于不同的领导者掌握的知识不同，其阅历也存在着差别，因而在进行战略管理时会有不同的着眼点。领导者在进行战略管理时的战略眼光具体表现在以下几个方面：

（1）思想要开放。所谓思想开放，就是在考虑问题时能够冲破已有的框框，超出已定的界限，从更宽的范围、更广的角度去认识问题。在战略管理中，思想开放的表现是敢于吸收外界一切有益的东西，不是在仅有的条件内打转转，只考虑"能干什么"；而是要勇于超出这一范围，在更广的条件下考虑

"不能干什么"，除了法律不允许干的其他都是可以干的。通过对"不能干什么"的分析，敞开思想，寻找最合适的战略目标和最好的战略措施。

（2）眼界要开阔。所谓眼界开阔就是能够跳出狭窄的视野，而不是站在现有的小圈子里就事论事。为此，在一帆风顺时，要看到面前潜伏的危机，通过拟定理想的目标和解决办法使机构避免危机，取得更大的成功；当处在不利条件下时，要看到有利因素，通过制定切实可行的措施逐步摆脱困境。

（3）思考要系统。思考要系统是指能站在整体的角度全面地考虑问题。在营销战略管理过程中，有许多需要系统思考的问题，例如在战略活动的空间上，要把握国家、行业和本机构三个层次的情况，国情抓方向，行业情况抓基本，本机构情况抓精确；在战略活动的时间上，要掌握对象的过去、现在和未来三个阶段，过去为借鉴，现状为基础，着眼于将来；对战略本身要把握其最好、中等和最差三种状态，通过对内部条件和外部条件、有利条件和不利条件、争取条件和限制条件的分析，争取最好状态，避免最差状态。通过系统的思考，使营销战略管理达到整体最优。

4. 战略管理者必须能够进行科学的思维

思维的正确性决定着对客观事物认识的准确性，因而科学的思维就成为营销战略管理的必备条件之一。

科学的思维表现在许多方面，其一是思维类型上要做到精确思维与模糊思维统一，即不仅要使自己的思维条理化、清晰化，而且要使自己的思维富于弹性，以便在战略管理过程中既能找出明确的界限，又不是机械地、呆板地领会与执行，使精确性与适应性统一在同一个战略中。其二是思维方式上要做到创造性、开放性、发散性、多向性和逻辑性统一。创造性是指不因循守旧，敢于怀疑那些司空见惯或完美无缺的问题，并能打破陈规，锐意进取，创立全新的战略。开放性是指不封闭保守，既能进行纵向比较，又能进行横向比较，纵横兼顾，使自己的战略胜过竞争对手和前人。发散性是指在考虑问题时向外扩散而不是向内聚敛，这样可以充分利用外界一切有利因素为战略管理服务。多向性是指观察事物能从不同的角度入手，使营销战略管理符合不同部门、不同时期的要求。逻辑性是指考虑问题按照既定的程序循序渐进，而不是迷离混沌，以保证战略的准确性。其三是思维方法上做到演绎法和归纳法相统一，机动灵活，出奇制胜。在战略管理中，对于碰到的问题都能问一个为什么，通过究其原因，产生联想，分析综合等，确定多种替换方案，并从中抓住要害，举一反三，设计出最优的战略方案。

5. 营销战略管理者必须具有对环境变化的敏锐洞察力

市场环境的因素是变幻不定的，这就要求福利彩票机构的领导者在进行营销战略管理过程中，具有对潜在的、现实的、宏观的和微观的因素进行分析的能力，应严格对资源进行市场测试，有足够充分的估计风险的能力，对福利彩票机构自身营销战略设计能预先估计到风险，有弥补和减少同设计差距的准备，从而使福利彩票机构始终处于一个相对优势的竞争位置。例如 2003 年发生的"非典型性肺炎"事件，给各地的福利彩票销售造成了一定的不利影响。但有的地区——如山东省济宁市——针对突发事件做出了相应的对策，加大了对福利彩票发行宗旨宣传的力度，销售量不但没有减少，反而取得了比上年同期更高的销售额，值得各地借鉴。

第二节　福利彩票营销战略管理的过程

营销战略管理过程是指企业的最高管理层通过规定企业的战略任务、战略目标和战略计划方案，使企业的目标和资源（或能力）与迅速变化的营销环境之间保持并发展一种切实可行的战略适应的管理过程。其基本程序是：确定战略任务、分析自身条件、确定战略目标、研究战略对策、形成战略方案、实施战略方案、评价战略结果。

一、确定战略任务

福利彩票机构的营销战略管理任务是指在一定时期内，市场营销工作服务的对象、项目和预期要达到的目的，是福利彩票机构市场营销战略管理的首要内容。只有在战略任务明确的情况下，才能制定出切实可行的市场营销战略管理。

福利彩票机构的营销战略管理任务通过规定福利彩票机构的业务活动领域和经营范围表现出来，主要回答"本福利彩票机构是干什么的"、"主要市场在哪里"、"彩民的主要追求是什么"、"福利彩票机构怎样去满足这些需求"等问题。这些问题具体表现为四个方面的内容：一是福利彩票机构的服务方向，即福利彩票机构是为哪些购买者服务的；二是产品结构，包括质量结构、品种结构、档次结构等，即福利彩票机构拿什么样的产品来为购买者服务；三是服务项目，即福利彩票机构为购买者提供哪些方面的服务；四是市场范围，即福利彩票机构服务的市场有多大。福利彩票机构的营销战略管理任务会随着实践的推移和内部条件、外部环境的变化而相应变化，但其核心内容不变。

二、分析自身条件

福利彩票机构的营销战略管理是在分析自身条件的基础上进行的。自身条件包括内部条件和外部环境两部分，因而分析自身条件的过程也就是一个"知彼知己"的过程。

福利彩票机构的内部条件主要包括两个方面：一是所处行业方面的状况，包括所处的行业是一个兴盛的行业还是一个衰退的行业、各自的原因是什么、本机构在行业中的地位等。二是营销能力方面的条件，包括设备、资金、技术、人员素质、组织机构、管理水平等因素及其工作状况，例如产品的竞争能力、市场占有率、市场的分布及容量、市场潜力、产品的信誉、销售增长率、获利能力、财务状况、经营风险等。通过对企业内部条件的分析，找出本企业的特点、优势和薄弱环节，以便在战略管理过程中能扬长避短，发挥优势。营销环境包括宏观环境和微观环境。对环境条件的分析，一是要预测环境的变化方向；二是要对环境变化给企业带来的机会和威胁进行预测，以便在战略管理中能趋利避害，利用机会，避免威胁。

三、确定战略目标

营销战略管理目标是福利彩票机构在较长时期内预期达到的目标效果，是

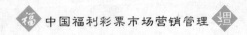

福利彩票机构战略任务的具体化，反映着福利彩票机构在较长时期内生产与技术发展的水平和营销管理的完善程度。福利彩票机构的营销战略管理目标是一个多元的目标体系，一般包括四个方面内容：

1. 市场目标

即福利彩票在市场上竞争能力的提高程度，包括福利彩票内在力量的提高程度和在社会上名誉地位的提高程度。竞争能力的提高指标具体表现为传统市场的渗透和新市场的开拓，市场占有率、销售增长率的提高，优秀福利彩票产品的创建和福利彩票品牌知名度和美誉度的提高，等等。

2. 发展目标

即福利彩票机构能力和规模的扩大程度。具体表现为产品创新能力、生产技术和经营管理水平、领导素质和职工素质的提高程度、福利彩票的发展、专业化协作、横向经济联合而使福利彩票机构规模扩大的程度等。作为福利彩票机构，管理人员及各销售网点人员的培训尤其重要，因为这关系到对彩民的服务态度等切身利益。

3. 利益目标

即福利彩票预期要取得经济利益。具体表现为发行收入的提高程度、职工的收入和其他福利的增长程度以及职工心理需要的满足程度。

4. 贡献目标

即福利彩票机构的营销活动对国家和人民做出的贡献状况。具体表现为向社会提供的公益金的数量、上缴国家税金的数量、拉动相关产业发展的数量、增加劳动力就业的情况，以及为社会的政治安定和生活水平提高所作的其他贡献等。它是福利彩票机构的最高目标。

四、制定战略对策

战略对策包括战略重点、战略措施两个方面的内容。

（一）确定战略重点

战略重点是对福利彩票实现战略目标具有决定意义的工作、措施和环节，是福利彩票市场营销的主攻方向。这些工作、措施和环节，能扭转形势，打开局面，带动整个福利彩票机构营销工作的大发展。可能成为福利彩票战略重点的主要有以下几个方面：

第一，在全局发展中处于要害地位的薄弱环节。例如，在福利彩票机构供、产、销三个环节中销的环节十分重要，而福利彩票机构的销售环节又较薄弱，因而"销"就成为福利彩票机构的战略重点。

第二，竞争中的优势领域。例如，福利彩票的发行宗旨深入人心、福利彩票机构的技术水平很高、或者福利彩票产品有特色、或服务周到等。这些领域是福利彩票中心的优势，应该注意大力发展。通过发展优势领域，可以提高福利彩票的竞争地位，尽快实现战略目标。

第三，牵动全局的枢纽点。例如，在福利彩票机构的发展中，资金、技术、资源等均可能成为影响全局的枢纽点，福利彩票机构通过解决这些枢纽点可以使整个全局活起来。

各个福利彩票机构的战略重点因其经营状况差异而各不相同，战略重点的数量也有差别。有的地区的战略重点只有一个，有的则是多个。各地区福利彩票中心应根据自己的内部条件和外部环境，规定适当的战略重点。

对于福利彩票机构来说，销售环节始终是一个战略重点，因此销售站点的建设和管理就尤为重要，这包括站点的合理设置、管理人员的素质培训等。

（二）制定战略措施

战略措施是福利彩票机构为实现战略目标而采取的较长时期的、重大的对策和措施。福利彩票机构在实现战略目标的过程中，会遇到各种机会、威胁和风险，为了充分利用市场机会，避免市场威胁和减少市场风险，必须制定相应的办法和措施。福利彩票机构的战略措施因需要解决问题的不同而各不相同，其基本内容包括三个方面：

第一，营销因素方面的措施。包括福利彩票机构的挖潜、革新、改造，市场的培养，新技术的引进，新产品的开发，设备投资、横向联合等。

第二，营销管理方面的措施。包括福利彩票机构组织设置的合理化、管理制度的完善化、管理手段的现代化、管理方法的科学化、管理人员的知识化和革命化等。

第三，营销策略方面的措施。主要指在不同市场环境下采用的特殊策略。

五、形成战略方案

福利彩票机构的营销战略管理方案是营销战略管理的执行计划，内容除了包括战略任务、条件分析、战略目标、战略重点和战略措施外，还要包括拟组织的大型营销活动和战略步骤。

福利彩票机构拟组织的大型营销活动是指在战略期内准备进行的大型业务活动计划，这些活动是实现战略目标的保证条件。

福利彩票机构营销战略管理的步骤是实现战略目标的时间安排。它是根据福利彩票机构营销发展的客观进程制定的。首先按照预定的总目标提出分阶段的目标要求，然后根据这些阶段目标确定战略步骤。福利彩票机构的战略步骤一般分为两步，第一步主要是打基础，积蓄力量，为第二步的发展创造条件；第二步则利用已有的基础，迅速实现战略目标。为了实现不同阶段的战略目标，在每一战略步骤中又分为许多小的步骤。在此指引下，逐步实现福利彩票机构的战略目标。

六、实施战略方案

设计营销战略方案是为了实施，营销战略的正确与否也需要通过实施来验证。因此，福利彩票机构的营销战略方案设计以后，必须努力组织实施。

实施营销战略是把战略计划由理论落实到实际行动的过程。为了保证营销战略方案的内容落到实处，福利彩票机构在实施过程中工作主要有3项：发展支持要素、制定实施计划和进行战略控制。

（一）发展支持要素

福利彩票机构实施营销战略方案，需要一定的支持条件。关于营销战略的支持要素，世界著名的咨询公司麦肯锡（Mickinsey）公司提出了7个要素，并设计了7-S结构图，如图2-1所示：

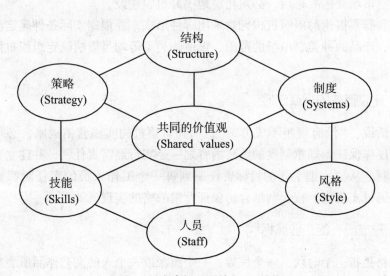

图2-1 麦肯锡公司的7-S结构

根据中国福利彩票机构的具体情况，结合麦肯锡公司的7-S因素，实施营销战略的支持要素包括形成共同的价值观念、建立恰当的组织机构、建立有效的规章制度、形成统一的企业风格、培训合格的企业员工、制定有效的配套策略、掌握灵活的执行技巧等七个方面。

1. 形成共同的价值观念

价值观是指人们对经济、政治、道德、金钱等所持有的总的看法，是一个企业的基本信念和信仰。由于员工在福利彩票机构所处的地位不同，价值观也就有所不同。而营销战略的实施需要全体员工上下一心，团结协作，心往一处想，劲往一处使，创造和谐一致、积极向上的文化氛围，同心同德地朝着一个共同的目标前进。因此，形成共同的价值观是福利彩票机构实施营销战略的首要条件。

2. 建立恰当的组织机构

福利彩票机构的营销战略要通过内部的组织机构来实施。因此，组织机构建设是否适应战略的需要，直接关系到战略实施的成败。这就要求福利彩票机构在制定市场营销战略后，必须相应地搞好组织建设。

福利彩票机构的组织机构究竟采用哪种形式，要根据实际条件确定。机构的规模、产品的种类、市场的范围、渠道的类型等均是影响确定组织机构的重要因素。

3. 建立有效的规章制度

俗话说，"没有规矩不成方圆"，福利彩票机构实施营销战略，必须要有规章制度作保证。规章制度的重要内容之一是实行经济责任制，并建立完善的激励机制。从"一把手"的目标责任制到每一个工作人员的责任制都要落到实处，通过实现责、权、利结合，保证营销战略的实现。

4. 形成统一的企业风格

风格是指一个时代、一个民族、一个流派或一个人的文艺作品所表现的主要的思想特点和艺术特点。福利彩票机构的风格则是指整个机构在一切活动中表现出来的思想特点。例如，办事是紧凑还是拖拉，遇到问题首先想到彩民还是自己等。由于人的性格不同，会形成不同的处理问题的风格，而存在各不相同的风格是无法实现营销战略目标的。因此，福利彩票机构的领导者必须注意培养福利彩票机构的共同风格。

5. 培训合格的企业员工

福利彩票机构的营销战略方案是通过全体员工来实施的，员工的素质直接决定了战略方案的实施效果。因此，必须对全体员工进行培训，使每一个员工都理解实现营销战略目标的意义和该战略的内容，以便促使每一个员工都能为实现这一战略目标尽心尽力。

6. 制定有效的配套策略

营销战略规定了福利彩票机构的长远性、全面性的关键问题和目标，但是，这些规定仅仅是市场竞争和发展的蓝图，为了达到这些预定的目标，必须制定与之相配套的营销策略。

福利彩票机构与营销战略配套的营销策略，主要包括产品策略、价格策略、渠道策略、促销策略以及上述策略的组合，每一策略又包括多项内容。这些策略的具体内容，将在下一章中集中论述。需要说明的是，策略本身并无好坏之分，适合本机构条件的策略可以引导取得成功，不适合本机构条件的策略则可导致走向失败。因此，需对策略进行认真选择，以实现最佳组合。

7. 掌握灵活的执行技巧

实施营销战略既是科学，又是艺术，需要掌握一定的技巧。因此，福利彩票机构必须认真总结自己的长处和不足，虚心学习别人在实施营销战略中的经验，形成自己的执行技巧，以便高水平地实现战略目标。

（二）制定实施计划

营销战略方案仅仅为福利彩票机构规定了前进的方向、奋斗的目标和工作的准则，要完成营销战略规定的任务，还必须有具体的项目、步骤、措施和时间安排，这就要求制定实现战略目标的实施计划，以便把营销战略方案变为各级组织机构及其员工的实际行动。

根据营销战略目标规定的时间，实施计划分为长期计划、中期计划和短期计划。长期计划即长远规划，与战略目标的时间是一致的；中期计划和短期计划则是根据实现长期计划的要求而制定的，是长期计划的具体化。此外，为了保证营销战略方案的顺利实施，还应根据市场形势的要求制定一系列的专题计划和应急计划。

（三）进行战略控制

对营销战略在实施中进行控制，是保证战略得以落实的重要一环。通过对战略执行过程和执行结果进行有效的控制，可以及时发现战略中存在的缺点和不足，以便及时协调战略方案与内外部条件的关系，并及时制定出新的对策，使战略目标得以顺利实现。因此，在营销战略的实施过程中进行控制，成为福利彩票机构主要领导者关心的重要问题之一。领导者在战略实施过程中的控制工作，主要包括了解控制内容、掌握控制原则、方法、步骤和措施等。

福利彩票机构营销战略控制的内容，主要包括目标控制、进度控制和实施战略中的重大问题控制三个方面。所谓目标控制，就是根据营销战略规定的长远目标和阶段目标，控制其实现目标的状况。进度控制就是根据战略目标的要求，控制其不同阶段的实现进度，避免出现实施过程中的过急与过松现象，实现长期计划与短期计划的平衡，从而保证营销战略目标的最终实现。重大问题控制就是对实施营销战略中出现的重大问题，如销售能力、市场地位、营销服务等的控制，通过对这些重大问题的控制，及时发现在实施营销战略中出现的新机会或障碍，以便利用机会，减少障碍。

掌握营销战略控制的原则是保证战略控制取得成效的重要条件。在战略控制过程中，必须遵循五大原则：一是经济原则，即实施控制的成本较低；二是客观原则，即要以事实为依据，切忌偏见和假设；三是弹性原则，即控制要有幅度，以适应环境的变化；四是可比原则，即控制指标要有可比性；五是时效原则，即控制尽量做到防患于未然，要提前发现问题，及时纠正。

营销战略控制的方法，因战略内容的不同而各不相同。凡是那些能够通过讨论确定执行结果的事情，可以采用事前控制，即通过对这些问题做出肯定或否定的回答，控制营销战略的进程和目标的实现。对于那些事前无法准确确定执行结果的事情，如销售量、服务质量等，则可采用事后控制，即通过及时修订实施结果来保证战略目标的实现。对于那些无法用是与非回答的问题，如实施营销战略中规定的各项策略，则可采用引导控制的方法，即在外界的营销环境发生变化时，及时据此对各种策略做出修订，以便适应新的情况。必要时应调整控制标准，使营销战略实施过程中的控制更加符合实际情况。

为了保证营销战略控制的有效性，除了解控制的内容、掌握控制方法和步骤外，还必须有相应的控制措施。首先要根据经济责任制的原则和要求，设置行之有效的控制系统，以便从组织上保证控制的有效性；其次要抓住影响战略目标实现的关键性问题，以带动全局的进程；再次要根据市场形势的变化，及时修订计划和对策，以免贻误战机。

七、评价战略结果

对福利彩票机构实施营销战略结果的评价，一方面可以了解营销战略方案的优缺点；另一方面，也可以了解营销战略方案实施者的水平和能力。

对营销战略进行评价，不同的国家有不同的标准。例如美国企业家最关心的是本企业在公众面前的形象；日本企业家最重视的是得到第一流的人才；西欧企业家最希望的是具有全球营销战略头脑。福利彩票机构对营销战略的评价则是全方位和多方面的，形成一个标准体系。该体系包括以下标准：

1. 方向明

福利彩票机构的营销战略方案，首先必须明确方向，要严格按照国家的方针、政策、法律、法令、条例办事，并要符合福利彩票的发行宗旨和社会道德的要求，做到物质文明和精神文明一起抓。

2. 收益大

福利彩票机构在实施营销战略的过程中，能够得到较大的收益，如销售量大，销售成本低，职工的收入增加，集体福利增多等。

3. 贡献多

福利彩票机构的营销战略，必须能给国家和人民带来较大的贡献，包括能给社会提供大量的公益金以满足社会需要，安排大批的职工就业，多向国家上缴税金等。

4. 影响好

福利彩票机构的营销战略要考虑长远的影响。因此，衡量营销战略的标准之一是要看在实施战略后企业的信誉是否提高，形象是否更好。

5. 适应广

适应范围广是营销战略活力的表现。它既能保证战略的动力性，又能避免

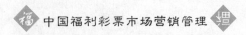

在市场环境变化后发生的困难，因而是衡量营销战略的又一重要标准。

6. 风险小

减少风险是实现营销战略目标的重要保证。风险小表现在两个方面，一是有一定的保险系数，以便在环境突然发生不利变化时能迅速做出反应；二是其战略行为不致引起竞争对手的强烈对抗，以保证战略的顺利实施。

第三节　福利彩票营销的市场选择战略

资源的有限性决定了福利彩票机构不可能满足所有消费者的全部需求，只能满足部分消费者的部分需求，从而决定了福利彩票机构在营销战略管理中必须首先考虑本机构的市场在哪里，自己在市场上将居于什么地位，这就是要制定市场选择战略。市场选择战略是在市场细分的基础上，确定目标市场战略和市场定位战略。关于市场选择战略的具体操作，将在《中国福利彩票市场营销通论》一书中进行分析，这里只作简单介绍。

一、福利彩票营销的市场细分

市场细分是根据消费者对产品的需求欲望、购买行为与购买习惯的差异，把整体市场划分为两个或更多的消费者群体，从而为企业确定目标市场提供依据的活动过程。每一个需求特点大体相同的消费群叫做一个细分市场。市场细分的概念是 20 世纪 50 年代中期由美国市场学家温德尔·史密斯（Wendell Smith）在总结市场销售经验的基础上首先提出的，并得到了理论界的高度重视和企业界的广泛使用。

由于消费者需求的千差万别和千变万化，每个企业的营销管理者在进行决策时，都必须首先回答本企业的市场在哪里。可见，对市场进行划分是市场经济的普遍要求。不过，在卖方市场条件下，人们把这种划分始终局限在商品上，认为商品是流通过程的出发点和归宿，因而把市场划分为农产品市场、日用工业品市场、生产资料市场、饮食服务市场等。随着买方市场的出现，消费者的购买行为已成为制约商品销售的关键因素，因此，必须从新的角度，根据消费者的需求差异划分市场。

按照消费者需求的差异划分市场，可以使企业有针对性地提供不同的产品去满足消费者的不同需求，以充分利用新的市场机会，占领更大的市场。因此，这种理论实际上是辨别具有不同欲望和需求的消费者群，并把他们进行分别归类的过程。消费者的需求差异是由多种因素的综合影响形成的，这些多元化的影响因素就是市场细分的客观基础之一。

消费者需求和欲望的差异，首先表现在需求层次上。人们的需求按其顺序可以分为三个层次：最基本的生存需要，高层次的享受需要和最高层次的发展需要。这些需要同人们的收入密切相关。由于个人收入上的差别，有的人要考虑满足生存需要，有的人要求满足享受需要，有的人则想满足发展的需要。就是在满足同一层次的需要中，也存在很大差别。其次表现在不同的年龄和性别上。不同年龄、性别的人在考虑满足同一需求时会产生明显的差别。同一年龄段、同一性别的人在商品购买上也会产生不同的要求。再次表现在地理位置上。生活在不同地区的人在需求上也存在很大差别。最后表现在人们的文化传统、宗教信仰上。由于人们在文化生活习惯上的差异，形成了各种各样的兴趣和爱好，产生了对商品丰富多彩的需求。

市场细分的另一个客观基础是消费者需求的类似性。消费者需求方面存在差异并不是每人各属一种类型，而是有相当数量的消费者在对某种商品的需求上存在着相似性或一致性。这种相似性或一致性是由人们的居住环境、民族传统等因素决定的。每个具有类似性的消费者群就成为一个具有一定个性特点的细分市场。

可见，消费者需求的差异性使市场细分成为必要，某些消费者共有的相似性或一致性需求使市场细分成为可能。市场细分就是按照求大同存小异的原则对市场进行划分，并且这种细分随着消费需求的差异性和相似性变化而不断变化。

福利彩票市场的细分依据，主要包括性别、年龄、收入、家庭人口、受教育程度等因素。按性别细分可以把市场划分为男性市场和女性市场，随着妇女社会经济地位的提高，女性市场是一个非常重要的市场。按年龄细分可以把市场细分为老年人市场、中年人市场、青年人市场、少年市场和儿童市场，不同年龄的市场有不同的需求重点。按收入细分可以分为高收入市场、中收入市场和低收入市场，不同收入市场的需求在层次上存在差别。按职业细分可以把市场划分为工人、农民、教师、学生、干部、个体工商户等市场，不同职业的市场有不同的消费结构。按家庭人口可以把市场划分为大家庭、中家庭、小家庭市场，不同类型家庭的市场需要不同规格的家庭用品。一般说来，按人口细分通常要把几个因素组合在一起运用。按人口因素细分市场，是为了企业选择和确定自己具体的服务对象。

笔者于 2004 年 7~9 月进行的福利彩票彩民购买行为调查证实了这一点。从四川省、上海市、吉林省、云南省、河南省、山西省共收回有效问卷 364份，山东省收回有效问卷 857 份，调查的结论是：从彩民的性别特征来看，是男性多于女性；从彩民的职业来看，个体工商户较多；彩民的年龄段在 21~50 岁的较多，其中 31~40 岁的彩民最多；从家庭人口来看，3 口之家最多；彩民的个人月收入水平在 501~1000 元的较多，家庭月收入水平在 1001~2000元的最多；从彩民受学校教育的程度来看，高中（中专）的最多。可见，这些因素是福利彩票市场细分的主要依据。

进行市场细分对福利彩票机构实现营销战略目标具有重要意义：有利于选择最佳目标市场，提高营销效益；有利于发现新的市场机会，开发新的市场；有利于制定营销战略方案，满足消费者的潜在需求；有利于及时调整营销策略，增强企业活力。因此，必须努力做好这一工作，以制定出适当的目标市场选择和市场定位战略。

二、福利彩票机构的目标市场选择战略

进行市场细分的目的是寻找市场营销机会，确定目标市场。因此，福利彩票机构在市场细分的基础上，还要根据客观环境提供的条件进行认真分析，对照自己的能力进行评价，发现市场营销机会，选择恰当的目标市场。

目标市场是福利彩票机构选定的拟作为服务对象的市场群。可供福利彩票机构选择的目标市场战略有三种：

1. 无差异性目标市场战略

无差异性目标市场战略是指将产品的整个市场视为一个目标市场，用一种产品和一套营销方案吸引尽可能多的购买者。无差异性目标市场战略只考虑消费者或用户在需求上的共同点，而不关心他们在需求上的差异性。

无差异性目标市场战略的理论基础是成本的经济性。生产单一产品，可以减少生产与储运成本；无差异的广告宣传和其他促销活动可以节省促销费用；不搞市场细分，可以减少在市场调研、产品开发、制定各种营销组合方案等方面的营销投入。这种策略适合于那些市场同质性高且能大量生产、大量销售的产品。

对于福利彩票机构来说，无差异性目标市场战略并不合适。首先，彩民的需求客观上千差万别并不断变化的，一种玩法不可能长期为所有彩民接受；其次，当竞争对手如法炮制，都采用这一战略时，会造成市场竞争异常激烈；再次，在一些细分市场上，由于彩民的需求得不到满足，就不会购买福利彩票，这对福利彩票机构是不利的；最后，当其他竞争对手针对不同细分市场提供更有特色的产品和服务时，采用无差异策略的福利彩票机构可能会发现自己的市场正在遭到蚕食，但又无法进行有效地反击。

2. 差异性目标市场战略

差异性目标市场战略是将整体市场划分为若干细分市场，选择多个细分市场作为目标市场，并针对每一细分市场的特点制定一套独立的营销方案。差异性目标市场战略的优点是：小批量、多品种，针对性强，使消费者需求更好地得到满足，由此促进产品销售。

福利彩票机构适于采用差异性目标市场战略。第一，针对不同性别、不同年龄、不同收入水平、不同教育程度的彩民推出不同品牌的产品，并采用不同的广告主题来宣传这些产品，有利于满足彩民的需求，从而扩大福利彩票的发行。例如，山东省福利彩票发行中心通过建立"齐鲁风采""30 选 7"、"36 选 7"、"23 选 5"的游戏结构，发行全国统一开奖的"双色球"、固定设奖和崭新选号方法的"3D"数字型游戏等，满足了彩民的不同心理需求，使山东省的福利彩票销售连续 5 年蝉联全国销售第一名。第二，福利彩票机构是在多个细分市场上经营，可以从一定程度上减少经营风险；一旦福利彩票机构在几个细分市场上获得成功，有助于提高福利彩票机构的形象及提高市场占有率。第三，避免了与竞争对手正面抗衡，减弱了市场竞争的程度。

当然，差异性目标市场战略也存在不足之处：一是增加营销成本。由于产品品种多，管理成本将增加；必须针对不同的细分市场发展独立的营销计划，从而会增加市场调研、促销和渠道管理等方面的营销成本。二是使资源配置不能有效集中，顾此失彼，甚至出现内部彼此争夺资源的现象，使拳头产品难以形成优势。但这些因素对福利彩票机构的影响都不大，因为福利彩票的边际成本很低，因而不可能扩大多少成本。同时，由于福利彩票是一种虚拟产品，开发不同的玩法不存在争夺资源的问题。

3. 集中性目标市场战略

集中性目标市场战略是指集中力量进入一个或少数几个细分市场，实行专业化生产和销售。实行这一目标市场战略，目的不是追求在一个大市场角逐，而是力求在一个或几个子市场占有较大份额。

集中性目标市场战略的指导思想是：与其四处出击收效甚微，不如突破一点取得成功。这一战略特别适合于资源力量有限的公司。

集中性目标市场战略的局限性体现在两个方面：一是市场区域相对较小，发展受到限制。二是潜伏着较大的经营风险，一旦目标市场突然发生变化，如彩民的趣味发生转移，或新的更有吸引力的替代品出现，都可能因没有回旋余地而陷入困境。可见，集中性目标市场战略不适合福利彩票机构。

目前，许多福利彩票机构采取的是无差异性目标市场战略，目的是尽可能地降低成本，但实际效果并不理想。究其原因，是没有处理好开源与节流的关系，认识不到福利彩票成本的特点，认识不到满足彩民的需求是更好的节流，致使目标市场选择出现失误，影响了福利彩票的销售。

三、福利彩票机构的市场定位战略

竞争是无处不在的，在同一市场上存在着许多同一品种产品的竞争。由于许多同类产品在市场上品牌繁多，各有特色，广大顾客都有自己的价值取向和认同标准，企业要想在目标市场上取得竞争优势和更大效益，就必须在了解购买者和竞争者两方面情况的基础上，确定本企业及产品在市场上的适当位置，以求在顾客心目中形成一种特殊的偏爱，这就是市场定位问题。

（一）定位战略的含义

定位理论是 20 世纪 70 年代由美国学者艾·里斯（Al Ries）和杰克·特鲁特（Jack Trout）首先提出的。随着经济的发展和科学技术的进步，社会经济进入了产品爆炸、广告爆炸、媒体爆炸、信息爆炸的时代。而人们接受信息的容量是有限的，为此，必须为本单位及产品寻找一个合适的位置，使目标顾客更容易发现和接受，从而产生了"定位"的概念。定位概念提出以后，受到各国实业界和理论界的高度重视，有人甚至把 70 年代叫做"定位时代"。

定位理论是以企业和竞争者的产品各在顾客心目中的地位为出发点的。在营销中用在许多方面，如企业定位、产品定位、品牌定位、广告定位等。这些概念之间在内容上存在一定的差异，但有一个共同点，即都考虑在市场上的地位，为此，这里使用"市场定位"的概念，研究市场定位战略。

福利彩票机构在确定了目标市场以后，进行的第二次选择就是市场定位。市场定位战略是福利彩票机构根据自己的力量和目标顾客的要求，从竞争的角度为本机构在目标市场上确定位置的谋略。

根据市场定位的顺序，市场定位战略分为正向定位和反向定位两种。正向定位战略是根据目标顾客的利益要求来定位。目标顾客的利益要求可分为实物属性的需要和心理需要两个方面。实物属性的需要是指商品的形状、性能、质量、商标、包装等符合消费者要求的程度；心理需要是指商品体现出来的豪华、朴素、价格高低、服务优劣等满足消费者要求的程度。据此分析，进行市场定位的项目一般采用质量、功能、式样、成分、结构、包装、价格、档次、服务、使用者以及反映社会价值的指标。为了保证定位的准确性，通常采用两种及其以上的功能或属性来定位。

反向定位战略是先探明竞争对手的位置，然后确定本企业产品在市场上地位的战略。采用这种战略的好处是可以利用竞争对手已打开的市场，从而缩短产品打开市场的时间，并可凭借竞争对手在市场上已建立的形象来塑造自己的形象。采用反向定位战略，企业选择的位置有两种，一是把自己的位置定在竞争对手附近，与竞争对手进行正面对抗；二是选在市场的空隙中，培养自己的产品特色。应该注意的是，不同的位置选择需要企业具备不同的条件。

在现实的定位过程中，需要把正向定位和反向定位合在一起使用，先正向定位，后反向定位。即先考虑如何满足目标顾客的需要，然后根据目标市场上竞争者的力量和位置来定位。

（二）市场定位的步骤

福利彩票机构的市场定位工作一般包括三个步骤：一是研究影响市场定位的因素，明确潜在的竞争优势所在；二是选择并发展自己的竞争优势，确定适当的定位战略；三是显示自己的竞争优势，准确地传播定位观念。

1. 研究影响定位的因素

影响福利彩票机构营销定位的主要因素包括三个方面：

（1）竞争者的定位状况。即了解竞争者正在提供何种产品，在顾客心目中的形象如何，并估测其产品成本和经营情况。在市场上顾客最关心的，是产品本身的属性（质量、性能、花色、规格等）和价格。通过确认竞争者在目标市场上的定位，可以衡量竞争者的潜力，判断其潜在的竞争优势，据此进行自己的市场定位。

（2）目标顾客对产品的评价标准。即要了解购买者对其所要购买产品的最大偏好和愿望，以及他们对产品优劣的评价标准是什么。例如，对福利彩票，目标顾客是关心购买、兑奖方便和服务周到，还是中奖率高，还是大奖额大，这些都是定位决策的依据。

（3）自己潜在的竞争优势。福利彩票机构要确认自己在目标市场上潜在的竞争优势是什么，然后才能准确地选择竞争优势。竞争优势有两种基本类型：一是在同样条件下比竞争者的价格低；二是提供更多的特色以满足顾客的特定需要，从而抵消价格高的不利影响。在前一种情况下，应千方百计地寻求降低单位成本的途径；在后一种情况下，则应努力发展特色产品，提供有特色的服务项目。目前，由于中国彩票的价格都是相同的，福利彩票机构的竞争优势只能体现在服务上。

2. 选择竞争优势和定位战略

企业通过与竞争者在产品，促销、成本、服务等方面的对比分析，了解自己的长处和短处，从而认定自己的竞争优势，进行恰当的市场定位。

3. 准确地传播定位观念

福利彩票机构在做出市场定位决策后，还必须大力开展广告宣传，把自己的定位观念准确地传播给潜在购买者，要避免因宣传不当在公众心目中造成误解。

第四节　福利彩票机构的竞争与拓展战略

福利彩票机构要提高自己的竞争能力从而扩大产品的销售，就必须制定竞争战略和拓展战略。由于彩票市场的特殊性，福利彩票机构必须从自身的特点出发，制定和实施恰当的竞争战略和拓展战略。

一、福利彩票机构的竞争战略

目前，中国只批准了两种彩票上市：一种是福利彩票；另一种是体育彩票。这样，福利彩票机构的主要竞争对手就是体育彩票，但在制定战略中也不能忽视其他一些潜在的竞争对手。体育彩票与福利彩票有很强的类同性，一是目标群体类同，二是性质类同，三是价格类同，四是娱乐性类同。由于双方有着这么多的类同，就必然造成强大的竞争。对于福利彩票机构来说，正确对待竞争，挖掘竞争优势，制定正确的竞争战略，才能在竞争中发展；苦练内功，才能在竞争中立于不败之地。

（一）制定竞争战略的依据

制定竞争战略的依据包括两个方面：一是了解竞争对手；二是了解自己，

也就是知彼知己。

1. 了解竞争对手的信息

需要了解的竞争对手信息包括多个方面，主要内容有：

（1）竞争者的战略目标。了解竞争者的战略目标是分析竞争者行为的基础，这就需要充分了解对方的营运行为和竞争行为。例如：其营销战略的制定、投入与产出比较、市场占有率、销售额等。

（2）竞争者的营销理念。竞争者的营销理念将直接决定竞争者的营销方式和竞争战略，确立适合自己的营销理念比选择营销方式更重要。例如：如何对待市场竞争，如何占据彩民心理，如何让彩票的玩法更吸引彩民，等等。

（3）竞争者的组织和人员。彩票市场的竞争战略受领导者的直接影响，而竞争效率受中层干部的影响。因此，理解竞争者的组织和人员十分重要。人才竞争是市场竞争的关键，了解竞争对手中层干部的选拔和使用，是了解竞争者组织和人员的核心。

（4）竞争者的财务管理和政策。竞争者的财务管理和政策将直接影响自身的营销政策。例如：对方如何控制成本、如何制定分配政策，以及如何参与经营活动等。

（5）竞争者战略目标和现状的一致性。要了解竞争者未来的发展目标与现实之间存在着多少一致性，了解竞争者部门之间的观念是否统一，目标是否统一，特别是战略目标制定、实施和控制的情况等。

（6）了解竞争者的彩票机构文化建设。彩票机构文化建设是搞活、搞好彩票营销的重要组成部分，也是竞争双方的主要内容。主要包括竞争对手如何丰富彩票的文化内涵，如何加强企业文化建设等。

2. 了解自己的实力

福利彩票机构的实力是制定一切战略策略的基础，因此，能否客观评价自己的优势和劣势就成为所制定的市场竞争战略能否取得成功的关键。但是，"人贵有自知之明"，就是说真正客观的了解自己是很难的。这就要求福利彩票机构的管理者必须多方面了解信息，以保证做出的评价符合实际情况，从而保证竞争战略的成功。

（二）竞争战略的类型及内容

彩票市场是垄断竞争的市场，决定了彩票市场的竞争是有限的竞争，因为任何人都没有权力改变彩票的销售价格，从而使一切与价格直接相关的竞争战略均被排除在外。这样，福利彩票的竞争战略只能是非价格竞争战略。非价格竞争战略主要包括产品差异化战略、优势经营战略、形象竞争战略和品牌竞争战略。

1. 产品差异化战略

产品差异化战略是指福利彩票机构通过创造本机构产品的独有特性，使之与其他同类产品有明显差别来占领市场的战略。该战略的重点是创造被全行业和顾客都视为独特的产品和服务。产品的差异性可以表现在产品的功能、品种、玩法、服务等许多方面。具体采用什么方式显示产品差异，要根据不同的产品来决定。

福利彩票机构采用产品差异化战略，对于提高自己的竞争能力具有重要作用。（1）实行差异化战略可以利用顾客对其特色的偏爱和忠诚，由此形成稳定的顾客群，拓宽福利彩票的市场。（2）实行差异化战略可以缓和与竞争对手的直接冲突。（3）实行差异化战略可以增加彩民对福利彩票产品的兴趣。总之，由于产品差异化会受到顾客的欢迎，因而可以提高福利彩票的竞争地位，应付来自各个方面的竞争。

采用产品差异化战略，福利彩票机构需要具备基础研究能力、产品工艺设计能力和市场营销能力，能得到销售渠道的强有力的合作，具有大批有创造能力和高技能的人才，以及拥有相当的财力做后盾等。同时，企业领导者要有创新观念，不断推出新的产品占领市场。

2. 优势经营战略

优势经营战略是指福利彩票机构通过充分发挥自己的优势在竞争中获胜的战略。任何机构在竞争中总有一定的优势，但同时也存在着某些不足。优势经营战略就是使企业在营销活动中扬长避短，发挥优势，充分发扬自己的长处，以树立良好的形象，掌握竞争的主动权。

　　福利彩票机构的优势可以表现在许多方面，例如资金优势、技术优势、人才优势、产品优势、服务优势、信誉优势等。资金、技术、人才、产品等方面的优势是由规模的差别造成的，但销售服务和信誉却与规模无关，是营销管理水平的表现。这里讲的优势就是指所有企业都可以具备的优势。

　　服务是产品延伸部分的内容，也是竞争的重要手段。随着科学技术的进步，产品质量越来越接近，服务就成为衡量产品优劣的重要标志，谁能提供优质服务谁就掌握了竞争的主动权。由于服务的实质是帮助彩民解决各方面的困难，因而在售前、售中、售后都应该做到服务态度好，服务质量高，以便在服务竞争中赢得彩民的忠诚。

　　信誉是顾客对企业的优质产品和良好服务产生的信任感。它是福利彩票机构在长期的努力中形成的。信誉一旦形成，就会得到彩民的信赖，因而也就成为竞争制胜的手段。谁赢得了信誉，谁就能在市场竞争中立于不败之地；谁损害或葬送了信誉，谁就被市场所淘汰。取得信誉的武器既要有优质的产品和良好的服务，还要通过说话算数及各方面的工作，在彩民心目中树立"信得过"的形象。

　　采用优势经营战略更有利于提高福利彩票机构的竞争地位，但必须具备一定条件，例如要舍得在这些方面投资，在工作上要持之以恒等。这些条件说起来容易，做起来却很难，因为这些工作不像其他工作那样立竿见影，需要较长的时间才能见到成效，从而会使有些领导者因在短期内未见成效就中途退缩，结果功亏一篑。这就要求企业的领导者必须有战略观念，树立长期作战思想，保证该战略的成功。

3. 形象竞争战略

　　形象竞争战略是通过塑造鲜明的福利彩票形象来赢得社会公众与员工的认同，从而强化竞争力的战略。福利彩票机构形象的塑造通过设计和实施企业形象识别系统来实现。企业形象识别系统（Corporate Identity System，简称"CI"或"CIS"）是指通过对本单位（团体）的整体形象设计，使本单位在复杂的社会环境中求得社会的接受和肯定。企业形象识别系统由理念识别系统、行为识别系统、视觉识别系统三个子系统组成。

　　理念识别系统（Mind Identity System，简称 MIS）是形象战略的核心和原动力，主要是指福利彩票机构的企业精神和全体员工的共同理想，即本机构所追求的目标和境界，是内部统一兼具外部特征的主导思想和观念，是福利彩票机构欲使社会公众知晓并接受的独立品格，是福利彩票机构的"自我定位"和"灵魂"。塑造独特的福利彩票形象首先要塑造自己独特的理念。理念识别系统主要包括福利彩票机构的经营信条、经营宗旨、企业文化、企业风格、精神标语、经营策略、价值观念、精神境界等基本内容，它通常用座右铭式的口号体现出来。

行为识别系统（Behavior Identity System，简称 BIS）是指福利彩票机构在其经营理念指导下，形成的一系列经营活动。具体说，行为识别系统就是将企业经营方针、目标、发展战略等，通过员工的共同行动使之变为现实；对外则通过员工的日常活动展示福利彩票机构的个性。

视觉识别系统（Visual Identity System，简称 VIS）是在福利彩票机构确立经营理念和战略目标的基础上，运用视觉传达设计的方法，根据宣传媒体的要求设计出系统的识别符号，以刻画自己的个性、突出精神文化，从而使社会公众和员工对福利彩票机构产生一致的认同感和价值观。视觉识别系统是形象竞争战略中最具传播力和感染力的识别形式。福利彩票机构运用视觉、听觉系统把其经营理念具体、生动地传播给社会公众，最容易被社会大众接受。视觉识别系统的基本要素包括：企业名称、企业标志、企业标准字、标准色等。

福利彩票机构的形象竞争战略就是将理念识别系统、行为识别系统和视觉识别系统统一化、标准化、规范化，以塑造独特的形象，突出自己的个性。

4. 品牌竞争战略

品牌竞争战略是现代企业参与市场竞争的主要手段，即通过开发"名牌"产品占领市场。近几年来，国际国内竞争日趋激烈，名牌产品畅销，名牌企业迅速扩张；非名牌产品滞销，积压日益严重，有许多过去依赖数量扩张并有一定知名度的企业转瞬就陷入困境。可见，在市场经济条件下，名牌既是竞争的结果，更是竞争的手段，是可以增值的无形资产。因此，实施品牌竞争战略，有利于保证福利彩票机构掌握市场竞争的主动权。

福利彩票机构的品牌竞争战略是指把创立名牌放到关系自己生存和长远利益的高度，从全局出发制定的提高福利彩票形象、扩大福利彩票影响、增加福利彩票销售的谋划。它与形象竞争战略的区别是：形象竞争战略是通过提高福利彩票机构的整体形象取得市场竞争的主动权，品牌竞争战略是通过提高产品的形象来实现竞争的目标。

由于品牌营销的最终形成需要得到消费者的普遍认可，因此，实施品牌竞争战略可以引导福利彩票机构按市场需求组织营销，真正树立社会营销观念，促进福利彩票机构的全面发展。首先，实施品牌竞争战略可以推动科技进步。品牌的创建必须以科技进步为先导，只有一流的技术、一流的设备才能创造一流的产品，品牌竞争战略推动着福利彩票机构不断进行技术创新。其次，实施品牌竞争战略可以推动管理水平的提高。品牌竞争战略的实施必须依靠科学的系统管理作保障，因而会促使管理思想、管理组织、管理方法、管理手段、管理人才等方面的全面发展和进步。再次，实施品牌竞争战略可以促进人才的成长。创品牌的竞争也可以归为人才的竞争，只有各类人才的齐心协力才能成功地创出知名品牌，并会锻炼及造就出一批德才兼备的优秀人才。最后，实施品牌竞争战略可以使人们的思想意识得到升华。知名品牌本身包含着高品位的艺术魅力，它引导人们追求高品位的消费；名牌产品提供者的自豪感和不断进取精神也激励着人们，使人们的意识不断得以升华。

关于品牌竞争战略的详细内容，请阅读《中国福利彩票市场营销通论》一书的第八章："中国福利彩票市场的品牌营销"。

二、福利彩票机构的市场拓展战略

福利彩票机构的市场拓展战略是指为了扩大市场规模、提高市场占有率而进行的战略谋划。在中国彩票市场上，福利彩票的发行先于体育彩票，福利彩票的发行量也大于体育彩票，可见，福利彩票机构是中国彩票市场上的领导者，而体育彩票则是中国彩票市场上的挑战者。作为彩票市场的领导者，为了不断扩大彩票的销售量，福利彩票机构必须采取市场拓展战略。

福利彩票机构的市场拓展战略目标是为了维护自己的优势，保持自己的领导地位，具体体现在设法扩大整个市场需求、保护现有的市场占有率和进一步扩大市场占有率三个方面。（1）扩大市场需求总量。当彩票的市场需求总量扩大时，福利彩票机构的市场份额不变，其销售量也要扩大。因此，作为市场领导者的福利彩票应努力扩大市场需求总量。（2）保护市场占有率。处于市场领导地位的福利彩票机构，在努力扩大整个市场规模时，竞争对手必然会趁机发动进攻，以提高自己的市场份额。这样，保护自己现有的市场份额就成为福利彩票机构市场拓展的目标之一。（3）提高市场占有率。市场领导者设法提高市场占有率，是增加收益、保持领导地位的一个重要目标。美国的一项称为"企业经营战略对利润的影响"的研究表明，市场占有率是影响投资收益率最重要的变数之一，市场占有率越高，投资收益率也越大。因此，福利彩票机构应以提高市场占有率为目标。

福利彩票机构的市场拓展战略主要包括三种类型：密集化发展战略、一体化发展战略和多元化发展战略。各个福利彩票机构应根据自己的条件进行选择。

（一）密集化发展战略

密集化发展战略是指企业在原有生产领域内集中力量改进现有产品以扩大市场范围的战略。它是在福利彩票机构的现有产品或现有市场还存在一定的发展潜力时采用的战略。通过充分发挥优势，挖掘现有潜力，走集约经营的道路，使福利彩票机构得到发展。该战略采取的基本办法是挖掘老产品的市场潜力、增加花色品种、开拓新的市场等。这就形成了密集化发展战略的三种形式：市场渗透战略、市场开发战略和产品开发战略。

1. 市场渗透战略

市场渗透战略是指福利彩票机构在原有产品和市场的基础上，通过改善产品、服务等营销手段和方法，逐渐扩大销售，以占有更大市场面的战略。这种战略的核心是在现有市场上扩大现有产品的销售，以提高原有产品的市场占有率，因而它适应的是那些处于成长期或刚刚进入成熟期的产品。产品一旦进入成熟后期或衰退期，该战略就不再适用，必须选择新的战略。

市场渗透战略的基本方式有三种：（1）通过增加产品的新用途、新服务、增设销售网点等使现有彩民增加购买量；（2）通过创名牌、增加促销等方式吸引竞争者的顾客购买福利彩票；（3）通过展销、赠送样品等刺激潜在顾客购买福利彩票。

2. 市场开发战略

市场开发战略是指福利彩票机构将现有产品投放到新的市场以扩大市场范

围的战略。这是当老产品进入成熟期或衰退期，已无法在老市场上进一步渗透时采用的战略。市场开发的主要方式有两种：一是地区性开发，例如把老产品从城市市场推向农村市场，从当地市场推向外地市场，从地区市场推向全国市场，从国内市场推向国际市场。二是市场面开发，即开发新的目标市场。

3. 产品开发战略

产品开发战略是福利彩票机构通过改进老产品或开发新产品的办法来扩大市场范围的战略。其基本方式是增加产品的花色品种、增加产品的新玩法或新用途，以满足不同消费者的需求。通过产品开发，既可以增加原有市场上的销售量，也可以开发新的市场。

（二）一体化发展战略

一体化发展战略是指福利彩票机构充分利用自己在产品、技术、市场上的优势，向产业链的上下游扩展市场的战略。这是一种利用现有能力向生产的深度和广度发展的战略。采用该战略有利于稳定福利彩票的销售并扩大规模，提高福利彩票机构的经济效益。

根据商品从生产到销售过程中的物资流向，形成了一个从后到前的营销系统，据此，一体化发展战略可以分为三种类型：增加与物资流向相反的产品生产叫后向一体化；增加与物资流向相同的产品生产叫前向一体化；增加处在同一阶段的产品生产为水平一体化。如图2-2所示：

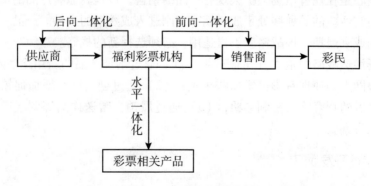

图2-2　一体化发展战略

1. 后向一体化

指福利彩票机构通过建立、购买、联合那些设备、原材料的供应企业，实现供产合一。例如，与软件企业联合就属这种类型。采用后向一体化发展战略，有利于供应品的保质保量、按时供应，从而提高竞争力。

2. 前向一体化

指福利彩票机构通过建立、购买、联合那些使用或销售本企业产品的企业，实现产销合一。例如，福利彩票机构与商店联合而出现的产销合一就属前向一体化。采用这一战略，有利于扩大销售。

3. 水平一体化

指福利彩票机构通过建立、收买、合并或联合彩票行业的其他机构以扩大规模。例如，与利用相关企业的销售渠道销售福利彩票就属于这种形式。采用这一战略，有利于扩大规模，提高声誉。

（三）多元化发展战略

多元化发展战略又叫"多样化发展战略"或"多角化发展战略"，是指福利彩票机构同时跨行业生产经营多种产品以扩大市场范围的战略。其内容就是通过"多种经营"或"多品种经营"，利用本行业之外的发展机会取得本企业发展。采用这一战略，可以有效地应付市场竞争，因为它可以取得"东方不亮西方亮，黑了南方有北方"之功效。

根据多种经营的产品与原有产品的联系程度，可以把多元化发展战略分为三种形式：

1. 圆心型多元化

又叫"同心型多元化"，是指福利彩票机构利用原有的技术、经验、特长，生产、销售跨行业的新产品，以不断扩大自己的市场范围。例如，利用福利彩票机构的印刷技术印刷其他产品就是这一战略的实际运用。福利彩票机构采用该战略，既能发挥优势，又提高了适应能力和竞争能力，从而保证在竞争

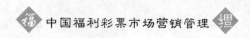

中不断发展。

2. 水平型多元化

指福利彩票机构利用自己在市场上的优势，增加生产、销售那些与原有市场相联系的跨行业的产品以扩大市场范围。例如，出版介绍彩民买彩经验的图书、印制福利彩票的纪念品就属于这种形式。采用这一战略，有利于满足原有市场上的不同需求，但要考虑市场需要和企业能力，以防盲目发展。

3. 混合型多元化

也叫"集团多元化"，是指企业发展那些与原有产品、技术、市场都没有联系的跨行业产品来扩大市场规模。例如中国福利彩票发行管理中心经营旅馆就属此类。采用这一战略，有利于满足消费者的多种需要，使福利彩票机构平安发展。

福利彩票机构实行多元化发展战略是以自己的技术、市场等条件为基础的，因而实现多元化发展战略的途径有两条：一条是通过内部扩展其技术基础实现；另一条是通过外部合并或联合别的企业实现。前者是在原有技术基础上不断扩展，增添新的设备和技术力量，以适应跨行业经营的需要；后者则是把不同行业的企业进行合并或联合，因而它特别适合于混合多样化发展。

三、福利彩票机构的整合营销战略

整合营销是指市场营销者在市场营销活动中，整合组织内外的全部资源、发挥组织的整体功能和部门的整体优势占领市场。福利彩票机构在制定整合营销战略过程中，其方案要包括营销工具的整合、营销流程的整合、组织内的整合与组织间的整合四个方面。①

营销工具的整合是指对福利彩票营销中彩票玩法、分销渠道和促销方式的整合。福利彩票玩法的整合是指对不同彩票玩法的难易、大奖额的更低、彩票的式样等进行的整合。通过整合，形成福利彩票的玩法体系，以满足不同彩民的不同需求。分销渠道的整合是指对销售渠道和销售网点（投注站）的整合。

---

① 胡正明：《中国福利彩票营销的战略选择》，载《中国民政》2005年第4期。

通过分销渠道的整合，保证每一个彩民能够方便并满意地买到福利彩票。促销方式的整合是指对福利彩票营销中促销工具和促销内容的整合。福利彩票营销的主要促销工具是广告、公共关系和人员促销。这里既有三种工具的整合，也有各工具内的整合，如广告媒体的整合。促销内容的整合围绕着当前人们对彩票认识上的种种误区展开，在宣传主题上主要应做好两方面的工作：一是阐明彩票与公益事业的直接关系，让彩民切实看到"取之于民，用之于民"；二是澄清人们对购买彩票的认识误区，使彩民认识到彩票在发挥社会公益功能的同时，作为一种娱乐方式，又可以为人们提供消遣和娱乐。

营销流程的整合是指从福利彩票的品种设计到奖金发放、福利资金使用的整个过程的整合。单从彩民直接参与的过程来看，包括彩票的销售过程、开奖过程和兑奖过程。为了使每个过程都让彩民满意，必须做到流程设计透明、合理，过程实施公平、公正，并通过审计、监督提高彩票发行的公信力。福利彩票营销流程整合围绕两个方向展开：一是提高发行效率。例如，福利彩票的品种不能太多，否则会影响效率。二是提升信用高度。"信誉"是彩票的生命，因此，福利彩票营销流程整合的核心是信誉。当效率和公平、公正发生矛盾的时候，效率要无条件地让位于公平、公正。

组织内的整合是指福利彩票机构内部不同层次的整合。首先，内部组织整合的基础是组织机构设计的合理性，包括层次、数量和地理分布。其次是岗位设置科学，责、权、利清晰明确，有利于调动工作积极性。再次是人员结构要合理，人员素质较高，能够胜任所从事的工作。

组织间的整合是指福利彩票发行机构对外部资源的整合。包括整合各级政府机构、新闻媒体、司法机构、社会团体、社区组织的资源等。整合这些组织机构的资源，是要把他们纳入福利彩票发行的依靠力量，利用他们的资源和影响力，进一步扩大福利彩票发行的范围和提高福利彩票发行的公信力。例如，福利彩票的开奖过程要公正，就需要请公证机关参与监督，以增加人们对福利彩票的信赖。又如，福利资金的使用要有透明度，就需要请审计部门参与监督。而这些都需要新闻媒体的及时报道。组织间整合的基本原则是取长补短，为我所用。利用外部组织的互补性，一方面扩大彩票发行的势力范围；另一方面弥补自己的不足，为扩大福利彩票销售创造条件。

关于福利彩票机构整合营销战略的详细内容，请阅读《中国福利彩票市场营销通论》一书的第十一章："中国福利彩票市场的整合营销"。

第三章

中国福利彩票营销策略管理

营销策略管理是福利彩票机构营销管理的重要组成部分，是实现营销战略目标的保证。不同的市场具有不同的特征，需要采用不同的营销战略和策略。在彩票市场上，福利彩票机构要实现自己的战略目标，就必须在充分考虑福利彩票产品特性和市场特征的基础上，结合福利彩票机构的实际情况和实施的营销战略，制定出相应的营销策略。

第一节　福利彩票营销策略管理概述

福利彩票机构在其营销活动中采用的全部策略总称为营销策略。这些策略分别从不同的方面，为福利彩票的营销管理者驾驭市场提供了有力的支持。

一、福利彩票营销策略管理的含义

营销策略管理是指对福利彩票机构在营销活动中为取得最佳效益而使用的手段和技巧的管理。营销策略管理在福利彩票营销管理中扮演着重要的角色，而且涉及许多场合。目前，许多人对营销策略的概念认识不清：有的人把营销战略和营销策略混为一谈，认为营销战略就是营销策略；还有的人把营销战略和营销策略混和交叉使用，一会儿用营销战略，一会儿用营销策略。为此，有必要对福利彩票营销策略的概念进行阐述。

营销策略是指福利彩票营销策划者在营销活动实施过程中，为实现营销战略目标而采取的对策、方法与手段的总称。营销策略管理就是福利彩票机构实施营销策略的决策过程。由于彩票给彩民提供的只是一种机会，不是有形的产品，因而属于服务营销的范畴。

上述概念包含着三层含义：（1）福利彩票营销策略管理是为实现营销战略目标服务的，因而属于从属性内容。这就决定了福利彩票营销策略只能在短期内发挥作用，福利彩票机构必须随机应变，灵活机动地制定和实施营销策略。（2）福利彩票营销策略的内容是各种不同的手段和技巧，其艺术性多于科学性。因此，福利彩票机构必须更多掌握心理学等多学科的知识。（3）福利彩票营销策略是一个系统，需要相互配套才能更好地发挥作用。因此，不仅需要制定多种营销策略，更要保证各种营销策略的互补和协调。

福利彩票营销策略是以彩民需要和需求为中心、以竞争为导向来制定和评估的营销手段与技巧。同时，福利彩票营销策略必须能适应环境的变动，以及能充分让各项资源（人、物、财、专有技术）配合彩票市场竞争全面投入，并设计出能配合营销策略执行的组织和计划，以实现福利彩票的战略使命，达到促进福利彩票事业发展壮大的目标。

二、福利彩票营销策略管理的特点

福利彩票营销策略管理是为其市场营销活动服务的，它必须能够为福利彩票机构管理市场营销活动提供有效的指导。因此，福利彩票营销策略管理的特点是由福利彩票及其市场的特点共同决定的。

首先，福利彩票营销策略管理具有服务营销策略管理的一般特点。由于服务营销的对象不是有形商品，而是无形服务，这决定了其营销策略除了关注传统的4P策略即产品（Product）、价格（Price）、渠道（Place）和促销（Promotion）外，还要考虑体现服务特色的另外3个P，即人（People）、过程（Processes）和有形展示（Physical Evidence）。作为服务营销的福利彩票，其策略决策也必须考虑这些内容。

其次，福利彩票营销策略管理具有关系营销策略的特点。福利彩票机构经营的是一种社会公益事业，必须充分考虑处理好与其利益相关方的关系，而不能只考虑如何销售福利彩票。同时，将关系营销策略运用到福利彩票的营销策略中，也会促进福利彩票的销售。

最后，福利彩票营销策略具有非营利组织营销策略的特点。福利彩票机构作为国家筹集社会福利资金的组织，属于非营利组织，因而福利彩票营销策略就与一般企业的营销策略有所不同，即福利彩票营销策略既要有利于福利彩票的销售和福利彩票机构自身的发展，又必须控制不良社会影响的产生。比如它鼓励彩民多购买彩票，但是不能将此作为个人暴富的手段，而要使彩民明白购买福利彩票是一种慈善行为，是自己对社会贡献的体现。同时，当一些彩民把福利彩票的机会游戏属性异化为投资理财属性，抛弃了量力而行、细水长流的彩票游戏理念，而不惜倾其所有、孤注一掷时，又要及时提醒他们："彩市有风险"。避免因为某些彩民盲目投注受到伤害而损毁彩票的公益形象。

三、福利彩票营销策略与营销战略的关系

福利彩票营销战略是福利彩票机构为了形成和维持自己的竞争优势，谋求长期生存和发展，在外部环境与内部资源分析的基础上，对福利彩票的未来发展方向、目标以及实现目标的途径、措施等方面所进行的一系列全局性、根本性和长远性的谋划。而福利彩票营销策略则是实现福利彩票营销战略的具体手段和方法。二者之间存在密切的关系。

关于营销战略与策略在理论上的关系，在第二章已经说明，即：对于大中型企业来说，应该先制定战略，然后根据战略的要求确定策略。对于那些小型企业来说，则应该随着市场的变化而随时制定适合自己的营销策略，然后根据策略的积累制定战略。

福利彩票发行管理中心是中国福利彩票的唯一发行机构。各省级发行中心是各省市唯一的福利彩票销售机构，年发行额都在数亿元以上，规模都很大。因此福利彩票机构营销战略与策略之间的关系是：先制定营销战略，后制定营销策略，营销策略必须为营销战略服务，并以营销战略作为营销策略制定的指导原则；反过来看，营销战略只是一种"愿景"，这种"愿景"能否实现，还

要看营销策略的制定和执行。没有正确地营销策略，营销战略只是一句空话。

在福利彩票机构内部，战略与策略是层次间的关系，例如有 A、B、C、D 四个地区销售中心，它的策略层次关系如图 3-1 所示。

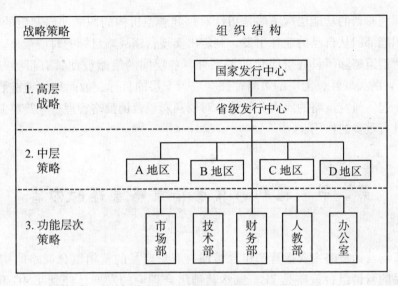

图 3-1　战略与策略是层次间的关系

在每个战略与策略层次里，关注的重点不同，说明如下：

1. 高层战略

福利彩票高层战略的目的在于提出如何完成福利彩票的任务、目标和决定各地区福利彩票机构的资源分配及发展目标。高层战略的任务在于明确回答：（1）福利彩票存在的战略使命是什么？（2）福利彩票现在所处的是何种业务领域？（3）福利彩票应该为社会创造什么价值？（4）福利彩票的战略目标是什么？

2. 中层策略

福利彩票中层策略是指各个区域市场的执行策略。主要围绕彩民的需要、彩民的行为、提供的营销工具或技术展开。福利彩票中层策略的内容主要包括：（1）彩民的购买频率、购买数量、购买时间等。（2）彩民购买的方便性、服务的要求等。（3）提供的员工管理系统、设备管理系统和促销等专业技能。

3. 功能层次策略

福利彩票的功能层次策略是指针对福利彩票机构的职能部门制定的策略。各个职能部门从自己的业务出发，制定出实现营销战略目标的对应策略。

营销策略除了具有层级化的关系外，各层间的策略彼此具有目标与策略（手段）的关联性，上层的策略往往会成为下层的目标，彼此犹如锁链般地连接在一起。研究策略的层次关联性，对福利彩票营销策略管理——策略制定与评估具有重要的作用。

第二节　福利彩票营销策略管理的内容

市场营销策略主要指营销组合策略。有形产品的营销组合策略即4P，无形产品的营销组合策略是7P。虽然营销组合理论的发展已经到了4C和4R，但是，4C和4R都是理念层次的东西，具体操作难度很大。例如：4C中的第一个C是让人们忘掉产品，而要考虑顾客的需要，但顾客的需要仍然要通过产品来满足，结果又回到产品上去；第二个C是忘掉价格而考虑消费者能够接受的成本，但成本包含在价格当中，要通过销售价格实现成本回收，结果与顾客接触的仍然是价格；第三个C是忘掉渠道而考虑给顾客提供便利，但没有渠道怎么能够给顾客带来便利呢？最终还是回到渠道上；第四个C是忘掉促销而考虑与顾客的沟通，但沟通的目的不正是促销吗？因此，设计营销策略仍然是P组合。福利彩票营销属于服务业营销，其策略管理要围绕"7P"即产品策略、价格策略、渠道策略、促销策略、人员服务策略、过程策略和有形展示策略展开。但是，在中国彩票市场上，福利彩票的公益性质及福利彩票市场的寡头垄断性特征决定了其价格具有极强的政策约束，不是各个福利彩票机构所能够控制的因素，因而价格策略在此便失去了讨论的意义。而彩票的销售过程和有形展示是联系在一起的，这样，福利彩票营销的策略决策主要集中在五个方面。这里只对营销策略作简要介绍，详细内容请阅读《中国福利彩票市场营销通论》的有关章节。

一、福利彩票营销的产品策略

福利彩票机构营销策略的制定，首要的问题就是提供什么样的彩票产品或服务去满足彩民的需要，这时就涉及彩票的产品策略问题。同时，福利彩票机构募集社会公益金是通过各种福利彩票产品来实现的，福利彩票机构与福利彩票市场的关系也主要是通过福利彩票产品建立起来的。可见，福利彩票产品是福利彩票机构管理活动的中心，福利彩票的产品策略是福利彩票机构市场营销策略的支柱和基石，其他策略发挥作用都是建立在产品策略的基础上。

福利彩票产品是用于满足彩民某种需求和利益的有形实体和无形服务的总体。它既是使用价值和价值的统一，又是有形实体和无形服务的统一，是一个整体的概念。

根据产品整体概念的内容，福利彩票的产品策略包括产品组合策略、产品生命周期的营销策略和新产品开发策略等三个方面。

（一）福利彩票产品组合策略

福利彩票的产品组合策略包括机构内的组合策略和产品内的组合策略两个层次。福利彩票产品内的组合策略是指产品整体概念各部分的组合运用。机构内的产品组合是指福利彩票机构向市场提供的一系列彩票玩法的质的比例和量的结构。它通过宽度、深度、关联度三个方面表现出来。这三个方面的不同比例构成不同的产品组合。

福利彩票产品组合的宽度是指福利彩票机构所经营的产品线的数目。产品线越多，产品组合越宽，反之就越窄。产品线又叫产品类别，是具有类似的使用功能但规格型号不同的一组产品项目。产品项目是指在产品目录上列出的每一个产品。福利彩票产品组合的深度是指每一条福利彩票产品线上所包含的产品项目的多少。项目越多，产品组合越深，反之则越浅。产品组合的关联度是指各产品线在最终用途、生产过程、销售过程相关联的程度。福利彩票各条产品线总体来说其关联程度是比较高的，不管是即开票还是乐透票，虽然存在生产过程的差别，但在用途上是一致的。

产品组合策略为福利彩票机构确定福利彩票产品组合提供了依据，福利彩票机构必须根据各自的具体条件选择合适的策略，以便获得最佳效益。

（二）福利彩票的产品生命周期策略

福利彩票的产品生命周期是指一种彩票玩法从投放市场到被市场淘汰的整个过程。产品的生命周期是产品的市场寿命。它的产生是由消费者的购买差异决定的。由于消费者存在心理状态、社会经验等差异，在接受新产品上就会出现较大差别。这样，由于不同类型的购买者在不同时期购买新产品和停止使用老产品，从而决定了产品销售的周期性变化。

产品生命周期各阶段的划分是以销售额和利润额为标志的。在产品投放市场的不同阶段，其销售额和利润额各不相同。一般说来，在投放市场的初期，销售额较低，以后逐步增长，达到一定高度后销售额又会下降。根据销售额的差别，产品的生命周期可以分为四个阶段，即投入期、成长期、成熟期和衰退期。产品在生命周期的各个阶段具有不同的特点。例如，福利彩票销售初期，彩民对彩票知识了解很少，虽然市场没有竞争，只能采用大奖组的销售方式扩大彩票的影响。当电脑福利彩票出现以后，大奖组的优势逐渐减少。可见，要想提高福利彩票业的营销效益，使福利彩票持续保持竞争力，就必须根据各阶段的特点，采取不同的营销策略。

1. 投入期的营销策略

在这一阶段，新产品刚进入市场，还存在很多的不足，例如，彩民对新的玩法还不了解，技术和管理还不完善，销售网点还不适应，服务质量还不够稳定，等等。因此，这一时期的主要任务，是让新产品在市场上站稳脚跟，并迅速打开局面。为此，这一时期营销策略的特点是要突出一个"短"字，即尽可能的缩短投入期，以免造成不应有的损失。

对于一般商品来说，该阶段采取的主要策略是价格策略和促销策略，如高价格高促销策略、高价格低促销策略、低价格高促销策略、低价格低促销策略等。采用这些策略的目的，是为了迅速收回成本或迅速占领市场。

对于福利彩票来说，由于中国福利彩票的价格是固定的，一注两元。因此，这一时期的营销策略主要体现在促销上。在投入期，福利彩票新产品刚进入市场，彩民对这种新的产品并不熟悉，所以这一阶段的主要营销策略是宣传、推广。通过多做广告，从整体上包装宣传新产品；同时最重要的是要在投注站加强宣传，因为投注站是福利彩票的主要分销渠道，彩民了解信息也是主要从投注站中了解，投注站要向彩民介绍和宣传新的彩票产品，这对新产品的推广十分重要，这时的宣传策略主要是让彩民了解和认识新的产品，激发彩民的购买欲望。

2. 成长期的营销策略

经过投入期之后，产品进入成长期。此时的产品已被证明是令人满意的，并被广大顾客所接受。因此，产品的销售额迅速增长，市场竞争加剧。经过投入期的宣传推广彩民对新的产品已经熟悉和了解，对其逐渐的接受，这时广告和各个投注站的宣传应由对彩票基本玩法的介绍转变为产品利益的深入介绍，促使消费者购买，适当加强关于中奖的一些宣传，积极促成消费者购买，要形成一轮轮的购买高潮。同时逐渐培养彩民对这种产品的浓厚兴趣，努力树立产品的良好形象，不断地进行品牌的建设，从而培养彩民的忠诚度。

福利彩票机构在成长期所采取的营销策略应突出一个"快"字，具体说来有以下几种：

（1）迅速站稳并巩固扩大自己的市场，然后设法进入新的市场部分。

（2）稳定开辟新的分销渠道，扩大销售网点。

（3）提供完善的服务，增加产品的附加价值。

（4）改变广告的宣传方针，从以建立产品知名度为中心转移到以建立产品信赖度、树立产品形象为中心，建立品牌偏好。

（5）开发系列产品。既然产品已为市场所接受，就要利用这个有利条件，这既是竞争的需要，也是企业长远发展的需要。

3. 成熟期营销策略

成熟期的主要任务是巩固原有的市场并使其进一步扩大，以此来延长成熟期。这一阶段营销策略的重点是突出一个"改"字，即对原有产品和市场进行改革。其策略有以下几种：

（1）改革市场策略。改革市场策略就是在原有目标市场的基础上进行改革，以建立更大的市场。对于福利彩票来说改革市场的主要途径就是寻找新的细分市场，发现新的市场，创造新的消费方式，比如说在农村设立投注站，开发农村市场。

（2）改革产品策略。改革产品策略就是对原有产品的玩法、品种、包装等方面进行改革，来扩大其市场销售量。对于福利彩票来说，处于成熟期的彩票产品本身并不需要做任何改进，需要改进的是服务水平，要尽可能地给彩民提供完善、满意的服务。同时要注意一些新兴玩法的发展趋势。

（3）改革营销组合策略。就是把原有的市场营销组合策略进行改革，使之适应变化了的新情况。对于福利彩票来说主要就是对产品、投注站、促销三个因素进行改革。渠道上可以增加投注站的个数，提高服务质量、增加服务项目，改进服务方法；促销上，可以采取更新式的广告或更有吸引力的推销方式来吸引顾客。

在成熟期，除了进行一系列的改革外，还要着手推出新产品，以便在老产品进入衰退期后有新的产品来占领市场。

4. 衰退期的营销策略

衰退期竞争者纷纷退出市场，这一时期营销策略的特点要突出一个"转"字，即转向新产品或新市场。在这一过程中要避免产生两种错误做法：一是没有周密安排就贸然舍弃，影响了一些忠诚彩民的积极性；二是犹豫观望、勉强支撑，从而浪费资源。

福利彩票机构可通过确定彩票产品所处的阶段或将要进入的阶段来制定相应的市场营销计划。通过对产品生命周期的研究，制定相应的市场营销策略，促进产品的更新换代，使组织永远具有创新精神，在竞争中立于不败之地。同时，可以将在城市中处于衰退期的彩票产品转移到农村彩票市场，从而一方面有利于拓展彩票的生存空间，另一方面也有利于丰富农村的娱乐方式[①]。

（三）福利彩票的新产品开发策略

福利彩票新产品是指福利彩票机构向市场提供的较原先已经提供的在玩法

---

① 孙元太、毕建华：《如何开发农村电脑彩票市场》，载《中国民政》2001年第2期。

或奖金设计上存在一定差别的产品。产品生命周期理论说明，开发新产品对于福利彩票机构来说具有重大的意义。福利彩票机构的开发新产品策略分两大类：一类是针对产品的开发方向而制定的策略；另一类是针对产品的开发方式而制定的策略。常用的产品开发方向策略主要有以下几种：

1. 创新策略

这种策略是采用新技术、新材料、新工艺，创造出富有特色的新产品占领市场。例如，从印刷彩票发展到电脑彩票就是采用的创新策略。该策略的特点是标新立异，以新取胜。

2. 改革策略

这种策略是通过对现有玩法的改革形成新的产品去占领市场。该策略的特点是以改为主，改创结合，通过对现有产品的革新改造，生产出换代新产品和改进新产品投放市场。其优点是开发费用低，一般企业都能做到。缺点是新产品的变化受老产品的限制，其生命力不如创新产品；并且由于开发容易，竞争激烈。

3. 扩散策略

这种策略是以获得成功的产品为中心，开发出各种变型产品、系列产品、配套产品和延伸产品。例如，山东省福利彩票当"30 选 7"获得成功以后，及时推出"23 选 5"占领农村市场就是采用的这一策略。该策略的特点是围绕中心，多向发展，扩展营销，以多种新产品占领市场。其优点是由于企业已掌握了主要产品的开发技术，开发这些扩散产品容易得多；并可利用原产品的声誉和分销渠道，容易进入市场，打开局面；同时，由于产品的配套使用，可以扩大销售；各种产品的标准化、系列化，为用户选择、采购、维修提供了方便；等等。因此，运用该策略能够在较短的时间、花费较少的费用扩大市场规模，提高竞争能力，取得较好的经济效益。

4. 组合策略

这种策略是将现有已经成熟的技术和产品加以重新组合，开发出别具一格的新产品。例如，中福在线彩票就是通过对即开型彩票和网络技术、电脑视频的结合而形成的新的玩法。该策略的特点是不追求发明创造和新原理、新技术，只强调重新组合，开发出多功能的产品占领市场。优点是投资少，见效快，只要在现有技术和产品的基础上不断加以组合，就可以开发出无限的新产品。可以借鉴国外更先进的方法，设计出电话投注、网上投注等方式，做到足不出户，在家里或办公室里就可以购买彩票。同时，对于传统型彩票应精心设计好每一套彩票的款式、花色，既体现彩票的娱乐功能，又可以作为纪念品长期收藏。

5. 仿制策略

这种策略是仿照竞争者新产品的基本性能和要求，经过改造生产出自己的新产品。例如，2004 年福利彩票开始发行的 "3D" 游戏是一种数字游戏，在外国彩票市场早已出现，在国际上已经不是新产品；在国内彩票市场，体育彩票的 "排列 3" 也于 2004 年上市，可见也不是新产品。但作为福利彩票机构来说，由于是第一次上市，因而是新产品，是一种仿制新产品。

新产品开发方式方面的策略主要有以下四种：第一，独立开发。即由福利彩票机构自己的科研力量开发出新的玩法。第二，外部采购。即花一定的费用购买别人开发的彩票游戏。第三，研购结合。即在开发新产品上采取两条腿走路的方针，既独立研制，又外部采购。第四，联合开发。即与科研机构联合开发彩票新玩法。

二、福利彩票营销的渠道策略

购买方便也是彩票能否做到不受冷落的重要条件。在欧美许多国家，彩票可以在杂货店、报刊亭等极为便利的店铺购买到。为了满足彩民对福利彩票产品和服务的需求以实现福利彩票营销的目标，福利彩票发行机构除了提供良好的产品组合和优质的服务以外，还必须设计规范的分销渠道并制定有效的分销策略。分销渠道的设计是否合理规范，制约着分销策略的有效性，进而影响福利彩票营销活动目标的实现。因此，为了实现福利彩票营销的目标，必须设计规范的福利彩票分销渠道并制定有效的分销策略。

分销策略是市场营销组合的策略之一。它同产品策略、服务策略、促销策略、过程策略一样，是福利彩票能否成功地占领市场、扩大销售、实现营销目标的重要手段。为了使福利彩票产品能够迅速转移到购买者手中，福利彩票机构应选择最佳的分销渠道，并适时对其进行调整与更新，以适应市场变化的要求。

（一）福利彩票分销渠道的构成

分销渠道是指商品从生产领域流转到消费领域所经过的途径或通道。它是独立于生产和消费之外的流通环节，是连接生产和消费之间的"桥梁"和"纽带"。福利彩票的分销渠道是指福利彩票发行机构通过一定的组织系统将彩票产品和服务的价值流转到彩民手中的过程。它由参与实现彩票转移的所有机构和个人组成。其中取得彩票销售权再转移或协助实现所有权转移的组织和个人称为中间商。分销渠道是福利彩票产品和价值得到实现的载体。福利彩票作为一种特殊的商品，集娱乐性、公益性、机会性于一体，它将无形的彩票玩法通过有形的彩票分销渠道来实现自身的价值。其娱乐性决定了福利彩票分销渠道具有服务产品分销渠道的特点；其公益性和机会性决定了福利彩票分销渠道的高度规范性。

分销渠道由一系列的渠道成员组成，根据各个组织在整个分销过程中的作用，可以分为基本渠道成员、特殊渠道成员和辅助渠道成员。

1. 基本渠道成员

基本渠道成员是指福利彩票机构所有组成部分。福利彩票分销渠道中承担转移彩票产品和服务价值的基本成员包括福利彩票机构的营销部门和福利彩票投注站。基本渠道成员在福利彩票的整体营销中起关键的作用，因此成为福利彩票分销渠道管理的主要关注对象。

福利彩票营销部门是福利彩票分销渠道的主导者，它控制管理着福利彩票整个分销渠道的运行。福利彩票分销渠道的全部活动包括福利彩票分销渠道的设计与选择、福利彩票分销渠道策略的制定与执行、福利彩票分销渠道的管理与控制及评估等，全部由福利彩票营销部门统筹管理。因此，福利彩票营销部门在福利彩票分销渠道管理中起着举足轻重的作用。

福利彩票投注站是福利彩票分销渠道系统的基本单位，它是福利彩票产品和服务的价值实现的终端。福利彩票的形象、福利彩票营销战略与策略的执行以及福利彩票的一切营销活动，全部由福利彩票投注站来执行。可以说，福利彩票投注站是福利彩票的旗帜，它决定着福利彩票营销活动的成败。

2. 特殊渠道成员

特殊渠道成员是指那些通过互联网及其他电子方式的网络渠道以及彩民的自我服务将福利彩票产品和服务分销给彩民的渠道。

3. 辅助渠道成员

辅助渠道成员是指为整个福利彩票分销过程提供重要服务但不承担福利彩票价值转移风险的组织。例如，运输业、仓储业和提供促销支持的组织以及金融业、信息业、广告业、调研业等相关部门。

（二）福利彩票分销渠道策略的类型

分销渠道策略是指对福利彩票分销渠道的设计与选择的方法和技巧。可以从不同的角度进行分析。按是否使用中间商，可以分为直接分销渠道和间接分销渠道（简称直接渠道和间接渠道）；按商品销售过程中经历中间环节的多少，可以分为长分销渠道和短分销渠道（简称长渠道和短渠道）；按在零售环节中使用中间商的多少，可以分为宽分销渠道和窄分销渠道（简称宽渠道和窄渠道）。不同的渠道策略具有不同的特点和要求，福利彩票机构应根据各自的条件进行选择。

1. 直接渠道与间接渠道策略

直接渠道策略是指福利彩票机构在彩票的销售中不通过批发商或零售商等中间环节，而直接向彩民销售产品。间接渠道策略是指福利彩票机构利用中间商销售产品。两种策略各有利弊，各自适应不同的条件。

采用直接渠道销售彩票有多方面的优点：一是销售及时，加速了资金周转；二是减少费用，提高了竞争能力；三是了解市场，密切了产销关系。但是，采用直接渠道销售产品也有很大缺点，如占用较多的资金和人力；增加了交易次数；在市场分散的情况下，很难把产品送到消费者手中，从而影响彩票的销售。因此，企业是否采用直接渠道策略，需要考虑多种因素，只有在有利于占领市场、在同一地区销售数量较大时才适用。

采用间接渠道销售商品也有很大优点。第一，减少了资金占用。由于中间商在购销商品中要投入一定量的资金，因而可减少福利彩票机构的资金占用，使企业把资金集中投放到生产中去。第二，减少了交易次数。企业把产品销售给中间商比销售给消费者和用户在次数上要少得多，从而减轻了福利彩票机构的销售工作量。第三，促进了产品销售。由于中间商专门从事商品的销售活动，因而了解消费者在什么时间、什么地点需要什么，便于搞好产品集中，以满足顾客的多种要求，从而扩大了产品销路。第四，满足了市场需求。当然，采用间接渠道虽然有很大的好处，并不是说越多越好，因为中间环节的增多，必然会延长流通时间，增加流通费用，提高产品价格。这对于福利彩票机构开展竞争和彩民购买都是不利的。因此，必须注意分析选择。

2. 长渠道和短渠道策略

长渠道策略是指福利彩票机构在产品销售中采用两个或两个以上的中间环节才把产品销售给彩民。短渠道策略是指仅采用一个中间环节或自己销售商品。两种策略各自适应不同的条件，必须进行认真分析和选择。

采用长渠道的优点是福利彩票机构可把全部的销售工作交给中间商，自己集中力量搞好产品开发；中间商可利用自己的地理、经验等优势，迅速扩大产品销售，并可为企业搜集多方面信息。采用短渠道策略可以减少流通环节，缩短再生产周期，使彩票尽快到达彩民手中；并有利于开展销售服务工作，提高企业的信誉，节省流通费用。

3. 宽渠道和窄渠道策略

宽渠道是指在某个渠道层次或某个销售地区大量使用同类中间商。窄渠道则是少量使用同类中间商，典型的窄渠道只用一家中间商。渠道宽度是一个相对概念，它同福利彩票机构采用的分销渠道策略有关。福利彩票机构常用的渠道宽度策略有三种：

(1) 广泛性分销渠道策略。也叫普遍性或密集性分销渠道策略，即大量地使用中间商，把销售网点广泛地分布在市场的各个角落，使消费者可以随时随地买到商品。广泛性分销渠道的另一种表现形式是多渠道（或叫复式渠道），即通过不同的分销渠道把同种产品卖给不同的消费者或用户。采用这种策略，有利于市场渗透和扩大销售。但要注意不同渠道之间的矛盾和竞争。

（2）选择性分销渠道策略。即在一个地区有选择地确定一部分销售商来销售福利彩票。这种策略的优点是便于管理和控制销售商。

（3）专营性分销渠道策略。也叫专一性或独家分销渠道策略，即企业在特定的区域内仅选择一家批发企业或零售企业独家销售自己的产品。采用这一渠道销售的产品，主要是高档消费品和多数生产资料，福利彩票不适合采用该策略。

前面讲的各种分销渠道策略，包括直接渠道、间接渠道、长渠道、短渠道、宽渠道、窄渠道等，在实际运用中是联系在一起的。一般说来，长渠道必然是宽渠道，短渠道同时又是窄渠道。例如福利彩票机构自销是最短的分销渠道，也是最窄的分销渠道。在间接销售中，最长的渠道也是最宽的，即经过几道批发环节再零售的商品，在渠道宽度上必然是广泛性分销渠道策略；而短渠道也是窄渠道，即只经过一次零售就到达消费者手中的商品，在渠道宽度上则是独家经营；长短居中的分销渠道在宽度上也是居中的，即在渠道宽度上是选择性渠道策略。因此，选择渠道策略时必须全面考虑，避免出现渠道间的矛盾而影响营销效果。

三、福利彩票营销的促销策略

福利彩票促销即是福利彩票工作及销售人员通过运用各种方式方法，向消费者传递福利彩票的信息，经过正确的思想教育和观念引导，减弱投机取巧、不劳而获等消极的购买动机，争取其集娱乐性与为全社会福利事业作贡献于一身的正面功能的影响，从而激发消费者的购买欲望，促进其购买的活动过程。促销策略是福利彩票营销组合策略的重要组成部分，它对福利彩票的销售产生直接的影响。

在彩票市场上，买者的动机是为了奉献爱心于社会并获得中奖的机会；卖者的动机是为了筹集资金办公益事业。从而决定了福利彩票营销属于服务性的非营利组织营销。因此，企业促销活动采用的方式也同样适用于福利彩票营销。

福利彩票机构的促销策略分为两大类：一类是非人员促销；另一类是人员促销。这样，其促销策略就分为"拉"式策略和"推"式策略两种。关于人员促销的"推"式策略放在下一个问题中介绍，这里只研究非人员促销的拉式策略。

福利彩票机构的拉式策略是指福利彩票机构利用各种非人员的形式宣传自己的产品，提高福利彩票的声誉，从而把消费者拉到自己一边的策略。这是那些推销队伍力量不足或使用人员促销不利的情况下采用的促销策略。按照应用的方式，拉式策略有广告、公共关系和营业推广三种。由于福利彩票的销售价格和费用是固定不变的，营业推广的用途相对于普通商品要少一些。

（一）广告策略

广告是"广而告之"的简称。从其应用的含义来说，分为广义和狭义两种。广义的广告是指通过各种形式公开向公众传播广告主预期目标信息的宣传手段，由商业广告、社会宣传、公益广告等组成。狭义的广告专指商业广告，这是一种以盈利为目的的，通过各种媒体迅速向目标市场服务对象传递商品或劳务信息的宣传活动。这里只研究作为促销手段的狭义广告。

广告作为促销手段，在发展社会主义市场经济中起着作用，主要表现在传播信息、促进销售、引导消费、美化生活、增长知识等方面。其优点是触及面广，传播速度快，从而成为企业促销的首选工具。广告策略包含丰富的内容，福利彩票机构的广告策略包括六个方面。

1. 确定广告目标

广告的目的是通过促进产品销售为企业带来巨额利润，但不同企业，在不同的发展阶段，其具体的广告目标又可能不同，一般有三种目标可供选择：（1）告知。即向目标顾客提供有关信息，如介绍新产品、说明产品的新用途、价格的变化、介绍本企业提供的各种服务等。（2）说服。旨在改变消费者对产品特征的认识，培养消费者的品牌偏好，鼓励消费者改用本企业产品，说服消费者立即购买。某些说服性广告已变成比较性广告，通过与其他品牌的特定比较来突出自己的优越性。比较性广告已用来加深对广告品牌与参照品牌间的相似性的了解。（3）提醒。这类广告目的是加深目标顾客对企业产品的印象，从而保持现有市场并影响未来的潜在市场，多用于产品成熟期。

2. 进行广告定位

福利彩票机构进行广告宣传活动，有多方面的策略可供选择。在这些策略中，广告内容定位是主要的策略之一，它对于广告的成败起着决定性的作用。

广告内容定位是指广告主根据本机构产品对消费者的特殊优势，确定在市场竞争中的方位，并以此作为广告内容的策略。它是产品定位策略在广告中的运用。广告定位的中心思想通过自己的广告内容体现出来。为了保证广告定位的效果，在设计广告时必须运用一定的文字技巧，以便达到引起注意、符合需要、容易理解、便于记忆、产生联想、敦促购买的设计要求。

3. 选择广告媒体

广告媒体又叫广告媒介，是指传递广告的载体或工具。选择适当的广告媒体是保证广告成功的主要条件之一。福利彩票的广告媒体很多，选择广告媒体应考虑以下条件。（1）商品的性质与特征；（2）消费者接触媒体的习惯；（3）媒体的传播范围；（4）媒体的影响程度；（5）媒体的传播速度；（6）媒体的费用。适合福利彩票选择的媒体主要有电视媒体、报纸媒体、高质量的户外广告媒体以及网络等广告媒体的种类，应充分的发挥各种广告媒体的作用。

4. 安排广告时间

广告时间的安排是指怎样安排每一次广告的刊播时间及其重复的次数。它同广告费用的分配有着密切联系，也同广告媒体的选择息息相关。福利彩票机构在安排广告时间时，必须考虑三个因素：（1）买主周转率。即新的买主在市场上出现的速率。买主周转率越高，广告的连续性应越强。（2）购买频率。即在一定时期内顾客购买该产品的次数。购买频率越高，广告的频率也应越高，以保持该产品在顾客心目中的地位。（3）遗忘率。即在没有刺激的状态下顾客将该牌产品的遗忘速率。遗忘率越高，广告就越应连续不断地进行刊播。

5. 确定广告预算

广告费用预算是指广告计划期内预计的广告费支出，由 6 个因素决定：（1）产品生命周期的阶段；（2）市场份额和消费者基础；（3）竞争和干扰；

（4）广告频率；（5）产品替代性；（6）市场特征。

福利彩票机构的广告费用预算方法主要有以下 4 种：（1）量力而行法。即在自身财力允许的范围内确定预算。（2）销售百分比法。即根据过去经验，按计划销售额的一定百分比确定广告费用。（3）竞争对等法。它是根据竞争对手的广告宣传情况，来决定自己的广告费用支出的一种方法。（4）目标任务法。明确广告目标后，选定广告媒体，再计算出为实现这一广告目标应支出的广告费用。

6. 广告效果的评价

广告效果的评价就是指运用科学的方法来鉴定所作广告的效益。广告效益包括三方面：一是广告的经济效益，指广告促进商品或服务销售的程度和企业的产值、利税等经济指标增长的程度；二是广告的心理效益，指消费者对所作广告的心理认同程度、购买意向、购买频率等；三是广告的社会效益，指广告是否符合社会公德，是否有利于人们对福利彩票宗旨的认同。

从营销的角度，广告效果的评价包括两个方面：一是销售效果，二是传播效果。两种效果各有自己的要求和评价方法。

广告的销售效果是指企业销售额增加与广告费用支出的比率。比率越大，效果越好。企业刊播广告的目的是为了扩大产品销售，因此，对销售效果的评价，就成为衡量整个广告效果的重要内容之一。计算广告销售效果的公式是：

$$广告销售效果 = \frac{平均销售增加额}{广告费用（增加额）} \times 100\%$$

广告的传播效果是指广告的收看率、收听率和产品的知名度，即能够引起消费者注意、记忆、理解及购买欲望形成的程度。评价广告传播效果的项目包括注意程度、记忆程度、理解程度和购买动机形成程度。注意程度的评价是测定消费者对各种广告媒体的收看率、收听率和读者率。记忆程度的评价是测定消费者对广告中的企业名称、商品名称、商标及商品性能的记忆程度，其中主要的是知名度。理解程度的评价是测定广告的内容是否能被消费者理解。购买动机形成程度是测定广告对顾客的购买动机形成到底起多大作用。广告传播效果的内容可以简化为以下公式：

$$广告传播效果 = 广告质量 \times 广告数量$$

广告的质量是指广告的表现程度，可以通过引起注意、产生联想、增强记

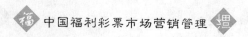

忆等表现出来。广告数量是指广告刊播的次数，它由广告媒体的数量与每一媒体刊播次数的乘积计算出来。在衡量传播效果方面，广告的质量和数量同等重要。

（二）公共关系策略

公共关系又叫"公众关系"，简称"公关"，是现代西方国家发展起来的一个新概念。它有两种存在形态：从静态上说，是指一个组织机构的公共关系状态，即社会或公众对该组织机构的看法；从动态上说，是指一个组织机构的公共关系活动，即有意识地采取措施去改善公共关系状态。在公共关系的现实运用中，是指通过自己的公共关系活动来达到期望的公共关系状态。

由于公共关系主体的范围不同，其概念有广义和狭义两种。广义的概念是指政府、企业或社会团体，为取得社会公众的信赖、理解与合作而采取的政策、服务和活动。狭义的概念仅把公共关系局限在企业的促销方式上，是指通过各种传播媒介，提供有说服力的材料，以树立美好的企业形象，从而为企业营销创造一个和谐外部环境的活动。这里只讲狭义概念的内容。

从上述概念可以看出，公共关系由社会组织、公众和传播媒介三个要素组成。社会组织是公共关系的主体。根据社会组织的利益和目标，可以分为四种类型：（1）互益性组织，如党派、教派、群众团体等；（2）营利性组织，如工商企业、金融机构、旅游业、服务业等；（3）非营利性组织，如学校、医院、社会工作机构等；（4）公益性组织，如政府部门、消防队、保安机关等。福利彩票机构属于非营利性组织。社会公众是指那些与一个组织机构发生直接或间接的联系，对该组织机构的目标和发展具有现实的或潜在的利益关系或影响的所有个人、群体和组织。它是公共关系的客体。传播媒介是指沟通企业与外界联系的各种新闻传播手段，如报纸、杂志、广播、电视等。它们是公共关系主体与客体之间的桥梁。

在福利彩票机构的促销活动中，公共关系的基本职能包括以下几点：（1）监察环境，搜集信息；（2）传播沟通，树立形象；（3）调解纠纷，争取谅解；（4）咨询建议，教育引导；（5）扩大交往，提高效益。

福利彩票机构的公共关系策略主要体现在与不同公众的关系处理上。

1. 福利彩票机构进行政府公关的策略

任何组织都需要政府的管理，其兴旺发达都离不开政府的支持，政府关系是各种企业和组织都离不开的，良好的政府关系有利于组织赢得信任、支持和机会。在实际工作中，福利彩票机构应做好下列工作来建立与政府的良好关系：（1）认真贯彻执行党和政府的各项方针、政策，服从政府的监督管理，做政府的优秀"公民"；（2）重视与政府有关部门的沟通，及时把握政府信息；（3）为政府分忧，多做贡献。

2. 福利彩票机构针对新闻媒介的公共关系策略

新闻媒介在影响、引导社会舆论方面具有举足轻重的作用，与媒介建立良好的公共关系，争取媒介对福利彩票的了解、理解和支持，对于形成有利于福利彩票销售的舆论气氛，增强对整个社会的影响力具有重要意义。因此，福利彩票机构与新闻媒介进行公共关系活动的策略，应以相互理解、真诚和支持为前提，做到尊重新闻媒介的工作，有效的选择公关媒介，并积极向新闻媒介提供福利彩票信息。

3. 福利彩票机构与彩民的公共关系策略

彩民是福利彩票产品的买单者，福利彩票机构要想取得长远的发展和竞争优势，彩民关系处理得好坏起到决定作用，关系到机构的前途和命运。实行彩民关系管理的策略主要有：（1）努力满足彩民的需求。福利彩票机构要想生存和发展，首先要考虑彩民的需求，一切行为都必须以彩民的利益和需求为根本出发点，牢固树立"彩民至上"的原则。（2）建立与彩民积极的互动关系。通过建立积极的互动关系，使公众具有参与感，感到自己受到尊重，从而更好地配合福利彩票的各种活动。（3）提高产品质量，建立完善的服务体系。

4. 福利彩票机构与社区的公共关系策略

社区是福利彩票的"顾客据点"，福利彩票机构的生存与发展一刻都离不开社区的支持，为了争取社区的支持，福利彩票机构应与社区内的公众保持友好的关系，争取在社区树立一个良好的公民形象，取得公众的信赖和支持。因此，为了获得更为广泛的协调和合作，福利彩票机构必须从以下方面着手努

91

力：（1）加强与社区管理部门及公众之间的沟通；（2）热心社区公益事业；（3）承担社区建设的责任。

（三）营业推广策略

营业推广是在一个比较大的目标市场中，为了刺激需求而采取的能够迅速产生激励作用的促销措施。同其他的促销方式不同，营业推广多用于一定时期、一定任务的短期特别促销，具有立竿见影的促销效果。它具有两个相互矛盾的特点。（1）促销强烈。营业推广给消费者提供了一个特殊的购买机会，使其有一种机不可失的紧迫感，促使其当机立断，马上购买。（2）贬低商品。由于营业推广的许多做法显出了卖者急于出售的意图，因此，有时会降低商品的身价。

福利彩票营业推广的对象有两类：一类是彩民；另一类是销售商。推广对象的差异决定了营业推广的方式也分为两种类型。由于彩票价格是固定的，对彩民的推广方式很少，主要是出台一定的奖励措施，鼓励长期没有中奖的老彩民坚持购买。对中间商进行营业推广，其目的是为了促使其大量销售。采用的方式主要有四种：（1）经营指导。即对销售福利彩票的销售商加以业务上的指导，促使其搞活销售。（2）培训人员。即为销售福利彩票的销售商培训销售人员，使他们了解彩票的玩法和游戏规则，以便于扩大销售。（3）合作广告。即与销售商共同协商广告内容和共同承担广告费用。（4）经销竞赛。即组织所有销售福利彩票的销售商进行销售竞赛，对销售量大的销售商给予奖励。

四、福利彩票营销的人员服务策略

人员服务策略是指福利彩票机构通过推销人员的优质服务把彩票推到彩民手中采用的策略。其优点是方法直接，能深入了解彩民心理，推销人员还可当场给彩民解释或演示彩票的玩法，又可直接了解彩民的意见和要求，以便及时改进产品和营销，因而能起到引导消费、促进购买的作用。这就要求福利彩票机构要培养一支强有力的推销员队伍。

福利彩票机构的推销员队伍包括两个层次：一是福利彩票机构的营销人

员；二是彩票投注站的销售人员。推销的方式主要有网点推销、展示推销、服务推销等。网点推销是在福利彩票的销售网点进行宣传，吸引彩民购买彩票；展示推销是指通过举办彩票玩法的展示活动，介绍彩票的新玩法，宣传彩票的社会作用，吸引新的彩民加入买彩队伍；服务推销是通过向彩民提供良好的售前、售中和售后服务，来促进福利彩票的销售。

福利彩票人员促销的目的不仅是实现销售或增加销售量，发现并培养新的顾客、向顾客传递产品或服务的信息、介绍关于产品以及相关方面的知识并解答某些问题、了解顾客需要和分析市场、为营销决策提供第一手参考资料等都是促销的目的。良好的人员促销也有助于提升企业形象，巩固和扩大客户规模。

福利彩票人员服务促销的步骤是：确定服务促销目标、资料收集及研究、设计服务促销创意、编制服务促销方案、试验服务促销方案、改进完善服务促销方案、推广实施服务促销方案、总结评估服务促销方案。

1. 确定服务促销活动的目标

确定服务促销活动的目标是为整个服务促销活动确定一个总体构想，为以后的工作计划、方案创意、实施和控制、评估促销效果提供一套标准和依据。如果没有目标，服务促销活动就不能做到"有的放矢"，以后的所有服务促销活动将会失去方向，成为"无头苍蝇"。福利彩票的服务促销目标可能是：促进新玩法上市成功；扩大已有彩票玩法的市场份额；树立自己的品牌形象；等等。

2. 进行资料收集和市场研究

"没有调查就没有发言权"，调研工作的重要性不言而喻，然而很多促销方案不是在调查研究的基础上设计的，而促销活动的成功和失败就只能靠碰"运气"了。

福利彩票的服务促销活动的市场调研着重在三个方面展开：市场促销环境、竞争对手的促销策略及促销方案、顾客的消费心理与消费行为。促销调研方法一般是由直接调研和间接调研两种。直接调研就是通过实地观察统计、调查问卷、直接访问等方法收集第一手资料；间接调研一般通过查阅文献、调查报告等方法收集第二手资料。

促销调研最终要形成书面的调查报告，为以后促销创意、方案设计等提供依据。

3. 设计服务促销创意

好的促销创意是促销成功的一半。在对市场促销环境、竞争对手促销策略和方案、消费者心理和行为研究的基础上，设计出具有针对性的创意，以便吸引消费者兴趣，激发消费者购买冲动。服务促销的创意具有新颖、奇特、简便、易操作等特点。

4. 编写服务促销方案

服务促销方案又称为促销策划书。是实施服务促销活动的指导性文件，促销活动必须严格按照促销方案执行。促销方案一般包括：促销活动的目的；促销活动主题；促销活动宣传口号或广告词；促销活动的时间、地点；促销活动的内容；执行促销活动人员；促销活动准备物资清单；促销经费预算；促销活动注意事项等。促销方案编写要尽可能周全、详细、具体。越详细具体越便于操作实施。

5. 试验服务促销方案

很多促销活动没有试验这样一道程序。促销创意、方案一旦制定，直接拿到市场上去操作，一旦失败，损失很难弥补。所以，为了降低服务促销活动失败所带来的损失，这一程序必不可少。如何进行试验呢？通常的做法是在一个比较小的市场上进行短期操作试验，或者是由公司内部营销经理、一线市场人员等对这次促销活动的各个方面的问题进行质疑答辩。

6. 改进完善服务促销方案

对服务促销活动的试验结果要进行总结，发现不妥当或不完善的地方立即进行修改，对于不可行的促销方案则放弃（一般而言，编写促销活动创意3个左右，以备选择）。

7. 推广实施服务促销方案

服务促销活动方案在通过试验改进完善之后，进入正式推广实施阶段。在这个阶段，要注意严格按照服务促销方案和预算执行。促销活动负责人的主要职责是监督、指挥、协调和沟通。

8. 总结评估服务促销方案

在服务促销活动过程中或完成后，参与促销活动的人员要对该次活动的结果进行总结、评估。总结评估的主要内容是：活动的目标有没有达到、经费预算执行的如何、促销活动的组织情况如何、突发过什么事件、是如何处理的、是什么原因、如何才能避免问题的出现等。促销活动评估总结同样要形成完整的书面报告，为下次进行促销活动准备。

从以上服务促销的过程和内容可以看出，其中关键的因素是人员。因此，福利彩票机构在实施营销策略过程中，必须注意提高人员素质，以提高福利彩票营销的服务质量和服务水平，达到福利彩票促销的目的。

五、福利彩票营销的过程及有形展示策略

福利彩票的营销过程包括彩票的设计过程、销售过程、开奖过程、兑奖过程、公益金的使用过程等。在这些过程中，福利彩票机构需要借助一系列的有形证据向广大彩民展示自己的能力和诚信，彩民据此对彩票和服务的效用和价值做出评价和判断，从而树立起福利彩票在社会公众中的良好声誉，为扩大销售打下基础。由于营销过程是固定不变的，这里只研究福利彩票机构的有形展示策略。

有形展示是指在福利彩票的营销过程中，福利彩票机构把看不出多大价值的彩票转化为看得见的价值和服务，以提升福利彩票的价值和形象。福利彩票营销的有形展示策略表现在四个方面：

（一）彩票设计展示策略

由于电脑彩票无法显示设计的水平，福利彩票的设计展示主要体现在印刷类彩票上。在印刷类彩票中，彩民最容易察觉其刺激因素，包括式样、图案、色彩、标识等。通过这些展示，使彩票的功能更为明显和突出，从而建立起有形的赏心悦目的福利彩票形象。

目前，福利彩票的设计展示策略主要体现在利用中国的传统文化，结合现

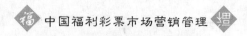

代消费者的需求，设计出既能满足娱乐要求、又能满足观赏要求、还能满足收藏要求、并能带来中奖机会的物超所值的彩票产品。

（二）销售环境展示策略

销售环境通常是指投注站的环境，其空气的质量、噪音、气氛、整洁度等都属于环境要素。在正常情况下，这类环境要素通常不会引起彩民的立即注意，也不会使彩民感到格外的兴奋和惊喜。但是，如果彩票销售机构忽视了这些因素，而使环境达不到彩民的期望和要求，则会引起彩民的失望，降低其对服务质量的感知和评价，从而减少对投注站的光顾。

销售环境展示策略主要体现在门头统一规范、设施先进整洁、文化气息浓厚、服务周到热情上。福利彩票机构设在各地的投注站必须有醒目的统一标识，使彩民很容易找到彩票的销售站点。投注站的电脑要速度快而准确，其他设施要达到窗明几净、卫生整洁。投注站的陈设要充满文化气息，彩民可以很容易地找到彩票的玩法介绍、中奖通知等有关信息。彩票销售人员要仪表端庄，熟悉彩票的知识，能够准确解答彩民在买彩过程中遇到的各种问题。

（三）开奖过程展示策略

开奖是体现福利彩票公平、公正的重要环节，因此，开奖过程展示成为福利彩票展示策略的关键环节。开奖公正的关键是在有效的监督下，按照规定的程序进行。目前，通过电视台播出摇奖实况，已成为电脑票发行的国际惯例。至于摇奖仪式采用直播还是录播，只是形式的不同。但是，从观众的角度，更希望采用直播的方式，因为直播的可信度更强。

为了体现摇奖过程的公平、公正，在电视台直播的基础上，建议福利彩票机构从四个方面提高展示水平：

1. 摇奖球的选择过程公开

为了避免曾经出现过的 2002 年湖北武汉 "4. 20" 体彩案①重演，彩票机

---

① 新华社稿：《湖北 "4. 20 体育彩票案" 侦破始末》，2001 年 5 月 20 日。该案件的情况是：2001 年 4 月 20 日，湖北武汉体育彩票的摇奖球被人做过手脚，把螺丝帽放在摇奖球里面。

构在摇奖期间对摇奖球加强了管理，彩票摇奖一般都要准备几套摇奖球备用，但是，问题仍然发生。2005 年 11 月 15 日下午 5 点钟左右，海南省体育彩票开奖节目《体彩发发发》在海南广播电视台的演播厅进行，6 点直播。结果摇奖球又出现了"换球"问题。① 虽然由于公证员的细心负责没有影响体育彩票的按时开奖，但造成了不良的社会影响已是不争的事实。上述问题都发生在摇奖球上，问题的根源是摇奖球的选择过程不公开。因此，公开摇奖球的选择过程是福利彩票开奖过程展示的重要内容。

选择摇奖球的具体过程是：由摇奖设备提供商提供至少 2 套在质量、规格、色彩上可以完全替代的摇奖球，摇奖的第一步是选择使用哪一套球；第二步是由公证员用专用的天平测量摇奖球的重量；第三步由公证员用专用的卡尺测量摇奖球的规格。经过三道公开的选择程序，摇奖球的公平性就会得到彩民的认可。

2. 公证员的选择过程公开

公证员的选择过程公开是指选择公证处和公证员的过程公开。一方面要选择信誉好的公证处，另一方面要选择责任心强的公证员。西安体彩"宝马案"的发生，其原因之一是公证员的失职；海南体育彩票"换球案"的及时发现则归功于公证员的尽职尽责。

3. 摇奖现场观摩嘉宾的选择公开

特邀嘉宾现场观摩摇奖，是保证摇奖过程公平公正的重要条件。为了既能满足部分彩民现场观摩摇奖的要求，又要保证摇奖和节目录制的安全，应采取集中组织与零星安排相结合的方法，组织彩民现场观摩摇奖。

（四）　资金使用展示策略

筹资是彩票的首要功能。国家发行福利彩票的目的就是筹集公益事业发展资金，以弥补财政投入的不足。作为社会福利、社会保障事业的重要资金来源，福利彩票的发行不但弥补了财政对福利事业投入的不足，极大地推动了社

---

① 《"海南体彩换球案"追踪：是公证员立了功!》，载《金羊网》2005 年 11 月 21 日。

会福利事业的发展，而且由于社会弱势群体的受助面逐步扩大，为维护社会稳定，树立党和政府在人民群众心目中的形象发挥了积极作用。因此，福利彩票机构必须有意识地把福利彩票公益金的使用情况和使用结果展示给社会大众，如资助社会福利院、儿童福利院、荣军康复医院、乡镇敬老院、老年公寓、社区服务中心等福利项目情况，投入到城市居民最低生活保障的情况，资助特困生和特教学校的优秀贫困生情况，资助残疾和患重病的孤儿的情况，以体现福利彩票"扶老、助残、救孤、济困"的发行宗旨，从而帮助彩民感知自己购买福利彩票给社会带来的利益，增强彩民得到的满足感。

第三节　福利彩票营销策略的制定与实施

福利彩票营销策略的制定需要明确福利彩票机构的所有资源（人、财、物）投入到哪个方面。彩票市场营销策略的实施则要考虑如何把制定的营销策略落到实处。这是福利彩票机构构筑福利彩票在市场上的竞争优势，保证福利彩票机构的持续、快速和稳定发展的重要条件。

一、福利彩票营销策略的制定

制定福利彩票营销策略是福利彩票机构的重要任务之一。这里仅就福利彩票机构设计营销策略的原则、思路和程序进行分析。

（一）制定福利彩票营销策略的原则

根据福利彩票产品及福利彩票市场的特征要求，在制定福利彩票营销策略时，必须遵循以下原则：

第一，战略性原则。该原则包含两层意思。首先，福利彩票营销策略的制定必须符合福利彩票营销战略的要求；其次，福利彩票营销策略的制定必须有战略高度，能够达到应对激烈市场竞争的要求。

第二，创新性原则。虽然福利彩票机构的营销策略与工商企业的许多营销策略有相似性，但由于福利彩票的营销管理是一个全新的课题，因此，其营销策略必须是在对一般企业的营销策略基础上进行创新，在有效的制度、技术创新中推动彩票业的发展①。只有这样，才能使福利彩票的营销策略真正起到管理福利彩票营销活动"利器"的作用。

第三，可行性原则。福利彩票的营销策略必须以福利彩票的实际情况及市场环境为依据，做到周密详细，切实可行。否则再好听的营销策略都无法执行。

第四，整合性原则。福利彩票的营销策略是一个包含众多策略和子策略的策略系统。坚持整合性原则就是要求各个策略之间做到相互协调、目标一致，以充分发挥策略系统整体的合力。

第五，政策性原则。福利彩票是一个特殊的行业，受政策的管制较强。因此，福利彩票营销策略必须不违背相关的政策法规。

第六，经济性原则。企业可以以牺牲利润的方式来占领市场，击败竞争对手。而福利彩票作为国家募集社会资金的一种手段，必须保证以最低的营销成本取得最大的收益。这就要求营销策略能够在低成本的前提下发挥作用。

第七，区域特色原则。中国地域辽阔，各个地区的差别很大，福利彩票市场的具体情况各不相同。这就要求制定的营销策略能够根据各个地区的实际情况进行调整，能够体现各个地区的特色和要求。

（二） 制定福利彩票营销策略的思路

福利彩票市场由三个主体组成：福利彩票机构、彩民和竞争对手。这样，福利彩票机构制定营销策略就必须要考虑这三个方面的不同要求，形成由彩民需求、竞争对手、福利彩票机构独特能力三轴构成营销策略思路图，如图 3－2 所示。

---

① 张湛彬：《彩票业的市场结构和市场营销创新安排》，载《社会科学辑刊》2002 年第 2 期。

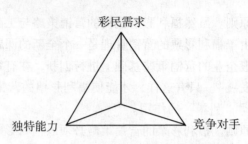

图3-2 福利彩票机构营销策略三维图

根据上述三维图形，福利彩票机构制定营销策略的思路是：

第一，以彩民的需求作为制定营销策略的基本出发点。福利彩票机构制定营销策略的出发点是考虑彩民的需求。彩民的需求由两个方面的因素所决定：一是彩民的消费心理，二是彩民的消费水平。因此，制定福利彩票营销策略首先确定彩票市场上有什么样需求、有哪些需求未被满足、福利彩票机构要满足哪些彩民层次的需求等。

第二，以体现自己的竞争优势作为制定营销策略的风向标。福利彩票和体育彩票都能满足彩民购买彩票的一般需求，在市场需求量既定的情况下，彩民购买了福利彩票，就不能购买体育彩票；反之亦然。在彩票市场扩大的情况下，如果多购买了福利彩票，也就会少购买体育彩票。因此，福利彩票机构制定营销策略必须以竞争对手的策略作为风向标，在社会舆论对福利彩票有利的情况下，敢于同竞争对手正面抗衡，并不断显示自己的竞争优势，以掌握市场竞争的制高点。

第三，以显示自己的独特能力作为制定营销策略的基础。福利彩票机构制定营销策略必须能够显示自己的独特能力。福利彩票机构的独特能力主要表现在三个方面：一是福利彩票"扶老、助残、救孤、济困"的发行宗旨，该宗旨已经得到社会各界的广泛认同；二是福利彩票的先发优势，它比体育彩票早7年发行，从而在营销经验和社会公众心目中形成了先发优势；三是福利彩票发行机构这支长期同弱势群体打交道的队伍，具有吃苦耐劳、敢打硬仗的韧性。以这些独特能力为基础制定的营销策略，将指导福利彩票机构取得市场营销的巨大成功。

（三）制定福利彩票营销策略的程序

福利彩票营销策略的制定程序不是僵化的格式，在具体的策略制定过程中会有所变通。但一般可以按照下面的基本步骤来进行。

第一步，深刻理解福利彩票的发行宗旨和营销战略。营销策略是为实现营销战略目标服务的，因此，深刻理解战略意图是正确制定福利彩票营销策略的前提。

第二步，确定拟解决的问题。制定营销策略是要解决具体的营销问题，这些问题会随着时间、地点、条件的变化而变化。因此，在理解福利彩票的发行宗旨和营销战略的基础上，下一步就是需要明确准备解决的问题以及什么样的营销策略能够解决这些问题。

第三步，确立预计达到的目标。不同的营销策略能够实现不同的营销目标，但需要有不同的投入来保证。所以，制定营销策略必须考虑预计达到的目标；而营销目标的确定取决于拟投入的营销费用的多少。可见，营销目标和营销费用是制定营销策略的限制因素。因此，在确定了要解决的问题之后，就要确定营销策略要达成的目标。这样后面的策略制定才会有一个明确的方向。

第四步，收集信息，分析现状。为了保证制定的营销策略符合福利彩票市场的实际情况，必须有针对性地了解福利彩票的有关信息和营销现状，这包括福利彩票机构自身的状况和福利彩票市场的外部环境。

第五步，全面分析营销策略的内容。前面的工作为营销策略的制定提供了依据，但没有说明必须使用哪些营销策略。这就要求营销策略的制定者们必须深刻了解各种营销策略的内涵和外延，把握不同策略的作用范围和程度，以及各个策略之间的重复与交叉，在全面分析的基础上设计出解决现实问题的营销策略。

第六步，营销策略的选择。将上一步产生的各种营销策略进行优化筛选，以选择恰当的营销策略。选择的方法可以是征询专家意见或集体讨论决定。

第七步，撰写营销策略书，形成书面材料。制定营销策略是为了实施，而每一个营销策略在实施过程中都包含丰富的内容，各有不同的时间、地点、条件的要求。这就需要把笼统的营销策略变成可以操作的实施方案，以供决策层审批和实施人员依案操作。

第八步，营销策略方案的审查。营销人员制定的营销策略方案需要上报主管领导审查，主管领导可能对营销策略方案提出微调或修改意见。经过主管领

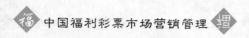

导审查批准的营销策略方案可以付诸实施。

二、福利彩票营销策略的实施

为了保证福利彩票营销策略能够充分的发挥作用，福利彩票机构在实施营销策略时，必须做好以下工作：

1. 方案要细致

福利彩票营销策略的制定者和执行者往往不是同一个人或同几个人，因此，福利彩票营销策略仅有设计方案是远远不够的，还必须有实施方案。实施方案的特点是思路清楚，各步骤密切衔接，条款细致，方便操作。

2. 投入要充分

福利彩票营销策略的实施，需要投入一定的人力、资金和设施。如果投入不足，再好的营销策略也不可能发挥作用。因此，福利彩票机构在实施营销策略过程中，必须保证投入充分。如果确实在投入方面发生了困难，无法提供应有的人力、资金或设施，就只能修改目标，改用投入少的营销策略。

3. 操作要稳妥

福利彩票营销策略能否取得良好的效益，实施是重要的一环。而实施成功的关键是操作是否稳妥。为了保证营销策略能够顺利达到预定的目标，营销人员在具体操作中必须做到认真、严密、一丝不苟。

4. 检查要及时

虽然谁都不想营销策略的实施会出现问题，但问题总是难以避免的，因此，在实施营销策略的过程中，加强检查监督就成为必不可少的环节。检查监督的重点是及时，要及时发现问题及时解决，不能等待营销策略的实施完全结束以后才进行。

5. 调整要恰当

经过检查监督，可能发现原来制定的营销策略有问题，必须进行调整，用新的策略代替原来的策略。进行策略的调整必须恰到好处，既不能"过"，又不能"不及"，以保证新的策略能够与其他策略协调，实现预定的营销目标。

第四节　福利彩票营销策略的评估

由于福利彩票机构实施营销策略，其已有的各种短期的目标、政策、策略和计划可能迅速过时，因此，福利彩票机构应该定期对其策略系统的实施情况进行评估，考核实施营销策略带来的效益，对营销策略选择错误或实施不利的营销策略及时进行调整。

一、福利彩票营销策略的整体评估

福利彩票营销策略的整体评估是指对有关福利彩票营销策略、目标是否最佳地适应福利彩票的营销环境的工作评价。福利彩票营销策略的整体评估主要包括两个方面：一是考核其营销业绩的完成情况，二是评估营销策略在实施过程中出现的问题，并找出存在问题的原因。

福利彩票营销策略整体评估的目标和思路见图3－3。

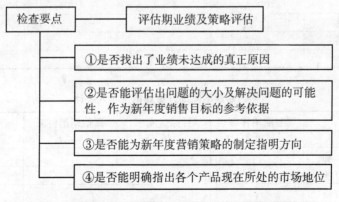

图3－3　福利彩票营销策略整体评估的目标和思路

（一）营销业绩完成情况的统计

实施营销策略是为了获得更好的营销业绩。因此，营销策略获得业绩的评估，就是考核由于实施了各种营销策略带来的销售和市场变化情况。具体考核项目和方法，见表3－1、表3－2、表3－3、表3－4和表3－5。

表3－1　　　　　　　　福利彩票市场销售完成情况

	上　期	目标达成率	评估期	目标达成率
销售收入（元）				
成长率（％）				
市场占有率（％）				

表3－2　　　　　　　　福利彩票不同区域销售情况统计

	上期销售额（元）	目标达成率（％）	评估期销售额（元）	目标达成率（％）
A区域				
B区域				
C区域				

表3－3　　　　　　　　福利彩票不同产品销售情况统计

	上期销售额（元）	目标达成率（％）	评估期销售额（元）	目标达成率（％）
A产品				
B产品				
C产品				

表3－4　　　　　　　　福利彩票不同细分市场销售收入统计

	上期销售额（元）	目标达成率（％）	评估期销售额（元）	目标达成率（％）
A细分市场				
B细分市场				
C细分市场				
D细分市场				

第三章 中国福利彩票营销策略管理

表 3 - 5　　　　　　　　评估期不同彩票产品的销售业绩统计

	A 产品		B 产品		C 产品	
	实际业绩（元）	目标达成率（％）	实际业绩（元）	目标达成率（％）	实际业绩（元）	目标达成率（％）
销售金额						
彩民奖金						
公益金						
总成本						
其中 上交管理费						
营销管理费						
投注站费用						
人员工资						
奖金						
广告促销						
市场调查						
其他费用						
市场贡献						

（二）营销策略实施结果分析

根据营销业绩的完成情况，进一步对营销策略的实施结果进行分析，主要分析各种策略实施带来的直接结果和间接结果，并找出存在的问题，探明存在问题的真正原因。营销策略实施结果的统计分析内容见表 3 - 6、表 3 - 7。

表 3 - 6　　　　　　　　评估期不同营销策略实施结果统计

福利彩票营销策略	实 施 结 果
1.	
2.	
3.	
4.	

表 3 - 7　　　　　　　评估期不同营销策略存在问题的原因分析

项　目	问　题　点	存在问题的真正原因
1. 整体业绩		
2. 市场占有率		
3. 区域状况		
4. 产品状况		
5. 细分市场		
6. 目标市场		
7. 产品贡献度		
8. 营销组织		
9. 人员状况		
10. 营销组合		

二、福利彩票营销策略的具体评估

福利彩票营销策略的具体评估主要指福利彩票产品策略、渠道策略和促销策略的评估。通过评估，对实施结果较好的策略继续坚持，对实施结果较差的策略则进行修改。

（一）福利彩票产品策略的评估

彩票产品是福利彩票营销组合中第一个和最重要的要素。福利彩票产品策略要求对彩票产品组合、品牌、定位、包装、差异化和生命周期做出协调一致的决策。

福利彩票产品策略的评估一般分三个步骤：一是总结实施不同的产品策略取得的成绩；二是分析实施该策略出现的问题，尤其是通过与竞争对手实施该策略的比较，发现自己的不足；三是研究解决存在问题的方案。福利彩票产品策略评估的目标和思路如图 3 - 4 所示：

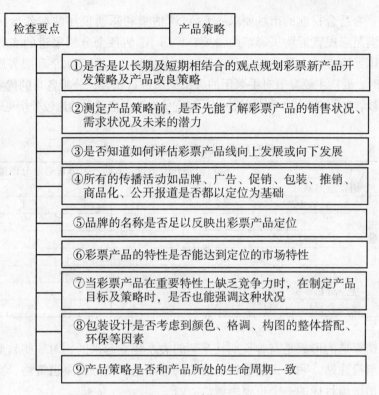

图 3 - 4　福利彩票产品策略评估的目标和思路

（二）福利彩票渠道策略的评估

福利彩票分销渠道策略的评估主要做好以下工作：

1. 总结成绩

不同的渠道策略可能带来不同的结果，因此，定期对各个渠道进行业绩考核，是渠道策略评估的重要内容。

2. 找出问题

评估福利彩票分销渠道存在的问题可从三方面进行：（1）看采用分销渠

道方式是否适合目前的市场要求；（2）评估福利彩票投注站在各地区的涵盖率是否满足彩民就近购买彩票的需要；（3）评估各个分销渠道的实力，包括各个分销渠道点的人员的数量与素质、坐落的地点、服务水平和服务质量等。

同时，要同主要竞争对手采用的分销渠道进行比较，分析各自的优劣，以了解福利彩票在彩票市场上所处的地位。与竞争对手渠道差异的比较分析见表3-8。

表3-8　　　　　　　　　　福利彩票分销渠道与竞争对手比较

项　　目		福利彩票分销渠道	体育彩票分销渠道
分销渠道方式			
分销渠道数量	省中心		
	区中心		
	投注站		
	合　计		
所占比率			
优点分析			
缺点分析			

分销渠道的形成是靠着长期且互利的关系建立起来的，对一些数量甚多的福利彩票投注站，明确目前分销渠道的问题点是评估分销渠道策略、实现福利彩票分销渠道目标的一个重要因素。

3. 提出对策

解决福利彩票分销渠道问题的第一步，是分析现有的投注站能否完成销售任务，并据此提出有效的解决问题的方案。例如，如果发现投注站人员的素质不高造成业绩不佳，可以提供销售管理的专有知识如人员训练、站点管理等；如果是竞争者在彩票分销渠道上采用了一些新的营销策略，建立了一些新的渠道，福利彩票机构就必须提出针对竞争者分销渠道多样化策略的应对方法；如果是分销渠道不足，可以开创新的分销渠道，以保证能更加接近特殊的细分市场的彩民，从而提高福利彩票的市场占有率。

（三）福利彩票促销策略的评估

福利彩票促销策略的评估的目标和思路见图3-5。

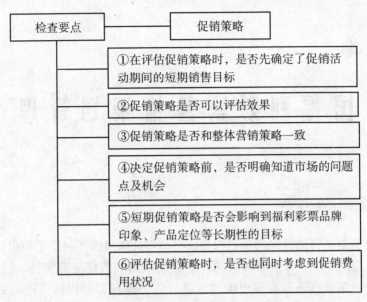

图 3 – 5　福利彩票促销策略评估的目标和思路

对促销策略的评估，可用两种不同的方法来检查其是否有效：

第一，比较促销前、促销时和促销后的销售量。例如，福利彩票促销前拥有 52% 的市场占有率，促销期内上升至 62%，促销结束下跌至 52%，经过一段时间又回升至 54%。很明显地，促销活动产生了效果。

第二，从彩民样本中了解他们对活动的反应，以及追踪他们在促销后的行为。例如，彩民对促销活动残留多少印象？评价如何？是否期待下一次促销活动？对以后的品牌选择是否有影响？

除了评估促销的积极效果外，还必须了解促销后可能发生的潜在问题。例如，有些促销活动可能在短期内提高了销售量，但长期考察也许会降低品牌的忠诚度。这些潜在问题在促销期过后才逐渐显现，因而千万不可忽略。

第四章

中国福利彩票营销策划管理

营销策划是营销管理的核心内容，是市场经济条件下一个单位借助多学科知识和智慧的集成，聚合各种资源，把营销战略和策略落到实处，适应市场、驾驭市场、拓展市场和赢得市场的智慧行为。福利彩票机构通过营销策划管理，可以为福利彩票营销理念的贯彻实施和营销目标的实现提供有力的保证。

第一节 福利彩票营销策划管理概述

福利彩票营销策划管理是对福利彩票营销的各种策划活动和项目进行的管理，包括营销策划的组织管理、过程管理、结果管理等内容。为了全面把握福利彩票营销策划管理知识，首先要了解福利彩票营销策划的概念、特点、分类、作用及其原则等内容。

一、福利彩票营销策划的概念

策划是一种运用脑力的理性行为，是把未来要发生的事情作为当前的决策。营销策划是整个市场营销基本程序中的核心环节，它通过营销者的创造性活动，将抽象的营销理论与市场调查和市场预测的结果有机结合起来，并具体化为有较强针对性的营销操作程序，从而为营销实践活动做好充分的准备。①
"市场营销策划，是指市场营销策划活动的主体——企业，在市场营销活动中，为达到预定的市场营销目标，从新的营销视角、新的营销观念、新的营销思维出发，运用系统的方法、科学的方法、理论联系实际的方法，对企业生存和发展的宏观经济环境和微观市场环境进行分析，寻找企业与目标市场顾客群的利益共性，以消费者满意为目标，重新组合和优化配置企业所拥有的和可开发利用的各种人、财、物等资源和市场资源，对整体市场营销活动或某一方面的市场营销活动进行分析、判断、推理、预测、构思、设计和制定市场营销方案的行为。"②

福利彩票营销策划是营销策划的一个分支，是福利彩票机构在对内部条件和外部环境进行准确分析的基础上，以取得更高的效益为导向，优化并有效运用各种经营管理资源，对一定时间内的营销方针、目标、战略、策略、组织、计划及实施方案等进行的预先设计和谋划，并作为执行、追踪、评定成绩等行动的依据。这一概念包含着5层含义：

第一，福利彩票营销策划的内容是对将要做的营销工作进行谋划。常言说"不打无准备之仗"。福利彩票机构开展的各种营销活动，必须预先有所准备，有所规划。福利彩票营销策划的内容，就是要对未来的营销工作进行谋划。只有这些预先进行的谋划科学合理，才能保证以后各项营销工作有条不紊地进行，才能取得预期的营销成果。

第二，福利彩票营销策划的基础是充分利用经营管理的各种资源。福利彩票机构的营销策划工作，是在充分运用各种资源的基础上进行的。这些资源既包括内部资源，即福利彩票机构的人、财、物等条件；又包括外部资源，即能够为福利彩票机构营销所利用的政策、资金、信息等。既包括各类显性资源；也包括各种隐性资源。能否充分利用外部资源，即利用他人的头脑和他人的金钱，是福利彩票机构营销策划能否取得成功的重要条件。概括起来，智慧（包括知识和经验）、物质（包括资金）、信息和时间是福利彩票营销策划中的四大资源要素。

第三，福利彩票营销策划的核心是运用知识和智慧进行创意设计。福利彩

① 王素芬：《营销策划的四大重点》，载《经济论坛》2004年第7期。
② 胡其辉：《市场营销策划》，东北财经大学出版社1999年版，第1～2页。

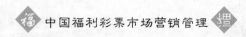

票营销策划不同于营销计划，最根本的区别在于：营销计划是为了达到预定的目标而作的安排，只要按原则办事，注意程序和细节就可以成功，不需要预先进行创意设计。营销策划是为了追求福利彩票机构美好的未来，进行的是与过去不同的工作，因而不能照搬过去的经验，必须进行创意设计。创意设计需要运用多方面的知识和智慧，必须综合运用经济学、管理学、社会学、心理学、哲学、数学等多学科的知识。

第四，福利彩票营销策划的关键是营销策划方案内容的组织实施。福利彩票营销策划不仅包括创意设计，而且包括策划方案的实施。通过实施营销策划方案，既可以检验该方案的科学性和正确性，也为以后的营销策划工作积累经验。关于策划设计和实施的关系，社会上存在着两种片面性：一种是重设计，轻实施；另一种是重实施，轻设计。因此，福利彩票机构的管理者必须正确认识营销策划中设计与实施的关系，凡是经过策划的方案就必须实施，否则就不要进行创意设计。

第五，福利彩票营销策划的目的是通过谋划设计来营造更大的市场。简单地说，福利彩票营销策划的目的是追求美好的未来，而美好的未来要通过市场来体现，因此，福利彩票营销策划的目的，说到底是要营造更大的市场，从而带来更大的效益。营造市场就是要在福利彩票市场调查和分析的基础之上，创造新的生活方式和消费观念，唤起彩民的购买愿望，并通过福利彩票机构的营销活动，向彩民提供能使其满意的产品或服务，引导他们进行彩票消费，把潜在的彩民转化为现实的彩民。

二、福利彩票营销策划的特点

福利彩票营销策划是一门复合型的学科，它是由多门学科知识综合、交叉、碰撞而形成的新的应用知识体系。它秉承市场营销坚持科学与艺术结合的理念，把综合的思维与精湛的经营艺术进行无缝结合，形成了与其他工作不同的特点。

1. 福利彩票营销策划具有创新性特点

福利彩票营销策划所要达到的目标是通过对各种资源的整合，使营销策划

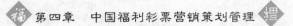

的对象以崭新的面貌出现在市场上，并在特定时空条件的市场上具有惟一性、排他性和权威性。只有达到这"三性"的统一，才是一个优秀的市场营销策划，才能满足市场竞争的创新需要，也才能使营销策划的对象在市场竞争中产生"先发效应"和"裂变效应"①，以抢占市场的先机和拥有市场裂变的能量，为福利彩票机构拓展市场空间和实现综合效益最大化的目标。

营销策划方案的唯一性决定了营销策划是不能重复的，不能靠老经验解决新问题，必须有所发现，有所创新。只有创新，才是营销策划的生命力所在。创新的内容包括策划思路的创新、策划方法的创新和策划理念的创新等。

2. 福利彩票营销策划具有智慧性特点

福利彩票营销策划不是过去经验的总结，而是运用智慧对未来要做的营销工作的谋划，因而表现出智慧性的特点。营销策划的智慧性通过三个方面表现出来：一是应用知识的跨学科。不仅要运用营销学知识，还要包括经济学、管理学、社会学、心理学、数学、哲学等相关学科的知识。正是这些不同学科知识的交叉和碰撞，才能形成新的理论和方案。二是思维的多角度。营销策划特别强调将单线性思维转变为复合性思维，将封闭性思维转变为发散性思维，将孤立的、静止的思维转变为辩证的、动态的思维。通过思维角度的变化，产生智慧的火花，形成新的创意。三是使用方法的多样性。营销策划是用科学、周密、有序的系统分析方法，对福利彩票机构的市场营销活动进行分析、创意、设计和整合，系统地形成目标、手段、策略和行动高度统一的逻辑思维过程和行动方案。

3. 福利彩票营销策划具有设计性特点

福利彩票营销策划是对未来营销活动的谋划，要根据事情的轻、重、缓、急进行安排，从而表现出设计性特点。营销策划是一项需要进行综合设计的工作，不仅包括项目的设计，而且包括理念的设计。

在福利彩票营销策划的设计中，营销理念的设计始终处于核心和首要的地位。营销理念设计是统率、指导和规范其他市场营销设计的核心力量，并渗透

---

① "先发效应"即具有先发优势，能够抢占市场的先机。"裂变效应"最先用于说明重原子核分裂成两个轻原子核过程中释放出巨大的能量。这里是指通过营销策划方案的实施，在营销效果方面产生巨大的影响。

于整个市场营销策划过程中。营销理念设计是整个营销策划的灵魂，它赋予策划对象的不仅是丰富多彩的外部形象，更重要的是为其注入骨骼的精髓和现代社会文化的灵魂。著名房地产策划人王志刚就明确指出："房地产≠钢筋＋水泥，而是营造一种新的生活方便、居住舒适和有利于其消费者发展的社区生活方式和社会人文环境，使钢筋和水泥等的堆砌物具有活生生的灵魂，这就是市场营销策划的理念设计。"① 福利彩票营销理念设计就是要以彩民的满意为目标，提出新的社会价值观念和新的生活方式，唤起彩民的需求和购买欲望，并充分满足这种需求和欲望，从而营造出更大的市场。

4. 福利彩票营销策划具有指导性特点

福利彩票营销策划是为了实现未来的营销目标而进行的设计，因而具有指导性特点，指导福利彩票机构沿着正确的方向，进行市场营销活动障碍分析，合理配置营销资源，设计营销创意和营销理念，最终制定科学的营销策划方案来实现预定的目标。

福利彩票营销策划的指导性特点还表现在对营销活动的监督上。营销策划方案在实行以前具有指导作用，在实行过程中具有监督作用。对于营销活动过程中出现的背离正确轨道的现象，策划方案通过信息反馈，为及时纠正偏差提供了依据。

5. 福利彩票营销策划具有可行性特点

福利彩票营销策划不是空洞的理论说教，它要回答福利彩票机构在现实的市场营销活动中提出的各种疑难问题；不仅要回答这些问题出现的原因，即回答"为什么"，还要回答"怎么做"，怎样开拓市场、营造市场以及如何在激烈的市场竞争中获取丰厚的"利润"。可见，福利彩票营销策划具有可行性的特点。

福利彩票营销策划的可行性表现在两个方面：（1）福利彩票机构的能力能够实现策划的目标。福利彩票营销策划在实施过程中，要受到各方面资源条件的约束，因此，策划方案必须建立在利用现有的各类资源就可以实现目标的基础上。（2）营销策划方案中不仅包含着具体的时间、地点、步骤和可以操

---

　　① 转引自陈国庆：《房地产营销策划》，中国策划研究院，2003 年。

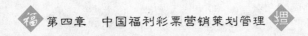

作的策略和措施，还包括对营销操作过程进行监督和管理的方法。

6. 福利彩票营销策划具有系统性特点

福利彩票营销策划既是一个过程，又是一个结果，因而是一项系统工程，其主要任务是帮助福利彩票机构利用开放经济条件下可以利用的各种资源，包括区域性资源、国内资源和全球性资源，显性资源和隐性资源，可控资源和不可控资源等，用系统的方法将其进行整合，使其在市场营销过程中产生 1 + 1 > 2 的效应。

系统论认为：凡是由相互联系和相互作用的诸因素组成并具有特定功能的总体，都是一个系统。任何系统都不是它的组成因素的简单加总，而是这些因素在特定联系方式和数量配比下形成的有机总体。总体具有不同于组成因素或子系统的新功能，总体"大于"各组成分的孤立属性的简单集合。

福利彩票营销策划的系统性，表现在策划过程的系统性和结果的系统性两个方面。策划过程的系统性首先体现在资源利用的系统性上，策划过程始终强调对既有资源和可利用资源的有机整合；其次体现在思维创意的系统性上，始终是运用辩证思维和发散思维进行创意设计；再次体现在运用知识的系统性上，社会科学知识和自然科学知识均被充分运用到策划的实践中。策划结果的系统性表现为策划方案内容的系统性。福利彩票营销策划方案是一系列点子、谋略的整合，是建立在点子和谋略之上的多种因素、多种资源、多种学科和多个过程整合而成的系统工程。

三、福利彩票营销策划的分类

福利彩票营销策划的内容是相当广泛的，涉及到营销活动的方方面面，依据不同的标准可以进行不同的分类。

（一）按营销策划的主体划分

根据福利彩票营销策划主体的差异性，可以分为内部自主型策划和外部参与型策划。

内部自主型营销策划是指福利彩票机构内部专职营销策划部门（例如市场部）从事的市场营销策划活动。自主型营销策划的优点是熟悉内部的资源状况和条件，设计的策划方案可操作性强；缺点是创意和理念设计受企业文化或管理体制的约束，不敢否定存在的不足，因而大多数策划缺乏开拓创新精神，市场冲击效果差。

外部参与型营销策划是委托福利彩票机构以外的专门从事营销策划的组织或个人从事的营销策划活动。外部参与型营销策划的优点是起点高，视角不同，创意新奇，理念设计战略指导性强，方案制定逻辑系统性强；缺点是可操作性不强，特别是没有严格的商业契约约束的策划方案，其可操作性较差。

（二）按营销策划的客体划分

按照福利彩票营销策划的客体区别，可以分为福利彩票组织策划、福利彩票产品策划、福利彩票服务策划、福利彩票理念策划和福利彩票工作策划。

福利彩票组织策划是对机构设置、人员安排和岗位职责等所进行的策划，主要目的是通过对营销组织的设计和对营销人员的配备，提高福利彩票机构的营销管理水平，为福利彩票的营销提供组织保证，打下人员基础。

福利彩票产品策划是对福利彩票各种玩法的开发和销售所进行的策划，主要目的在于通过不断推出新产品和进行产品结构调整，以扩大福利彩票的销售量。

福利彩票服务策划是针对福利彩票的服务业性质所进行的策划，通过确定提供哪些服务和怎样提供服务，以更好地满足彩民的需要，从而树立福利彩票机构的良好形象。

福利彩票理念策划是对营销指导思想进行的策划，目的在于统一思想，提高福利彩票营销人员分析市场、开拓市场、驾驭市场的能力。

福利彩票工作策划是对福利彩票机构在未来工作中碰到的问题进行的策划，如营销目标的设计，营销战略的选择，营销策略的安排，营销活动的组织，等等，目的在于提高福利彩票营销的工作效益和效率。

（三）按营销策划内容涉及的范围划分

按照福利彩票营销策划内容涉及的范围，可以分为整体策划、战略策划、策略策划和局部策划。

整体策划是对福利彩票机构进行的全方位、立体化的设计，内容涉及到福利彩票机构的所有方面。大的内容如组织机构的设计、战略目标的确定、市场定位的谋划；小的内容如为了实现营销目标的某一项营销活动的安排，都属于整体策划的范围。整体策划是对未来的行动从整体上确定方向和目标，因而涉及的范围大，为进行策划调动的资源也广，动用的人员也多，花费的时间也长。所以，整体策划一般只在机构发生大的变革时进行。

营销战略策划是为指导福利彩票机构全局和长远发展进行的策划。指导福利彩票营销的战略很多，包括市场选择战略、市场发展战略和市场竞争战略，每一种类型的战略又包括多种具体战略。市场选择战略中包括市场细分战略、目标市场选择战略和市场定位战略；市场发展战略包括发展方向战略和发展方式战略，如市场进入战略、市场渗透战略、市场开发战略、一体化发展战略、多元化发展战略等；市场竞争战略包括品牌竞争战略、服务竞争战略、差异化竞争战略、低成本竞争战略等。这些战略都需要进行专题策划。

营销策略策划是对福利彩票营销活动中采用的各种营销策略进行的策划。营销策略策划主要集中在福利彩票营销组合的各个方面，如产品策略策划、价格策略策划、渠道策略策划、促销策略策划及人员、过程、有形展示等策略的策划。每一类策略又包含多种具体策略，如产品组合策略中包含企业内的组合策略策划和产品内的组合策略策划，促销策略中包含人员推销、广告、公共关系、营业推广的策划。

局部策划是指对福利彩票机构营销的某一个工作方面、某一个营销项目、某一项营销活动进行的策划。局部策划的内容具体，工作相对容易一些。福利彩票机构的营销策划大部分是局部策划。

（四）按营销策划起作用时间的长短划分

按福利彩票营销策划起作用时间的长短，可以分为过程策划、阶段策划和随机策划。

过程策划是指贯穿于福利彩票营销全过程的策划，属中长期策划。阶段策划是指贯穿于福利彩票营销的某个阶段的策划，属短期策划。随机策划是指在福利彩票营销的某一时点上随时进行的策划，属更短期策划。

营销策划时限的长短因产品生命周期和营销策划的目标、营销策划的类型而异。一般而言，时尚品、季节性产品，营销策划的时限短；技术性强、档次高的产品，营销策划的时限长。美国市场学者霍布金斯曾对营销策划的时限问题做过调查，调查结果如表4-1所示。[①]

表4-1 不同产品、服务营销策划时限表

时限	生产资料（%）	消费品（%）	服务（%）
1年之内	1	6	0
1年	80	79	72
1年以上	19	15	28

四、福利彩票营销策划的作用

营销策划是福利彩票营销管理的核心内容，在推进福利彩票机构的发展中起着特别重要的作用。

1. 有利于强化福利彩票机构营销的方向和目标

福利彩票的营销策划不论内容有什么差别，首先要确定的是该策划预期达到的目标。因此，通过市场营销策划，可以使福利彩票机构确立明确的营销方向和目标。从管理心理学的角度看，目标对行为者有牵引力，而行为者又有朝向目标的趋近力。两种力的综合作用，不仅可以加速福利彩票机构的营销由现实状态向目标状态跨越，而且可以减少由于迂回寻找目标造成的无效劳动。有了明确的目标，福利彩票机构的营销活动就有了方向，就可以进行人力、物力、财力的优化配置，采取措施调动职工的积极性和创造性，使其朝着预定的

---

① 叶万春等：《营销策划》，清华大学出版社2005年版，第3页。

目标不断努力。

2. 有利于加强福利彩票机构营销工作的针对性

在现实的市场营销中，要实现营销的目标，必须先找准自己在市场中的位置，并据此借助各种营销手段去占领它，才能获得营销的更大成功。而福利彩票营销策划的一个基本任务就是要找到市场的空当，为福利彩票机构进行市场定位，也就是根据竞争者现有产品在市场上所处的位置，针对彩民对该产品某种特征或属性的重视程度，强有力地为福利彩票产品塑造出与众不同的、个性鲜明的形象，并将这种形象生动地传递给彩民，从而使该产品在市场上确定适当的位置。一旦位置确立，福利彩票机构便可以围绕这一位置展开定向营销，从而征服处于该市场位置的现实顾客和潜在顾客，建立起自己的顾客网络。这样，营销策划就使福利彩票机构的营销工作更具有针对性。

3. 有利于提高福利彩票机构的营销管理水平

福利彩票机构虽然已经接受了一些现代市场营销的理论、观念和方法，但更多地仍然是按惯例和经验来进行市场营销活动，缺乏科学的理论指导和系统的营销管理基础。而市场营销的迅速发展，市场竞争日趋激烈，矛盾的主导方面由供给转到了需求，"生产者主权"的市场环境已成明日黄花，"消费者主权"的市场环境逐渐成为主流，这就要求福利彩票机构必须建立以需求管理为核心的营销管理体制，来适应变幻莫测的市场环境。营销策划以多学科知识的综合运用为基础，以市场营销理论为指导，引导消费，创造需求，为福利彩票机构的发展拓展了市场空间，有效地解决了存在的市场营销难题。同时，营销策划是要确立未来营销的行动方案，方案一经确定，就成了未来营销的行动计划，未来的各项营销操作都可依照计划执行。这样，福利彩票机构的各项营销工作都有章可循，可以根据未来工作的需要主动开展工作，使福利彩票机构的营销活动更具有计划性。

4. 有利于降低福利彩票机构的营销费用

福利彩票营销策划的目的是降低营销费用，提高营销效益。而福利彩票机构的营销活动经过精心策划，就可以用较少的费用支出取得较好的效果。因为营销策划要对未来的营销活动进行周密的费用预算，并对费用的支出进行优化组合安排，这就有效地避免了盲目行动所造成的巨大浪费。据美国布朗市场调查事务所的统计，有系统营销策划的企业比无系统营销策划的企业，在营销费用上要节省 2/5～1/2，[①] 由此可见市场营销策划的作用。

5. 有利于提高福利彩票机构的市场竞争能力

福利彩票营销策划以多学科知识集成为基础，用现代多维的创造性营销思维打破传统思维的禁锢，超越时间和空间进行思维创新；用崭新的营销观念和经营哲学作指导，进行营销制度创新、营销方式创新、营销策略创新和产品创新；用营销创新去适应需求、创造需求和满足需求。由于营销策划提供了正确的指导思想，并为福利彩票机构的营销活动提供了科学的手段和方法，将全面提高福利彩票机构的整体营销管理水平，从而有利于提高其市场竞争能力。

五、福利彩票营销策划的原则

为了保证福利彩票市场营销策划的有效性和优效性，在进行具体策划时必须遵循以下原则：

1. 指导性原则

福利彩票营销策划是对未来的营销活动进行的设计和安排，是机构上下开展营销工作的依据，因而必须具有指导性。首先，营销策划一旦完成，就成为福利彩票机构在相当长一段时间内的工作方针，福利彩票机构的每一位营销人员，无论是管理者还是普通销售人员，都必须严格贯彻执行；其次，一个系统完整的营销方案，是不能随意变动的，因为市场营销策划既具有适应性特点，但也有相当的稳定性，若稍遇风吹草动，就妄加更改，必然导致营销资源的巨大浪费；再次，一个完整的市场营销策划，是在对市场情况、产品情况、管理情况等进行全面了解与考察的基础上，站在战略的高度为福利彩票机构所作的规划，它是福利彩票机构未来进行营销决策的依据，将对未来相当长一段时间的福利彩票机构营销起指导作用。由此可见，营销策划是一项高智能的脑力操

---

① 梁彦明：《企业营销策划》，暨南大学出版社 1996 年版。

作，关系到福利彩票机构的前途和命运，设计时必须遵循指导性原则。

2. 系统性原则

福利彩票营销策划是站在全局的高度来设计与实施的，因而必须进行系统的思考。首先，营销是福利彩票机构生产经营的龙头，所有的部门必须为实现营销的目标服务，这就要求营销策划必须系统考虑福利彩票机构各个部门的关系。只有各个部门联合行动，形成整体力量，才能真正推动福利彩票营销登上一个新台阶。如果市场营销策划仅围绕销售部门来设计，就会大大减弱福利彩票的营销力。其次，福利彩票市场是立体的，可以按不同的标准将顾客划分出若干个层次，每一层次的顾客都有与其他层次顾客不同的需求特点，因此，福利彩票营销的策划方案也必须是立体的，必须依据不同层次顾客的需求设计出与之相适应的内容和方式。再次，福利彩票的营销环境也不是单一的，而是一个多层次、多因素的复杂系统，政治、经济、文化、法律、宗教、种族、风俗、习惯、社会心态等都会对营销产生巨大影响。因此，市场营销策划只有系统地分析研究这些因素，并恰到好处地利用这些因素，才能保证策划的成功。

3. 针对性原则

福利彩票的营销策划是为了解决未来工作的难题而开展的工作，因而必须贯彻针对性原则，制定出切实可行的营销方案。营销策划的针对性原则，首先表现在策划的对象要有针对性，要针对策划对象的不同情况设计不同的方案。其次，策划的创意要有针对性。创意是策划方案的灵魂，因此，创意的设计不能简单移植，必须针对不同的策划内容进行创意设计。再次，策划的方法要有针对性。方法是实现营销策划方案的途径和工具，不同的方法解决不同的问题，实现不同的目标，因此，营销策划方案中设计的方法和工具必须有所差异，以便能够快速解决各种实际问题。最后，策划的目标要有针对性。策划的目的是为了取得更高的效益，但策划的目标却存在差异，这种差异就是针对性。营销策划的目标必须能够反映不同项目所要解决的不同问题。

4. 操作性原则

福利彩票营销策划不是哲学理论，更非装饰花瓶，而是一种实实在在的可以操作的规划设计。操作性原则首先是指策划方案能够操作实施。不能操作实施的方案，创意再好也没有价值。曾经有一家公司突发奇想，希望在天安门城楼上挂出一条广告条幅，以获得空前的广告效应。为此，他们从条幅形式到内容，从悬挂位置到角度，都进行了精心设计，可是最终却没有成功，当然也不可能成功，因为他们无视了最基本的东西——天安门是中华民族的象征，不允许在此随便悬挂和张贴。其次，操作性原则是指市场营销策划方案易于操作。操作过程中若出现一系列无法解决的难题，则必然耗费大量的人力、物力和财力，而且也使管理复杂化，显效低速化。所以，营销策划必须面对福利彩票机构的现实，将需要与自身能力统一起来考虑，设计出务实的、操作性强的营销方案。

5. 经济性原则

福利彩票发行的宗旨就是为社会大众谋福利，因此，福利彩票营销策划必须以最小的投入获得最大的收益，否则就有违策划的初衷。首先要注重成本的降低。经济性原则即节约原则，而节约就要降低成本，减少不必要的开支，而不是降低必要开支。其次，要有详尽的预算。预算合理才能使资金的投入最少化，效果最优化，换言之，只有每一分钱都发挥了它最大的功能，营销投入才是最经济的。最后，经济性原则要求福利彩票营销策划必须能够产生预期的经济效益。营销策划在实施之后必须产生直接的经济效果，没有经济效果的营销策划，就是失败的策划。经济效果高低，是检验福利彩票市场营销策划方案优劣的唯一标准。

第二节　福利彩票营销策划的组织和人员

福利彩票营销策划是一种富有创意的智慧行为。营销策划的成功和出彩既取决于创意的设计，又取决于操作行为的科学与规范，而这些工作的成效靠的是完备的策划组织和高素质的策划人员。因此，加强福利彩票营销策划的组织管理是取得策划成功的关键。

一、福利彩票营销策划的组织形式

福利彩票营销策划的完成主要通过两条途径：一是自己建立营销策划组织，由自己的营销策划人员进行策划；二是聘请专职策划公司或科研单位的职业策划人或高校教师组织人员进行策划。无论采用哪一条途径，都需要建立营销策划组织。

福利彩票营销策划组织是指福彩机构内部为了开展营销策划业务而设立的职能部门。福利彩票营销策划组织一般有两种组织形式：专业性组织和结构性组织。

专业性营销策划组织是指福利彩票机构组建专门的策划机构，选择内部具有高素质营销管理水平的人才，专职从事营销策划工作，作为决策者的"智囊团"和"思想库"。这种策划组织主要完成专业性的营销策划任务。其优点是熟悉内部情况和市场信息，能够较快地完成营销策划任务；缺点是所策划的方案容易重复，缺乏创意，并且不能完成跨部门的营销策划任务。

结构性组织是指福利彩票机构为实现营销策划目标，在确立营销策划所需要的不同职位的情况下，在福利彩票机构内选择适合从事营销策划工作的人选，组成临时性的组织机构，主要完成跨部门的一次性营销策划任务。例如，进行整体营销策划就需要从各职能部门抽调有关人员组成营销策划机构，完成策划任务后机构撤消，其成员回到各自原来的工作岗位。这种组织形式的优点是成员来自各个部门，具有不同的工作经验，知识结构交叉，能够产生思想认识上的碰撞，形成新的创意，完成复杂的营销策划任务。缺点是策划组织的成员来自不同的方面，大家有不同的思维方式和习惯，从而对组织的领导人提出了较高的要求。如果缺乏跨部门的综合型领导人，可能达不到预期的策划效果。

无论哪一种组织形式，都是围绕所承担的主题组织的专门行动机构，具有一定的权威性、专业性和严密性。参与营销策划组织的人员要依据营销策划组织构成的各类人员的条件进行遴选。

二、福利彩票营销策划组织的设计

营销策划内容的不同要求建立不同的策划组织。福利彩票机构自身的发展和外部环境的变化，会不断对营销策划提出新的要求，因此，福利彩票机构的营销策划组织和人员配备都必须根据需要而进行调整。可见，福利彩票机构营销策划组织的设计和再设计就成为经常性的工作。为了保证福利彩票机构营销策划组织能够高效率的完成策划任务，在进行组织设计时必须按照科学的程序办事。福利彩票机构营销策划组织的设计一般包括四个步骤：

（一）分析营销策划的内容

营销策划组织是适应营销策划内容的要求而设计的，因此，福利彩票营销策划组织设计的第一步是分析策划的内容要求。福利彩票机构的营销策划内容分为两种类型：职能性营销活动策划和管理性营销策划。职能性营销活动的策划如市场调研策划、广告宣传策划等，要求由专业性的策划机构来完成，如市场部。管理性营销策划活动即那些内容涉及跨部门的营销策划，如新产品开发策划、市场竞争战略策划、内部营销管理策划等。这些策划涉及管理任务中的计划、协调和控制等工作，需要由综合性的策划机构。

（二）选择营销策划组织形式

根据对营销策划内容的分析，下一步要确定福利彩票机构营销策划的组织形式。即决定成立专业性的组织机构还是成立结构性的组织机构。

（三）确定营销策划组织的人员配备

营销策划人员的能力和配备决定了该组织的工作水平和效率，因此，必须科学地设置组织职位，确定职位类型、职位层次和职位数量，明确各个职位的权力、职责及其在组织中的相互关系，建立岗位责任制。通过定职、定岗和定任务，确保营销策划机构能够顺利达到预期目标。

营销策划机构通常由以下几类人员组成：（1）负责人。负责人即该策划组织的主任或组长，其职责和任务是领导、保证、监督营销策划组织的全盘工作，协调营销策划组织与业务部门及各方人士的关系，掌握工作进度和效率。（2）策划总监。策划总监是营销策划的业务负责人，负责安排主策划人开展具体的策划业务。（3）主策划人。主策划人是营销策划组织中不同专业的业务骨干，负责带领本专业的策划人员开展业务调研，进行创意设计并最后负责拟定本部分的策划文案。如果策划的项目只涉及一个专业，主策划人设 1 人；如果涉及多个专业，主策划人则应设多人。主策划人应具有良好的业务素质和业务能力，熟悉福利彩票机构的营销行为，富有营销策划的成功经验和高度的责任感。（4）策划人。在主策划人的领导下，要有若干策划人参与工作。这些策划人参与分工部分的策划工作，并负责该部分策划文案的撰写。策划人虽然只负责部分工作，但必须对营销策划的全过程都非常熟悉，以保证做到胸中有全局，笔下有特色。策划人的基本条件是基本功扎实，文字表达能力强，认识问题深刻和富于创新思维。（5）美术设计人员。如果营销策划中涉及视觉形象、商标，广告、包装等美术方面的内容，营销策划组织就需要配备专门的美术设计人员。美术设计人员依据美学原理对上述内容进行创新性设计，以增强营销策划书的吸引力与感染力。（6）高级电脑操作人员。电脑操作人员不仅要收集资料、录入资料、储存资料和随时输出资料，而且要会使用多种复杂的电脑软件，能够进行适应多媒体需要的、进行动态链接和形成互动效应的高难度的操作。

（四）选拔营销策划人员

按照营销策划人员配备的水平和要求，首先在福利彩票机构内部选拔，选择那些符合条件的人员上岗。如果机构内部找不到适合的人员，就应该在社会上招聘。

三、福利彩票营销策划机构的选择

虽然福利彩票机构可以设立自己的营销策划组织，但该组织的决策者在进行策划前必须认真考虑以下问题：自己的策划机构能否达到所要求的策划目标？是否需要利用外脑来帮助完成策划任务？

营销策划、制定战略一类重大问题是由内部人员去做还是请外部专家去做，从理论上讲各有利弊。由内部人做的优点是了解情况，节约费用，实施起来方便。缺点一是内部人的视野狭窄，不能有大的创见；二是有些与领导者观点不一致的话不敢讲，其观点基本上是领导者观点的复制，不可能有大的改变和创新。请外部专家来做的优点是：（1）"旁观者清"，能够客观地分析取得的经验和存在的问题；（2）"外来的和尚会念经"，提出的建议容易被接受；（3）独立性强，提出的意见和建议不受委托单位负责人观点的影响，便于观点创新。缺点是费用高，实施过程中要对人员进行培训。①

根据以上理论分析，福利彩票决策者选择营销策划机构的依据是看利用外脑的必要性和可能性。必要性是看完成该项策划任务是否需要外脑；可能性是看自己的策划组织有没有策划该项目的能力和利用外脑的经济承受能力。具体说来，主要考虑三个因素：

第一，对于那些策划内容的要求很高，策划难度很大的项目，而自己又缺乏策划能力，需要请外部专家来做；反之，则自己来做。

福利彩票机构的营销策划有些内容比较简单，策划起来较容易，如促销宣传策划、公共关系策划等；有些策划则比较复杂，策划起来比较难，如发展战略策划、竞争战略策划等。对于那些比较简单的营销策划，应该尽可能自己来做，以降低策划的成本并方便实施。对于那些内容复杂的营销策划项目，或者由自己策划的难度太大，策划设计的水平不高而影响实施的结果；或者由于缺乏高水平的策划人才而根本无法做到，就应该请外部专家来做。

第二，对于那些策划内容的要求较高，请外部专家策划的费用在自己的承受能力之内，就应该请外部专家来做；反之，则自己来做。

福利彩票营销策划需要花费相当大的费用，因此，策划费用的多少成为选择策划机构的条件之一。有些策划的内容有较高的要求，如果机构内部人员策划起来有一定的难度，而请外部专家的费用自己也可以承受，就应该请外部专家负责策划。

关于借助外脑的费用支出，由于它是一般费用以外的专项支出，所以往往

---

① 胡正明：《中国营销》，经济科学出版社 2001 年版，第 76 页。

使人感觉非常昂贵，而自己人做则便宜得多。但是如果冷静地想一下就会明白，实际费用并不是想象的那么昂贵，由自己人来做也不是想象的那么便宜。因为自己人做要雇佣那么多有才干的人员，除了薪水之外，还要支付福利费、奖金、退休金等等，这些费用与支付外脑的费用相比就相差不多了。

第三，对于那些策划难度一般的项目，自己的力量能够解决，就应该尽可能由内部人来策划。

四、福利彩票营销策划人员的素质要求

营销策划及营销活动是由组织中的人来完成的，人才的素质是组织的核心。策划人员应该具备什么样的素质，不同的人会从不同名称、不同职务、不同工作内容等做出不同的回答。但从一般意义上讲，营销策划人员是"对资源与任务辩证思考的行动组织者"。[①] 之所以说策划人员是对资源与任务之间进行辩证思考的人，是因为策划人员都面对一项任务，这项任务表现为具体的或长或短的多元目标；同时也都面临一种"资源处境"，他们的工作就是从"资源处境"中找到完成任务的途径。如果从资源到任务的某一条路径是明显存在的，所谓策划就不过是线性规划求解的过程。事实上，许多策划工作面临的资源与任务根本没有直接联系，或者资源与任务本身都不是十分明确地可以理解。策划人员在工作时，常常从资源想到任务，再回头来重新解释资源，再向前改写任务，在这种循环往复的过程中取得成果，实现目标。可见，策划由于其"题目和条件都可以修改"，因而是一种没有固定模式的"曲线思维"。因为下一个问题的求解方式一方面不同于前者；另一方面又要吸取前者的经验教训，所以是"辩证的"。

上述分析可以看出，策划人的行为不是短期行为，不是偶尔为之的卖点子、卖理念的行为，而是必须要融入市场化过程和体系中去的行为，因此对其素质要求是很高的。美国著名的咨询策划公司兰德公司的广告语宣称："上帝不能的我能！"这既是兰德公司对世界的广告宣传，也充分体现了策划业对策划人素质的要求。

---

① 冯健民：《营销策划操典》，广东经济出版社1999年版，第65页。

福利彩票营销策划人的素质要求主要体现在以下几个方面：

1. 具有渊博的理论知识与丰富的实践经验

任何一个策划方案，由于涉及的对象和主题不同，所需要的专业知识也不同；而策划人员所面临的对象和主题又是常常变动的，因此，只有具备多学科、多领域的知识，才能拓展思路，知识面狭窄的人不可能做出出色的策划方案。这就要求策划人员必须具备渊博的知识。不仅掌握多学科的综合知识，而且对这些知识的掌握不是食古不化、食洋不化，不是搞本本主义，而是能融会贯通，举一反三，并在已有知识的基础上产生联想、触类旁通而形成新的创意。

同时，福利彩票策划人员必须有广博的社会阅历及丰富的实践经验。对于中国乃至世界的彩票发展历史和现状有深入的了解，有过管理企业的实践和成功策划营销项目的经历。一个不了解国情、不熟悉企业、不把握经济和社会发展走势及各阶段特点的人，是无法进行营销策划的。

2. 具有敏锐的观察、判断和分析能力

福利彩票策划人员要能够从过去和现在的资料中，迅速找出问题的症结所在，然后寻找解决问题的方法，就必须具备"察人所未察"的超人的观察力。没有准确、科学、超前、精确的预测，就不是成功的策划；同样，没有特色、没有创意、没有独到的思路和对策，也不是成功的策划。预测的科学性与策划方案的新颖性、针对性都来自策划人对福利彩票机构的内部条件和外部环境、优势因素和劣势因素的敏锐洞察及分析判断。因此，高水平的营销策划人员必须具有敏锐的观察、判断和分析能力。

3. 具有开拓驾驭市场的能力

福利彩票营销策划实质上就是驾驭市场。驾驭市场首先要认清市场，把握市场的态势、市场的走势、市场的流行时尚、市场的卖点、市场的发育程度、市场的特色等，只有认清市场才能采取恰当的战略和策略驾驭市场。为此，营销策划人员要能够正确认识未来市场的发展趋势和社会的价值取向，以保证在策划中的预测符合正确的方向并具有前瞻性。同时，策划人员要对社会发生的新生事物有快速的反应能力和睿智的想象能力。如果没有快速的反应能力，就

不能在风起毫末中警觉社会新事物的出现；如果没有睿智的想象能力，也难以使自己的头脑在更为广阔的领域里自由驰骋。

4. 具有进行理性思维的能力

思维是人类特有的一种精神活动，它来源于社会生活，又是指导人们从事各项活动的基础，人们常说的"行成于思"就是这个道理。由于策划人员的思维过程、思维内容、思维角度的差异，形成了不同的思维方式，产生了理性思维和非理性思维的差异。[①] 理性思维是在科学的理论指导下的系统思维。不论纵向思维还是横向思维，顺向思维还是逆向思维，多向思维还是跳跃思维，都应有一定的程序和规范。只有掌握理性思维的能力，才能在营销策划中条理清楚、纲举目张、论点明确、论据充分、思考富有逻辑性。福利彩票营销策划人员要创新，不仅必须占有大量的信息，并能进行理性思维。

5. 善于调动和整合社会资源

策划人员要解决面前存在的问题，必须能够调动各种资源，包括内部资源和外部资源，有形资源和无形资源，利用现有的社会力量来达到解决问题的目的。因此，优秀的策划人员是社会资源的动员者、社会情绪的回应者、社会对话的设计者。同时，营销策划人员还应掌握融会贯通的整合能力，善于把策划活动中的各种资源进行整合，使其发挥"1＋1＞2"的功效。

6. 善于吸收他人的观点

一个人的能力是有限的，策划人员无论考虑得如何全面，都不可避免地会出现一定的偏差，其观点也可能出现错误，这样，策划方案在进行过程中，可能会有人提出不同的意见，也可能会受到各种批评，这就要求福利彩票机构的策划人员必须善于接受来自各方面的意见。如果策划人员只有精益求精的精神，而缺乏容纳不同意见的气度，就会使自己陷入固步自封、刚愎自用的泥潭，从而使自己的策划缺乏包容性风格。当然，强调策划人员要具有包容心并非说策划人员可以为了照顾别人的情绪而马虎、轻率和不注重创新，而是要求策划人员能掌握策划的真正重点。

---

① 胡正明：《经贸谈判学》，山东人民出版社 1995 年版，第 137～138 页。

7. 具有良好的职业道德和敬业精神

福利彩票营销策划是一种职业，作为职业的策划人必须具有良好的职业道德和敬业精神。其一是不能把策划行为当作纯商业行为，仅仅为了取得商业利益；而是把策划当作一项事业来做。其二是不能按照固定的、一成不变的套路去应付各类不同的策划要求，而是兢兢业业、扎扎实实地遵循事物发展和人类的思维规律去工作，力争每次策划都是别具一格，都具有很强的针对性而又富有创意。

8. 掌握娴熟的表达技巧

福利彩票的策划成果要通过策划书来体现。策划书是外界接触策划方案的第一步，也是能否引起他人注意的关键。这就要求在撰写策划书时，要有较好的表达技巧。策划书是由文字、图形、数据表现的，策划人员必须具有文字表达、图像表达、数值表达的能力。策划书的撰写不必过分强调使用华丽的辞藻，但内容具体、行文流畅、创意表达精确恰当是最基本的要求。动笔撰写时，必须将主题简明扼要地点出，完成之后，反复修改校对，直到语句通顺、内容准确无误为止。

当然，这里所介绍的福利彩票营销策划人员的基本素质，只是策划成功的必要条件，而非充分条件。也就是说，不具备这些素质的策划人员肯定不会取得好的业绩，但是具备了这些素质，也不一定会获得成功。这需要策划人员持之以恒地磨练自己，不断学习，总结经验，以提高自己的综合素质。

第三节　福利彩票营销策划的内容

福利彩票营销策划包含着丰富的内容，从广义来讲，市场营销的所有活动都需要进行策划。但由于篇幅的局限，不可能对所有的内容都进行分析，只能对重点内容进行说明。根据中国福利彩票目前的营销状况，主要对福利彩票营销八个方面的策划内容进行研究。

一、整体营销策划

整体营销策划是指对福利彩票机构的营销管理进行的全面策划，是福利彩票机构拟进行营销管理重大变革时所做的策划。其内容一般包括发展战略规划、管理体制设计、组织机构设置、岗位职责描述、薪酬体系设计、绩效考核方案设计、规章制度和行为规范设计等。

（一）发展战略规划

发展战略是搞好福利彩票管理、促进福利彩票机构发展的三大战略之一。[①] 福利彩票机构为了有效地驾驭市场，必须在现代经营理念的指导下，根据长远发展和全局需要，使自己的主观认识适应外部环境，制定有效的发展战略，以提高经营管理水平和核心竞争能力。福利彩票机构的发展战略是一个由多因素构成的有机整体。其主要内容包括战略任务、战略目标、战略重点、战略措施和战略步骤。关于战略规划的内容在第二章已经分析，这里不再赘述。

（二）管理体制策划

管理体制策划是对福利彩票机构拟采用的管理体制进行的设计。目前有直线职能制、母子公司制、事业部制三种管理体制模式可供福利彩票机构选择。福利彩票机构在进行管理体制设计时，应该运用管理体制模式理论，在已有的山东模式、广西模式、福建模式的基础上，进行管理体制创新。

1. 直线职能制

直线职能制也叫直线参谋制。是在直线制和职能制的基础上，取长补短，

---

① 在中国共产党十五届四中全会通过的《中共中央关于国有企业改革和发展若干重大问题的决定》中指出："企业要适应市场，制定和实施明确的发展战略、技术创新战略和市场营销战略，并根据市场变化适时调整。"见《中共中央关于国有企业改革和发展若干重大问题的决定》，人民出版社1999年版，第13页。

吸取这两种形式的优点而建立起来的。直线制是从公司最高管理层到最低管理层按垂直系统进行管理，各级领导人都直接行使对下属统一的指挥与管理职能，不设立专门的职能机构，一个下属单位只接受一个上级领导者的指令；职能制指公司建立必要的职能机构分别掌握各自职能范围的指挥权，有权对下级发布命令和指示，在职能组织中，下级不但要听从直接上级的指挥，同时也要听从上级职能部门的指挥。

直线职能制把管理机构和人员分为两类：一类是直线领导机构和人员，他们按命令统一原则对各级组织行使指挥权；另一类是职能机构和人员，他们按专业化原则，从事组织的各项职能管理工作。直线领导机构和人员在自己职责范围内有一定的决定权及对所属下级的指挥权，并对自己部门的工作负全部责任。而职能机构和人员，则是直线指挥人员的参谋，不能对直接部门发号施令，只能进行业务指导。

直线职能制是集权化的组织形式，是一种以权力集中于高层为特征的管理体制，其基本特征是：第一，公司决策的高度集中和统一；第二，在各级直线管理下设相应的职能参谋机构，作为管理组织的"参谋部"，分别从事专业性的咨询、服务、指导、监督等管理工作；第三，在决策实行高度集权的同时，财务体制也具有高度集中性；第四，分厂（子公司）实行成本管理，遵守总部与职能部门下达的成本等控制指标。

直线职能制的优点是：既保证了管理体系的集中统一，又可以在各级行政负责人的领导下，充分发挥各专业管理机构的作用。具有筹资与投资的协同效应；具有生产技术方面的协同效应；具有市场开发与产品销售方面的协同效应。其缺点是：各职能部门之间的协作和配合性较差，职能部门的许多工作要直接向上层领导报告请示才能处理，这一方面加重了上层领导的工作负担；另一方面也造成办事效率低；同时也不利于发挥中层管理人员的主动性与创造性，使市场决策缺乏灵活性和应变性。

2. 母子公司制

即母公司设置若干职能部门，同时直线管理若干子公司，各子公司都是平行关系；子公司可投资创办或控股自己的子公司（集团公司的孙公司）。从《公司法》来看，母子公司都是独立平等的市场竞争主体，不存在行政或者法律上的依附关系。它们仅仅是所有者与经营者、投资者与被投资者关系，而从内部产权关系来看又是相关联的。为维护和实现自身利益，母公司可通过产权隶属关系依法对子公司经营活动进行控制和监督，以保障其投入资产的安全，并依股东权益获取收益，从而促使子公司经营目标与母公司总体战略保持一致。

　　这种管理组织结构灵活性强，既可以建成集中型母子公司体制，又可建成分权型母子公司体制。集权的母子公司体制是将决策权和经营管理权高度集中，既是投资中心，又是利润中心，各子公司成为成本中心。分权型母子公司结构则是母公司将其决策权、日常经营管理权授予子公司，子公司具有较大的独立性。母公司只是投资中心，而子公司成为利润中心，子公司下属的生产、销售单位则是成本中心。

　　母子公司制的优点是：（1）体制运作灵活，集权或分权管理可自主设计。（2）子公司的决策权与决策责任相对应，独立承担民事责任和经营风险，市场反应快。（3）子公司是独立法人，如果出现亏损，母公司对其承担有限责任，有利于分散经营风险。（4）可以降低关联单位的交易费用，保证母公司发展的稳定性和长期性。

　　母子公司制的缺点是：（1）如果子公司较多，将使管理幅度过大，母公司对子公司的控制将比较困难。（2）由于母子公司市场动机、经营目标、经营管理方式的不同，如果母公司缺乏对子公司有效的监督管理手段，在经营中可能导致子公司经营目标偏离集团母公司的长远战略轨道，危及母公司利益。（3）子公司必须双重纳税，即缴纳两次所得税。子公司作为独立法人，必须缴纳所得税，这是第一次纳税；子公司的税后利润部分上交母公司后，母公司作为独立法人，也必须缴纳所得税，即第二次纳税。

　　3. 事业部制

　　这是一种典型的分权结构，它是在总公司的统一领导下，根据不同业务、不同区域划分各个事业部门。而每个事业部分别有独立的产品或服务、独自的利益，并成为利润责任中心。事业部制是目前大型股份公司较为普遍采用的一种管理组织结构形式。这种体制是为了应付环境多变、管理日趋复杂的局面，按照"集中决策，分散管理"的原则建立的，总公司主要负责研究和制定公司的各项政策、目标和长期计划，并对各事业部的经营、人事、财务等行使监督权。各事业部则在总公司的政策、目标、计划的指导下，充分发挥自主性，并可根据经营的需要设置管理职能机构，拥有独立的经营自主权。

事业部制管理体制的优点表现在：（1）事业部在总公司的统一领导下实行独立经营，有利于总公司最高领导者摆脱日常生产经营业务工作，专心致力于公司的战略决策和长期规划，真正成为强有力的决策机构。（2）各事业部的经营更加专门化，从而有利于发挥各事业部的经营积极性、主动性和创造性，增强对市场的适应能力，在竞争中取得主动地位。（3）各事业部都为了追求更高的盈利，就会积极开拓市场，充分利用资源，严格控制成本，从而有利于各事业部提高市场竞争力和综合经济效益。（4）由于各个事业部实行独立核算、自负盈亏，那么，哪些经营部门盈利、哪些经营部门保本、哪些经营部门亏损都一目了然，从而有利于适时调整产业结构和经营方向。（5）事业部制度实际上是一种多角化经营体制，这种经营体制有利于公司分散风险，保持公司利润的稳定增长。（6）有利于培养和考察有能力的管理人才，调动各事业部经理的积极性。

事业部制的主要缺点是：（1）事业部有过大的决策权但不承担独立的民事责任，从而加大了总公司的风险。（2）各事业部之间相对独立，增加了各事业部之间在人员、信息、技术、资金等方面横向交流的困难。（3）各事业部均设立人、财、物等职能部门，使总公司的管理成本提高。（4）事业部权力的不断增大导致了不同事业部之间的各自为政，容易形成部门本位主义，事业部之间可能会出现相互不必要的竞争而难以协调，公司总部要花费大量的精力对事业部进行协调、控制。

（三）组织机构设置

组织机构设置是指根据福利彩票机构的工作流程，对所需工作部门进行的设计。福利彩票的组织机构设置是一项十分重要的工作，在设计时应遵循以下原则：

1. 目标一致性原则

该原则要求福利彩票的组织机构设计必须有利于目标的实现。任何一个组织成立，都有其宗旨和目标，因而组织的每一部分都应该与既定的宗旨和目标相关联。否则，就没有存在的意义。因此，组织机构的设计过程必须是根据总目标制定分目标，然后按照分目标设置组织机构。这样建立起来的组织机构是

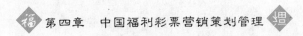

一个有机整体，每一个人都了解自己在总目标的实现中应完成的任务，从而为总目标的实现提供了保证。

2. 职、权、责对等原则

"职"是指工作岗位上的职务；"权"是指由职务赋予的工作权限；"责"是指在工作岗位上所应履行的责任或义务。为了保证工作任务的顺利完成，在组织机构的设计上必须做到职权、职责和职务对等，一定的职务必有一定的职权和职责与之相对应。

3. 专业化协作原则

专业化就是按工作任务的性质进行专业化分工，也就是说，组织内的各部门都应该尽量按专业化原则来设置，以便使工作精益求精，达到最高效率。同时，在组织内的各部门之间以及各部门的内部，都必须相互配合、相互协调地开展工作，这样才能保证整个福利彩票机构的组织活动步调一致。

4. 合理有效原则

合理有效原则是指福利彩票机构的组织机构设置必须合理和富有成效。组织机构设计要合理，是说要基于管理目标的需要，因事设机构、设职务并匹配人员。人与事要高度配合，反对离开目标，因人设职，因职找事。有效是指组织内的信息要畅通，主管领导者能够对下属实施有效的管理。

（四）岗位职责描述

岗位职责描述是对福利彩票组织机构的所有人员的岗位职责进行逐个说明。具体包括职位名称、直接上级、直接下级、岗位职责、岗位权力、任职条件等。岗位职责描述必须清楚、具体，便于理解和执行。

（五）薪酬体系设计

薪酬是员工最为关注的核心问题，薪酬体系的完善与否对人才的选、育、留及福利彩票机构的整体业绩有着直接的影响。因此，建立一套规范、公平、公开的薪酬体系，是对福利彩票机构进行整体设计时必须考虑的问题。

薪酬体系一般由工资（薪金）、奖金、补贴和福利四部分组成。薪酬体系设计的要求是简明化与科学化，设计的原则主要是：（1）公平公正。该原则要求设计的薪酬体系对所有员工一视同仁，不论领导还是普通员工，一律按照岗位设计薪酬。（2）鼓励竞争。该原则包括两个层次：一是薪酬水平具有较强的竞争力，可以吸引和留住更多的高素质人才；二是鼓励员工通过努力工作得到更高的报酬。（3）与效益挂钩。与效益挂钩是指薪酬的支付应与员工对组织的贡献相联系，贡献越大报酬越多。（4）合理合法。薪酬体系的层次设计既要合理又要合法，不应违背国家法律的要求，尤其在涉及员工合法利益时应严格遵守《劳动法》等相关法律的规定。

（六）绩效考核方案

科学的绩效考核是保证福利彩票机构良好运作的重要条件，也是保证福利彩票机构持续发展的关键。因此，福利彩票机构的绩效考核必须建立在科学的考核制度基础上，客观评价员工的工作绩效，充分调动每位员工的积极性和创造性，并为员工薪酬、晋级、升迁、奖惩等提供依据。

绩效考核方案一般包括考核时间、考核组织、考核原则、考核方法、考核流程、考核内容、考核结果的运用等内容。

绩效考核是一项严格和严肃的工作，需要有一个统一的原则来制约，因此，绩效考核应坚持以下原则：（1）明确公开。绩效考核的标准、考核的程序和考核的责任都应当有明确的规定，并向全体职工公开；在考核中严格按照既定的标准和程序进行，以便使员工对考核工作产生信任感。（2）一视同仁。一视同仁是对在同一岗位上的不同员工按照完全相同的标准进行考核，没有因人的不同而产生差异。绩效考核应当避免掺入主观性和感情色彩，应做到"用事实说话"，一视同仁，不偏不倚，在考核标准面前人人平等。（3）赏罚分明。该原则是指能够根据考核的结果对员工进行奖励和惩罚，确定员工的薪酬和升迁。（4）结果反馈。反馈是指考核的结果一定要通知被考核者本人。如果考核人对考核的结果不满意可以向考核小组反映，考核小组在对实际情况进行调查之后要给考核人一个满意明确的答复。

（七）规章制度设计

福利彩票机构的规章制度是指对各个管理层、管理部门、管理岗位的职能范围、应负的责任、拥有的职权以及管理业务的工作程序和工作方法等制定的规范和制度，即规定"应该干什么"、"依据什么来干"、"怎样干"和"干到什么程度"等问题。规章制度设计应该遵循以下原则：（1）实事求是。即规章制度的制定应从实际出发，如实反映现实情况。（2）系统、全面、统一。"系统"是指各项管理制度要配套，达到整体优化；"全面"是指凡涉及经营管理活动全过程的各项工作、各个岗位都要有相应的管理制度，做到有章可循；"统一"即各项管理制度应当相互协调，服从统一的管理要求。（3）职务、责任、权限、利益相统一。规章制度中要体现职务、责任、权限、利益相统一的原则，其中职务是前提、责任是核心、权限是条件、利益是动力，四者缺一不可。（4）繁简适度、通俗易懂。

（八）行为规范设计

福利彩票机构的行为规范是指根据现行制度和各部门、各岗位的职责，规划出的应共同遵守的行为准则及实现条件。从一般意义上讲，包括工作规范和礼仪规范，而工作规范和礼仪规范又可以按部门和工作性质不同而细分为多种具体规范，如市场部的行为规范、财务部的行为规范、网络部的行为规范、在办公室的行为规范、在社交场合的行为规范等。不同的行为规范因为对象不同而内容各异，在设计中必须充分体现这种差异。

二、营销定位策划

在竞争日益激烈的市场中，怎样为自己的企业和产品在消费者心目中确定一个适当的位置，找准市场的切入点，以达到预定的营销目标，是必须解决的关键问题。这项工作理论上称为营销定位（又叫"市场定位"）。营销定位的准确与否直接关系到营销目标完成的成效及今后采取的营销措施，因此，营销

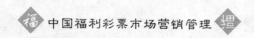

定位策划可以说是营销策划的核心内容。

（一）营销定位的内容策划

营销定位的内容策划是指给什么对象在市场上确定位置的问题。依据对象不同福利彩票的营销定位内容策划可以分为五个层次：

1. 行业定位

即把彩票行业作为一个整体放在国民经济发展的诸多行业中从社会的角度予以定位。例如，可以把彩票行业定位为国家垄断的非营利行业。

2. 企业定位

即把福利彩票机构作为一个整体放在彩票行业中从市场竞争的角度进行定位。例如，可以把福利彩票机构定位为市场领先企业。

3. 产品定位

即把福利彩票产品放到同类产品中在社会公众心目中定位。例如，有人把福利彩票定位为"雪中送炭"，把体育彩票定位为"锦上添花"。

4. 品牌定位

即把福利彩票的某种玩法放到不同的玩法中在彩民心目中定位。例如，山东省福利彩票发行中心发行的"齐鲁风采"电脑福利彩票"30选7"被彩民定位为"百万富翁的摇篮"。

5. 广告定位

即把福利彩票广告的诉求放到同类广告中在彩民心目中定位。

（二）营销定位的程序策划

营销定位的程序策划是指对营销过程的具体内容进行策划。由于营销过程的三个步骤——市场细分、选择目标市场、市场定位——已经成为市场营销理

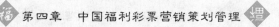

论的经典，不再需要进行策划，所以，营销定位的程序策划只能体现在对三大步骤的具体操作性程序上，如市场细分的程序、目标市场选择的程序、市场定位的程序等。

（三）营销定位的原则策划

目前，许多公司的定位策划存在"越位"、"错位"、"不到位"的现象。"越位"是指定位过宽，超越了应有的范围。例如某矿泉水定位为"生命之水"。哪一种矿泉水不是生命之水？"错位"是指定位错误。例如某鞋厂的定位是："穿上××鞋，好运自然来"。鞋和运气有什么关系？"不到位"是指定位无意义或定位太窄。例如，某热水器的定位是"龙头一开，热水就来"。如果放出来的是凉水能叫热水器吗？

营销定位策划错误的产生，一方面是因为策划者的理论功底太差，把产品的使用价值用来定位；另一方面是不了解产品的特色。因此，营销定位策划要求策划者不仅掌握一定的理论知识，而且必须遵循一定的原则。

营销定位策划原则的核心是差异化，而体现差异化的具体原则又分为多种，策划时必须根据该产品的不同特点决定策划的重点。例如，重要性、盈利性、显著性都是体现福利彩票与体育彩票差异的原则，但赢利性原则就无法体现福利彩票与体育彩票的差异性，因为二者的奖金返还比例是相同的。

（四）营销定位的方法策划

营销定位策划的方法因为定位对象的不同而存在差异。福利彩票机构定位策划使用的方法是按照其资源优势和在市场上的竞争地位定位；产品定位策划的方法有档次定位、使用者定位、关联定位等；品牌定位策划的方法有功能性定位和表现性定位；广告定位策划的方法有比较定位、比附定位、悖反定位等。

三、企业形象识别系统策划

现代市场经济发展的实践证明，企业之间的竞争，已不单纯表现为产品质量和价格的竞争，更重要的是企业形象的竞争。企业形象识别系统作为提升企业形象的工具，已成为提高竞争力的重要手段之一。

企业形象识别系统策划包括理念识别系统策划、行为识别系统策划和视觉识别系统策划三个方面。

理念是指企业的精神和全体员工的共同理想，即企业所追求的目标和境界，是企业内部统一兼具外部特征的主导思想和观念，也是企业欲使社会公众知晓并接受的独立品格，是企业之"魂"。企业形象识别系统策划首先要策划理念识别系统。福利彩票机构的理念识别系统策划主要包括经营方向、经营道德、经营宗旨、经营文化、经营作风、经营风格、价值观念等基本内容的策划，通常用座右铭式的口号体现出来。

行为识别是指在经营理念指导下，将经营方针、经营作风、价值观等通过员工的共同行动体现出来的过程。行为识别展示企业的个性。福利彩票机构的行为识别系统策划，通过对仪式、环境、行动的策划表现出来。

视觉识别是在已经确立的经营理念和战略目标的基础上，运用视觉传达设计的方法，根据宣传媒体的要求设计出系统的识别符号，以刻画企业个性，突出企业精神，从而使社会公众和本企业员工对企业产生一致的认同感和价值观。视觉识别系统是形象竞争战略中最具传播力和感染力的识别形式，运用视觉、听觉系统把其经营理念具体、生动地传播给社会公众，最容易被社会大众接受。福利彩票机构的视觉识别系统策划包括名称、标志、标准字、标准色等的策划。

四、市场揳入策划

市场揳入是指通过一系列的营销努力，把新企业、新产品打进市场，或把老企业、老产品打进新市场。福利彩票机构的市场揳入策划是对福利彩票机构进入新的销售区域或新的玩法进入市场的策划。

市场揳入策划的基础是福利彩票机构的市场进入能力。市场进入能力是指福利彩票机构在策划和实施市场进入行动过程中所具备的影响市场和突破市场阻力的能力。市场进入能力包括策划调研能力、启动市场能力、冲破阻力能力、落地生根能力、驱逐竞争者能力等。① 如图4－1所示。

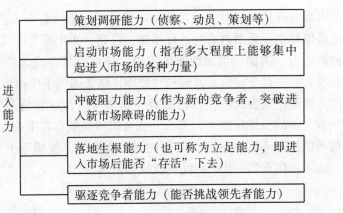

图4－1　市场进入能力

市场进入能力集中反映了福利彩票机构的开拓创新能力和整体的经营管理水平，主要体现在以下几方面：

1. 选择突破口的能力

很多企业的市场进入不成功，除了市场定位错误、策划不周全等原因外，大多数都是突破口选择不当所致。突破口选择不当，等于不得其门而入，从而要么花费很大代价才能进入，要么千辛万苦还不能进入。因此，一个优秀的策划总能选择适当的"市场切口"，轻松进入。

2. 有效突破的能力

一个企业在进入市场时，即使其他各种条件都具备，但也可能由于战时的"组织进攻"能力不够或者组织调度的"火力"即产品品种、供货量、广告活动、促销手段、服务保障等不到位，而败下阵来。为此，福利彩票机构在进入市场的策划过程中，必须设计有效突破当地市场的"无形火网"即民俗、文化、时尚等障碍的手段。

---

① 王先民：《市场进入战略》，企业管理出版社1999年版，第68页。

3. 排除干扰和反排挤的能力

除了占领未开垦的"处女地"市场以外，由于要"分别人的饭吃"，必然会遇到来自原有企业无形制造的各种体制、习惯、文化等干扰以及排挤新来竞争者的种种压力。例如，当亚细亚集团的"仟村百货"进入广州市场后，由于策划有误，加上自身定位及其他种种原因，结果遇到了广州本地企业的强大阻击力量，如不让批发商给"仟村百货"送货等。在这种情况下，如果"仟村百货"有足够的抗排挤能力，那么它就可以顽强地存在下去。然而，"仟村百货"似乎既认识不到这种排挤力量的来源和原因，也想不出缓解这种排挤的办法，结果，在不到一年的时间内就被排挤出场外。

五、品牌营销策划

目前，市场已经进入到消费者认牌购买的时代，品牌营销策划就成为营销策划的重要内容之一。福利彩票机构的品牌营销策划包括新品牌策划、品牌延伸策划和老品牌创新策划等三个方面的内容，这些内容可以通过品牌创立策划、品牌宣传策划、品牌发展（延伸）策划、品牌保护策划、品牌创新策划、品牌危机处理策划等体现出来。关于品牌营销策划的具体内容，请阅读《中国福利彩票营销理论前沿》一书的第十章：中国福利彩票营销的品牌战略。

六、关系营销策划

关系营销是20世纪90年代发展起来的新的营销模式，目前已成为各行各业研究和采用的主要营销模式。福利彩票机构的关系营销策划，包括关系营销的对象策划、关系营销的层次策划、关系营销的建立方式策划等三个方面的内容。

（一）关系营销的对象策划

关于关系营销的对象，国际上存在不同的观点。英澳学派认为，对营销有影响的因素划分为六个市场，即顾客市场（已有的和潜在的顾客）、供应者市场（要成为供应商的伙伴而不是对手）、分销商市场（协助企业销售其产品或劳务）、竞争者市场（寻求资源共享或优势互补）、影响者市场（财务分析人员、记者、政府）、内部市场（组织及其员工）。美国学者摩根和亨特将影响企业营销成功的关系分为四组共十种合作关系。瑞典学者古姆松把企业面临的关系分为市场关系、特殊市场关系、宏观关系和微观关系四大类，进而提出了30种关系。从方便操作的角度，福利彩票机构的关系营销对象策划应该采用英澳学派的观点，对六个市场的关系进行策划，六个市场的关系模型如图 4 - 2 所示。

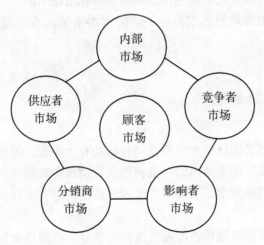

图 4 - 2 英澳学派六市场模型

（二）关系营销的层次策划

贝瑞和帕拉苏拉曼根据企业营销的哲学、战略和具体方法的不同，把关系营销的建立分为三个层次：一级关系营销是企业通过价格和其他财务上的价值让渡吸引顾客与企业建立长期交易关系，如对那些频繁购买以及按稳定数量进行购买的顾客给予折扣优惠；二级关系营销是在用财务上的价值让渡吸引顾客的同时，增加公司与顾客的社会联系；三级关系营销是在二级关系营销的基础上，增加结构纽带。

福利彩票机构的关系营销层次策划，就是要根据福利彩票营销的特点，对三个层次的关系营销设计不同的项目。

（三）关系营销的建立方式策划

关系营销的建立方式策划是指对如何通过建立非交易关系来保证交易关系的持续发生。福利彩票关系营销的建立方式有两种：一是关系深入型，即在交易成交后，继续关心顾客，促使他们继续购买。这种方式只适用于现有顾客。二是关系领先型，即在与顾客建立交易关系之前，先建立非交易关系，为以后的交易打下基础。该方式的范围广，只要是目标市场上的顾客均可。

关于关系营销策划的详细内容，请阅读本书第八章"福利彩票营销关系管理"。

七、营销组合策划

营销组合策划是实现福利彩票营销目标的有力保证。因此，营销组合策划是福利彩票营销策划的重要内容。福利彩票营销组合策划包括产品策划、分销渠道策划、促销宣传策划、人员服务策划、营销的过程策划和有形展示策划等六个方面。

福利彩票的产品策划包括产品线策划、产品生命周期策划、企业内的产品组合策划、产品内的因素组合策划、产品结构的调整策划、新产品开发策划等内容。分销渠道策划是指销售站点建设和调整的策划，包括网点设计的合理化、网点的宣传、网点销售人员的培训等内容。促销宣传策划即整合营销传播策划，包括人员促销策划、广告促销策划、公共关系策划、营业推广策划等内容。人员服务策划是对服务人员和服务项目的策划。营销过程策划是指对彩票的设计过程、销售过程、开奖过程、兑奖过程、公益金的使用过程等的策划。

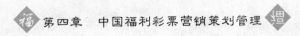

有形展示策划包括对彩票设计展示、销售环境展示、开奖过程展示和资金使用展示等的策划。

八、战略提升策划

福利彩票营销的战略提升策划，是指对福利彩票扩大利润来源、提高销售量的策划，也是由产品营销到资本运营的发展过程的策划。面对市场上存在的机会、威胁，按照市场运作的规律，福利彩票营销的战略提升策划要从三个方面展开：一要扩大利润源；二要提高销售量；三要发展资本运营。

（一）扩大利润源的策划

长期以来，中国福利彩票的发行中没有利润的概念，理由是：福利彩票发行中心是政府设立的机构，属事业单位，是非营利组织，有稳定的资金来源；福利彩票的销售收入全部来自于彩票的发行，按国家规定，发行额的 50% 返还彩民，15% 为发行成本，35% 作为筹集的福利资金上交财政，用于发展福利事业，作为发行单位则没有任何利润可言。其实这是一种误解。首先，非营利组织并不是不能盈利，而是说他们的目的不在盈利上。事实上，许多非营利组织的收入往往大于支出，但他们所赚取利润的目的是服务于组织的基本使命，而不是进入经营管理者个人的腰包。其次，国家规定的是彩票销售的资金分配标准，而不是所有收入的分配标准。因为其他收入不需要返还奖金部分，只分为两部分即可：一部分作为税收上交国家财政，另一部分用于改善彩票的发行条件。

在现有基础上开拓利润来源的方法主要有：

1. 出让彩票的冠名权

彩票是一个流行范围很广、被关注度很高的事物，其本身就具有很大的广告宣传价值。而现行的彩票大多以地方命名，如"齐鲁风采"、"上海风采"等，在这种情况下，很好的宣传价值就被白白浪费掉了。通过竞价的形式将其冠名权出让，使其名称变为：地域名＋企业名＋风采，如"齐鲁××风采"，这样，不仅冠名企业可以用较少的钱获得很好的宣传效果及树立企业形象的机会，福利彩票也多了一条新的利润渠道，从而实现双赢。

同时，可以通过激励企业为投注站的服务设施提供赞助，降低发行成本，扩大收益。随着彩票业的日益成熟，为了更好地服务于彩民，很多投注站都开设了相应的服务设施，用以促进彩民之间的交流，辅导彩民更好、更科学的投注，以期通过更好地服务来扩大销售量。这无疑加大了福彩发行的成本。因此，可以将此成本转冠名企业，让冠名企业出资购置这些服务设施，然后将其命名为：企业名+彩民之家；也可以让生产这些产品的企业提供赞助并为其冠名，如生产计算机的企业赞助计算机，生产打印纸的企业赞助打印纸，这同样可以取得双赢的效果。

2. 把彩票变为广告宣传的载体

彩票传播的范围很广，具有很高的宣传价值，很多企业都会看好这块宣传空间。目前的彩票在正反两面分别印着投注号和一些图案及福彩的简介等，可以通过一面印福彩的相关信息和投注号等内容；另一面做平面广告的办法，在销售额不增加的情况下，获得更多的利润。

3. 增加彩票的可收藏性

很多人都有"收藏"这个爱好，大到珠宝、汽车，小到邮票、电话卡，甚至各种门票和入场券都在收藏的行列。因此，可以利用人们喜爱收藏的特点，发行一些艺术性和收藏性较高的彩票，如在彩票上印上名画连载、人物系列等，将单张彩票联系在一起，构成一个艺术整体，以扩大购买彩票的对象范围和刺激收藏性购买。可见，这既是一种事半功倍的促销手段，又是一个利润的源泉。

4. 开发彩票的衍生产品

彩票虽是一种有价凭证，但外延很广，发展潜力巨大。作为福利彩票的发行机构，不应当把工作仅限制在彩票的销售上，还应当从多个方面寻找增值空间，包括利用彩票书籍、彩票网站、彩票小说、彩票影视、福彩漫画等拓宽利润的发展空间。

（二）提高销售量策划

扩大彩票销售量的根本办法是要最大限度地挖掘市场潜力，使老彩民重复购买，新彩民队伍不断扩大。

1. 提供优质服务稳定老彩民

老彩民是福彩发行的主力军，促进其持久的扩大购买，才能保证福彩销售量的稳步上升。老彩民对福利彩票已有很深的了解，具有宣传成本低、效果明显的特点。稳定老彩民的基本方法是：

（1）建立彩民档案，方便彩民购买。由于每个人的时间和精力都是有限的，因此，很多彩民都会面对购买不方便、信息不灵通、不能及时知道中奖结果等问题。针对这些情况，投注站可以建立老彩民档案，记录其联系方式以及购买情况，经常与其联系，若发现其因时间紧张而不能前来购买，则为其提供电话投注服务，帮其购买；其次，可以利用手机的短信功能，定时、及时为其发送相关信息、开奖结果以及中奖情况，方便其参与福彩活动，刺激购买欲望。

（2）增加活动场所，促进彩民交流。彩民购买彩票，中奖是一个重要的心理驱动因素，而短期的不中奖很容易影响彩民的购买情绪，从而影响到福彩销售的稳定性。因此，应多建立一些诸如"彩民之家"类的服务机构，方便彩民之间的信息交流；设置相应的专业人员，对彩民的心理进行辅导，帮助其正确认识购买行为，稳定其购买情绪。此外，还可以建立信息库，方便彩民查询历史信息；建立分析表，帮其做出更科学合理的决策，以增进中奖信心和几率。

（3）提供便民服务，树立"福彩"形象。福彩投注站一般靠近居民区，可以设立一些便民设施，如为彩民提供免费饮用水、便民雨伞、物品寄存处、留言板等。这样，一方面可以进一步凸显福利彩票服务社会的理念，树立福彩的良好形象；另一方面可以促进与彩民之间的情感交流，并利用其切身体会现身说法，从而起到更大的宣传效果。

（4）设立福彩贡献奖，激励未中奖彩民。那些长期购买彩票而没有中奖的彩民，为中国福利彩票事业的发展做出了巨大贡献，因此，承认他们的贡献，是稳定老彩民的重要途径。具体的方法是设立"福彩贡献奖"，对那些长期购买彩票而没有中奖的彩民给予一定的物质奖励和精神奖励，以鼓励他们继续为福彩事业作贡献。

2. 搞好促销宣传吸引新彩民

新彩民是彩民队伍的新鲜血液，因此，在努力维系与老彩民关系的同时，积极发展新彩民，是福利彩票营销的重要工作。目前，应该采用以下方法吸引新彩民：

（1）利用多渠道宣传，吸引新彩民加入。许多人没有购买福利彩票，原因之一是由于不了解而没有兴趣购买。针对这一点，可以利用多种渠道进行宣传，尤其是新兴的渠道，如互联网、手机等定时发送福彩的介绍和相关信息，吸引潜在彩民的注意力，促使其尽快加入彩民队伍。

（2）开展针对性宣传，吸引不同目的人群。购买福利彩票的目的有多种，不同的宣传可以刺激怀有不同目的的购买者，而单独宣传其中的某一方面则不可能收到良好效果。如单独宣传中大奖、奖金数额高等金钱概念，就可能失去一些不以投机为目的的购买者；反之，如单纯宣传福彩对社会的贡献，也会失掉以中奖为目的的彩民。另外，还有的彩民是对这种数字游戏的本身有着浓厚的兴趣。因此，可以针对这些不同的购买心理和目的，确定不同的宣传方向，同时吸引多种目的的彩民，必将有利于福彩销售额的增加。

（3）免费赠送彩票，吸引体验性彩民。对于那些需要通过切身体验才能购买彩票的潜在彩民，应该利用体验营销的理论，通过免费赠送彩票，让其亲自体会购买福彩的过程以及开奖后的心情，从而引起对福彩的兴趣，吸引其加入到彩民队伍中来。

（三）资本运营策划

资本营运就是把企业的全部资源都转化为可以经营的价值资本，以获取最大限度的价值增值。资本营运战略则是以资本为营运对象，以实现资本最低限度保值增值为目标的整体的、长期的谋划。福利彩票的资本营运是在产品营销的基础上发展起来的，并与产品营销同时进行。因此，福利彩票的资本营运战略策划，就是要在策划产品营销的基础上，策划有形资产的营运和无形资产的营运。

第四节 福利彩票营销策划的程序

　　福利彩票市场营销策划是一项复杂的工作，要求策划者必须按照科学的程序进行，以避免出现盲目性。福利彩票营销策划因为时间、地点、条件不同而各不相同，但都遵循一般的规律和具有共同的特点，福利彩票营销策划的逻辑程序一般包括八个步骤（见图4-3）。

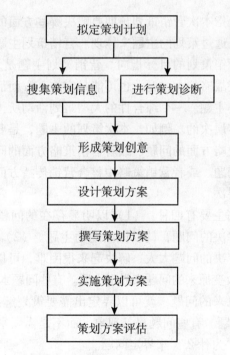

图4-3　福利彩票营销策划基本步骤

一、拟定策划计划

福利彩票市场营销策划是一项非常复杂的工作，在进行正式策划之前，必须拟定关于策划的计划。它通常以文字的形式——计划书呈现出来。策划计划书是关于市场营销策划的全部计划安排，是未来市场营销策划操作的依据。福利彩票的策划计划书包括以下五个方面的内容：

（一）策划任务

营销策划任务是指本次营销策划预期要解决哪些方面的问题和取得哪些方面的成果。策划任务通过策划的主题来体现。营销策划主题是营销策划活动的中心内容，是进行营销策划的目标指向。营销策划主题是多级次、多层面的。它表达的可能是发展战略的大主题，也可能是实施某方面活动、推行某种营销策略和具体举措的小主题。一个综合性的大型策划活动所体现的主题可能是单一的，更多的则是多层次的。例如，本次策划的主题，是要解决营销组织方面的问题、或者营销战略方面的问题、或者营销策略方面的问题、或者营销战略中品牌延伸方面的问题、或者营销策略中整合营销传播方面的问题，等等，其主题都要包括多个层次。

界定主题的方法主要有四种：（1）以明显存在的问题为主题。如果策划内容存在明显需要解决的问题，就以该问题为主题。（2）通过问题细分来界定主题。有些需要解决的问题太大，解决起来很困难，可以通过问题细分来界定主题。（3）通过改变原来的问题来界定主题。有些问题本身看起来很难解决，通过转换角度改变原来的问题，就可以界定出需要策划解决的问题。（4）用"为什么"来界定主题。有些问题只是现象，而不是需要解决的真正问题，就需要通过多问几个"为什么"来界定问题。

策划任务的另一个方面的内容是确定预期取得的成果。预期成果是设计出解决该问题的实施方案。

（二）策划目标

营销策划目标是本次营销策划预期达到的目标要求。营销策划目标一般分为两个方面：效率目标和效益目标。效率目标是营销管理方面的策划预期达到的目标。如工作效率提高目标、管理水平提高目标、发展速度加快目标等。效益目标是一切营销策划均包含的目标。福利彩票营销策划的效益目标分为经济效益目标、政治效益目标和社会效益目标三个层次。经济效益目标是指营销策划给福利彩票机构带来的用经济指标体现的收益，可以细分为销售额目标、市场占有率目标、成本目标、利润目标等。政治效益目标是指营销策划给福利彩票机构带来的用国家政治安定等指标体现的收益。社会效益目标是指营销策划给福利彩票机构带来的用救助弱势群体、扩大就业、社会和谐发展等指标体现的收益。

营销策划目标分为长期目标和短期目标。目标期的长短由策划项目的大小决定。

（三）策划进度

策划的进度是指本次营销策划的具体时间安排。营销策划一般分为相互关联的四个阶段：准备阶段、设计阶段、实施阶段和总结阶段。策划进度要规定每一个阶段的完成时间。

（四）策划预算

策划预算是对营销策划的经费和物质手段的计划安排。策划经费主要包括以下项目：策划人员的劳务费、差旅费、策划资料费、印刷费、文具费、资料处理费等。物质手段主要指策划工具、设备以及资料加工整理的手段，如交通工具、录音机、照相机、计算器、计算机等。根据营销策划的主题及方案工作量的大小，确定具体的策划费用预算，并明确总费用、阶段费用和项目费用。

（五）策划组织

策划组织是指完成策划项目的人员组成。根据营销策划内容的要求和对策划人员素质的要求，组织年龄、工作经历、工作经验存在差异且互补的人员组成策划课题组，以保证策划任务能够按时高质量地完成。

二、搜集策划信息

营销策划的第一步是搜集策划用的信息。中国有句古话，叫做"巧妇难为无米之炊"，策划也是如此。策划人再聪明，分析能力再强，如果没有信息，也只能是"无米的巧妇"，难以做出什么优秀的策划方案来。因此，信息搜集工作是策划成功的关键。

（一）搜集信息的原则

为了保证搜集的信息符合营销策划的要求，营销策划人员必须具有信息的敏感性，因为对信息的敏感程度越强，对问题的洞察力就越强。具有信息的敏感性就是具有"信息意识"，即不仅在工作时间，在日常生活中也要经常留意各种信息，"这个信息对策划是否有用"的想法应该常伴随左右。同时，在搜集信息过程中必须遵循以下原则：

1. 注意寻找有价值的信息

营销策划需要信息，但并不是信息越多越好，没有用的信息不但不能对营销策划起到积极作用，反而能起误导的作用。因此，搜集信息的第一个原则是注意寻找有价值的信息。有价值的信息就是能够为解决策划问题提供依据的信息，或者说是能使策划者心动的信息。如以前不曾有过的新现象或新信息、与以前不一样的现象或信息、以前不曾发生过的有趣的现象或信息，以及来源于市场的负面信息。

2. 不要忽略细微的信息

信息的价值不在于信息的大小，有些细微的信息可能是有价值的信息。但是，人们往往注意搜集大信息，而忽略细微的信息。因此，注意搜集细微的信息是搜集策划信息的重要原则之一。

3. 注意信息搜集渠道的全面与经济

不同的渠道提供不同的信息，取得不同渠道的信息需要支出不同的费用，因此，搜集信息必须注意信息搜集渠道的全面性，并考虑其费用支出。

（二）搜集信息的方式

营销策划需要的信息来自两个方面：第一手资料和第二手资料。第一手资料是从管理者、员工、彩民、投注站工作人员和其他人员那里得到的没有经过别人加工的信息。第二手资料是经过别人加工处理过的信息。这些信息的搜集方式，可以用5个字归纳：看、听、问、查、买。

"看"即"观察"，就是通过观察管理者和其他工作人员的工作环境、言行举止、穿衣戴帽等了解需要的信息。通过现场观察，往往可以发现存在的问题。

"听"即"倾听"，就是通过听取管理者的情况介绍、问题分析及工作人员、彩民、投注站人员的意见和建议，了解策划需要的深层次信息。这是获取第一手信息的主要方式。在这里，要想得到真实的意见，诚恳的态度是关键。

"问"即"提问"，就是通过对不明确的问题进行提问而取得需要的信息。包括深度提问、追踪访问、问卷调查等。

"查"即"查阅"，就是通过查阅过去的工作总结、策划方案例、经验教训、报刊资料等搜集需要的信息。

"买"即"购买"，就是通过支付货币的方式换取需要的信息。有些市场环境方面的信息用看、听、问、记的方式无法得到，只能通过购买的方式获取。

（三）搜集信息的处理

调查、搜集的信息往往是分散和零碎的，为使信息资料系统、完整、真实可取，需要进行科学的整理及加工，以得出规律性的结论。信息处理的主要工作任务是：

1. 剔除无效信息

经过分析确实无效的信息，必须立即剔除，以免影响策划工作的效率。

2. 对信息进行分类

在比较的基础上，找出信息之间的相同点和不同点，把信息分别归于不同的类别之中。

3. 对信息进行数量化处理

将信息数量化是信息处理的基本方式，它使信息变得简单明了，一目了然。进行数量化处理，可能犯下把复杂问题简单化的错误，也有可能为了数量化，有意无意地过滤掉了一些难以用数字度量的信息。

三、进行策划诊断

营销策划诊断是营销策划过程中搜集营销信息的另一条渠道。营销策划诊断是指营销策划诊断人员深入到具体的营销活动中，运用科学的方法，对市场营销各个相关因素和各个营销环节进行全面的分析研究，找出存在的主要问题，查明产生问题的原因，并提出改进方案和措施的活动过程。

福利彩票营销诊断包含的内容很多。按照营销诊断的内容，可以分为综合营销诊断和专题营销诊断。① 综合营销诊断是对福利彩票机构整体进行的营销诊断；专题营销诊断是对不同的营销专题进行的诊断。按照营销诊断的主体，

① 傅浙铭：《营销诊断实务》，广东经济出版社 1999 年版，第 21 页。

可以分为自我诊断和外部诊断。自我诊断是指由本单位的人员进行的诊断；外部诊断是指请外部专家进行的诊断。营销诊断对于把握福利彩票机构内部情况，找出存在的问题，并提出相应的建议和措施，以进行卓有成效的营销策划具有重要作用。

　　福利彩票机构营销诊断的任务，是发现和揭示营销中存在的主要问题，确诊产生问题的原因，提出改善经营的建议和对策，培训提高工作人员的营销管理水平，实施营销诊断方案，以改进完善营销管理，提高营销工作的效率和效益。根据以上任务，福利彩票机构营销诊断的基本程序包括三个阶段：

（一）准备阶段

　　诊断准备阶段是确定诊断目标、搜集诊断信息、确定诊断类别、组织诊断人员的阶段。这一阶段的具体活动包括：策划诊断人员与福利彩票机构最高领导人座谈，共同分析内部情况以及营销活动面临的困难，确定诊断目标并选定诊断类别和课题；制定相应的诊断计划，对诊断活动的步骤、方法、进度、人财物等方面的安排做出具体规划；根据计划安排，落实诊断人员和建立诊断组织，筹集经费、配备必要设施，做好有关的资料准备工作等。

（二）诊断阶段

　　诊断阶段是诊断人员根据诊断目标和计划的安排，对福利彩票机构营销活动进行全面深入的调查，在系统收集有关资料和详细分析研究的基础上，依据营销活动的规律，对福利彩票机构的实际营销活动做出评价，揭示和发现问题，以及设计和形成改善方案的阶段。这一阶段又可划分为预备诊断和正式诊断两个阶段。

　　预备诊断是指诊断人员根据目标要求，听取领导人介绍总体情况，考察经营现场，调查、征求员工的意见和建议，深入了解营销状况，以确定具体诊断课题，并制定正式诊断计划，从而为正式诊断做准备的过程。

　　正式诊断是指诊断人员对营销活动进行深入研究的过程。正式诊断过程又分为两个具体阶段：（1）专题调查分析。诊断小组根据业已确定的专题，深入企业现场调查研究，进行定量解析和实际测定工作，为诊断报告的形成提供充实的客观依据。（2）综合分析。即在专题分析的基础上，根据诊断对象的特点和诊断的范围，进行综合分析研究，找出存在的问题和缺陷，并查明原因。福利彩票机构在营销活动过程中存在的问题，可能表现在福利彩票知名度不高，形象不佳影响产品销售；销售渠道不畅，或渠道选择有误，使销售受阻；促销方式不当，消费者不了解福利彩票产品；服务质量差，令彩民不满；等等。需要根据具体情况进行具体分析。

（三）制定方案阶段

营销诊断的第三个阶段是制定改善方案。诊断人员在进行专题综合分析之后，基本掌握了营销状况，明确了改进方向。在此基础上，研究和制定诊断的改善方案。改善方案要经过反复的论证修改，并作为策划书的一部分内容写入营销策划方案中。

四、形成策划创意

营销策划是根据一个单位营销的历史、现状而谋划未来的行为，是一种运用智慧进行创新的行为。因此，营销策划过程也可以说一种创意策划过程。可见，创意是营销策划的灵魂，创意成功与否是营销策划是否出新、出彩、别具一格的关键。以创意策划为核心，最终形成完整的策划方案。

创意是人们在经济、文化活动中产生的思想、点子、主意、想象等新的思维成果，是一种创造新事物、新形象的思维方式和行为。创意既是思维创新，也是行为创新。创意本质上应该是丰富多彩、灵活多变、不受拘束的，其形成没有固定的模式，但却有必备的项目和条件。这里把学者们归纳的三种不同的创意形成步骤逐一介绍，① 以供福利彩票的营销策划人员学习和借鉴。

---

① 转引自叶万春等：《营销策划》，清华大学出版社2005年版，第75页。

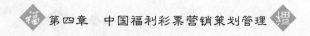

（一）日本学者江川朗的划分

日本学者江川朗把创意过程划分为4个阶段15个步骤：

第一阶段（含4个步骤）：（1）发现创意对象；（2）选出创意对象；（3）明确认识创意对象；（4）调查掌握创意对象。

第二阶段（含4个步骤）：（5）描绘创意的轮廓；（6）设立创意目标；（7）探求创意的出发点；（8）酝酿创意，产生构想。

第三阶段（含3个步骤）：（9）整理创意方案；（10）预测结果；（11）选出创意方案。

第四阶段（含4个步骤）：（12）准备创意提案；（13）提案；（14）付诸实行；（15）总结。

（二）中国台湾学者郭泰的划分

中国台湾学者郭泰把创意的形成过程划分为6个步骤：

1. 界定问题

即把问题弄明白，并界定清楚，使问题突出显露于众。

2. 搜集资料

从书刊、政府文件、企业档案、财务报表中获取信息，形成创意的基础。

3. 市场调查

明确目的、对象，方法、工作程序。

4. 资料整理

将资料分析、加工，转换为情报。

5. 产生创意

在对各种资料分析的基础上，触发灵感，深入思索，形成符合实际的创意。

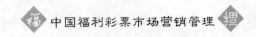

6. 实施与检验

实施创意方案，并对创意的结果进行评价。

(三) 大陆学者的划分

大陆学者把创意的形成过程划分为 6 个步骤：

1. 明确目标

创意者在弄清委托者本意、要求的基础上从中提炼出主题，把有限的时间与合作者的智慧汇聚其中，避免产生歧义或南辕北辙。

2. 环境分析

企业的内部条件和外部环境是进行创意的依据，因而要进行透彻分析，以引发出合乎要求的正确创意。

3. 开发信息

创意者要对企业提供的二手资料和亲自深入企业各方面所取得的一手资料进行认真分析，从而获取、开发信息。在弄清问题的过程中，产生了强烈的创意冲动。

4. 产生创意

创意既是创意者灵感闪现的过程，也是一种可以组织、并需要组织的系统工作。

5. 制作创意报告书

创意报告书又称"创意文案"，由 7 个部分组成：（1）命名。命名要简洁明了、立意新颖、蕴含深远、画龙点睛。（2）创意者。说明创意人的单位及主创人简况，注意适度地体现创意者的名气与信誉，使人产生信赖感。（3）创意的目标。突出创意的创新性、适用性，目标概述的用语力求准确、肯定、明朗，避免概念不清和模糊表达。（4）创意的内容。说明创意者的创意依据、

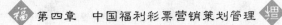

对创意的内容的表述、创意者赋予的内涵及创意的表现特色。（5）费用匡算。列支说明创意计划实施所需的各项费用及可能收到的效益，以及围绕效益进行的可行性分析。（6）参考资料。列出完成创意的主要参考资料。（7）备注。说明创意实施要注意的事项。

6. 总结

创意报告书付诸实施后半年或一年要进行总结，对执行前后进行对比分析，以总结经验、吸取教训。

五、设计策划方案

福利彩票营销策划方案的设计完成一般要经过信息准备、讨论酝酿、形成框架和修改充实四个阶段。

（一）信息准备阶段

准备阶段的主要工作是为营销方案的正式设计进行信息准备和创意准备。搜集信息、营销诊断和形成创意的活动都属于信息准备阶段的工作。

福利彩票的信息资料必须转录到策划人的头脑之中才能最终被利用到策划方案的设计中。信息转录的方式有两种：（1）消化吸收。就是对所收集整理出的信息进行系统的吸收，使之变为大脑中信息系统的一部分。（2）信息研究。即对信息的本质、外部联系进行系统的考虑，使信息能与策划人的知识、经验相结合，成为策划方案的直接支持系统。

（二）讨论酝酿阶段

经过了信息、知识和经验的准备工作之后，就进入了福利彩票策划方案的讨论酝酿阶段。该阶段是策划人借助于各类信息、知识和经验，进行充分的酝酿、讨论、研究，在大脑中构思各种方案，然后对这些方案进行自我考证和自我否定的过程。因此，讨论酝酿阶段是策划人进行的一种纯粹的脑力劳动，是一项艰苦细致的工作。

（三）形成框架阶段

经过讨论酝酿阶段的漫长而紧张的思索和不断的自我否定，营销方案的框架逐渐形成。在框架中已经包含了营销方案的基本内容，但还很不完善，需要进行修改并充实相关的内容。

（四）修改充实阶段

对于不完善的策划方案框架，要进行认真的讨论修改，经过充实内容，形成完整的策划方案。在修改充实阶段要充分发挥全体策划人员的积极性和主动性，要进行全方位、多角度的分析和充实工作，以便形成多套可供选择的策划方案。

六、撰写策划方案

营销策划方案的内容要通过营销策划书表现出来。营销策划书又称"营销策划文案"，是为了实施某一营销策划内容的书面文件，"是表现和传送营销策划内容的载体，一方面是营销策划活动的主要成果；另一方面也是企业进行营销活动的行动计划。"① 福利彩票营销策划书是营销策划的文字报告形式，内容上要鲜明、具体，具有形象性和可操作性；篇幅要与策划内容的繁简相一致；形式要规范、图文并茂；语言要简约、流畅、生动，绘声绘色；结构要严谨、完善，层层递进，环环相扣，彼此照应。

（一）福利彩票营销策划书的撰写原则

为了提高营销策划书撰写的准确性与科学性，必须遵循以下原则：

---

① 庄贵军：《企业营销策划》，清华大学出版社2005年版，第31页。

1. 针对性原则

针对性原则是指营销策划方案的撰写角度和内容都具有很强的针对性。前者是说要明确策划方案是为谁而写。一般说来，95%以上的营销策划是为别人写的，这就要求必须了解策划对象的理解能力和习惯，站在策划对象的角度分析问题和说明问题。只有对象明确，才能使策划的语言、思路符合策划的目标要求。后者是说要根据策划内容的要求，具体问题具体分析，而不是套用别人的策划模式。

2. 逻辑性原则

策划的目的在于解决福利彩票机构营销中存在的问题，营销策划书要指导营销实践活动，为此，策划书的撰写必须按照逻辑性思维来构思。首先是设定情况，交代策划背景，分析市场营销现状；其次是进行具体策划内容的详细阐述；最后是明确提出解决问题的对策方案。

3. 创新性原则

策划成果的价值贵在创新，只有体现创新意识、具有创新精神的成果才最可贵。为此，要求营销策划的思路新、创意新、内容新、手段新、表现手法新，给人以全新的感受。成功的策划方案要给人面目一新、眼睛一亮的感觉，给人智慧的启迪和精神的振奋。

4. 可行性原则

编制营销策划书不是为了束之高阁或供欣赏，而是为了解决现实的营销问题和指导实际的营销活动。因此，必须符合切实可行的要求。即方案的创意适合实际需要，策划书中提出的目标是通过努力可以达到的，策划书中的措施是有能力实施的。

5. 具体性原则

具体性原则是指营销策划书的文字说明简洁具体，即使不用语言补充，也能立刻理解其内容。

（二）福利彩票营销策划书的内容结构

福利彩票营销策划书的内容结构如下：

1. 封面

规范的策划书封面应该提供以下信息：（1）策划书的名称。策划书名称要新颖、醒目、紧扣主题，以起到揭示策划方案的中心思想、吸引人们的注意、产生较强烈的感染力和感召力的作用。（2）被策划的客户。（3）策划机构的名称或策划人的姓名。（4）策划负责人的联系方式。（5）策划完成日期及本策划适用时间段。由于不同时间段上市场的状况不同，营销执行效果也不相同。因此，营销策划必须具有一定时间性。

2. 前言

前言部分简要说明营销策划的性质，内容包括策划任务的来源、策划要达到的目的及策划的主要过程。在这里，需要对策划目的与策划目标加以区别说明。目的是未来理想和价值观的努力对象，是超越时间的概念。目标是为了实现具体目的而设定的直接对象，是包含具体时间阶段的概念。因此，营销策划的前言部分要说明策划的出发点是要达到的目的，但策划方案的内容中却是预期要达到的目标。

福利彩票的营销策划目的是贯彻福利彩票的发行宗旨，统一全员思想，协调集体行动，共同努力完成营销任务，以提高营销的效率和效益。这是各种营销策划的共同要求。营销策划的目标是通过设计和实施改善方案在一定时间内把营销效率和营销效益提高多少。可见，营销策划的目标因为策划内容要求的不同而各不相同。福利彩票营销存在的问题纷繁多样，策划的目标主要体现在六个方面：

（1）福利彩票机构开张伊始，尚无一套系统的营销方略，因而需要根据市场特点策划出一套营销计划。

（2）随着福利彩票机构的发展壮大，原有的营销方案已不适应新的规模，因而需要设计新的营销方案。

（3）福利彩票机构拟改革经营方向，需要相应地进行营销策略调整。

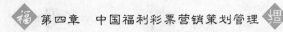

（4）福利彩票机构原来的营销方案出现严重失误，需要设计新的营销计划替代原来的营销计划。

（5）市场行情发生变化，原营销方案已不适应变化后的市场。

（6）福利彩票机构在总的营销方案下，需在不同的时段、根据市场的特征和行情变化设计新的阶段性方案。

3. 目录

目录是策划书各部分题目的清单，能够使阅读者很快了解策划方案的全貌，并方便地查找相关内容。目录页的内容主要包括：章、节、目的题目、附件，以及以上内容的页码。

4. 摘要

摘要是对策划项目所做的一个简单而概要的说明。内容包括策划的过程、要解决的问题和提出的结论。摘要的基础来自策划方案的正文，因此，摘要的撰写要在策划方案定稿以后。而把策划结论放在前面仅仅是为了阅读方便。

5. 正文

正文是福利彩票营销策划内容的详细说明部分，是营销策划方案的主要内容。具体内容包括：

（1）营销策划的背景和动机；

（2）营销策划的目标；

（3）营销环境状况和内部条件分析；

（4）优势、劣势、机会、威胁分析（SWOT 分析）；

（5）策划方案说明，包括方案的可行性、成本收益情况须进行详尽的评估；

（6）使用资源、预期收益及风险评估；

（7）实施的日程计划，包括进度表与人员配置；

（8）策划方案的执行与控制方法。

6. 结论

结论是对策划项目进行的总结，主要说明策划方案的结论性要点。

7. 附录

附录是正文的附属部分，主要是那些不能在正文中体现但又需要告诉阅读者的内容。一是那些反映策划内容和过程的客观性证明材料；二是采用策划方法与技术的解释性说明。

七、实施策划方案

一个优秀的策划方案只有通过良好的实施才能达到预期效果。如果不能很好地实施，再好的策划方案也只能是纸上谈兵。因此，保证策划方案的成功实施是策划者的重要任务之一。

策划方案实施就是将制定好的营销策划书按照实施日程表一步一步变成具体的营销活动，以实现既定目标的过程。为了使营销策划方案取得预期的成果，在福利彩票营销方案的实施过程中，应注意以下几个问题：

1. 策划部门要与实施部门保持良好的沟通

当策划方案的制订与实施分属于两个不同的单位或部门时，要将策划方案付诸实施，需要特别注意的是策划部门要与实施部门保持良好的沟通。也就是说，策划部门要将策划的目的、内容和要点准确地传达给实施部门，否则，历尽艰辛做出的策划方案就有可能在实施中无法收到预期的效果。

策划者与实施者的沟通需要更多地进行交谈。一般来说，除非是非常简单的策划方案，否则仅靠文字传达有时会引起误解，从而误导策划方案的实施。从表面上看，这似乎是实施者的责任，因为他没有正确而细致地阅读策划书；而实际上应该受到责备的是策划者，因为他没有完全将自己的意图传达清楚。因此，策划者不应该只将策划方案送到就算就了事，而应该多花多点时间将自己的意图、策划方案的内容、实施方法向实施者讲解清楚。

2. 策划人员要充分注意实施中的中间考核

策划人员一方面要把任务合理地分配给各实施部门（经营、生产、人事、财务、后勤等），使各部门按各自的任务分头实施；另一方面还要根据修正好的预算表和进度表对策划方案的实际支出和进度进行严密控制，以便及时发现问题并进行调整。在这里，加强实施中间的考核特别重要。除了短期可以实施完的策划方案以外，策划者都必须对策划方案的实施情况进行中间考核，并对结果进行评价，这直接关系到策划方案能否获得良好的最终成果。

3. 策划的实施要充分依靠组织的力量

在营销策划方案的实施过程中，仅仅依靠个人的力量是难以完成的，必须依靠组织的支持和协助才能实现预期的目标。或者说，一个策划方案能否成功实施的关键是看该策划方案是否能充分利用组织或团队的力量。因此，策划人员及实施人员应该充分考虑策划者与组织的关系，充分利用组织的力量来实现策划的目标。

4. 消除组织成员对策划方案实施的抵触情绪

在策划方案的实施阶段，组织成员产生抵触情绪是正常的。因为任何策划的实施都包含着变化，而这种变化会带来诸如技术的变化、工作岗位的变化等。即使这可能是一种有利的变化，也会给员工带来很多不确定性，像工作的不确定性和岗位的不确定性、收入的不确定性等。从心理学角度讲，大多数人都安于现状。对某种新策划方案的实施，人们都会找各种理由抵制它。所以，为了消除员工对策划实施的阻力，必须想办法消除组织成员的抵触情绪。

为了消除员工对策划实施的抵触情绪，使组织的成员能协助策划方案的推行，就必须把策划的意图传达到组织的最基层，尤其重要的是要得到实施部门负责人的支持与协助。因为策划实施的负责人是否了解这些策划、是否支持这些策划、是否热心地去实施这些策划将决定着策划方案的成败。为此，策划人员必须向实施策划的负责人推销自己的策划方案，并争取获得他们强有力的支持。

八、策划方案评估

福利彩票营销策划方案评估是对营销策划方案实施效果的监测和评定。营销策划方案评估需要运用特定的标准及方法，既可以在方案实施过程中进行，

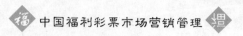

也可以在整个方案结束后进行。通过对实施效果的评估，可以适时充实营销策划方案或调整营销策略，从而促使福利彩票机构的市场营销策划活动逐步完善，进入良性运转状态。

（一）策划方案实施结果评估的主要形式

福利彩票营销策划方案实施结果的评估通常采用定量指标与定性指标相结合的指标体系。定量指标主要有销售额指标、市场占有率指标、成本指标、利润指标等；定性指标主要有知名度、美誉度、忠诚度等指标。

在福利彩票营销方案评估中，通常有两种方式可供选择：即进行性评估和终结性评估。

1. 进行性评估

进行性评估是指在福利彩票营销策划方案实施过程中进行的阶段性评估，其目的是了解前一阶段实施的效果，并为下一阶段更好的实施策划方案提供建议和指导。

2. 终结性评估

终结性评估就是在营销策划方案的实施结束后进行的总结性评估，目的是了解整套策划方案的实施效果，为以后营销策划方案的设计乃至福利彩票机构的营销活动提供依据。

（二）策划方案实施结果的反馈与方案的调整

在营销策划方案的实施过程中，可能出现与现实情况不相适应的地方，因此，策划方案在实施过程中必须把评估结果进行及时反馈，以便对策划方案进行适当调整。从营销策划方案的实施经验来看，一般的规律是：有营销策划比没有营销策划的效益好；经过系统营销策划比未经过系统营销策划的效益好；优秀的营销策划比拙劣的营销策划效益好。

第五章

中国福利彩票营销计划管理

营销计划管理是福利彩票机构营销管理的职能之一。"计划作为管理活动的一种，包括分析环境、确定目标、设计为达到目标而需进行的活动以及提供结果反馈。"① 营销计划是福利彩票市场营销活动中各种计划的统称，包括战略性营销计划、经营性营销计划和管理性营销计划三个层次。战略性营销计划是一个机构的全局性长期营销计划，决定着该机构的长远利益及生存和发展；经营性营销计划是各个战略业务单位把战略计划具体化并在市场上加以实施的计划；管理性营销计划是指机构在运作产品、市场中制定和实施的营销计划，是把经营目标具体落到实处的计划。本章以福利彩票营销管理理论为指导，以福利彩票营销管理方法为工具，并结合福利彩票营销管理实践来阐述福利彩票市场营销管理计划的内容和形式，从整体运作市场的高度和管理的角度探讨福利彩票营销计划的编制、实施与监控等内容，为保证实现福利彩票市场营销管理目标打下基础。

第一节 福利彩票营销计划管理概述

营销计划管理是福利彩票机构进行营销管理的重要环节，是开展营销活动

---

① 罗伯特·E·史蒂文斯等：《营销规划》（第2版），机械工业出版社2000年版，第8页。

的重要前提和基本依据。为了搞好计划管理，福利彩票营销管理机构及其人员必须明确福利彩票营销计划管理的指导思想，了解营销计划管理的特点和作用，为进行营销计划的设计和实施提供理论依据。

一、福利彩票营销计划的含义

福利彩票营销计划管理是在营销机构统筹规划下进行的。一般而言，营销计划就是该组织为了达到预计的营销目标而设计的营销方案；具体而言，营销计划是事先对未来应采取的行动所做的规划和安排，是围绕营销目标对拟进行的营销活动所做的详细策划过程和行动方案，是实现营销目标的方法、途径和时间表。根据这些要求，可以把福利彩票营销计划定义为：福利彩票营销计划是指彩票发行销售机构在一定时期内从事营销活动预期达到的目标以及达到目标的步骤、措施和方法。它通过对福利彩票营销活动及其所需的各种资源从时间和空间上做出具体统筹安排的系统性活动，来保证营销计划管理目标的实现。

福利彩票营销计划包括以下内容：

1. 营销目标

营销目标即福利彩票机构营销活动预期要实现的成果，它包括总体营销目标和各个业务单位的营销目标。营销目标为其营销活动指明了努力的方向。

2. 具体活动及内容

营销计划必须说明福利彩票机构应该干什么、应该如何干，也就是说要设计出具体的营销活动过程和行动方案。具体活动与内容既要全面详细，又要为以后的调整留有余地。

3. 人员安排

营销计划的制定与实施都需要一定的人员配备。人员素质如何将决定计划的科学性与可行性，因此，营销计划的制定要有经验丰富的管理人员参与，并且要广泛听取各方面的意见，以便制定出最合理的营销计划。

4. 活动的时间

所有的营销计划都有一定的时间期限，即规定了营销计划产生作用的时期，在所规定的时间期限内通过实施预定的营销计划来实现营销目标。

5. 活动的地点

活动的地点即营销计划实施的地域界限，它可以是某一个市场或某几个市场。

6. 采用的手段和方法

采用的手段和方法是指福利彩票机构为了实现营销目标，而要采用的具体措施和办法，如促销手段、营销模式等。它对于营销计划能否达到预期目标有直接的影响。

二、福利彩票营销计划管理的指导思想

福利彩票营销计划作为系统的管理工作，包括丰富的内容和多样化的形式。而要做好福利彩票营销计划管理工作，必须从指导思想上把握以下内容：

第一，以明确的目标和使命为营销计划管理的出发点。持续提高人们的生活水平是社会发展的根本任务，福利彩票事业是促使全体民众的社会福利水平不断得到提高的公益性事业。帮助生活有特殊困难的人、支持社区服务和社会福利事业的发展是福利彩票营销计划的根本目标，也就是说，不断提高社会福利水平是福利彩票机构的战略使命，福利彩票营销组织的任何活动都必须服从和服务于这个使命。因此，在编制福利彩票营销计划时必须以是否有利于提高社会福利水平为根本出发点。如果福利彩票计划执行的结果对于社会福利没有任何用处，就没有必要开展制定福利彩票营销计划的活动。

第二，营销计划管理是一项系统工程，包括目标、内容、形式和过程等全过程。福利彩票营销计划管理包括计划目标、计划内容、计划形式和计划的动态过程等的系统工程。福利彩票营销计划的目标是指福利彩票营销活动都必须达到的预定期望，包括福利彩票营销活动需要完成哪些指标、什么时间完成、

怎样完成这些指标、由谁负责、衡量目标完成的标准是什么等内容。福利彩票营销计划的内容是指"计划书"的内容，包括当前状况、机会与问题分析、具体的营销总目标及目标体系、营销行动方案、进度预期、人员安排、预期损益表、监控与协调、计划执行总结和考核以及备案准备等内容。福利彩票营销计划的形式是指福利彩票营销活动的具体形式，例如福利彩票的产品开发计划、销售计划、推广计划、广告计划、公关计划、公益宣传计划、福利彩票战略计划、福利彩票业务计划、福利彩票长期计划、福利彩票中期计划、福利彩票短期计划、福利彩票项目计划等多种形式的营销计划形式。福利彩票营销计划的动态过程是指随着福利彩票营销活动时间的推移和内容的进展，营销计划要进行适应性调整，这就需要在制定营销计划时留有余地，以便适应营销计划执行的实际情况。

第三，营销计划管理要做到层层分解与统筹安排。福利彩票营销计划系统是由营销战略计划和营销业务计划组成的系统性计划。营销战略计划由福利彩票最高领导层在综合统筹考虑整个福利彩票事业战略发展的基础上，根据具体的营销实践制定整个营销活动的战略计划。营销业务计划由基层工作人员在营销战略计划的基础上对其进行层层分解，从而使福利彩票营销计划达到任务落实（即事事有人管）、人员落实（即人人都管事）和组织落实（即事事有保障）的最佳综合效果。因此，福利彩票营销计划系统的有效实施是一个系统活动过程。

第四，营销计划管理以实现计划目标为结果。任何形式的福利彩票营销计划活动都必须服从并服务于营销计划目标，营销计划目标的实现是福利彩票营销管理的核心内容。因此，在制定福利彩票营销计划的过程中，必须制定保证营销计划目标实现的有效措施。这就要求在制定福利彩票营销计划中不仅要对营销计划执行过程制定相应的执行标准、原则以及相应的奖惩计划，还要对营销计划执行过程中出现的不可控因素给予充分考虑，并制定相应的危机管理计划。总之，福利彩票营销计划的制定和实施要统筹考虑，以保证计划目标的实现。

三、福利彩票营销计划管理的特点

福利彩票营销计划不仅具有一般营销计划的特点，而且还具有福利彩票事业的公益性特点：

1. 先导性

福利彩票营销的任何计划管理工作都必须服从和服务于福利彩票事业的长远目标和社会使命。同时，福利彩票营销计划是福利彩票机构一切营销活动的行动纲领，也是与彩民进行沟通的书面依据，因此，营销计划工作在时间上要领先于福利彩票其他管理型工作。实际上，管理工作是一个不断循环的过程，各种职能在实际的运行过程中是相互交织在一起的，即使这样，计划管理工作还是有其特殊的地位，因为福利彩票机构成员在进行任何一项工作之前，必须明确工作的目标、面临的外部环境、内部的优劣势以及执行与保证的具体方案，这就需要科学地进行计划管理。

2. 目的性

福利彩票营销计划是为了有效实现近期的营销目标而编制的。没有营销计划就不能达到营销部门的协调行动，也就不能使营销部门有效地实施一整套的营销活动计划，从而也就谈不上福利彩票机构整体目标的实现，也就很难完成福利彩票的社会使命。在实际工作过程中，福利彩票营销部门要依据福利彩票事业的社会使命、营销战略和具体的营销实际状况确定营销总目标，根据营销总目标的需要进一步确定营销的目标体系，在此基础上制定科学的营销计划，以保证福利彩票营销总目标的实现。

3. 普遍性

福利彩票营销计划管理涉及到福利彩票机构内所有的营销管理人员及其他相关职能部门的管理人员，如财务、人事、技术等部门的管理人员，它是福利彩票营销管理人员和相关人员的一项共同职能。在福利彩票营销总目标以及营销目标体系确定以后，各级营销管理人员和其他部门的相关管理人员要根据福利彩票营销总目标的要求和自己应达到的分目标或子目标，分级层层制定各自的行动计划。由于福利彩票营销部门的管理人员的地位和权力不同，所进行的营销计划工作也就有所差别。福利彩票机构高层营销管理人员根据福利彩票事业的战略使命和营销总目标制定营销部门的战略性营销计划，中下层营销管理人员则负责制定具体的营销实施计划。可见，福利彩票营销计划在福利彩票机构管理活动中具有普遍性。

4. 系统性

福利彩票营销计划是一个系统。对营销计划管理者来说，它统筹了整个营销系统，通过有步骤、有监控的营销计划管理，使福利彩票营销活动能够系统性地协调运行。在福利彩票营销实践中，福利彩票营销计划管理系统不仅考虑到福利彩票机构活动的全局，而且也规定着营销细节工作的秩序，从而使整个福利彩票系统有效运转。

5. 时效性

福利彩票营销计划是福利彩票营销机构在一定时期内的行动方案，它的制定是以一定时间进度内各种营销现实情况为前提的。随着时间的推移，与营销目标有关的一些关键因素如市场环境和销售机构的条件也会发生变化，从而使原计划过时，必须对其进行更新或制定全新的营销计划。福利彩票营销管理者必须充分掌控营销计划进度的变化，在不同的营销计划进度内，根据影响福利彩票营销计划因素的变化及时修正计划，以保证福利彩票营销计划总体进度推进的稳定性，从而顺利地实现福利彩票营销计划的目标。

6. 全局性

福利彩票营销计划不仅指导福利彩票营销部门的运行，而且是关系到整个福利彩票机构运行的关键环节。在实际工作中，福利彩票营销计划既是福利彩票机构社会使命和经营目标得以实现的载体，一切组织活动的价值都要体现在营销计划的完成上。同时，福利彩票营销计划也是下一步展开营销活动的行动依据，因而具有关系全局的特点。

7. 公益性

福利彩票机构是一个公益性的组织。其公益性质不仅体现在福利彩票机构将多少公益金如何用于公益事业和福利支持，而且还体现在福利彩票营销计划的执行过程中。例如，制定营销计划时要充分考虑福利彩票的公益性性质，要在营销计划中体现降低运营成本、做好福利彩票的公益性宣传等。

8. 有效性

福利彩票机构的活动虽然在整体上具有公益性特征，但福利彩票的销售是处于市场经济这个大环境下的，因此，也要讲究效率和效益，即要有实效。所谓福利彩票营销计划的有效性，是指福利彩票营销计划对实现营销总目标以及福利彩票战略目标的贡献程度。这里所指的收益既包括可以用数字衡量的经济利益，也包括可以用社会公众满意度和福利受益人员的满意度来衡量的社会效益。福利彩票营销计划的有效性主要表现在四个方面：第一，科学的福利彩票营销计划能有效地保证营销目标体系的实现，能为福利彩票机构带来巨大的经济效益和社会效益。第二，有效率的福利彩票营销计划能达到最优的投入产出比。在每一层级制定不同的营销计划方案，通过比较可以选择投入少而产出多的营销计划。第三，应尽可能制定科学而精确的营销计划。为保证有效性，福利彩票营销计划必须建立在对以往统计资料认真分析和对营销实际情况深入调查的基础上，并要以科学的预测为前提，提高营销计划的准确性和有效性。要对营销的各种因素进行充分考虑和综合平衡，对整个福利彩票营销行动作全面、完整的描述，对营销关键环节给予充分的重视，从而使计划具有较强的可操作性。第四，进行营销整合，降低福利彩票营销计划的整体成本，如通过利用信息化设备降低营销沟通成本、通过集中采购降低销售成本、通过统一形象设计降低形象维护成本。

四、福利彩票营销计划管理的作用

福利彩票营销计划管理的作用表现在五个方面：

1. 为福利彩票机构提供发展方向和目标

福利彩票机构为了取得更好的经济效益和社会效益，占领更大的市场份额，必须要有一个正确的发展方向，而营销计划就为其确立了大致的发展方向和奋斗目标。同时随着时间的推移不断修正或制订新的营销计划，使福利彩票机构始终有比较明确的发展方向和营销目标，指导其不断健康地向前发展。

2. 福利彩票营销计划管理能够保证营销工作的顺利进行

福利彩票营销工作存在着复杂的分工和协作关系。为了使福利彩票营销工作有效地进行，保证完成预定地营销目标，就必须有统一的、严密的营销计划系统作为各部门分工协作、共同行动地纲领和指南，以便让各部门、各环节都能按照营销总目标以及各自的分目标行事，各行其职、互相配合地进行工作。同时，福利彩票营销计划管理可以使营销部门内的人员明确自己的责任，使管理者和被管理者明确努力方向，按照自己分目标责任的要求调整自己的行动，以配合营销的整体工作，从而提高福利彩票营销的效率。

3. 福利彩票营销计划管理为营销监控与协调提供依据

福利彩票营销监控与协调是指在福利彩票营销组织的运营过程中采用各种措施，纠正各种偏差的过程，目的是使福利彩票营销的执行过程与福利彩票营销目标保持协调一致性。有了福利彩票营销的目标、计划与标准，才能判断营销的实际执行情况是否符合福利彩票营销计划的要求，以便进行营销监控与协调。同时，福利彩票营销计划管理可以设立各种监控标准，减少各种不确定因素对福利彩票营销目标的冲击，避免损失，以较少的营销投入获得较大的营销产出。由此看来，福利彩票营销计划管理是福利彩票营销监控与协调管理的前提，没有营销计划就没有办法进行协调与监控。

4. 福利彩票营销计划管理为有效的领导提供前提

现代领导理论认为，适宜的领导方式是保证领导工作有效性的关键。福利彩票营销涉及到不同的机构和任务目标，对这些不同规模的营销机构需要不同的领导方式、领导政策和领导技巧。而福利彩票营销计划所确定的营销目标决定了福利彩票营销部门的规模、内部成员及相互间的关系，进而会对领导方式的选择产生重大的影响。只有根据福利彩票营销计划管理目标可实现的要求来选择适宜的领导方式，才能确保福利彩票营销领导工作的有效性。

5. 福利彩票营销计划管理是提高营销部门应变能力的有效手段

福利彩票营销计划是对未来营销的时间安排。未来的福利彩票营销环境虽然是相对稳定的，但某些具体的因素影响着福利彩票营销工作的稳定和有效运行。因此，通过营销计划管理针对影响福利彩票营销的外界因素开展工作，可以提高营销管理者进行危机预防及公关管理的能力，从而有效地监控或减少不可控因素造成的损失，以便充分利用机会，规避风险。

第二节 福利彩票营销计划管理的类型和程序

福利彩票的经营者开展营销计划管理，涉及的点多面广，需要从纵向、横向、分类、综合等不同角度进行研究。

一、福利彩票营销计划管理的类型

福利彩票营销计划管理的类型是指福利彩票营销计划内容的分类及表现形式。由于研究的角度不同，福利彩票营销计划管理可以分为多种类型。

（一）按照计划期的长度划分

按照计划期的长度，福利彩票营销计划是一种以年度计划为主，向长远方向和向具体化发展而形成的一种计划体系，包括长期计划、中期计划、年度计划、季度计划、月度计划等。这些计划可以归结为长期计划、中期计划和短期计划。

1. 福利彩票营销长期计划

福利彩票营销长期计划一般称福利彩票营销规划或福利彩票营销战略计划，属于福利彩票发展方向和目标性质的计划。其计划时间长度一般在 3~5 年及其以上。其计划内容范围，主要涉及福利彩票销售额增长、资金管理、组织发展、市场发展等概括性指标。

2. 福利彩票营销中期计划

福利彩票营销中期计划是用以执行福利彩票营销长期计划和指导福利彩票营销短期计划而编制的计划。其时间通常为1~3年。其内容主要设定未来2年、3年内要努力达到的目标。其特点是内容比长期计划详细，但不如短期计划具体。

3. 福利彩票营销短期计划

福利彩票营销短期计划一般称为年度计划或月度计划。是将长期计划和中期计划的营销目标及营销战略，分解成短期的经营目标。计划期在一年及一年以内。福利彩票营销短期计划是福利彩票机构指导日常工作的具体计划，此计划不仅含有目标数字，最重要的是含有工作方法、进度、负责人、经费等实质内容。

（二）按计划内容的层次划分

根据计划对福利彩票机构的经营影响范围和影响程度的差异和计划内容层次来划分，可以分为战略营销计划和战术营销计划两种。

1. 战略营销计划

战略营销计划又叫"战略营销规划"，简称"战略计划"，是指涉及福利彩票机构全局性、长期性的计划。它是在事情没有发生巨大变化和无法得到准确答案之前，所制定并将实施的有预见性的规划。战略营销计划决定着福利彩票机构的生存和发展。

战略计划的基本特征是：计划所包含的时间跨度长，涉及范围宽广；计划内容抽象、概括，不要求直接的可操作性；不具有既定的目标框架作为计划的着眼点和依据，因而设立目标本身成为计划工作的一项主要任务；计划方案往往是一次性的，很少能在将来得到再次或重复的使用；计划的前提条件多是不确定的，计划执行结果也往往带有高程度不确定性，因此，战略计划的制定者必须有较高的风险意识，能在不确定中选定企业未来的行动目标和经营方向。

2. 战术营销计划

战术营销计划也叫"作业计划"，简称"战术计划"，是福利彩票机构实施具体营销活动的行动方案，它有详细的内容和量化的衡量指标，是有关企业的营销活动具体应该如何运作的计划。

战术计划的主要特点是：计划所涉及的时间跨度比较短，覆盖的范围也较窄；计划内容具体、明确，并通常要求具有可操作性；计划的任务主要是规定如何在已知条件下实现根据企业总体目标分解而提出的具体行动目标，这样计划制定的依据就比较明确；另外，战术计划的风险程度也远比战略计划低。它是一种局部性、短期性的计划。

战略计划和战术计划适用于不同层次、不同内容的营销管理活动。在不同的层面上，战略计划与战术计划所考虑的因素与责任是不同的。二者之间的关系是：一方面，战略计划是战术计划的前提和基础，如果战略规划不正确，战术计划越是精确有效，可能对企业带来的损失就越大；另一方面，战术计划是战略规划的具体落实，是战略规划得以顺利实现的保证，如果企业没有一个正确的战术计划，战略计划就成为一纸空文。

（三）按照计划的约束力划分

按照营销计划的约束力，福利彩票营销计划可以分为指令性计划和指导性计划。这样划分计划类型是计划经济时期的特征之一。进入社会主义市场经济阶段以后，政府对企业的指令性计划已经取消，这种划分也就逐步退出历史舞台。但是，由于福利彩票的发行销售是由国家垄断进行的，因而仍然需要指令性计划。

1. 福利彩票营销指令性计划

福利彩票营销的指令性计划是由上级管理部门下达的、目标明确的、行动方法与程序确定的、具有行政约束力的、福利彩票各级执行机构必须认真完成的计划。指令性计划的内容明确，不存在模棱两可的问题。福利彩票营销的指令性内容一般都是关系到福利彩票营销发展的重大问题或必须完成的任务，如过去若干年中国福利彩票发行销售采用额度管理制度，销售额度指标就是指令性的。同时，福利资金的提取比例、销售费用的标准也都是指令性的。

2. 福利彩票营销指导性计划

福利彩票指导性计划是福利彩票高层管理部门下达的对基层管理部门具有指导意义与参考作用的计划。福利彩票指导性计划只规定一般的方针，而对具体行动方法则多由执行单位根据实际情况确定。福利彩票指导性计划要给下级管理部门一定的灵活性，也就是说，下级管理部门不一定完全被限定在具体的目标或特定的方案上。

（四）按照计划的对象和应用范围划分

按照计划的对象和应用范围，福利彩票营销计划可以分为综合计划、局部计划和项目计划。

1. 福利彩票营销综合计划

福利彩票营销综合计划是把各种营销计划全部组织在一个计划体系中，进行综合平衡，全面安排，使其统筹兼顾，相互协调。福利彩票营销综合计划要体现出计划的完整性、系统性和全面性，在计划中必须指出福利彩票营销的指导思想、社会使命、营销目标、营销方针以及完成各项战略目标和任务的具体措施，并把它落实到福利彩票各级部门。福利彩票营销综合计划在营销活动中起到纲领性的作用。

2. 福利彩票营销局部计划

局部计划也叫专业性计划，是对某一专业领域职能工作所做的计划，它通常是对综合性计划某一方面内容的分解和落实。福利彩票营销局部计划是指对局部范围的计划，包括各种层级制定的相关计划，以及福利彩票各执行部门制定的部门计划等。例如，本节第一个问题"福利彩票营销计划管理的内容"列举的都是福利彩票营销的局部计划。福利彩票营销的局部计划是在综合计划的基础上制定的，是综合计划的组成部分。因此，福利彩票营销的局部计划必须与综合计划的目标保持一致。

3. 福利彩票营销项目计划

福利彩票营销项目计划是针对一些特定课题制定的计划，如新玩法的推出计划、大型的宣传计划等。项目计划的制定，可以使福利彩票机构在一定时间内集中优秀人才，在短期内取得突破性进展。

福利彩票营销管理部门要根据福利彩票营销计划的内容、外界环境因素及内部条件来确定使用哪一种类型的计划形式。

二、福利彩票营销计划管理的内容分析

福利彩票营销计划管理包含丰富的内容。从纵向来说，是指福利彩票营销计划的制定、实施与监控；从横向来说，是指福利彩票营销计划包含的范围，即福利彩票营销的各种计划。关于福利彩票营销计划的制定、实施与监控，将在第三节、第四节研究，这里只从横向角度分析各种计划的内容。

福利彩票营销计划是一个体系，主要包括：福利彩票产品计划、福利彩票销售计划、福利彩票分销计划、福利彩票促销计划、福利彩票广告计划、福利彩票公关计划、福利彩票营销调研计划、福利彩票营销服务计划、福利彩票营销费用预算计划、福利彩票市场开拓计划、福利彩票营销采购计划和福利彩票彩民宣传计划。每种计划又包含不同的内容。

1. 福利彩票产品计划

福利彩票产品实际上就是福利彩票的各种玩法，比如 30 选 7、23 选 5、35 选 7、双色球、3D 等。因此，福利彩票产品计划就是指针对福利彩票的各种玩法制定的计划。具体来说，就是福利彩票的各种玩法在产品组合、品种结构、产品生命周期、新产品开发、老产品更新换代、产品结构调整、产品商标与包装设计等各方面应该达到什么样的目标，通过什么样的方法来实现上述目标，以及如何来衡量和考核上述目标的实现等一系列的计划管理过程。

2. 福利彩票销售计划

福利彩票销售计划是指福利彩票营销部门对福利彩票的销售所做的筹划和

具体安排。它规定计划期内所采用的营销方式、销售福利彩票的种类、销售区域分布、销售数量、销售金额和销售增长率等。其中，福利彩票销售增长率是衡量福利彩票销售情况的重要指标。福利彩票销售增长率是福利彩票本期销售额增长量与上期销售额的比率。

3. 福利彩票分销计划

福利彩票分销计划是指如何设计分销渠道来保证销售任务的完成。包括分销渠道的选择、销售网络的建立、销售商的数量、投注站的结构与分布、准备增减分销商的比例、各个分销商的销售任务指标及完成销售任务的时间进度等。如果是印刷的彩票，还要包括储存和运输计划。储存计划包括彩票的入库、保管、分类及储存的数量和结构；运输计划包括发运的时间、地点、数量、结构以及运输的方式、路线等。对于实行联运的彩票，还要列出联运的工具、交接的地点、联运渠道等，以实现储存发运的合理化。

4. 福利彩票促销计划

福利彩票促销计划是指福利彩票营销部门为了实现福利彩票的营销目标，如何将福利彩票的玩法、促销活动等营销内容通过广告、人员推销、公共关系、投注站等途径对福利彩票进行营销推广的计划管理过程。

5. 福利彩票广告计划

福利彩票广告计划属于福利彩票促销计划内容的一部分，是指福利彩票广告主管部门在福利彩票营销目标以及福利彩票营销战略的基础上，如何制定福利彩票广告的宣传计划，包括福利彩票广告设计和福利彩票广告制作计划、福利彩票广告媒体选择计划、福利彩票广告预算计划等计划活动内容。

6. 福利彩票公关计划

福利彩票营销的公关计划是指福利彩票机构如何将福利彩票的公益形象向社会各界传递的活动安排。福利彩票营销获得的福利资金用于改善社会福利水平，是具有公益性的营销活动，因此，就特别需要通过公共关系活动来促进营销目标的实现；制定和实施福利彩票公关计划就成为实现营销目标的重要手段。福利彩票营销的公关计划，具体表现为配合福利彩票销售计划的执行，实

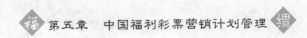

现福利彩票营销的目标及其社会使命，通过对福利彩票的受益者、彩民、公众、政府部门以及其他的社会组织或团体进行的公共关系管理过程。

7. 福利彩票营销调研计划

开展营销调研是福利彩票的决策者做出营销决策的前提条件。因此，开展营销调研是福利彩票营销者的重要工作之一。福利彩票营销中需要调研的项目很多，凡与营销决策有关的问题都是营销调研的内容。营销调研计划包括调研目的、调研项目、调研方法、调研人员、调研范围、调研费用、调研时间等。

8. 福利彩票营销服务计划

福利彩票营销服务计划是指福利彩票营销部门对彩民所要提供的各种服务的安排。例如，福利彩票投注站的基础设施建设、福利彩票销售人员的培训、福利彩票新玩法的推广与培训、彩民可以享受的各种服务等。

9. 福利彩票营销费用预算计划

营销费用是福利彩票在营销活动过程中所支出的费用总额。为了提高福利彩票资金利用率，降低开支，节约费用，必须对福利彩票的各种费用开支做出安排，并规定一定的限额，这就是福利彩票费用预算计划。福利彩票市场营销费用的支出主要包括业务管理费、市场调研费、市场信息资料费、广告宣传费、人员推广费、公关活动费等，这些费用必须在计划中列出。

10. 福利彩票市场开拓计划

福利彩票市场开拓计划是指福利彩票营销部门在原有目标市场的基础上拓宽市场与扩大销售业务的计划，主要包括福利彩票市场扩大的目标、时间进度和方式。在市场开拓计划中，最重要的指标是提高原有市场的市场占有率和在新市场上达到一定的市场占有率。福利彩票的市场占有率是指在一定时期内福利彩票的销售量占全部彩票销售量的比例。

11. 福利彩票营销采购计划

福利彩票营销的采购主要包括营销宣传用品的采购、营销管理用品（包括硬件、软件和耗材）的采购、营销活动设施的采购、销售终端用品（包括硬件、软件和耗材）的采购、印刷彩票的采购等五个方面。福利彩票采购计划是关系到福利彩票营销活动的费用与成本的重要营销计划。因此，福利彩票采购计划管理就是要在保证福利彩票营销目标实现的前提下，运用各种方式和手段来降低采购成本的管理过程。

12. 福利彩票彩民宣传计划

福利彩票营销的彩民宣传计划是指福利彩票机构对开展的彩民宣传教育活动进行的项目和时间安排。内容包括营销部门在新推出的玩法、促销方案、彩民的福利彩票知识、彩民的福利彩票消费观念、消费模式等方面对彩民进行的教育活动。

三、福利彩票营销计划管理的程序

制定科学的营销计划，必须按照科学的方法和程序进行。福利彩票营销计划管理的程序从大的方面可以分为计划准备、计划编制和计划实施三个阶段，具体细分为七个步骤：

（一）分析市场机会

分析市场机会是福利彩票机构进行营销计划管理的准备阶段。通过对外部环境，如市场态势、竞争形势、政府政策、社会文化、科学技术等因素的分析，找出可能面临的机会和威胁；通过对内部因素的分析，诸如营销能力、技术水平、可控资源的分析和预测，掌握营销活动中外部环境和内部条件的变化情况，以及这些变化对机构长远发展的影响，确定自己的优势和劣势，为制定营销计划提供有效的依据。

（二）确定营销目标

营销目标是福利彩票机构在一定时期内，按照一定的营销计划开展各项营销活动所要达到的预期结果。它包括整体层次上的总目标和各个部门的分目标。

1. 总目标

总目标是福利彩票机构共同努力要达到的最终成果。一般而言，总目标是福利彩票机构正常发展而要实现的努力目标，它对于能否在市场竞争中争取主动有决定性影响。因此，总目标是否与机构的实力相适应，将对机构的发展产生重大影响。营销计划预计要达到的总目标一般包括以下几个方面：

（1）市场目标：即营销计划要在一定时期内实现的市场份额，一般用市场占有率来衡量。市场占有率的高低直接决定企业对市场的支配能力和监控能力，是反映竞争力大小的重要指标。市场占有率指标有两个：一是绝对市场占有率；二是相对市场占有率。

绝对市场占有率是指在一定的时空条件下，本企业产品销售量或销售额在同一市场上的同类产品销售总量或销售总额中所占的比重。其计算公式是：

$$绝对市场占有率 = \frac{本企业某种产品的销售量}{市场上同种产品的销售总量} \times 100\%$$

相对市场占有率是指企业的市场占有率与最大竞争对手的市场占有率之比。其计算公式是：

$$某企业的相对市场占有率 = \frac{本企业的市场占有率}{主要竞争对手的市场占有率} \times 100\%$$

由于中国彩票市场只有福利彩票和体育彩票两家，市场占有率的计算就是看这两家的市场营销状况。

（2）发展目标：即营销计划要在一定时期内预计增加的销售额，一般以销售增长率目标来衡量。其计算公式是：

$$销售增长率 = \frac{本期销售收入 - 上期销售收入}{上期销售收入} \times 100\%$$

（3）利益目标：即营销计划要在一定时期内预期得到的利益，一般以投资收益率来衡量。投资收益率是企业在一定时期内的净利润与资产平均总额的比率。福利彩票营销的利益目标是固定的，即15%的销售费用。因此，福利彩票营销利益的增加，只能来源于销售量的增长。

（4）贡献目标：即营销计划要在一定时期内预期为社会做出的贡献，如扩大就业、增加税收、进行技术和管理创新等。福利彩票营销是社会贡献最大的行业，其贡献目标不仅表现为向社会提供的35%的福利资金，还表现在扩大就业、增加税收、带动其他行业的发展等方面。

2. 分目标

分目标是在总目标指导下各部门要达到的结果，它是对总目标的分解和细化。由于福利彩票机构的总目标在多数情况是不具体的，因而需要将总目标一步步分解为若干分目标，再进一步分解为次级分目标，直到分目标具体直观为止。总体目标必须与达到这个主要目标的相应分目标之间协调和衔接。分目标要与总目标相一致，分目标的集合一定要保证总目标的实现；分目标之间可能一致，也可能不一致，甚至是矛盾的，但在整体上要达到协调；为使分目标具体直观，可以建立目标体系来分析。

（三）编制计划方案

实现计划目标必须有一定的投入，福利彩票营销计划方案就是指根据计划的内容和营销目标，在营销组合和营销资源分配上做出的决策。编制营销计划方案主要包括三个步骤：

1. 方案编制

即根据计划的内容和营销目标来编制具体的计划方案，以保证营销计划的实施。由于计划期内存在不确定因素，所以一般需要编制多个方案以供选择。

2. 方案评价

对于编制的多种计划方案，需要进行方案评价，以选择最科学、最合情理的方案加以实施。方案评价是通过分析每一方案的制约因素或隐患进行比较评价，从而为方案选择准备条件。尽管考虑了多种可能性，但是每一种计划方案并不是十全十美的，它只能适合某一种市场环境，并且它的实施会有各种制约因素和限制条件，可能伴有一些负面影响。所以方案评价要进行全面分析。根据制约因素的多少和潜在隐患的大小进行权衡，选择最优方案作为备选方案。

3. 方案选择

将计划方案的预期结果与组织目标进行比较，如果两者相一致，就可以将该方案作为备选方案，否则只能放弃。最终的备选方案可能是一个，也可能是

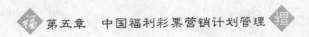

几个。对于这些备选方案，需要综合考虑每个方案预计完成总目标的程度，以便决定优先实施哪个方案。

（四）拟定派生计划

派生计划是指总体计划的支持计划和补充计划。营销计划作为一个总体计划，并不是无所不包的，要想保证这一总体计划的实施，还需要有一些支持性计划或补充计划。派生计划是总体计划下的辅助计划，是主体计划实施的基础，只有派生计划完成了，主体计划才有保证。

（五）编制营销预算

计划的预期结果体现在营销预算上，因此，营销预算也就是用数字表示的预期结果报告书。福利彩票营销机构的营销预算包括收入预算、支出预算和投资预算。

收入预算是对计划期内预期销售收入和预期利润收入的估计。销售收入的预算可以利用历史的数据和未来的环境变化进行推测，也可以凭经理人员、营销专家和销售人员的经验进行预测。预算收入减去预算支出就是预期利润。

支出预算是为了保证营销计划的实施，而对必须付出的各项费用开支所做的预算。营销过程的支出构成营销的成本，因而支出预算也就是成本预算。支出预算要本着需要与节约并重的原则，既要满足营销工作的需要，又要坚持厉行节约。

投资预算是对固定资产的购置、扩建、改造、更新等在可行性研究的基础上编制的预算。它具体反映在何时进行投资、投资多少、资金从何处取得、何时可获得收益、每年的净现金流量是多少、需要多少时间收回全部投资等。由于投资的资金来源往往是限定的因素之一，而对厂房和设备等固定资产的投资又要很长的时间才能收回，因此，投资预算应当力求与发展战略以及长期计划紧密联系在一起。

（六）制定相应措施

福利彩票营销机构在选定的营销计划方案之后，还要提出相应的政策和措施，以保证营销计划能够实施。与计划配套的政策和措施主要包括：

1. 制度保障

制度保障包括基础性管理制度和职能性管理制度。基础性管理制度主要有绩效考核制度和部门协作制度。绩效考核制度是将营销计划要达到的目标与营销人员的绩效考核联系起来，由此来促使计划落到实处。部门协作制度即围绕计划重点解决好各部门间的协作关系，在部门间确立合同关系，明确责、权、利。职能性管理制度的重点是提高营销计划实施效率的管理制度，如营销推广管理制度、销售区域管理制度、分销渠道管理制度、销售业务管理制度等。这些制度一方面为营销人员提供了开展工作的规范；另一方面为衡量营销人员的工作绩效提供了标准。

2. 流程保障

流程保障即通过优化和重组业务流程来保障营销计划的实施。优化业务流程主要是指围绕营销计划的关键业务内容优化运作流程；重组业务流程主要是通过重组业务流程调整部门结构。

3. 权限保障

权限保障首先要明确总部和分部间的权限分配，总部应强化全局方面的权限，而分部则应加强局部针对性方面的权限，使计划在执行中得以很好地整体配合。其次要赋予各彩票机构执行部门相应的权限，做到责、权、利统一。最后要明确各项业务活动过程中的权限分配，即对计划的业务内容要进行合理分配，各职能部门要明确对应的工作内容。

4. 资源保障

资源保障要有为达成计划目标所配备的各种资源，同时优先保证对关键项目的资源供给。

（七）实施营销计划

营销计划管理的最后一步就是实施营销计划，只有保证营销计划的有效实施才能取得很大的成果，否则可能造成巨大损失。实施营销计划的管理工作有：

1. 执行计划

就是将营销计划条文转化为行动和任务，并保证任务完成的部署过程。执行计划涉及什么人在什么地方、什么时候、做什么和怎么做的问题，计划执行之前一定要对此做出明确部署。

2. 监控反馈

因为在营销计划执行过程中，会发生许多意外情况，因此应该连续不断的监督和监控各项计划的执行情况，并进行及时反馈。

3. 偏差纠正

通过监控反馈，发现营销计划执行过程中的偏差之所在，并提出纠正措施，以免对整个计划的执行产生不利影响。

4. 计划微调

由于外部环境和内部条件的变化，计划在执行过程中可能出现偏离，而大规模的纠偏措施可能会影响计划的顺利执行，为了防止产生不良后果，需要对整个计划或计划的某些方面进行微调，以保证计划的连贯性。

第三节　福利彩票营销计划的编制

福利彩票营销计划的编制是实施营销计划管理的关键环节。为了保证所编制的计划能够指导销售机构实现目标，计划的编制者既要明确编制计划的原则，又要掌握科学的计划编制方法，并能够写出准确、完整的营销计划书。

一、福利彩票营销计划编制的基本原则

为了保证福利彩票营销计划的切实可行，使福利彩票营销取得良好的效益，在编制福利彩票营销计划时就必须遵循以下基本原则：

1. 科学原则

科学原则是指在福利彩票营销计划的制定要以科学的规律为基础，用科学的方法设计科学的计划内容。科学性是计划实施的前提条件，如果计划本身缺乏科学性，就失去了计划的指导意义。首先，要充分考虑主客观因素的影响，使福利彩票营销计划能体现各方面的要求。营销计划在目标确定、方案选择等都要体现营销资源的合理配置和高效使用，计划与资源要保持协调一致。其次，要充分利用现代科学技术与分析方法制定福利彩票营销计划，福利彩票营销计划涉及的各项指标应经过认真地科学计算与分析。最后，营销计划的各项指标要有具体的营销措施保证完成，防止福利彩票营销计划脱离实际。

2. 统筹原则

统筹原则是指在编制营销计划时，必须全面考虑整个福利彩票机构和营销部门、营销部门与其他部门的任务目标与责、权、利关系。其中，制定福利彩票营销计划要首先保证福利彩票营销总目标的实现，并据此对福利彩票营销计划所涉及的各方面关系和各种要素进行合理的、有序的协调，以避免发生顾此失彼的现象，使福利彩票营销机构的各组成部分能协调一致地为实现营销总目标服务。

3. 重点原则

重点原则是指在统筹规划、全面安排的同时，还必须分清福利彩票计划管理任务的主次、轻重和缓急，抓住主要环节，明确主攻方向及要解决的重点问题。重点原则与统筹兼顾两者是辩证统一的关系，既要明确重点，又要统筹兼顾，二者缺一不可。在确定营销重点时应非常慎重，因为它具有导向作用，是福利彩票机构资源的主要投入方向，一旦失误就会使福利彩票营销计划产生战

略性错误。

4. 弹性原则

弹性原则是指福利彩票营销计划的制定必须留有余地，以免因为受到不可控或突发因素的影响而无法实现计划目标。在编制福利彩票营销计划时，一方面要站在未来的、发展的战略角度，对营销计划在执行过程中可能出现的问题有足够的估计，预先制定一整套相应的对策措施；另一方面，要考虑到外在的不确定性，使福利彩票营销计划具有可作适度调整的伸缩性，从而保证顺利完成营销计划管理的目标。

5. 创新原则

创新原则是指在编制营销计划时，既要尊重以往的营销实践经验，又能够根据对营销环境条件和未来情况的预测及福利彩票营销计划任务的要求，创造性地提出一些解决问题的新思路、新方法和新措施。福利彩票营销计划工作是对未来营销活动的筹划，要面对未来的新问题、新情况，这就要求福利彩票营销管理者必须使营销计划方案建立在充分发挥创造性的基础上，能够很好地适应福利彩票营销环境发展变化的需要，"努力实现彩票发行得新突破"[1]。

二、福利彩票营销计划编制的过程

福利彩票营销计划的编制一般要经过搜集信息、分析现状、确定目标、设计方案、编制计划书等5个步骤。

（一）搜集信息

在编制营销计划之前，必须全面了解市场行情，做到知己知彼，才能制定出符合实际的计划。为此，编制计划的第一步就是搜集信息。搜集信息主要围绕以下内容展开：

① 祁庆杰：《发好福利彩票 兴办福利事业》，载《发展论坛》2003年第1期。

1. 关于企业资源方面的信息

企业资源是指福利彩票机构在计划期内可以利用的各种条件。如技术设施、销售能力、产品品种、新玩法的推出、销售网络、成本费用、市场占有率、公众支持率、政策支持、关系资源等。通过了解资源能力，为编制营销计划提供依据。

2. 关于市场销售方面的信息

市场销售分析是指对目前福利彩票销售的现状和趋势的分析。包括销售范围和区域、销售数量和构成、销售网络和能力、销售方法、促销活动、市场份额、发展趋势等。市场销售信息需要具体的统计和分析，是制定营销计划的关键信息。

3. 关于市场需求方面的信息

福利彩票市场的需求信息即彩民的信息。市场需求决定市场的容量，进而决定计划指标的制定，所以要全面了解需求信息。市场需求方面的信息包括：目标市场概况、彩民类型、彩民购买行为、潜在市场、市场开拓、不同品种的市场需求、不同玩法的发展趋势、彩民的态度、彩民的数量、彩民的分布等。通过分析彩民的情况，为确定市场和销售目标打下基础。

4. 关于市场竞争态势的信息

福利彩票市场的竞争信息主要是指体育彩票的信息。竞争态势是市场分割的反映，福利彩票市场的竞争态势信息包括直接竞争者方面的信息和间接竞争者方面的信息。直接竞争者方面的信息如彩票市场格局的划分、竞争者的实力、竞争者的产品类型、竞争者的市场占有率等。间接竞争者是指替代竞争者，即那些与福利彩票争夺买彩资金的竞争者，如其他具有博彩性质的活动。

5. 关于市场环境方面的信息

福利彩票的市场环境为营销目标的实现提供机会或造成威胁，直接影响营销计划的制定与实施。与福利彩票市场营销直接相关的环境信息主要包括人口、收入、经济发展水平、彩票政策、彩票法规、社会习俗、文化传统、科学技术发展等。

（二）分析现状

分析现状是运用所搜集的市场信息资料，分析福利彩票机构目前的状况，以便找出内部的优势和劣势，找到造成优势、劣势的原因，挖掘公司潜力；发现外部的机会与威胁，并把环境机会变成企业机会，把威胁减少到最低限度。通过现状分析，以便在编制计划中扬长避短，发挥优势，充分利用机会，避免威胁。

（三）确定目标

在分析现状的基础上，要对未来的营销情况进行预测，从而确定营销目标。营销目标分为战略目标和战术目标。市场营销计划中主要说的是战术目标即年度营销目标。确定营销目标要以利润目标为中心，同时根据历史的经验和市场需求状况确定销售量、销售额目标，根据营销能力确定销售成本目标。福利彩票的营销计划目标必须符合五个条件：

1. 营销目标的内容要重点突出

福利彩票营销计划中最重要的目标是增加销售量和降低销售成本。由于降低成本的空间较小，主要的营销目标是规定销售量提高的百分比，并确定销售额。

2. 营销目标完成的时间要明确规定

福利彩票营销计划的完成时间是一年。为了保证计划的按时完成，要把年度计划分解为季度计划和月度计划。

3. 营销目标应量化并易于考核

福利彩票营销计划的目标必须量化，以便于计划的实施和方便考核。

4. 营销目标应既富于挑战性又切实可行

福利彩票营销计划的目标高度要适当，既要富于挑战性，又能在现有的条件下经过努力按时完成。

5. 营销目标要有层次性和协调性

福利彩票营销计划的目标要有层次性，以方便分类指导和执行。同时，各个目标之间要协调一致，以保证营销总目标的实现。

（四）设计方案

福利彩票营销计划的编制，要先编制计划草案；经有关部门进行分析论证修改之后，再形成正式计划；然后交领导批准，公布实施。营销计划编制的方式一般有两种：即传统式和滚动式。

传统式是各期计划相互独立，在前一计划执行期为下一计划期编制计划。例如2005年第四季度编制2006年计划。目前，这种计划方式应用较少，大都采用滚动式计划。

滚动式计划是根据计划的执行情况和客观条件的变化，对计划及时进行调整和修订，并使其逐期向前延伸的一种计划。其特点是将近期计划与远期计划有机结合起来，使各期计划相互衔接；同时，近期计划细，远期计划粗，逐期向前延伸。例如，年度计划，每完成一个季度，就可以向前延伸一个季度，使任何时候都有一个完整的年度计划，滚动式计划的基本编制形式如图5-1。

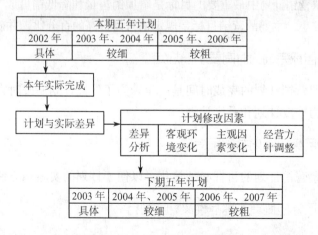

图5-1 五年滚动计划编制

滚动编制计划方法的优点是既能发挥长计划对短计划的指导作用，又能发挥短计划对长计划的保证作用，出现问题能及时解决，使计划有了更大的适应性。

（五）编制计划书

经过认真细致的工作，把公司的计划思想变成文字，便形成了计划书，福利彩票营销计划书的内容框架见表5-1。

表5-1　　　　　　　　　　　福利彩票营销计划书的内容

1. 计划概要	福利彩票营销计划的简略概要
2. 当前状况	提供与福利彩票有关的销售、市场、玩法、竞争和环境等有关背景资料
3. 机会与问题分析	概述主要的优势、劣势、机会与威胁，以及必须处理的问题
4. 预期目标	确定福利彩票营销计划中要达到的总目标及其目标体系
5. 营销战略与策略	描述为实现福利彩票营销计划目标而采用的营销战略和策略
6. 行动方案	回答应该做什么、应该怎样做
7. 预期进度	确定福利彩票营销计划执行过程的时间进度
8. 人员安排	确定福利彩票营销行动方案的人员组织安排
9. 预期损益表	概述福利彩票营销计划所预期的财务收益情况
10. 监督与协调	说明将以何标准对福利彩票营销计划管理进行监督与管理
11. 总结、考核及备案	对福利彩票营销计划执行的情况进行总结与考核并备案

1. 计划概要

福利彩票营销计划书的概要，是福利彩票全部营销计划的基本框架，其基本功能是阐述福利彩票营销计划的营销总目标、营销目标体系和建议事项以及营销计划的主要内容事项。因此，福利彩票营销计划书的概要不要过长，只要能够把营销计划中核心内容的结论提出来即可。

2. 当前状况

福利彩票营销计划的第二部分是对当前面临情况的分析，主要分析包括关于福利彩票的名牌声誉、市场份额、彩票玩法、彩票竞争、彩票站点布局、彩票销售收入、彩票销售支出、销售增长等背景数据。当前状况分析是制定营销计划的基础。分析的数据主要来源于销售机构的统计报告，以及福利彩票投注站点、竞争对手站点等的第一手资料。

3. 机会与问题分析

当前状况分析是对已经做过的工作及其取得成果的分析，机会与问题分析则是分析现状的深部原因及对未来的预测。通过分析比较销售业绩的好坏，可以找到福利彩票销售机构存在的优势和劣势；通过对宏观环境和微观环境的分析，发现福利彩票机构及其各种玩法所面临的主要机会与威胁。

4. 预期目标

根据福利彩票销售机构的销售现状和面临的机会与威胁，下一步就要确定预期的营销目标。预期营销目标是以福利彩票机构总体发展战略为依据的，包括福利彩票营销的总目标及其目标体系。福利彩票营销的预期目标必须用数据明确表示出来，并进行分解。

5. 营销战略与策略

为了顺利实现营销目标，福利彩票营销计划中还必须说明达到营销目标所要采用的营销战略和策略。营销战略包括如何选择目标市场和定位、如何扩大市场份额、如何进行市场竞争等。营销策略则是实现营销战略的具体方法、手段和措施，包括新玩法开发策略、销售网点的设计策略、销售人员的服务策略、公共关系策略、广告与促销策略等。

6. 行动方案

福利彩票营销计划必须具体描述为行动方案才能组织实施。行动方案包括总营销方案和应急预案。行动方案要回答下列问题：将要做什么？什么时候做？谁来做？成本多少？比如，福利彩票新玩法于5月投入市场，行动方案中说明：准备在哪些投注站站点销售；增加多少投注站；多少人参与新玩法销售；改善零售网点条件的措施；如何进行彩民的教育；拟投入多少资金进行运作，等等。

7. 预期进度

福利彩票营销计划的预期进度是对计划完成时间的安排。时间安排必须科学与严谨，环环相扣，并规定体现每一关键阶段完成的标志。

8. 人员安排

福利彩票营销计划必须确认计划执行与监控的人员，并且把具体的责任分配到具体的人，做到"事事有人管，人人都管事，事事有保障"。

9. 预期损益表

在福利彩票营销的营销计划中，应该集中说明支持该方案的资金预算，包括预算收入和预算支出。预算支出应该明细化，既有营销费用的总账，又有营销支出的明细账。由于福利彩票销售总费用的上限是销售收入的15%，支出计划只能在15%的范围内安排。

10. 监督与协调

福利彩票营销计划还要规定用以监督计划执行的过程和措施。福利彩票营销计划的预算可以按年、月、旬、周来监控，管理者每期都要审查这些结果。在监控的过程中还要进行协调，以调整那些不适应环境变化的计划指标。

11. 总结、考核及备案

福利彩票营销计划的最后一部分是对营销计划执行、监控以及完成情况的经验总结，同时，还要对各级人员的绩效进行有效地考核，并对营销计划执行与监控的经验和人员绩效进行备案。

第四节　福利彩票营销计划的实施与监控

在福利彩票营销计划书编制完成之后，下一步的任务就是营销计划的实施与监控。福利彩票营销计划实施过程的主要内容和环节是：如何落实福利彩票营销计划书规定的任务，采取什么措施保证福利彩票营销计划的实现；怎样对福利彩票营销计划的实施过程进行自觉调整；如何对福利彩票营销计划的执行情况进行评价和监督；等等。

一、福利彩票营销计划的实施

实施计划又叫"执行计划"。福利彩票营销计划成果的大小是由计划力、执行力和监控力三种因素决定的，因此，执行计划是计划管理的关键环节。编制福利彩票营销计划的目的，是用计划管理的工具来协调有关各方的行动。因此，福利彩票营销计划的实施首先要解决的问题是把营销计划书所规定的目标和任务分解落实到每一个具体的实施单位，并采取有效措施确保实施单位按要求组织各自的活动。

（一）福利彩票营销计划的分解

福利彩票营销计划实施的基础是对营销计划的分解和传达。福利彩票营销计划的分解就是把计划书的总目标和总要求具体地转化为对各个部门、各个单位和个人等多个层次的分目标和具体要求。各部门据此安排各自的工作任务和计划内容。福利彩票营销计划目标和任务的分解是福利彩票营销计划实施的重要环节。通过分解落实，把福利彩票营销计划决策与计划实施有机地衔接起来。还可以使各个层次、各个岗位对自己应完成的任务做到心中有数，责、权、利明确，从而有利于自我管理，以便调动多方面的积极性与主动性。

福利彩票营销计划目标分解的基本要求是：

第一，福利彩票营销计划的总目标与分目标在内容上要上下贯通，各环节相互衔接，使各项分目标的实施有利于总目标的实现。

第二，福利彩票营销计划的各个分目标之间应当协调和平衡，防止目标进度不一致和比例不协调而影响福利彩票总目标的实现。

第三，福利彩票营销计划的各项分目标应具体、明确，分目标应围绕总目标运转，并尽可能予以量化，以便能进行正确的评价和考核，并有利于落实责任制。

（二）福利彩票营销计划实施的措施

福利彩票营销计划目标和任务分解落实到各个实施岗位之后，还应采取有效措施确保福利彩票营销计划的实施。实施措施的主要内容有：

1. 进行计划指标管理

计划指标管理是指福利彩票营销计划管理部门在综合平衡的基础上，对计划任务或经济和社会活动的规模采用计划指标的形式做出直接的、有约束力的规定。从福利彩票营销计划的表现形式来说，计划目标和任务一般都要通过一定的计划指标来表现和具体化，但是在众多的指标中，有些指标是考核指标，有些则是核算指标，有些指标要求严格执行，有些仅起参考作用或只起预测作用。可见，福利彩票营销计划指标不等于福利彩票营销计划指标管理。福利彩票营销计划指标管理，不仅采用计划指标的形式，更重要的是这类指标具有一定的约束力，即具有约束福利彩票营销计划执行者行为的作用。具体地说，对规定需要纳入计划管理的活动，其规模需福利彩票营销管理部门核定数量指标，低限指标必须完成，高限指标不许突破；没有列入营销计划则不允许进行有关活动；需要增减或调整计划指标，须经福利彩票营销计划管理部门审查批准。这类福利彩票营销计划指标的执行情况是计划评价和监督的重点，是考核的主要依据。简而言之，列入福利彩票营销计划、核定指标、下达执行、检查考核是福利彩票营销计划指标管理的主要环节和基本过程。

福利彩票营销计划指标管理除具有指标约束的特点外，还具有直接规定和数量监控的特点，即计划指标实施单位应当完成多少计划任务，其从事的某种活动的规模应监控在什么范围之内，都由福利彩票营销计划管理部门直接做出数量规定。由此可见，福利彩票营销指令性计划指标无疑属于福利彩票营销计划指标管理；重要的指导性计划指标也具有一定的约束力，因而也是福利彩票营销计划指标管理的重要内容。分解的营销计划指标对实施单位具有约束力，这意味着福利彩票营销计划本身就包含着确保福利彩票营销计划执行的手段。

2. 进行人力、财力、物力等资源的计划分配

人力、财力、物力等资源的计划分配是指福利彩票营销计划管理部门根据

实现其营销计划目标和完成计划任务的要求，将其掌握的福利彩票营销活动必不可少的资金、固定资产或关键设备和重要设施、原材料、劳动力、技术和管理人才等进行计划分配，按规定直接分配给福利彩票营销计划实施单位。

人力、财力、物力等资源的计划分配要以实现福利彩票营销计划目标和完成营销计划任务的要求为依据。要根据福利彩票营销计划目标的主次和计划任务的轻重缓急，排列出分配的优先顺序表作为分配的依据，既要保证重点，又要照顾一般，还要留有余地，以便有雄厚的物质力量灵活主动调整执行中偏离计划预定目标的行为和因素。

3. 实行计划责任制

计划责任制是福利彩票营销计划管理部门和计划实施单位通过签订协议、合同等形式，明确各自在营销计划实施中的责任、权限要求、考核标准和奖惩办法等的福利彩票营销计划管理制度。福利彩票营销计划责任制是确保福利彩票营销计划落实和执行的一项重要措施，它对各方应承担的责任等作了明确规定，使福利彩票营销计划任务具体化，使福利彩票营销计划任务与完成计划的条件相互衔接，并且采用具有法律效力的协议、合同等形式，为福利彩票营销计划的实现提供了可靠的保证。

福利彩票营销计划责任制的形式多种多样，主要介绍以下两种：

（1）计划目标责任制。即通过签订目标责任书的形式，明确福利彩票营销计划实施单位应承担的责任及奖惩办法。明确各部门和每个营销人员的责任，授予他们完成任务的应有权限，规定完成任务后应得的利益，使责、权、利、效有机地结合起来，运用物质利益原则推动计划的实现。实行经济责任制必须规定合理的定额和进行严格的考核，全面衡量营销人员的努力情况，奖勤罚懒，奖优罚劣。

（2）计划承包责任制。即把福利彩票营销计划任务承包给有关实施单位，福利彩票营销计划管理部门保证提供必要的物资、资金、协作等条件，计划实施单位保证完成承包的计划任务，在协议或合同中，明确"包"、"保"双方的责任和经济权益。

二、福利彩票营销计划实施的监控

监控是一个管理过程，是确保组织机构按照计划目标运行的过程。监控是一次管理循环过程的终点，是保证最初制定的计划得以实现和推动组织沿着确定的目标和方向发展的最后一项重要管理职能。同时，监控又是新一轮管理循环活动的起点，是修正未来发展目标和确定下一轮计划的基础。福利彩票营销是一个周而复始的过程，监控是这种循环过程得以有效运营的关键环节。

（一）福利彩票营销计划监控的作用

福利彩票营销计划实施的监控是指计划管理部门为了及时发现计划实施过程中存在的问题而对计划实施的重要环节进行的跟踪观察。监控是保证福利彩票营销计划实施的重要手段，其作用表现在以下几个方面：

1. 为福利彩票营销计划调整提供依据

福利彩票营销计划监控过程的实质上是一个信息反馈过程，通过营销监控活动，可以及时了解营销计划任务的落实和完成情况，及时发现营销计划实施过程中存在的问题和薄弱环节，不断发现实施过程中出现的新情况或未曾预料到的因素，为选择适当的调整措施提供依据，使各种营销冲突和问题得到及时解决。

2. 确保福利彩票营销活动按计划进行

通过福利彩票营销监控活动，营销计划管理部门能够及时发现计划执行中出现的偏差，从而能及时采取有力措施进行调整。同时，营销监控本身具有监督功能，一方面，营销计划执行单位能了解自己和相关单位计划完成情况，由此，营销监控结果的公布具有鼓励先进、鞭策落后的作用；另一方面，福利彩票营销计划执行情况可以作为考核、奖惩的依据，可以督促计划执行单位努力完成任务。

3. 促进福利彩票营销计划管理工作质量的提高

福利彩票营销监控和计划执行情况的评价是对福利彩票客观规律认识不断深化的过程，也是对营销计划本身进行有效检验的过程。通过监控活动，可以发现新情况、新问题，发现和发掘新的潜力，从而能及时修订和补充营销计划，使计划更符合客观实际；通过营销监控，可以不断地总结经验教训、不断地进行创新，使营销计划管理的指导思想和方法更趋于科学化，使营销计划的各项基础工作更加完善，也使计划的实施和调整更加有效和更现实可行，从而促使营销计划管理工作的质量逐步提高。

(二) 福利彩票营销计划监控的原则

监控是指组织在动态变化的环境中，为确保实现既定的目标，而进行的检查、监督、纠偏等管理活动。监控既可以理解为一系列管理活动，也可以理解为实施检查、监督和纠偏的管理活动过程，即监控过程。福利彩票营销计划监控，是指营销管理者监督和跟踪营销活动的每一环节，根据出现的偏差采取必要的措施，以确保按预期目标有效运行的管理过程。福利彩票营销计划监控的原则是：

1. 以福利彩票营销计划目标为依据

福利彩票营销计划监控必须有明确的目的，或者为了监督有关部门完成福利彩票营销计划任务的努力程度，或者为了指出福利彩票营销计划实施中存在的问题，或者是为了检查福利彩票营销计划本身的科学性；等等。从方法上来说，必须围绕福利彩票营销计划目标展开监控。首先检查福利彩票营销计划任务的落实情况，各种营销措施是否足以保证福利彩票营销计划的顺利执行；评价福利彩票营销计划完成的情况，进而分析计划与实际差异的原因，包括指导思想、福利彩票营销计划自身、实际措施、客观条件等，离开福利彩票营销计划目标，福利彩票营销计划监控就成为没有目的的行动。

2. 全面检查和重点深入相结合

监控福利彩票营销计划执行的情况应当全面检查和重点深入相结合。一方面要根据福利彩票各种营销活动的特点，按月、按季、按年或按福利彩票营销活动周期进行全面系统的监控，以便了解福利彩票营销活动进行的全面情况，及时发现福利彩票营销计划实施中的一些突出的、带普遍性的问题。另一方面，又要对福利彩票玩法本身、主要的营销活动、重点部门等计划的完成情况进行深入细致的监控，以便找出问题的症结所在和寻找从根本上解决问题的措施和办法。

3. 分项监控和综合评价相结合

福利彩票营销监控原计划的执行情况，既要按福利彩票营销计划指标进行分项监控，也要把福利彩票各项营销计划完成的情况结合起来进行全面分析和综合评价。综合评价能反映福利彩票营销计划完成的总体情况，分项监控能揭示某方面计划的执行情况及其原因。因此，分项检查和综合评价相结合，就能更全面地了解福利彩票营销计划实施的情况。

4. 密切结合实际进行判断

福利彩票营销监控除大量运用定期统计报表资料、会计核算资料、业务核算资料、抽样调查资料和其他资料进行分析、评价外，还应深入实际进行调查研究，取得第一手材料。有些实际情况是报表等资料反映不出来的，不了解实际情况，就无法正确理解数据所包含的真实内容，因而就难以做出实事求是的判断。

（三）福利彩票营销计划监控的内容

营销计划监控工作应贯穿于福利彩票营销计划实施的全过程，不仅要监控计划落实和执行的情况，而且要进一步分析评价福利彩票营销计划本身及福利彩票营销计划产生过程中的思想、方法和措施。具体包括以下内容：

1. 福利彩票营销计划完成情况的监控

监控作为信息反馈过程的一种监督职能，首先要检查并监控福利彩票各项营销计划任务的落实情况、执行的进度和完成的程度，并对计划完成情况、资金运作情况、各方面和各环节的平衡、协调状况和适应程度、速度、比例、效益的关系进行综合分析和评价，进而发现福利彩票营销计划执行中的问题和偏差，督促有关部门努力完成计划书既定的目标。

2. 福利彩票营销计划措施的监控

完成计划任务或实现计划目标的好坏与福利彩票营销计划实施措施的有效性和实现程度紧密相连。为此，首先要检查福利彩票营销计划决策过程中所确定的各种计划实施措施的落实和执行情况，然后再根据实际情况监控和评价这些措施的现实性和有效性，包括监控各种措施在实际贯彻执行中存在的问题、已采用的措施是否能够保证福利彩票营销计划任务落到实处和按时完成，以及各种措施相互之间是否存在摩擦和冲突等，从而为不断改进营销计划实施的办法提供依据。

3. 福利彩票营销计划指导思想和目标的监控

营销计划本身的科学性也是影响福利彩票营销计划完成情况的重要因素，因此，必须对计划本身进行监控，包括对照实际情况监控计划指标是否过高，营销计划任务是否过重，是否超过了实际可能；福利彩票各项营销计划之间是否协调、衔接和平衡；福利彩票营销计划目标体系是否恰当；福利彩票营销计划指导思想是否正确，是否存在急于求成或消极保守的倾向，是否偏离了综合平衡、量力而行、以经济效益为中心等原则，以及分析对福利彩票客观规律认识和对客观条件变化估计的准确程度，以便从中总结经验教训。

（四）福利彩票营销监控的程序

营销计划监控是一项系统活动过程，为了达到监控的目的，监控活动必须有步骤地进行。一般说来，营销监控的基本程序分为七个主要步骤：

1. 确定监控对象

对福利彩票营销计划进行监控，首先要确定监控的对象，即确定监控的内容。营销监控主要包括：对销售收入、销售成本、销售利润等销售情况的监控；对销售目标、方针、政策等营销战略的监控；对产品、营销渠道、各种促销方式等营销组合因素的监控等。

2. 设置监控目标

确定了监控的对象以后，还要对监控的对象设立各种监控活动目标。监控的目标应与计划目标相一致，如果计划中已设立了监控目标，此步骤可以省略。

3. 建立衡量尺度

即建立一套能测定福利彩票营销计划结果的衡量标准。在很多情况下，福利彩票营销目标就决定了它的监控衡量尺度。如销售收入、利润率、市场占有率、销售增长率等有些情况还可以采用其他指标，如销售人员的工作效率，除了用一定时间内产品的销售量或销售额来衡量外，还可以用在一定时间内新增加的彩民数目及回答彩民咨询的数量来衡量。广告效果可以用广告传送后的收视率、记忆率等来衡量。由于多数企业都有若干种营销管理目标，因此，营销监控的衡量尺度也是多种多样的。

4. 确定监控标准

监控标准是指以某种衡量尺度来表示监控对象的预期活动范围或可接受的活动范围，即对衡量尺度加以定量化。一般来说，福利彩票营销计划预定任务的完成和目标的实现，就是营销计划监控的目的要求和标准。但由于福利彩票营销监控工作贯穿整个福利彩票营销计划管理的过程，因而在福利彩票营销计划执行的初期、中期和期末的要求是不同的。这就要明确每次监控的目的和标准，确定相应的评价指标体系。只有这样才能有的放矢地开展福利彩票营销计划监控工作。监控标准一般应有一定的弹性，即允许在一定的范围内浮动。

5. 评价活动结果

即运用已建立起来的衡量尺度和确定的监控标准，将福利彩票实际销售结果与预期结果相比较，看其有无偏差及偏差的程度。如果没有发生偏差，按原计划继续进行。如果出现偏差，首先要了解偏差是否在标准允许的范围内，若在允许的范围内，工作继续进行，或者适当改进之后继续工作，努力将问题消灭在萌芽状态之中。如果差异在允许的范围之外，则要深入分析其中的原因，之后采取相应的措施。偏差分为负偏差和正偏差。负偏差是指没有达到预期目标出现的偏差；正偏差是指实际工作超过计划指标出现的偏差。检查偏差的方法可以根据实际需要而定，检查的频率可快可慢，检查的结果可用文字表述，也可用图表表示。

6. 分析偏差原因

分析原因是纠正偏差的前提和基础。如果通过检查发现实际结果与原计划存在的需要改进的偏差，就要分析发生偏差的原因。产生偏差的原因可能有两种：一是实施过程中的问题；二是计划本身有问题。

7. 采取纠偏措施

纠正偏差的核心工作是分析原因后采取纠偏措施。当福利彩票的实绩与监控标准不符时，就要采取纠正措施。校正偏差是营销监控的关键环节。在深入分析产生偏差原因的基础上，监控者要根据不同的偏差、不同的原因采取不同的措施。如果是计划本身的问题，就要根据实际情况对计划进行调整；如果是执行过程中的问题，就必须找出症结所在，并根据实际情况迅速采取补救措施加以改进。

（五）福利彩票营销计划监控的方法

对福利彩票营销计划执行情况进行监控，必须有正确的指导思想、明确的目的、合理的组织、实事求是的科学态度。此外，还必须有一套实际可行的监控方法。对福利彩票营销计划执行情况进行监控的方法很多，这里介绍几种简单的方法：

1. 比率监控法

比率监控法是通过计算几个营销数据的相对比率，评估福利彩票营销计划的执行情况，来监控变动趋势和变动速度。根据评估内容和要求的不同，可分为相关比率、组合比率、动态比率等。

相关比率是指企业营销活动中性质不同但相互联系的两个指标的比率。如许多指标可与销售额形成相关比率，广告费用与销售额的比率为广告费用率，仓储费用与销售额的比率为仓储费用率，销售费用与销售额的比率为销售费用率；等等。运用相关比率，可以了解企业营销中存在的某些问题。

组合比率是将两种以上的比率组合到一起，通过分析和评估某些项目的特点和变动趋势，来监控该项目的营销效果。如运用销售费用和销售收入两项指标各自完成计划的百分比的组合，来分析各地区的销售状况，以监控各地乃至全部市场的销售结果。通过运用组合比率的分析，可以有效地监控不同销售效果的地区分布，以便有针对性地解决存在的问题。

动态比率是将企业不同时期的同类指标数值进行对比，通过观察评估指标的发展方向和增减速度，来分析其变动趋势。动态比率一般包括定基比率和环比两种方式，定基比率是以某一点作为固定的基数，环比则是以上一期作为基数。运用动态比率监控可以找出事物变动的趋势，为分析原因提供条件。

福利彩票营销计划任务的不同，决定了营销计划指标形式的不同，因此，在运用比率监控法进行监控时，实际完成统计数据必须在指标的内容、范围、计算方法等方面与计划规定相一致。

2. 综合评价法

福利彩票营销活动的成果有多方面的表现，如销售收入、服务质量、公益金总额、返奖总额、管理费提成总额、执行合同和对环境的影响等。因此，仅仅用单一指标评价福利彩票营销计划的执行情况是不够的，必须用多项指标进行评价，但是，现实生活中福利彩票营销计划的各项指标完成情况是不相同的，有些指标已经完成、有些还没有完成；或者，虽然各项指标都已完成，但有些指标完成得很好、有些则刚刚达到计划的要求；或者虽然全部指标都没有完成，但有些指标接近完成，有些则离要求很远。所以，福利彩票营销计划完成监控需要进行综合评价。常用的综合评价方法有以下两种：

（1）简单算术平均法。在营销计划各项指标重要程度大致相等或不需考虑指标重要程度差别的情况下，可用简单算术平均法进行监控检查和评价。即先分别计算出各项指标的计划完成百分数（注意：对于数值越低表示计划完成越好的指标，其计划完成程度用倒数计算），然后将各个计划完成百分数相加再除以指标数。

（2）平衡法。不仅在制定福利彩票营销计划过程中需要编制各种平衡表和进行种种平衡计算，而且在计划执行到某个阶段或执行期满，也要编制实际完成的平衡表，以便监控检查计划执行中是否存在不协调的问题，出现了哪些新的不平衡，并分析产生不协调、不平衡的原因。通过这种监控检查和分析，为调整计划和编制下一个时期的计划提供依据。

平衡法的种类很多，基本上可归纳为传统平衡法和部门联系平衡法两大类。传统平衡法是根据收入与支出保持平衡的原理，用计划规定的收支安排及各种比例关系与实际完成水平进行比较来监控。部门联系平衡法是将实际完成情况编制投入产出表与计划表进行对比。

3. 因素监控法

因素监控法是通过计算几个相互联系的因素对某一综合经济指标的影响程度，来监控重点因素的一种方法。如企业的销售利润下降是受销售量、单价、销售费用、管理费用等多种因素影响，通过因素分析，可以找出其中的关键因素，然后集中力量解决该因素中存在的问题。

（六）福利彩票营销计划审计

市场营销审计是 20 世纪 50 年代提出的概念。[①] 营销审计"是对一个公司或一个业务单位的营销环境、目标、战略和活动所做的全面的、系统的、独立的和定期的检查，其目的在于决定问题的范围和机会，提出行动计划，以提高公司的营销业绩。"[②]

营销审计的程序一般分为三个步骤：（1）确定审计的目标和范围。（2）搜集各类数据。包括机构的各种报表和彩民的访谈记录。（3）准备和提出审计报告。

营销审计的内容主要包括营销环境审计、营销战略审计、营销组织审计、营销系统审计、营销产出率审计、营销功能（策略）审计、职业道德及社会效益审计和审计结果及建议等八项。

---

① 1952 年，美国 Booz-Allen-Hamilton 公司的总裁鲁道夫·多尔迈耶首先开始实行营销审计。1959 年阿贝·肖克曼写出的研究报告《分析和营销业绩》提出：众多的公司被关在生产、产品或销售导向的圈子里，不知如何去寻找公司的发展机会和途径。许多公司死了，或者正在走向死亡而全然不知，因此，公司应该定期进行营销审计以检查它的战略、结构和制度是否与它的最佳市场机会相吻合。1977 年，菲利普·科特勒等发表《营销审计时代的到来》一文，全面分析了营销审计的程序和内容，使营销审计成为营销计划管理的基本方法之一。

② 菲利普·科特勒等：《营销审计时代的到来》，转载于《营销学经典权威论文集》，东北财经大学出版社 2000 年版，第 694 页。

1. 营销环境审计

营销环境审计包括宏观环境审计和工作环境审计两个方面。宏观环境审计包括政治、经济、人口、技术、法律、社会文化等内容，如哪些法律会影响福利彩票的营销战略和战术；经济的发展对福利彩票的短期、中期、长期发展会产生什么影响；人口数量、年龄分布及人口地域分布预测到的趋势会对业务产生什么影响；科学技术在哪些方面将影响福利彩票的发行；福利彩票会不会出现新的替代产品；彩民的生活方式和价值观念发生的哪些变化会影响公司的目标市场和营销方法；等等。

工作环境的审计包括对市场、彩民、竞争者、分销和零售、供应商、辅助机构和营销机构的审计等方面。例如，哪些是机会多（机会少）的细分市场；不同层次的彩民怎样做购买决策；主要竞争对象的目标和战略、优势和劣势、市场份额的规模和趋势；供应商销售方式的趋势；广告部门的工作绩效；广告公司服务发展趋势；等等。

2. 营销战略审计

营销战略审计的内容包括营销目标审计和实施的营销战略审计两个方面。营销目标的审计是指福利彩票机构的营销目标描述得是否清楚、能否合乎逻辑地解释市场营销目标、市场营销目标是否清楚地指明了市场计划和对绩效的评估等内容。对采用的营销战略的审计主要审查达到目标的核心营销战略是什么、采用的营销战略是否是一个稳妥的营销战略、完成市场营销目标的资源（或更多资源）预算是否足够、市场资源配置对主要市场营销组合要素（即产品质量、服务、销售力、广告、促销和分销）是否最优等。

3. 营销组织审计

营销组织审计是对福利彩票机构的营销管理者、营销部门等的设计和协调进行的审计。例如，是否有一位对影响顾客满意度具有足够权威和责任的高级营销管理者？营销部门是否负责在产品、彩民、区域等设计出最优结构？市场部门和销售部门之间是否保持良好的沟通和工作关系呢？市场营销部的每组成员都需要更多的培训、激励、监督或评价吗？市场营销部和其他部门有没有需要注意的问题？市场营销部和研发部门的关系是什么？市场营销部和财务部门

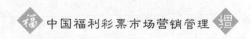

的关系是什么？市场营销部和采购部门的关系是什么？

4. 营销系统审计

营销系统审计包括营销信息系统审计、营销计划系统审计、市场监控系统审计、新产品开发系统审计等内容。营销信息系统审计包括市场营销情报系统能对市场发展提供精确的、充分的和定期的信息吗？机构决策的制定者充分利用了市场研究结果吗？营销计划系统审计是审计市场营销计划系统是否经过精心构思和有效率、销售预测和市场潜力测量是否能够正确地加以实施、制定的销售定额是否建立在适当的基础上等。市场监控系统审计包括监控程序（每月、每季等）是否能充分保证实现年度诸计划目标、是否制定了定期分析不同产品、市场、地区和分销渠道盈利情况的规定、是否制定了定期检验和证实各种市场成本的规定等。新产品开发系统审计主要包括福利彩票机构是否有严密的组织收集、设计、筛选新产品的构思、在开发一个新产品之前是否实施了充分的产品和市场测试等。

5. 营销产出率审计

营销产出率审计是指通过对会计数据的分析，发现不同市场、不同部门、不同产品、不同渠道、不同地区的成本支出和收益结果，以确定开发的重点方向和找出降低成本的主要措施。

6. 营销功能（策略）审计

营销功能审计实际上是对营销组合策略中各个因素的审计。从产品策略的因素来讲，目前产品线能够满足市场营销目标吗？有特殊的产品需逐步淘汰的吗？有值得增加的新品种吗？从分销渠道来讲，目前的分销目标和策略是什么？有充分覆盖市场面的服务吗？从促销策略的因素来说，人员促销的目标是什么？本机构的销售队伍足够完成公司目标吗？销售人员是按照适当的专业化原则（地区、市场、产品）组织的吗？销售人员表现出高的士气、能力和工作的积极性了吗？他们得到充分培训和激励了吗？有适当的程序制定定额计划和评估绩效吗？本机构的销售队伍与竞争者销售队伍的关系怎样？非人员促销的目标是什么？它们是否合理？广告费用额度是否适宜？广告预算如何确定？广告的主题和文案是有效率的吗？彩民和公众对该广告印象如何？广告媒体选

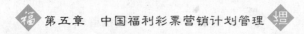

择正确吗？有精心构思的广告计划吗？公共关系计划是否符合本机构的实际情况和要求？

7. 职业道德及社会效益审计

职业道德审计重要审计员工在福利彩票营销中的职业操守情况。例如，员工的行为是否符合职业道德规范的要求？是否体现了福利彩票的发行宗旨？是否存在违规销售和说假话等不良行为？

社会效益审计重要审计福利彩票机构在营销过程中对自然环境和社会环境的影响。例如，是否存在污染自然环境的情况？是否造成精神污染？是否符合国家可持续发展战略的要求？等等。

8. 审计结果及建议

审计结束，要提出审计报告。审计报告中要找出存在的问题，分析面临的机会和威胁，并提出解决问题的短期、中期或长期建议。

三、福利彩票营销计划的调整

福利彩票营销计划在实施过程中，会因时间、地点、条件的变化而与实际情况出现一定的差距，为了保证计划的正确性，必须适时对计划进行调整，以达到计划的最优化。

（一）福利彩票营销计划调整过程及其作用

营销计划调整是指福利彩票营销计划管理机构采取适当的手段，对福利彩票营销计划实施过程中偏离福利彩票营销计划目标的行为和因素加以纠正、协调、监控和监督等的活动。

营销计划是福利彩票营销部门根据对福利彩票未来营销环境和营销活动的认识而制定的行动方案，虽然从编制计划开始就力求准确地反映福利彩票营销管理对象的客观情况和各种因素的变动趋势，但是由于福利彩票营销的内部结构和外部环境复杂且多变，总存在着一些无法事先把握的和难以预料的情况。

所以任何周密的计划都不可能完全无遗漏地反映其福利彩票营销管理对象的全部客观情况，即使最好的营销计划也只能是大体上反映未来的客观实际。也就是说，福利彩票营销计划的执行结果总会与营销计划预计的目标产生不同程度的偏离。为了确保福利彩票各项营销活动有计划地健康运行，就需要对福利彩票营销活动进行经常化的监督、监控和调整，以及对原福利彩票营销计划的不足进行修正和补充，不能等到问题成堆才处理。因此，在福利彩票营销计划实施过程中，对计划调整始终是必要的。从福利彩票营销计划管理者角度讲，福利彩票营销计划的实施过程就是对客观过程和福利彩票营销计划本身不断地进行交互调整的动态过程。

福利彩票营销计划调整与计划执行、计划检查评价是交互发生的。在福利彩票营销计划的执行过程中，要定期和不定期检查评价营销计划执行的情况，及时发现偏差，并采取有效措施加以纠正。纠正的方法是进行反馈调整。

反馈是指输入运行系统的福利彩票营销计划目标与营销活动相互作用的结果。输出传回福利彩票营销管理中心或原输入点，以影响下一步行动的过程。可见，反馈调整的过程是：福利彩票营销管理者依据营销计划目标的要求，观察并测取系统的实际执行结果，把两者相比较，如有偏差即采取纠正行动。

要对福利彩票营销计划执行过程实行有力的调整，必须具备两个条件：一是要有灵敏的指示器（包括明确的计划目标和灵敏的信息反馈），能够及时准确地发现偏差和掌握情况；二是要有有效的监控器（包括调整手段和物质力量），能够及时有效地解决问题和纠正偏差。

福利彩票营销计划调整的作用表现在以下几个方面：

第一，有利于实现营销计划目标和完成营销计划任务。福利彩票营销计划调整的目的是要纠正、调整营销计划执行中出现的与营销计划目标相背离的行为，为实现营销计划目标服务。通过对营销计划执行过程进行自觉调整，可以及时有效地监控一些背离计划目标因素的影响，限制某些偏离营销计划目标的行为和活动，引导和制约实际的计划运行过程，使营销计划各执行单位严格按照计划书规定的方向，努力实现计划目标与完成营销任务。

第二，有利于及时解决营销计划执行过程中经常出现的不平衡问题。福利彩票营销活动中出现的某种盲目性和不平衡现象是经常的。如果对此放任自流，不仅影响营销计划的实现，而且将导致营销活动的混乱和效益下降。对福利彩票营销计划执行过程进行调整就可以适时地消除各种盲目性和不平衡，不断地求得相对平衡，保证各项营销活动持续稳定协调进行。

第三，有利于正确调整各方面的利益关系，使各项活动纳入到有计划发展的轨道。在福利彩票营销计划的实施过程中，各个计划执行单位所处的地位是不完全相同的，随着营销活动的发展变化，营销计划书所确定的利益格局必然会发生变化，因而出现利益方面的矛盾，但这可能影响一部分计划执行单位完成福利彩票营销计划的积极性。通过进行计划的调整，可以不断地协调各方面的利益矛盾，从利益上引导有关部门按照营销计划书规定的目标和方向开展营销活动。

第四，有利于解决营销计划中意想不到的一些问题。福利彩票营销系统处于不断变化之中，因而营销计划执行过程中必然会出现各种意想不到的新情况和新问题，或者有些问题和情况虽已预料到并在福利彩票营销计划中做了相应安排，但并不能准确地估计这些问题和情况对其他营销计划安排影响的程度。通过对营销计划的调整，可以及时解决这些突发的问题。

（二）福利彩票营销计划调整的手段

营销计划调整手段是指福利彩票营销计划管理部门在福利彩票营销计划的执行过程中，为纠正计划目标执行的偏差而采用的各种协调、监控办法和措施的总称。福利彩票营销计划调整手段主要有行政手段、经济手段、信息手段、教育手段等几大类。

1. 行政手段

福利彩票营销的行政手段是指福利彩票营销计划管理部门凭借行政权力，通过层级组织系统和行政层次直接指挥、干预、协调、监控、组织和监督福利彩票营销活动的各种措施。行政手段具有强制性、规范性、集中性和直接性等特点。

2. 经济手段

福利彩票营销的经济手段是指福利彩票营销计划管理部门通过影响经济利益关系，进而引导其计划执行单位的营销行为的各种措施。经济手段主要有利益强制性、客观性和间接性等特点。

3. 信息手段

福利彩票营销的信息手段就是通过向营销计划执行单位传递有关的信息以影响其行为的办法。

4. 教育手段

福利彩票营销的教育手段就是通过各种教育形式影响内部人员的思想进而调整营销计划的办法。行为受思想支配，思想受环境影响，思想教育是一种重要的调整手段。教育手段在计划调整后的作用更大，通过在福利彩票人员中进行广泛宣传、讨论，使其了解福利彩票营销计划的主要内容和意义，真正把福利彩票营销计划化为福利彩票人员个人的实际行动。

在福利彩票营销计划调整实践中，调整某一类行为一般都要用多种措施或手段，由于各种措施具有特定的调整功能和局限性，所以要注意各种措施的协调和配合。

第六章

中国福利彩票营销组织管理

福利彩票的营销活动是通过一定的组织机构来完成的，营销组织在现代管理中有着举足轻重的作用，通过任务结构和权力关系的设计来组织营销活动，对实现组织机构的战略目标有着十分重要的意义。随着市场经济的发展、市场竞争日益加剧、市场供求在不断发生变化。面对新的机遇和挑战，福利彩票发行机构必须依据不同的目标和环境，建立起相应的营销组织，以便有效地组织人、财、物等资源，为实现总目标而努力。福利彩票营销的组织管理，就是要研究营销组织的规划、运营、发展及变革等内容。

第一节 福利彩票营销组织概述

研究福利彩票营销组织的管理，需要从福利彩票营销组织的含义、营销组织形式等基本内容开始。

一、福利彩票营销组织的定义及范围界定

组织管理大师哈罗德·孔茨指出：组织是整合全体员工的努力以有效的实现目标，组织结构的设计就是要明确谁去做什么，对什么结果负责，并且消除

由于分工模糊不清而造成的执行中的障碍，还要提供能反应和支持企业目标的决策和沟通网络。提到市场营销组织，通常的理解是公司内市场营销部门的组织。关于市场营销组织的定义，理论界的表述各不相同。郭国庆教授在其《市场营销管理——理论与模型》一书中认为，"市场营销组织是指企业内部涉及营销活动的各个职位及其机构。""有时，市场营销组织也被理解为各个营销职位中人的集合。"① 吴健安教授的观点是："市场营销组织是为了实现企业的目标，制定和实施市场营销计划的职能部门。"②

本书的定义是：市场营销组织是指全体员工为实现公司的目标，在营销管理工作中进行分工协作，在职务范围、责任、权力等方面所形成的结构体系。该定义包括三层含义：第一，组织结构的本质是员工之间的分工协作关系；第二，设计组织结构的目的是为了实现公司的发展目标；第三，组织结构的内涵是人们在职、责、权方面的结构体系。作为结构体系，营销组织包括四种结构：（1）职能结构。指实现公司目标所需要的各项业务及其比例和关系的结构。（2）层次结构。指各个管理层次的构成，即组织的纵向结构。（3）部门结构。指各个管理部门的构成，即组织的横向构成。（4）职权结构。指各层次、各部门在权力和责任方面的分工。

从营销组织的一般概念出发，可以将福利彩票营销组织定义为：以"扶老、助残、救孤、济困"为目标，通过向彩民发行其自愿选择和购买的彩票，得到国家政策的支持，组织内部分工协作并赋予一定权力、责任和相关利益的专门机构。该定义的内涵主要包括四个方面的内容：

第一，福利彩票营销组织的目标不是为了盈利，而是为了使广大福利事业的受益者获得更好的扶助。

第二，福利彩票营销组织是国务院特许的专门机构，未经许可，其他组织和个人均不能发行福利彩票。可见，福利彩票营销组织属于国务院批准的垄断机构。

第三，福利彩票营销组织内的各机构是分工协作关系，包括横向的分工协作与纵向的分工协作两个纬度。横向的分工协作是指同一个层次的组织内的分工；纵向的分工协作是指不同层次间的营销组织的分工。

---

① 郭国庆：《市场营销管理——理论与模型》，中国人民大学出版社 1995 年版，第 481、482 页。
② 吴健安：《市场营销学》，高等教育出版社 2000 年版，第 298 页。

第四，福利彩票营销组织内的各机构责、权、利关系明确。

根据以上定义，应该说凡是符合上述条件的都是福利彩票的营销组织。但是，由于人们一般把营销工作理解为组织内部一个部门的事情，营销组织自然就是机构的一个部门，因此，需要对福利彩票营销组织的范围进行界定。

长期实施的计划经济体制，把一些具有独特属性的印制产品，如新印制的货币、债券或新出版的书刊、新制作的电影等，排除在一般商品之外，把这些东西的"销售"叫做"发行"。中国福利彩票的前身是有奖募捐券，其销售自然列入发行的范围，因此，福利彩票的销售就是由各级发行组织完成的，福利彩票的营销组织就是福利彩票的发行组织，"中国福利彩票发行管理中心"及省级发行中心、地市级发行中心（或发行管理处、管理站、发行部）就构成了中国福利彩票的营销组织体系。

中国福利彩票发行管理中心是民政部的直属事业单位，实行企业化管理，是全国福利彩票的惟一发行机构，经民政部授权，负责全国福利彩票发行和销售业务，对各地福利彩票机构实施业务领导和全面监控，按省级行政区域组织实施。中国福利彩票发行管理中心现设以下部门：办公室、党委办公室、市场一部、市场二部、市场三部、市场四部、印制部、技术部、人事部、宣传部、培训部、财务部、监察审计室、总务部、培训中心。具体承担福利彩票的统一发行、统一印制、统一编制并实施发行和销售额度计划、制定技术规则、管理制度等工作。其主要职责是：（1）根据国家有关规定，制定福利彩票的发行、销售、开奖规则。（2）审定福利彩票的制作方案并组织印制。（3）向全国各地发行福利彩票，组织、检查、监督各地的销售活动。（4）按规定收缴各项资金。

省级行政区域内的福利彩票销售工作，由隶属于省级民政厅、局设立的省级福利彩票发行中心承担。省级福利彩票发行中心是福利彩票的二级发行单位，由中国福利彩票发行管理中心实施业务领导，经中国福利彩票发行管理中心授权，负责在全行政区域内组织发行福利彩票。省级福利彩票发行中心作为二级发行与销售管理机构，除计划单列市外，一般不直接销售彩票，而是以向基层销售站发行彩票为主。中国福利彩票发行管理中心对省级发行管理机构在销售业绩、运行安全、操作规范、资金结算四个方面实行考核，强化中国福利彩票发行管理中心对全国福利彩票发行销售工作的全面监控。

省级福利彩票发行中心在行政区域内专门从事福利彩票销售活动。主要履行以下职责：按照中国福利彩票发行销售管理的有关规定开展工作；提出本地区彩票销售计划，组织本地区彩票销售活动，建立和管理本行政区内的销售网络，提出本行政区的彩票销售方案、游戏规则，开发本行政区的彩票市场；按规定向财政专户解缴彩票公益金和发行费用，并向中国福利彩票发行中心和同级财政部门报告本地区彩票销售计划执行情况；经常指导、监督各基层销售点的工作，对基层销售点销售彩票的活动承担经济和法律上的责任；处理基层销售点出现的突发性事件，并负责向中国福利彩票发行中心报告。

地、市级福利彩票发行中心和在各地设立的发行管理处、管理站、发行部等是福利彩票的基层销售单位，受当地民政部门的行政领导，同时受上级发行中心的业务领导和监督检查，其工作以直接组织销售福利彩票为主。基层销售单位的责任是：（1）自觉遵守上级发行中心制定的各项规章制度；（2）在销售过程中坚持"公正、公平、公开"的原则，不徇私舞弊、弄虚作假；（3）按比例上缴销售款项；（4）及时给中奖者准确兑付奖金，办理好兑奖登记手续；（5）销售合同中规定的其他责任。

中国福利彩票发行销售系统在全国各省、自治区、直辖市和计划单列市共设销售机构32个，地级销售机构320个，县级销售机构2123个，全系统从业人员14.5万多人。全国现有投注站超过6万个，建立起了强大的销售网络。这种日益趋于健全的矩阵式的网络，有效地保证了福利彩票发行销售的纵向管理和横向联络，为促进彩票市场的发展起到了重要作用。

根据以上分析，福利彩票营销组织的范围界定包括三个层次：（1）福利彩票的营销组织是指全部福利彩票发行机构。包括中国福利彩票发行管理中心、省级福利彩票发行中心、地、市级福利彩票发行中心和发行管理处、管理站、发行部等。（2）福利彩票营销组织是指福利彩票发行机构内直接从事彩票销售的部门。福利彩票发行机构的全体人员虽然都在为福利彩票的发行服务，但存在不同的分工，有的是直接从事福利彩票的销售工作，如从事市场开发、产品开发、彩票销售、彩民服务等工作；有的则是间接为销售彩票服务。因此，在具体分析一个发行机构如某省级发行中心的营销组织时，把直接从事彩票销售的部门叫做营销组织，其他部门则不是营销组织。（3）虽然福利彩票销售过程还有投注站的工作，但投注站只是福利彩票发行机构的分销渠道，而不属于福利彩票营销组织的范围。因此，研究福利彩票的营销组织管理，只分析不同层次营销机构的行为，而不涉及投注站的内容。

二、福利彩票营销组织的地位和作用

市场营销组织的地位，实际上就是营销管理职能在企业中的地位。作为生产型企业来说，营销管理是企业的四大支柱之一①，并且是重要性越来越大的职能。最初，营销职能被看成是与其他职能具有同等的重要性（见图6-1a）；尔后，需求不足的情况导致了营销职能较其他职能更为重要（见图6-1b）；随着产品销售困难的增加，营销逐步成为企业的主中心（见图6-1c）；但公司的管理者逐步认识到，营销仅仅是公司的职能之一，不应该成为中心，能够成为中心的应该是顾客，因为没有顾客，公司就无法生存（见图6-1d）；而当公司的各种职能都为顾客服务时，效果并不理想，因为要正确地判断和有效地满足顾客的各种需要，仍需要有一个部门处于一个公司的中心位置，来直接面对消费者，这个部门只能是营销部门（见图6-1e）。

作为销售企业来说，营销管理职能就是整个企业的全部职能，财务管理、人力资源管理等不需要为生产服务，都是为营销发展服务，其营销地位的重要性不言而喻。

福利彩票发行机构是一种特殊的经营性组织：有产品但不需要生产，只需要设计；主要职责是销售彩票，服务社会。因此，市场营销组织的地位极其重要，并越来越引起管理者的重视。

首先，设计科学、运作良好的营销组织有利于提高福利彩票发行机构的工作效率，从而提高营销的业绩。营销组织的设计科学，可以使各方面的关系比较顺畅；营销组织的运作良好，可以减少营销管理中的人为障碍。而这些组织活动都大大提高了公司内部的办事效率，从而提高了公司的营销业绩。

其次，设计科学、运作良好的营销组织有利于完成福利彩票机构的营销任务，实现营销目标。营销任务必须通过一定的营销组织才能得以实施。而市场营销组织的运作情况，直接影响到企业营销任务的完成。

最后，设计科学、运作良好的营销组织，有利于协调福利彩票机构的内部条件与外部环境，提高营销组织在客户心目中的形象。福利彩票的市场营销过

---

① 生产型企业管理的四大支柱是指生产管理、营销管理、财务管理和人力资源管理。

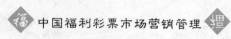

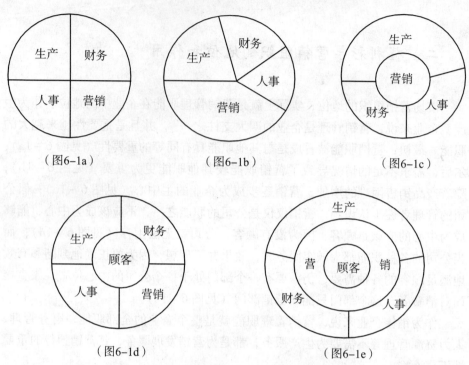

图 6 - 1　营销职能在公司地位的演变

资料来源：菲利普·科特勒：《市场营销管理》（第 8 版），上海人民出版社 1997 年版，第 42 页。

程，可以说是一个内部条件适应外部环境的过程，这就要求内部的各个条件必须相互协调，对外部环境必须能够灵活适应。同时，彩民对福利彩票发行机构的了解，也是通过营销组织完成的。因此，健全的营销组织，对于协调内部条件与外部环境，从而提高在彩民心目中的形象具有重要的意义。

总之，健全的福利彩票营销组织及工作效率直接影响到福利彩票的营销业绩及在彩民心目中的形象。一个设计科学、运作良好的营销组织，所发挥的功效远胜于一个单兵作战人才的作用。为此，明代著名大学士、政治家张居正说："一等人用组织，二等人用人才"。

三、福利彩票营销组织的构成

福利彩票各级发行中心从整体来讲是营销组织，从各自内部构成来讲又分为不同的职能。因此，研究其构成，对于提高福利彩票的营销管理水平，具有重要的理论意义和现实意义。

从福利彩票发行机构的内部构成来看，有些职能直接是为销售彩票服务的，这些职能部门就构成了福利彩票的营销组织。根据笔者研究：福利彩票营销组织中有5种职能构成营销组织，其中4个与"卖"密切联系，即市场拓展、市场销售、市场服务和产品研发；1个与"买"密切联系，即市场采购。

（一）市场拓展组织

市场拓展组织在福利彩票机构的名称叫"市场部"，是指主要从事市场的开拓及维护的机构。其基本职能是做到如何"使产品好卖"。为了完成上述任务，市场部有六大职能：即调研职能、参谋职能、策划职能、开拓职能、协调职能和培训职能。

1. 调研职能

调研职能是市场部的基本职能，包括调查和研究两个方面。市场调研的内容有：彩民方面的调研，如彩民需求的数量与变动趋势调研、彩民范围与结构调研、彩民动机与行为调研等；市场供应方面的调研，如供应者的构成与分布、供应者的水平与发展趋势等；市场竞争方面的调研，如竞争对手的产品状况、渠道状况、成本状况、技术状况、市场占有率状况，及上述各项内容的发展趋势、竞争策略和手段等；市场环境方面的调研，如市场营销的政策环境调研、法律环境调研等。通过调研，全面搜集和处理各种市场信息，掌握市场环境的变化，了解竞争对手的情况，把握市场需求的动态，并以最快的速度提供领导者和各部门使用，以便为领导决策提供参谋意见，为营销策划和组织协调市场工作提供科学依据；通过调研，确定市场开发目标，以指导各部门制定市场开发的方针、政策及策略，正确选择市场、开发市场和占领市场，掌握市场

竞争的主动权。市场调研的课题可以是领导交办的项目，更多的是市场部根据对市场的预测，自己提出题目，从而使市场调研更具前瞻性，更好地为企业占领市场服务，并制定出扩大市场份额的相应对策。

通过市场部的调研工作，福利彩票机构的管理人员可以了解彩民对新产品的接受和认可程度，促进福利彩票产品结构的调整与优化，有利于简化福利彩票规则。广东省福利彩票发行中心市场部曾组织人员对新产品"好彩1"进行市场调研，调研结果表明：2005年广东省推出的新品种"好彩1"，以其"一码中奖"的中奖方式吸引了大量彩民投注，如肇庆在其推出的短短几个月内，该地区福利彩票销售额便翻了一番。① 市场部开展的此类调研工作使福利彩票产品结构更加符合彩民的心理需要，层次清晰的产品结构可吸引更多的公众参与福利彩票事业。

2. 参谋职能

领导者决策需要有参谋。福利彩票机构的主要决策都与市场有关，例如开发新的产品项目、开拓新市场、进入新行业等。为了提高决策的正确性，需要参谋部门从市场的角度提出参考意见，或者拿出供决策用的方案。这些工作就是市场部的参谋职能。具体包括：管理体制的设计、调整及协调；销售政策的制定与调整；市场开发与管理中的各项营销方针、政策的制定；长期发展规划的组织设计；未来市场的预测；等等。

3. 策划职能

市场部的策划职能已得到多数人的认同，主要内容包括：策划、制定营销战略、策略与市场计划，以及各种实现计划目标的方案，如制定目标市场战略，进行市场定位；设计竞争方案，指导市场竞争；拟定公司的整体营销渠道规划，选择营销渠道，构建营销网络；拟定公司促销计划，设计促销方案，选择促销方式，搞好各种类型的宣传，包括广告宣传和公关宣传，并协调各事业部的宣传工作，以树立良好的公司形象和扩大开发市场；制定营销激励政策，最大限度地调动销售人员的积极性。

福利彩票机构市场部的策划职能主要体现在：（1）组织形象策划。主要

---

① 杨仕彬：《政协提案：500万封顶额偏低》，载《南方都市报》2006年2月22日。

是指对福利彩票营销机构和福利彩票这一产品形象的策划。例如,上海市 2006 年策划进行"爱心飞扬天天彩"摇奖节目,每周末在公园社区等人群密集的地方开展投掷纸飞机比赛,拍摄成市民参与的慈善互动电视节目,扩大了福利彩票宗旨的宣传。① (2) 营销目标策划。福利彩票营销的目标可能是维持彩民对现有产品的忠诚度,也可能是吸引更多的新彩民,还可能是新的福利彩票产品的推出与上市等,这些策划目标都需要市场部在市场调研的基础上,结合政府政策等外部环境和组织内部条件来完成。(3) 品牌定位策划。在彩票市场上,为了提高自己的竞争地位,福利彩票要拥有自己独特的定位,以便进一步扩大目标市场的范围,使彩民结构更加具有层次性。(4) 营销组合策略策划。主要包括产品策略、价格策略、渠道策略和促销策略。

4. 开拓职能

开拓市场是福利彩票机构市场部的基本职能。开拓市场的主要工具是营销组合中的产品、价格、渠道和促销。在彩票市场竞争日趋同质化的情况下,促销成为开拓市场的主要手段。市场部通过广告策划、公关策划和营业推广策划,鼓励投注站多销售彩票,鼓励彩民多购买彩票。例如,组织投注站之间开展销售竞赛,对在一定时期内取得优异成绩的投注站给予一定的奖励,从而提高渠道成员的积极性。

5. 协调职能

福利彩票机构市场部的协调职能表现在对内对外两个方面。对内部的协调一是协调内部的管理体制,组织协调有关部门确定产品的销售政策;二是协调新产品开发,使各部门都能协调一致的面向市场。美国营销专家威廉·戴维窦(William Davidow) 说:"杰出的设备是在实验室里发明的,杰出的产品是在营销部门发明的。"② 对外的协调主要是协调各部门在对外活动中的目标一致,如统一对外宣传、统一广告,组织实施名牌战略,以树立良好的企业形象。

---

① 《关于 2005 年上海市福利彩票发行工作情况的公告》,www. shanghai. gov. cn,2006 年 1 月 5 日。
② 转引自菲利普·科特勒:《市场营销管理》(第 6 版),科学技术文献出版社 1991 年版,序言第 1 页。

6. 培训职能

福利彩票机构市场部的培训职能主要围绕市场发展的要求展开，培训的内容包括：（1）与市场营销有关的新观点、新理论、新方法、新技术；（2）市场营销理论与技术的系统培训；（3）市场营销环境的变化提出的新课题。培训的对象分三个层次：一是中层以上的管理人员；二是市场部与销售公司的全体人员；三是全体员工。培训内容根据培训对象进行调整。

以对福利彩票渠道成员（投注站成员）的培训为例，培训的内容主要有：（1）与彩票产品有关的知识。作为福利彩票的销售人员，必须对福利彩票产品有清晰、完整的认识，包括关于福利彩票产品种类、奖金设置和中奖率的知识。销售人员还应该了解关于号码选择方面的知识，以便在平时的销售中做好彩民的参谋。（2）与彩票市场有关的知识。福利彩票市场方面的知识，包括彩民方面的知识和竞争方面的知识。提高对彩票市场的认识，有利于福利彩票销售人员在工作中站在更高的层次，把握福利彩票销售的重点。（3）与彩票营销有关的知识。福利彩票营销方面的知识，包括营销理论知识、营销环境知识、销售操作知识、营销服务知识、营销方法与技巧等。通过开展营销基本知识的培训，使销售人员留给彩民"专业人士"的印象，以赢得彩民的认可。

（二）市场销售组织

市场销售组织是专门从事产品销售的机构。市场销售组织在公司中的名称也各不相同，大公司一般叫"销售公司"、"销售部"或"销售处"，小公司一般叫"销售科"。为了与其他营销职能部门的名称一致，本书中叫"销售部"。

在市场经济条件下，销售部的地位特别重要。首先，销售部是最直接的效益实现者。销售是价值实现的"最后一跃"，通过销售可以满足顾客的需求，求得组织的生存与发展。其次，销售部是组织形象的重要缔造者。销售部承担着分析、挖掘和界定顾客需求、帮助顾客解决问题、提供解决方案、满足顾客需求等具体任务，其工作好坏直接影响着顾客对企业的认识和态度。销售部作为企业的"窗口"部门，代表着企业的经营理念与服务水平、代表着整个企业的形象。最后，销售部是信息传递的载体。销售部作为企业与顾客之间的桥梁与纽带，是实现企业与顾客互动的主要执行部门。

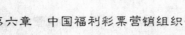

销售部的核心工作是进行产品的销售和货款的回收，其基本职能是把"把产品卖好"，以实现公司的营销目标。其具体职能是：（1）搜集市场信息，把握市场动态。销售人员处于市场第一线，不仅要向顾客传递企业和产品信息，同时必须挖掘、搜集大量市场信息。（2）制定销售计划，预测市场销售。随着企业规模的扩大，销售工作也越来越复杂。市场部已经为在这些区域销售产品进行了前期的市场开发工作，销售部的职责是根据公司的营销战略规划，制定总的销售计划和各个区域市场的销售计划。（3）设计分销渠道，建立营销网络。销售部要根据市场状况、企业竞争战略、产品特点等设计适合自己的分销渠道。并通过分销渠道的建设、管理和维护，以保证渠道的畅通无阻，从而增加产品销售。（4）实施销售业务，实现销售效益。销售部的基本职能即销售产品，而销售产品的任务要由销售部的人员去完成。

目前，福利彩票机构没有独立的销售部，销售部的职能由市场部承担。

（三）市场服务组织

在激烈的市场竞争中，各行各业的营销工作都需要服务来提高竞争力，因此，不论一个企业是否有专门的服务部门，但必须有服务的职能。从事服务的机构名称可以不同，"服务部"叫法基本上涵盖了该组织的内容和要求。

福利彩票机构是专业销售机构，服务具有特别重要的作用。具体表现在：（1）没有服务就没有营销。现代社会市场出商品为中心转向以服务为中心，服务是继产品价格、质量之后的市场竞争的新焦点。随着服务在现代企业经营中的地位日益提高，服务营销在整个市场营销中的地位便显得越来越重要。如今，"没有服务就没有营销"已成为不争的事实。海尔集团总裁张瑞敏在推行服务工程后深有感触地说："市场竞争不仅要依靠名牌产品，还要依靠名牌服务。"这充分论证了服务质量的重要性。（2）没有服务就没有名牌。市场进入认牌购买的时代，创名牌成为企业营销的重要内容。但是，名牌产品不仅需要名牌的质量，更需要名牌的服务。没有品牌的服务就不是完美的服务，没有服务的品牌就不可能成为名牌和优秀的企业。

服务部的基本职能是：（1）向决策层提供消费者信息。领导者的决策，离不开消费者的信息。服务部每天与消费者打交道，可以及时搜集消费者信息，为领导者决策提供参考。（2）做好售前、售中、售后的各项工作。在当前，服务理念层出不穷的情况下，企业不仅要关注售后服务，更要做好产品售前、售中的各项工作。（3）引领消费者的需求。服务部通过提供附加价值，引导消费者的需求。（4）进行服务补救。所谓服务补救是指企业在对顾客提供服务出现失败和错误的情况下对顾客的不满和抱怨当即做出的补救性反应，以重建顾客满意和忠诚。

由于福利彩票的使用价值只是可能获奖的凭证，产品本身不需要服务，所以，福利彩票机构不需要设立专门的市场服务组织，但需要完成销售服务的职能。这些职能分解到彩票销售的相关部门。

（四）产品研发组织

新产品开发要求集市场与技术于一身，因为有发展前途的新产品必须既有广阔的市场，又包含较高的技术含量，二者缺一不可。有市场而没有较高的技术含量，这样的产品可在短期内获利，长远看则没有发展前途；有技术而没有市场的产品，则只能是昙花一现，在其进入市场之日便是其退出市场之时。美国铱星公司的破产便是很好的例证。耗资 50 多亿美元建造 66 颗低轨卫星系统的美国铱星公司，由于技术不能代替市场，营销决策失误导致铱星陨落，于 2000 年 3 月宣布破产。首先，技术选择失误。铱星系统技术上的先进性在目前的卫星通信系统中处于领先地位。铱星系统卫星之间可通过星际链路直接传送信息，这使得铱星系统用户可以不依赖地面网而直接通信，但这也恰恰造成了系统风险大、成本过高、维护成本相对于在地面也高出许多的竞争劣势。其次，市场定位错误。谁也不能否认铱星的高科技含量，但用 66 颗高技术卫星编织起来的世纪末科技童话在商用之初却将自己定位在了"贵族科技"。铱星手机价格每部高达 3000 美元，加上高昂的通话费用（国际话费平均 7 美元/分钟），使得通信公司运营最基础的前提——用户发展数目远低于它的预想。在开业的前两个季度，铱星在全球只发展了 1 万用户，而根据铱星方面的预计，初期仅在中国市场就要做到 10 万用户，这使得铱星公司前两个季度的亏损即达 10 亿美元。尽管铱星手机后来降低了收费，但仍未能扭转颓势。第三，营销决策失误。有专家认为，铱星系统在 1998 年 11 月份投入商业服务的决定是"毁灭性的"。受投资方及签订的合约所限，在系统本身不完善的情况下，铱星系统迫于时间表的压力而匆匆投入商用，差劲的服务给用户留下的第一印象对于铱星公司来说是灾难性的。因此，到铱星公司宣布破产保护时为止，铱星公司的客户还只有两万多家，而该公司要实现盈利至少需要 65 万个用户，每年光维护费就要几亿美元。第四，销售渠道不畅。许多观察家指责原公司总裁爱德华·斯泰亚诺在营销和运作上出现了一系列失误，如在铱星系统投入商业运营时未能向零售商们供应铱星电话机；有需求不能得到尽快的满足，这也让它损失了不少用户。最后，作为一个全球性的个人卫星通信系统，理论上它应该是在全球通信市场开放的情况下，由一个经营者在全球统一负责经营，而事实上这是根本不现实的。从整个系统的建造，到终端产品的生产，铱星公司都只是扮演着一个投资方的角色，并不直接参与运营，很多时候只能是心有余而力不足。正是上述因素造成了铱星的债务累累，入不敷出。铱星公司的破产告诉人们：像铱星这样的伟大创意，如果缺乏大规模的市场需求也难有强大的生命力。市场的驱动应该始终是任何产业或创意的价值核心。①

目前，中国的多数企业设立了专门的产品开发组织，但有些企业对该组织职能的认识尚存在差距，主要是没有认识到在新产品开发中需要考虑市场问题，认为只要有较高的技术含量就会有人购买。从而决定了其管理的思路是只考虑产品有多高的技术含量，而不考虑是否适应市场的要求。因此，正确认识产品开发组织的任务和职能便成为当务之急。

产品研发组织的一般名称是"研发部"，其任务是不断为企业提供新的利润增长点，使企业的经营长盛不衰。产品研发组织的职能是协调各方面的关系，不断开发出适销对路的新产品投放市场。新产品的适销对路是指产品的档次和价格符合目标顾客的要求，产品的技术符合当时的潮流，并具有一定的超前性。可见，新产品中的技术并不一定是当时最先进的技术，而是广大消费者愿意和能够接受的技术。产品开发组织要严格按照开发新产品的程序开展工作，并可与其他单位进行合作开发。

（五）采购部的职能

采购是从"购买"扩展而来的概念。购买就是以货币换取商品的交易过程。因此，购买是每一个个人和组织都必须进行的一项活动，购买的数量可大

---

① 《中国经营报》，2000 年 3 月 28 日。

可小。当一次购买的数量较大，需要专门的人员、时间、精力才能完成时，购买就演变成了采购。但一般来讲，采购主要用在组织的购买经营上。因此，采购是指企业根据需求提出采购计划，通过确定需求、选择供应商、进行商务谈判决定交易条件，最终签订合同并按要求收货付款的过程。

由采购本身的特点所决定，采购具有三种战略性职能：（1）合理化职能。采购的合理化职能贯穿于日常经营活动中，影响到企业的成本结构。具体表现为三种类型：第一类合理化职能表现在处理所要采购商品的详细要求时需要做出自制还是外购的决策及产品的设计上。第二类合理化职能表现在从众多供应商中选择成本最低的供应商，以降低采购成本上。第三类合理化职能表现在对处理与商业活动有关的物流、信息流和资金流等不同流程的影响上。（2）开发性职能。采购的开发性职能表现在可以开发供应商的资源为企业所用。企业的某些资源依赖于供应商，并把供应商视为产品开发来源之一的企业，应让供应商介入企业早期的研究与开发过程中。这样做的好处之一是能缩短产品开发的时间，而在许多产业中产品开发的时间是影响企业竞争力的重要因素。（3）结构性职能。采购的结构性职能表现在通过从供应商处采购物资或商品可以影响供应市场的结构。

采购的独特地位决定了其在营销中的重要作用，主要表现在：（1）具有加速利润增长的杠杆效应。采购是企业的第一利润来源，在采购过程中遵循科学的采购原则和方法，能够以较少的资金占用和流通费用，实现经济效益最大化，发挥采购的利润杠杆效应。（2）加强采购管理对降低成本具有重要作用。（3）采购管理对提高竞争力具有重要作用。采购在提高竞争力中的作用具体表现在以下几方面：①降低采购成本可以降低销售价格。②加强采购管理有利于提高产品质量。③加强采购管理有利于缩短交货期。④加强采购管理有利于提高企业的敏捷性。

采购的职能决定了采购部的职能。采购部是为了完成生产经营任务而设立的职能部门，其基本的职能是：第一，完成采购任务，满足生产销售的需要。第二，降低采购成本，提高采购效益。第三，加强供应商的管理，建立配套供应体系。第四，提高采购管理水平，树立良好的公司形象。

目前，福利彩票发行中心的市场拓展职能、市场销售职能和市场服务职能大都集中在市场部，优点是便于集中统一，政令顺畅；缺点是工作太多，力不从心，难免有疏漏的地方。

虚拟营销是指企业在营销组织上突破有形的界限，虽有市场调研、新产品开发、营销策划、广告宣传、财务核算、营销网络设计、销售渠道选择、商品陈列、物流配送、采购、谈判、销售、服务等功能，但企业内部却没有完整地设立执行这些功能的组织，而将一部分管理职能交给外部专业公司来进行，把精力集中在自己最擅长的业务上。虚拟化组织的优点，一是利用网络把现实资源迅速整合成一种没有围墙、超越空间的临时组织，实行技术、资金、人才的资源共享，优势互补，以最快的速度适应市场的需要；二是通过信息网络和快速运输系统，以达到即时营销的目的；三是不受时间和空间的限制，在内容上包括虚拟产品、虚拟服务、虚拟价格、虚拟渠道和虚拟促销等。这种组织结构的主要不足是：公司主管人员对公司的主要职能活动缺乏强有力的控制。

（二）　福利彩票营销组织的形式选择

福利彩票机构作为专业的营销组织，其形式的选择是为了更好的实现组织的目标。彩票产业是个特殊的产业，它为社会提供的是一种"服务式"产品，而彩票只是一种希望的载体，是国家为了社会公益事业而特许专门机构垄断发行，供人们自愿选择和购买，并按照特定的规则取得中奖权力的有价凭证。所以，彩票产业不像传统的制造产业，需要特定的机器设备、制造车间。尤其是电脑福利彩票的出现，更改变了组织的业务流程。

长期以来，中国福利彩票营销的组织形式是地区式组织。中国福利彩票发行管理中心是福利彩票机构的指挥部，对福利彩票的发行和销售负全责。各个省级发行中心是福利彩票的行政区域营销组织。各省、自治区、直辖市、计划单列市的福利彩票发行中心对所辖地区的福利彩票的发行和销售负全责，是中国福利彩票发行管理中心的二级发行单位，按照"统一玩法规则、统一硬件标准、统一运行软件、统一管理模式、统一实时监控"的原则承销福利彩票，实行独立核算、自主经营、自负盈亏。省级发行中心是平行的，有较大的自主权，各个省市之间没有业务方面的联系，业绩的考核主要是财务指标。这主要是因为中国幅员辽阔，各地区的民风民俗有很大的区别，人们的购买心理也有所不同，地方性特色比较浓。

在福利彩票的营销实践中，营销组织形式发生了一定的变化。其中山东模式是完全与行政区相同的营销组织形式；广西模式则是把地市级发行中心作了改变，设立了四个管理处，跨地区负责广西的福利彩票销售；福建模式是一种"地区式＋产品式"的营销组织形式，从全省和电脑票的销售来说是地区式，其他彩票的销售则是产品式。

适应电脑福利彩票市场发展的需要，中国福利彩票发行管理中心针对电脑福利彩票的生产与销售同时进行的特点，于2003年2月16日及时推出了全国联销的"双色球"玩法，2004年10月18日又推出了全国联销的"3D"游戏，使中国福利彩票发行管理中心增加了新的职能，其营销组织也发生相应的改变。同时，有些省级福利彩票发行中心也推出了跨省联销的福利彩票，如2004年2月16日在云南、贵州、四川三省联合销售的电脑福利彩票"好运彩"（37选7）及"天天乐"（22选5），2004年6月5日在江苏、浙江、上海、安徽、江西、福建六省（市）联合销售的电脑福利彩票"东方大乐透"（37选7），对省级福利彩票的营销组织形式也提出了变化的要求。

五、福利彩票营销组织的产业特征

彩票产业是一个特殊的敏感产业，但国际彩票产业有一个共同的特征，就是彩票产业的收益都是为了社会的公益事业。彩票给彩民提供的是一种机会与希望。法国就是这样来比喻彩票的："政府发行彩票是向公众推销机会和希望，公众认购彩票则是微笑纳税"。泰国国家彩票局对彩票的解释则是："泰国发行彩票的目的是为国家的发展筹集资金，它是授权于政府，没有任何欺骗民众的行为，为民众提供一种博彩的消遣机会"。世界各国发行彩票的目的都不是为了盈利。但是就其经营的方式来说，则几乎都是企业性质的经营。可见，彩票产业属于非营利性产业，福利彩票机构是一种非营利组织。

目前，国际上关于"非营利组织"（Non-profit Organization，简称NPO）的定义可谓是仁者见仁，智者见智。在不同的国家有不同的称谓或是相关的术语，如"非政府组织"、"第三部门"、"独立部门"、"慈善组织"、"志愿者组织"、"公民社会组织"、"民间组织"、"免税组织"等。

美国约翰·霍普金斯大学非营利组织比较研究中心提出了5条非营利组织的必要条件，凡符合以下五个条件的组织即是非营利组织：一是组织性。组织性意味着有内部规章制度，有负责人，有经常性活动。纯粹的非正规的、临时积聚在一起的人不能被认为是非营利领域的一部分。非营利组织应该有根据国家法律注册的合法身份，这样才能具有契约权，并使组织的管理者能对组织的承诺负责。二是民间性。非营利组织不是政府的一部分，也不是由政府官员主导的董事会领导。但这不意味着非营利组织不能接受政府的资金支持。三是非利润分配性。非营利组织不是为其拥有者积累利润。非营利组织可以盈利，但所得必须继续用于组织的使命，而不是在其成员中进行分配。四是自治性。非营利组织能控制自己的活动，有不受外部控制的内部管理程序。五是志愿性。无论是实际开展活动，还是在管理组织的事物中均有显著程度的志愿参与。特别是形成有志愿者组成的董事会和广泛使用志愿工作人员。

中国学者对于非营利组织的定义比较宽泛，认为只要是依法注册的正式组织，从事非营利性活动，满足志愿性和公益性的要求，具有不同程度的独立性和自治性，即可成为非营利组织。① 根据这一定义，福利彩票组织属于非营利组织。具体表现为以下产业特征：

1. 非营利性产业

福利彩票的发行宗旨是"扶老、助残、救孤、济困"，福利彩票组织筹集资金的主要用途是支持中国的福利事业。按照国家规定，福利彩票销售收入的50%是返还彩民的奖金，35%是公益金，15%用于彩票的发行成本。由于彩票的奖金和彩票公益金的使用范围与方式十分明确，福利彩票发行中心只能在15%的发行成本中做文章。如果发行量少，15%的成本费用根本不能维持生存。因此，福利彩票发行机构要想增加收入，惟一的途径是多卖彩票。可见，福利彩票产业属于非营利性产业。

2. 服务性产业

彩票尤其是电脑彩票，提供给彩民的是一张印有文字或图案的小纸片，没有什么看得见的价值；彩民购买福利彩票，对社会来讲是作贡献，对个人来讲是一次具有获奖机会的游戏。因此，都没有必须购买的强制性。能够吸引彩民购买福利彩票的主要是福利彩票发行中心提供的服务。服务越好，服务质量越高，越能满足彩民的要求，彩民购买彩票的数量就越多。可见，福利彩票属于

---

① 毛刚：《论非营利组织及其在中国的发展》，载《华东经济管理》2004年第2期。

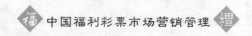

服务性产业。

3. 诚信性产业

福利彩票是靠诚信维持的产业。福利彩票产业为彩民提供的是中奖的机会与希望，彩民购买彩票看的是国家信用。如果彩民对彩票的信用产生怀疑，就不会去购买彩票，该产业也就失去了存在的基础。可见，彩票业的发展需要诚信作基础，需要公平、公正、公开的市场环境。

4. 朝阳产业

按通常的口径测算，一个国家或地区的彩票人均购买量，大致相当于这个国家或地区人均收入的1%，而中国仅为0.2%。[1] 按2004年全国城乡人均收入计算，城镇居民和农村居民分别能买彩票51元和21元，而实际全国人均购买量只有7元，还不到美国的1/400、日本的1/130、新加坡的1/1000。英国是从1987年才开始发行彩票的，全国人口5600万，而一年的彩票销售额已达到50亿英镑，相当于600亿元人民币，已跃居欧洲第一。再如发展中国家，马来西亚共有2000万人口，年销售彩票也达到15亿美元；巴西有1.73亿人口，彩票年销量达50亿美元。另外，85%的美国人买过彩票，70%的日本人买过彩票，64%的法国人买过彩票，而中国只有6%的人买过彩票。[2] 从差距中可见，中国彩票市场的潜力远远没有被挖掘出来，中国的彩票业方兴未艾，有着广阔的发展空间。

5. 垄断产业

彩票产业应当是排斥竞争的，竞争的存在会导致宣传费用的增加和返奖率的提高，从而与彩票业的初衷相悖，不能达到筹集社会闲散资金支持公益事业的目的。当然，彩票的垄断经营要受到政府的直接监督，这样才能消除彩票的负面效应，保证彩票业的公正性与公益性。

---

[1] 《"彩票经济"形成五大拉力》，载《市场报》2005年12月15日。
[2] 朱晓军：《彩票管理使用操作手册》，吉林音像出版社2003年版，第739页。

第二节　福利彩票营销组织的设计

营销组织的设计是为了促进机构的发展，因此，福利彩票市场营销组织设计从实际情况出发，考虑组织的结构性特征、设计的原则、设计的过程与设计的影响因素等内容。

一、福利彩票营销组织设计的结构性特征

福利彩票营销组织要完成繁重的销售任务，其内部的组织结构设计要具备三个基本条件：（1）清晰的职位层次顺序。要做到因事设职、权责对等和命令统一。（2）流畅的意见沟通。完整流畅的意见沟通不仅要包括自上而下的意见沟通，还要包括自下而上的以及横向交叉的意见沟通。（3）有效的协调与合作体系。当组织成员在思想认识上发生分歧、在行动上出现偏离目标的时候，能步调一致地朝着共同的目标前进。

根据上述要求，福利彩票的营销组织在设计时必须考虑其基本的特征因素。营销组织结构的特征因素就是描述一个组织结构的各方面特征的标志或参数。福利彩票营销组织结构的具体特征因素包括以下十个方面：

1. 管理层次和管理幅度

福利彩票组织结构的两个纬度是组织层次和组织幅度。管理层次是指最高主管的委托人也需将受托担任的部分管理工作再委托给另外一些人来协助进行，依次类推，直到受托人能直接安排和协调组织成员的具体活动，由此形成组织中最高主管到具体工作人员之间的不同管理层次。管理幅度（又称"管理跨度"）是指一个领导人能直接和有效地领导其下属人员的数量界限。在管理幅度既定的条件下，管理层次和组织的规模大小成正比，组织规模越大，包括的成员越多，其所需的管理层次就越多。在组织规模既定的条件下，管理层次与管理幅度成反比，每个主管所能直接控制的下属人数越多，所需的管理层

233

次就越少。

2. 专业化程度

专业化程度是指各职能工作分工的精细程度，具体表现为部门（科室）和职务（岗位）的数量多少。营销人员的专业化程度主要指他们所掌握的市场营销管理知识和具备的业务水平、营销经验、工作能力及思想觉悟等。营销人员的专业化水平高，营销组织的层次和各层次所需要的人员就可以减少；反之，不仅营销组织的层次多，所需人员也较多。

3. 地区分布

地区分布是指福利彩票发行机构在不同地区、城市、农村设有销售机构的状况。

4. 分工形式

分工的基础是部门化，根据各个职务所从事的工作内容性质以及职务间的相互联系，在理清关系的基础上，依照一定的原则，将各个职务组合成被称为"部门"的管理单位。常见的分工形式有：职能部门化、产品部门化、地区部门化、过程部门化、顾客类型部门化和综合利用以上几种不同的部门化方法。

5. 关键职能

关键职能是指在福利彩票组织结构中处于中心地位、具有较大职责和权限的职能部门。关键职能对实现企业目标和战略起着关键的作用。市场营销的关键职能部门是市场部。

6. 集权程度

集权程度是指福利彩票的经营决策权集中于一点的程度。表明职权集中或分散程度的标志有：生产计划的品种、质量、数量的决策权；投资决策权；产品销售权；外协决定权；本单位职工的招收和任免权；多大范围的物资采购权；多大金额的固定资产购置和日常开支的财务决策权等。

7. 规范化（标准化）

规范化是指以同种方式完成相似工作的程度。在高度规范化的组织中，有明确的工作说明书、繁杂的组织规章制度，对于工作有详尽的规定，员工决定工作方式的权力很小。

8. 制度化程度

制度化程度是指福利彩票机构中采用书面文件的数量。制度化程度高是指各项制度用正式的经过批准的书面文件来加以合法化，上下左右之间的信息交流也多采用书面文件的形式；制度化程度低是指各项工作和活动尚未制定出正式的制度，或仅是领导口头规定，上下左右之间的信息交流都采用口头的方式。

9. 职业化程度

职业化程度是指职工为了掌握本职工作需接受正规培训的程度。职业化程度通常可以用企业职工的平均文化程度，以及进厂后的职业培训期限来表示。

10. 人员结构

人员结构是指各部门人员、各职能人员在职工总数中的比例情况，通常用技术人员比率、管理人员比率、中高级人员比率、一线人员同辅助人员的比率来表示。

二、福利彩票营销组织设计的原则

为了实现福利彩票的经营目标，在福利彩票机构在设计市场营销组织时，在考虑其结构性特征的基础上，首先必须明确应遵循的原则。设计营销组织应遵循的八大原则是：

1. 任务目标原则

福利彩票的经营任务和目标是由各具体的职能部门协调一致来完成和实现的，因此，建立市场营销组织时，首先必须确定自己的特定任务和目标，然后按任务设职务，按职务配置人员。为了保证营销组织完成所承担的任务和实现所确定的目标，在营销组织中对每一个层次、每一环节和每一个人，均应规定具体的任务和目标，并通过具体的制约和激励机制，充分调动大家的积极性和主动性。

2. 整体协调与主导性原则

原则上讲，企业的各种职能应当相应相互协调紧密配合，以实现该企业的总目标。然而，企业各部门之间的关系却常常表现为激烈的竞争和严重的误解。在典型的组织体系中，各部门都必须通过自己的活动和决策来满足顾客的需求。按照市场营销观念，所有部门都需要"考虑顾客"和为满足顾客需要和期望而工作，设置市场营销机构要遵循整体协调和主导性原则。使企业既能够与外部环境，尤其是与市场、顾客之间关系协调，发挥积极作用，又能够与内部的其他机构相互协调，并能协调各部门之间的关系。同时企业的其他各项职能，无论是生产管理、研究与开发管理还是财务管理、人力资源管理都应服务和服从于市场营销，成为市场营销的支持性职能；市场营销则是企业管理和经营中的主导性职能，所以不能够简单地作为一般的职能部门来看待。

3. 管理幅度及层次原则

为了保证领导的有效性，管理幅度不能过大，如果超出了领导者有效管理的限度，会造成整个结构内部的不协调，不平衡。有效管理幅度的大小受到管理者本身的素质及被管理者的工作内容、能力、工作环境与工作条件等因素的影响。一般来讲，下属的工作能力越强、工作内容越简单、工作条件越完备和工作环境越稳定，则有效幅度就可以越宽。管理层次不能过多，否则会造成信息传递速度减慢和信息失真，从而影响决策的及时性和正确性。因此，必须选择合适的管理幅度和管理层次，应在保证有效管理幅度的前提下来寻找减少管理层次的途径。

4. 专业化原则

营销活动内容的复杂性，决定了必须按专业化的原则进行组织设计和管理。营销组织的专业化包括两个方面：一方面是营销业务系统的专业化，即按一定的业务规模和特点，将同种性质的业务活动尽可能独立出来，由专门的人员和机构从事特定的业务活动内容。这有利于营销人员提高专业技术能力和业务的熟练程度，从而提高营销活动效率。另一方面，是营销管理职能的专业化，即由专业管理人员分别从事专门的管理活动，如有人专门从事市场调查研究的管理，有人则专门从事广告促销活动的管理等。这样有利于发挥职能管理人员的专长，提高管理能力和水平。在贯彻专业化原则时，还必须重视在专业化基础上的合作和协调，达到整体最优。只有专业化没有合作和协调，就不能形成合力，也就无法发挥营销组织的整体效应，有时还会出现各自为政的混乱局面。

5. 效率原则

设置市场营销组织是为了搞好工作，而市场形势瞬息万变，一旦机会出现，就要迅速捕捉，并要立即开展工作，否则就会贻误战机。因此，市场营销组织的人员配备和层次安排，要有利于提高工作效率。所谓"效率"是指一个组织在一定时间内，可以完成的工作量。在福利彩票机构内部，各个部门的效率表现在：能否在必要的时间里，完成规定的各项任务；能否以最少的工作量换取最大的成果；能否很好地吸取过去的经验教训，并且业务上不断有所创新；能否维持机构内部的协调，而且及时适应外部环境、条件的变化。为了提高工作效率，营销组织机构的设置和人员的配备必须恰当，不能太多，又不能太少。太多会出现"有人无事干"，太少了会出现"有事无人干"。

6. 方便原则

为了保证营销任务的完成，营销组织的设置必须方便，对外方便顾客，对内方便管理。对外方便顾客，就是要在设置营销组织时为顾客着想，为顾客提供方便，而不是让顾客围着组织机构转。对内方便管理，就是在组织结构的设置时要考虑到内部的协调，以便于使各部门都置于强有力的管理之下，让领导的意图、组织的目标在各部门得以贯彻实施。

7. 责权利结合原则

在整体目标确立之后，围绕中心目标将责任、任务进行细分，细分到组织、个人，使每个组织、个人都有一个明确的目标，不至于产生混乱。同时，组织设计应保证每一管理层次、部门、岗位的责任和权力要相对应，防止权大责小或权小责大两种偏差；责任制度的贯彻还必须同相应的经济利益结合起来。这样做既明确了任务，又协调了整体与局部的关系，达到了既合理利用人才又实现企业利润最大化的双赢目的，就形成了一个合理的营销组织。

8. 集分权结合原则

福利彩票组织结构的设置，需要处理上下管理层间的关系，在这里，必须把必要的权力集中于上级与把恰当的权力分散到下层正确地结合起来，两者不可偏废。

三、福利彩票营销组织设计的过程

福利彩票营销组织的设计是一个复杂的过程，主要包括六个步骤：

（一）职能分析和设计

职能分析和设计是组织机构设计中基础的工作。是在目标活动逐步分解的基础上，设计与确定组织内从事管理工作所需的职务类别和数量，分析每个任职人员应负的责任和应具备的素质。组织职位设计是营销组织设立中需要着重考虑的问题，也就是为了弄清各个职位的权力、责任及其在组织中的相互关系。它包括职位类型、职位层次和职位数量三个方面。

1. 职位类型

职位类型一般划分为直线型和参谋型。处于直线职位的人拥有发布命令及执行决策的权利，也就是通常所说的指挥权。处于参谋职位的人则是一种提供建议或提供服务，协助其他部门或人员做好工作的权力，他们不能向其他部门或人员发号施令，只能出主意、提建议、做指导、起咨询作用。事实上，直线和参谋之间的界限往往是模糊的。一个主管人员既可能处于直线职位，也可能处于参谋职位，这取决于它所起的作用及行使的职权。在现实的管理实践中，参谋和直线的关系非常复杂，需要双方相互尊重、相互合作、处理好双方的关系。

2. 职位层次

职位层次是指不同职位在组织中地位的高低情况。在不同的企业中，同是一个职位可能具有不同的地位，这主要是因为它们所体现的营销活动与职能在整个营销战略中有着不同的重要程度。

3. 职位数量

职位数量是指应该设立组织职位的合理数量。职位的具体数量同职位层次密切相关。一般来讲，职位层次越高，辅助性职位数量也就越多。

4. 职位权力和责任

职位权力是指赋予不同职位的相应权力。职位责任是指处于不同工作岗位的人应该承担的职责。职位权力和责任主要通过工作说明书来体现。

（二）结构框架的设计

组织设计的直接结果是设计和选择合适的组织结构形式。组织结构形式合理，可以节省管理费用，并能增强组织机构的灵活性和应变能力，为提高管理工作效率创造有利条件。组织结构形式与组织规模大小和工作复杂程度等因素密切相关。因此，选择和设计组织结构形式，应根据本单位的具体情况进行。

营销组织的设计要考虑组织的效率。效率表现为以较少的人员和上下隶属关系以及较高的专业化程度去实现组织的目标。组织效率的高低取决于分权化程度和管理跨度。在组织规模较小时集权是必需的，但随着组织规模的扩大，要使组织生存和发展下去，分权就成为必然。这里的关键是权力分散到什么程度才能使上下级之间更好地沟通。管理跨度的大小，实际上意味着上级领导人直接控制和协调的业务量的多少。虽然领导者可通过授权让下级在职权范围内自主管理，但毕竟要承担相应的责任。人们普遍认为，假设每一个职员都是称职的，那么，分权化程度越高，管理宽度越大，则组织效率也就越高。

职务设计和部门划分是根据工作流程来进行的。在此基础上，根据组织现有能够获取的人力资源，对初步设计的部门和职务进行调整，并平衡部门和各职务的工作量，以便使组织机构设置更为合理。组织设计的结果通过组织结构图表现出来。组织结构图是描述组织的所有部门以及部门之间的关系的框架图。它描述了组织的职权分配、信息传递方式、部门划分以及组织的集权分权制度。组织结构图的积极作用，是可以一目了然地看到组织的构架和信息传递的渠道、网络及各部门之间的关系；在组织结构需要进行调整改革时，可以清楚看出哪些部门需要调整，哪些部门应当加强等。组织结构图的缺陷是对组织中非正式关系没有表述，这恰恰又是组织结构运行中不可缺少的要素。

（三）联系方式的设计

联系方式的设计是指对组织进行控制、信息交流、综合、协调等方式和制度的设计。良好联系方式的设计可以使信息顺畅地在组织间流动，从而减少组织间冲突发生的次数，使最好的想法、最有创见的建议、最优秀的计划都可以在组织内实施。

（四）管理规范的设计

管理规范的设计主要设计管理工作程序、管理工作标准和管理工作方法等。作为管理人员的行为规范，对管理工作人员的日常行为、标准进行规定，以期望其产生与组织所预期的行为规范相一致的行为，从而协调、激励管理人员达到组织预期的目标。

（五）人员配备设计

配备人员要求做到"两个适应"，即人员的知识、能力与岗位的要求相适应；权力与责任相适应。人员的能力超过岗位要求，大材小用，是浪费人才，使各管理层次之间形成畸形结构；人员的能力低于岗位要求，组织结构带有明显的缺陷，同样会降低组织的效能。所以，一方面，应按工作量大小确定人员的多少，按工作性质配备具有相应素质的人员，使各岗位人员数量充足，每个人工作负荷合理；另一方面，则应注意发现、选拔和合理使用人，做到量才用人、用人所长、人尽其才。各级市场营销管理人员，应当善于发现下属的优点，发挥每一个人的专长，也应该善于发挥领导者自己的作用，牢记职责，不

把精力耗在不应干预的领域。就一个部门而言，领导者精力的浪费是最大的浪费。同时，企业配备人员时必须为每个职位制定详细的任职条件，从受教育程度、工作经验、个性特征及身体状况等方面进行全面考察。

人员配备的工作程序和内容是：（1）确定人员需要量。人员需要量的确定主要以设计出的职务数量和类型为依据。职务类型指出了需要什么样的人，职务数量则说明了每种类型职务所需要的人员数量。（2）选配人员。根据职务设计和分析确定的不同素质人员的数量，对组织内外的候选人进行筛选，做出最恰当的选择。（3）制定和实施人员培养计划。

（六）运行制度设计

福利彩票营销组织的运行制度主要包括薪酬体系设计和绩效考核制度。薪酬体系包括工资、奖金、补贴、福利等各种具体规定。薪酬体系的设计以有利于调动员工的积极性为原则。绩效考核制度是为了检查和评价各类人员完成各自任务或取得业绩情况而设计的制度。其目的是为了奖勤罚懒、奖优罚劣。

四、影响福利彩票营销组织设计的因素

影响福利彩票营销组织设计的因素很多，主要包括外部环境因素和企业的自身内部特征，如组织规模、经营领域、经营战略、企业人员的素质等。

（一）外部环境因素

影响福利彩票营销组织设计的环境要素包括：所处的行业、人力资源的使用情况、资金的供应情况、市场状况、政府的政策法律的影响、科学技术的发展、宏观经济形势以及整体的社会文化等，但最主要的因素是所进入的行业的市场状况。

市场状况在这里是指目标市场的范围、市场需求量的大小及市场竞争的状况等。如果市场范围大且具有区域性，就要设立区域性的市场营销组织，以分管不同区域的营销活动；如果产品销售量较大，或者市场占有率比较高且市场

竞争比较激烈，就需要有大量的人员用于销售业务和促销与市场的开发上。这样，市场营销组织需要配备的人员就多，营销组织的规模也较大，结构也相对复杂。

在外部环境的分析中，重点要考虑环境的不确定性状况，因为营销组织必须准备应对变化了的环境。这样外部环境的是否稳定和复杂就成为设计营销组织的重要变量。用外部环境的稳定性和复杂性两个因素形成的坐标图可以确定营销组织的设计类型，见图 6 - 2。

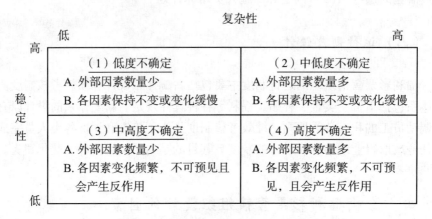

图 6 - 2　组织结构与环境的权变关系

针对外部环境的不确定性，福利彩票机构在组织设计时考虑以下对策：

（1）针对低度不确定性的环境，可以采用刚性的组织结构，设计少量的职能部门。刚性的组织结构是指不能改变或通融的组织，具体表现为有正式组织及明确的领导关系；分工细，有明确的任务、权责关系；规范化的规章和程序较多；决策权限集中于上层；主要靠纵向沟通；采用职能制组织形式；等等。

（2）针对中低度不确定性的环境，可以采用刚性的组织结构，增加职能部门的设置数量。

（3）针对中高度不确定性的环境，可以采用柔性的组织结构，设计少量的职能部门，开展综合性业务，搞好计划和预测工作。柔性的组织结构是指可以改变或通融的组织，具体表现为领导关系不太明确，常有变动；分工粗，任

第六章　中国福利彩票营销组织管理

务和权责关系常作调整；规范化的规章和程序较少；决策权限下授；主要靠横向沟通；采用事业部制或矩阵结构；等等。

（4）针对高度不确定性的环境，可以采用柔性的组织结构，增加综合职能部门的设置，强化计划和预测的作用。

从目前福利彩票的市场环境来看，基本上属于低度不确定性的状态。因此，营销组织的设计可以采用刚性的组织结构，设计少量的职能部门。

（二）组织规模因素

设立市场营销组织是为了实现营销目标。不同规模的企业的营销目标是各不相同的。企业规模越大，越注重其长远的发展目标。为了实现各自的目标，大企业往往投入大量的人力、物力于市场研究，其营销组织形式就比较复杂，设立较多的各类营销专职人员、专门机构以及较多的管理层次。小企业的市场营销组织也就相对简单。企业规模对组织结构的影响如表6－1。

表6－1　　　　　　　　　　企业规模对组织结构的影响

结构要素	小型企业	大型企业
1. 管理层次的数目（纵向复杂性）	少	多
2. 部门和职务的数量（横向复杂性）	少	多
3. 分权程度	低	高
4. 技术和职能的专业化	低	高
5. 正规化程度	低	高
6. 书面沟通和文件数量	少	多
7. 专业人员比例	小	大
8. 文书、办事人员	小	大
9. 中高层行政人员比率	大	小

福利彩票的特殊性决定了虽然其销售规模很大，但由于产品单一，因而营销组织的设置比较简单，主要是按地区设置营销组织机构。

（三）经营领域因素

企业的经营领域对其组织机构设置产生着直接影响。不同的经营领域决定了不同的营销组织设计。企业的经营领域一般分为单一经营和多种经营两种类型。

单一经营指企业的经营领域只局限于某一行业或某一行业内的某种产品。多种经营是指企业的经营领域包括多个行业或多种产品。多种经营又分为副产品型多种经营、相关型多种经营、非相关型多种经营和相连型多种经营。副产品型多种经营是指企业在生产主要产品时，还同时经营某些副产品，而这些副产品已超出了本行业的范围。相关性多种经营是指企业为了发挥同类技术特长横向扩大生产经营范围，或为了发挥现有的销售渠道优势，兼营其他产品的生产和销售，所兼营的产品一般可与现有产品利用同样的核心技术或可以使用相同的分销渠道。非相关性多种经营又叫"多元化经营"或"多角化经营"，是指为了减少经营风险，保持均衡的投资利润率，同时进入不同的行业，这些行业在生产技术和经营管理上有很大的差别。相连型多种经营又叫"纵向一体化经营"，是指企业进入产业链的一个环节，进而发展产业链的衔接产品，实行"产供结合"或"产销结合"。上述不同的经营领域与组织结构的对应关系如表6-2所示。

表6-2　　　　　　　　　经营领域与组织结构的对应关系

经　营　战　略	组　织　结　构
单一经营	职能制
副产品型多种经营	附有单独核算单位的职能制
相关型多种经营	事业部制
非相关型多种经营	子公司制
相连型多种经营	混合型结构

福利彩票机构的经营范围是单一经营，其营销组织的设计只能是职能制。

（四）经营战略因素

经营战略是指企业在经营过程中根据对市场环境的估计而对企业的长远发展做出的谋划，可以分为保守型战略、风险型战略和分析型战略。不同的经营战略要求建立不同的组织机构。

保守型战略是指企业面临的环境较为稳定，需求没有大的增长和变化，企业的战略目标为致力保持该产品已取得的市场份额，主要任务是保持经营的相对稳定和提高效率。保守型战略的优点是生产和工作效率高，原有阵地坚固；缺点是对环境反应迟缓，容易丧失机遇。风险型战略是指企业领导人认为环境复杂多变，需求高速增长，市场变化很快，企业必须抓住外部环境变化中出现的机会，不断开发新产品，开拓新市场。风险型战略的优缺点与保守型完全相反。分析型战略是保守型战略和风险型战略的结合，用保守型方法努力保持传统的产品和市场，用风险型方法不断寻求和开发新产品和新市场。三种战略及相应的组织结构特征见表6-3。

表6-3　　　　　　　　　经营战略与组织结构的对应关系

结构特征	保守型战略	风险型战略	分析型战略
主要结构形式	职能制	事业部制	矩阵制
集权与分权	集权为主	分权为主	适当结合
计划管理	严格	粗泛	有严格也有粗泛
信息沟通	纵向为主	横向为主	有纵向也有横向
结构类型	刚性结构	柔性结构	混合性结构

从市场环境的情况看，福利彩票机构应该采用保守型经营战略，其营销组织设计要与此相适应。

（五）人员素质因素

福利彩票营销组织的人员素质是指各类职工（特别是领导层）的价值观念、思想水平、工作作风、业务知识、管理技能、营销经验、工作能力、思想

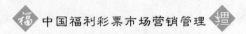

觉悟以致年龄结构等。它影响到组织结构设计的方方面面，主要包括：

1. 集权与分权程度

一般说来，如果中层干部的管理业务知识较全面，其领导工作经验较丰富，则管理权力可以较多地下放；反之，则以较多集中为宜。

2. 管理幅度大小

如果领导干部的专业水平、领导经验、组织能力较强，就可以适当地扩大管理幅度；反之，则应适当缩小管理幅度，以保证领导工作的有效性。

3. 部门设置形式

部门设置的形式要受人员素质的影响。例如，采用事业部制，一个重要条件是干部中要有比较全面领导能力的人选，才能取得较好的效果。又如采用矩阵结构，要求"项目经理"具有较高的威信和良好的人际关系，较多的专业知识和工作经验，较强的组织能力和社交能力。

4. 定编人数

机构的定编人数，要受企业现有人员素质的制约。如果人员素质好，则一人可身兼多项任务，减少编制，提高工作效率；反之，则一人的工作两人干，编制肯定臃肿或超员。

5. 横向联系的效率

人员的思想水平、工作作风和业务素质对于加强横向联系的影响，主要为良好的协作精神可以某种程度上弥补协调机制设计上的缺陷。在同样的沟通和协调方式下，如果两个部门之间的协作精神好，都从企业工作全局观察问题，则办事就顺当和迅速；反之，如果人员的本位主义严重，又缺乏现代管理知识的培训，缺乏从企业经营全局考虑的思想，则必然导致部门间推脱责任，协调困难，工作效率低下。

第三节 福利彩票营销组织的运行

福利彩票营销组织的正常运行与福利彩票的销售方式信息传递密切相关。因此，本节从分析福利彩票的销售方式入手，考察了福利彩票营销组织信息系统的运行，进而探讨福利彩票机构的运行机制。

一、福利彩票销售方式的发展

1987 年 7 月 27 日，中国社会福利有奖募捐委员会（简称中募委）首次在河北省石家庄市试点发行面值 1 元的传统型社会福利有奖募捐券 50 万张，全国首批试点发行的还有江苏、浙江、福建、山东、湖北、黑龙江、上海、天津、洛阳等共 10 个省市。从此以后，福利彩票营销的销售方式经历了从简陋到完善，并逐渐走向规范化的过程。

（一）临时摊点式的销售方式

网点销售是国际上通用的方法，其主要优势是占用的场地小、位置固定，便于建立专业销售队伍，适合在大中城市立足。1987 年中募委发行的面值 1 元的传统型社会福利有奖募捐券、1988 年发行首套龙年龙图即开型彩票、首套龙年纪念彩票，都是采用的是临时摊点式销售方式。在发行初期，由于人们对福利彩票认识尚不充分，发行机构工作经验不足，对宣传也把握不准，销售方式又不规范，结果销售业绩平平。全国 10 个试点省市 4 个月的时间共销售 1700 多万元，在北京市卖一天奖券，也不过只有 1000 元左右。

福利彩票当时采用的销售方式是网点销售的初级阶段——临时摊点式，即摆一张桌子，放一把椅子，拿一盒彩票，由销售人员进行销售，有的再挂一道横幅。这种临时性的沿街摆摊方式与国家彩票的形象差距很大，给人的信任感不强。除了摊点的不规范外，宣传力度也不强。这样简陋的销售点，自然会使人们对福利彩票产生质疑，人们对于彩票有没有设奖存在质疑，对中奖奖券的公平性存在怀疑，不能确定福利彩票机构是否存在操纵大奖的现象等，销售业绩自然不理想。

1988 年开始销售即开票，网点形式并无根本变化，销售情况仍然不够理想。此后一些地方、部门、企事业单位甚至个人又自行发行彩票，导致彩票市场秩序混乱，国务院发出通知，在肯定彩票对筹集资金发展社会公益事业具有一定积极意义的同时，决定将发行彩票的批准权收归国务院，对彩票发行实行计划管理、规模控制，对彩票筹资实行专款专用、财务公开、社会监督制度，责成中国人民银行会同有关部门制定、发布彩票管理具体办法。尽管政策法规建设有所加强，但由于彩民的认识需要一个过程，福利彩票机构自身的素质较低，销售额仍然没有太大的增长。此后，随着实物设奖和"大奖组"集中销售方式的兴起，这种初级阶段的网点销售便逐步被淘汰了。

（二）"大奖组"式销售方式

1992 年中募委发行中心从下半年开始在发行方法上探索即开票"大奖组"的营销方法。所谓的"大奖组"销售是指在同一销售点，有较多的工作人员上岗，吸引众多的购券群众参与，销售较大数额的奖券，配置较多的奖品，形成较为壮观的销售场面的销售方式。"大奖组"的销售方式顺应中国的民风民俗，销售初期即取得了辉煌的成绩，彩票销售额快速增长，推行第一年即1992 年的销售额就突破了 10 亿元大关，达到了 13.28 亿元；1992 年 8 月到1993 年底，全国社会福利彩票销售额上升到 33 亿元。1995 年 8 月 24 日，中国福利彩票发行管理中心在黄山召开全国福利彩票业务研讨会，总结、肯定并在全国推广新疆的"大兵团、闪电战"大奖组销售法，对彩票销售的突破性发展起到了重要作用，当年全国彩票销量达 57.5 亿元。以内蒙古自治区呼和浩特市为例，1994 年 4 月组织了规模宏大的大奖组销售，销售量首次达到 140余万元。此后几年中大奖组一次性销售最高曾达 1000 多万元。1994 年内蒙古全区销售量达到 3838 万元，相当于前 3 年的总和。随着大奖组销售方式的普遍推广，福利彩票销量逐年迅猛攀升，1996 年猛增到 2.42 亿元，创造了内蒙古历史上年销售量的最高水平，被中国社会福利有奖募捐委员会誉为内蒙古

"黑色的骏马"①。

　　大奖组一般采取现场销售现场兑奖的"庙会"式方法，一个或几个"大奖组"集中销售，选择市、县的人口流动比较大的场地，同时有一定的文艺节目助兴以吸引广大的彩民参加。其特点是中奖方案提前设定，并经过公证机关公证，销售现场即买、即开、即兑。在销售之前一般要在电视、报纸等媒体进行宣传，有的也采用在市区挂条幅或是组织宣传队伍进行现场宣传的方式。"大奖组"方式是中国福利彩票对世界彩票业发展的一大贡献。国外彩票销售一般是分散式的、网点式的销售，也就是在报摊、小卖店等常年累月地销售，电视、报纸上不断地登出中奖号码。大奖组的销售方式在一定程度上符合中国的民风民情和当时的经济发展水平，在实施初期有力地推动了福利彩票事业的发展。

　　但是随着"大奖组"销售方式的发展，其弊端也逐渐显现。一是"大奖组"方式实物设奖的隐患。"大奖组"销售方式通过实物设奖本可以有效地吸引彩民的注意力，给彩民以感观的刺激，以吸引彩民的注意，提高彩民的购彩积极性，但是在实际的操作中，一些承包商在奖品的进货渠道上搞鬼，进假货冒充名牌，或者实物设奖奖品标准的价格远远高于商品的实际价值。鉴于实物设奖的这种隐患，财政部在1998年禁止采用实物设奖方式销售。到了2003年，鉴于现金返奖销售方式对彩民的刺激性小，销售不理想，财政部又同意进行实物设奖，但在财政部印发的《即开型彩票发行与销售管理暂行规定》中明确规定：彩票机构不得采用承包、转包、买断等形式对外委托彩票发行和销售业务。这在一定程度上减少了承包商在实物奖品中作弊的可能。

　　"大奖组"销售方式的第二种弊端是彩票发行者作弊。在全国影响极坏的西安体育彩票"宝马案"，发生在西安市新城区一广场的体彩销售现场的"大奖组"，由于承包商参与了彩票销售的全过程，给作弊提供了机会，从而承包商操纵了"大奖组"的大奖。当一个特等奖被真正的彩民摸到，但是承包人员不承认其彩票的真实性时，使其作弊行为最终暴露。西安"宝马"事件给彩民严重的打击，彩民开始怀疑彩票的公正、公平性，购买彩票的热情卜降。

　　"大奖组"销售方式的第三种弊端是彩票销售现场的安全性。2004年5月4日，贵阳发生彩票销售现场爆炸，这是中国福利彩票发行20年来，在彩票

---

　　① 《内蒙古自治区福利彩票发展概况》，载《中国彩票网》，http：//www.cp168.com/gb.htm。

销售现场首次发生的爆炸事件。据当地媒体报道，爆炸中有 33 人受伤。贵阳爆炸事件的发生暴露了大奖组的安全管理点缺位。2002 年财政部出台的《彩票发行和销售管理暂行规定》中，有一章专门讲安全管理，但只字未提彩民的安全。2003 年财政部印发的《即开型彩票发行与销售管理暂行规定》共 52 条，只有两条谈到安全管理，即"集中销售即开型彩票，内部设置销售、宣传、安全、兑奖、后勤等职能机构"和"集中销售即开型彩票的销售场所应具备开放程度高，进出道路畅通等条件。销售现场搭建的临时建筑必须牢固、安全"。因此，一般来说，大奖组现场请公安值勤，主要是维持秩序，还有检查台子是否搭得稳当。至于其他还有哪些安全管理注意事项，则很少做到。

西安"宝马"假彩票事件把"大奖组"拖入危机当中，而贵阳彩票爆炸案则是对彩票"大奖组"的致命打击。因为西安"宝马"假彩票案和贵阳彩票爆炸案，把彩票一下拉进了损害国家公信力、威胁群众生命安全的漩涡。为此，财政部对"大奖组"直接叫停，2004 年 5 月 8 日和 15 日，中国福利彩票发行管理中心和国家体彩发行管理中心相继停止了"大奖组"的销售。

（三）电子化之后的销售方式

1995 年 4 月 28 日，深圳市首次试点发行计算机管理的传统型福利彩票，总投注额为 166.53 万元，首批试点省市还有广东、湖南、浙江、沈阳、广州等共 6 个省市。传统型电脑福利彩票均是按照全国"统一玩法规则、统一硬件标准、统一运行软件、统一管理模式、统一实时监控"的原则进行。"电脑传统型彩票"的发行权属中国福利彩票发行管理中心，主要包括：中国福利彩票名称及标识的专有权，各地发行额度的分配和调控权，各项资金比例的确定和调整权，投注单和彩票专用纸的监制权等。承销机构按"五统一"的原则，建立电脑彩票销售系统，接受中国福利彩票发行管理中心的监控。1999 年 12 月 11 日，中国福利彩票发行中心在江苏省苏州市召开"风采系列"电脑福利彩票座谈会，推广电脑彩票的发行销售。会上提出，2000 年全国一半的省市要发行电脑彩票。

随着电脑彩票的发行，福利彩票的销售方式也发生了一定的变化，由过去的临时摊点式或"大奖组"式转变为固定网点式，这种方式在规范网点的同时也增强了彩民的信任。网点和市县级的福利彩票中心是一种委托授权的关

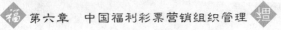

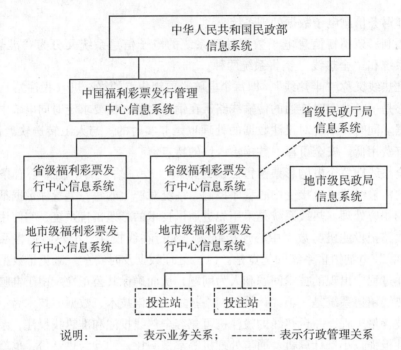

说明：——— 表示业务关系；------- 表示行政管理关系

图 6-3　中国福利彩票信息系统概貌

　　图6-3说明，福利彩票的销售信息系统主要是一个纵向的垂直系统。中国福利彩票发行管理中心的管理信息系统是一个全国性的信息系统，它掌握着全国的福利彩票的主要信息，负责福利彩票的发行和监督工作。各省级福利彩票发行中心是省级的信息中心，全省的主要信息都要汇总于省福利彩票发行管理中心。近几年来，由于出现了省级的彩票联销，省级福利彩票信息系统之间也产生了业务联系。但是，从信息活动的总量来看，福利彩票销售信息系统仍然是纵向的垂直系统。

　　投注站不属于福利彩票营销组织的范围，但属于福利彩票信息系统的终端用户。按照信息系统的内容，福利彩票的信息系统与其他营销企业相类似，主要包括市场信息系统、销售信息系统、财务信息系统等，其中最主要的是跨管理层级的电子数据处理系统。电子数据处理系统主要是收集处理投注信息的内容，投注站网点销售的福利彩票的信息经过全省的联网向上传递，这个信息流主要的是单项的向上传递。目前使用的主要是福利彩票销售信息电子数据处理

系统和财务信息电子数据处理系统。

福利彩票销售信息电子数据处理系统的电子信息系统又分为"准热线"销售系统和"全热线"销售系统两种。

准热线又称"半热线"，即每个电脑彩票销售点的终端机（投注站）与电脑中心是一条非实时连通的传输线路，在销售时间，按要求定时向电脑中心传输数据。同时，系统对投注数据的处理也是非实时的。与人工转送软盘相比，它具有费用低、安全可靠、数据输入快的特点。

全热线即每个电脑彩票销售点的终端机（投注站）与电脑中心有条直接连通的传输线路，直接受中心程序控制，系统对产生的每一笔投注数据都进行实时的相应处理。热线系统是采用先进通讯技术的彩票销售系统，它使用专用通讯线路把投注机与数据中心连接起来，实行在线投注。全热线销售系统比"准热线"电脑销售系统的优点是：（1）处理数据及时安全，避免了数据存储和传递过程中出现的技术问题和人为问题，从而确保其公正性。由于电脑福利彩票热线销售系统是一项集计算机网络技术、通讯技术、数据库技术为一体的高科技含量工程，一台热线的投注机可兼容全热线投注和准热线投注，系统的可靠性极强，小型计算机、通信处理机等都是一比一的互为热备份，也就意味着一旦中心机房服务器的某台机器发生故障，另一台机器仍自动继续接管故障机的所有操作，避免了数据丢失的可能。并且设立了门禁系统、监控系统和密码系统的多级安全设备，有效杜绝了外来人员的非法进入，对每个操作人员的权限予以了严格限定，互相牵制，确保了系统的绝对安全。（2）汇总和处理信息缩短，售票时间得以延长。"热线"系统可将预留时间由原来的2个小时以上缩短至1小时之内，从而争取到一个黄金时段。（3）游戏玩法、投注方法多样化。"热线"系统可以产生出十几种玩法，而且极具灵活性。（4）1000元以下的小额中奖可以通兑，免去了异地买彩兑奖的烦恼。

福利彩票的财务信息系统是建立在电子信息系统之上的系统。福利彩票营销组织财务信息的电子数据处理系统，其任务主要是投注站按规定将其销售额上缴，省级福利彩票发行中心负责资金分解并上缴或分配、支付。中国福利彩票的资金是按比例分配的。2001年10月30日发布的《国务院关于进一步规范彩票管理的通知》中规定，从2002年1月1日起，彩票资金发行资金构成的比例为："返奖比例不得低于50%，发行费用比例不得高于15%，彩票公益金比例不得低于35%。"关于福利彩票公益金的分配比例，民政部于2004年

10 月 13 日发布的《社会福利基金使用管理暂行办法》第五条规定："社会福利基金实行按比例分级留成使用的原则。中央级留成比例为彩票销售总额的 5％；省、地两级的留成比例不得超过彩票销售总额的 5％；县级留成比例不得低于彩票销售总额的 20％。"第七条规定："各级彩票发行机构在彩票销售结算时，应按规定的留成比例计提社会福利基金，并在 1 个月内从结算账户转入本级预算外资金收入过渡账户。民政部门应按财政部门规定，及时将收入过渡户中的社会福利基金缴入同级财政专户，不得截留、挪用。"第十一条规定："民政部门要按照财政部门规定的时间，将社会福利基金收入全额缴入同级财政部门在银行开设的预算外资金专户。支出时，由同级财政部门根据年度收支计划和民政部门的用款要求，及时办理社会福利基金的拨付。"

三、福利彩票营销组织运行的内部机制

外因是事务变化的条件，内因是事务变化的依据。推动组织发展重要的原因是内部机制。福利彩票营销组织的运行同样是其内部机制发挥作用的结果。1987 年 5 月 18 日，民政部在《关于成立中国社会福利有奖募捐券发行中心的批复》中明确指出："中国社会福利有奖募捐券发行中心为事业单位，实行企业化管理"。福利彩票组织实施企业化管理，就要遵循一定的公司制原则：自主经营，自负盈亏，自我激励，自我发展。福利彩票组织的运行机制包括外部机制和内部机制。外部机制是指彩票市场运行中各个组织之间相互作用的构成和方式，如国家制定的彩票营销政策、体育彩票的营销行为等。内部机制是指福利彩票组织内部各个部分之间的相互作用过程和方式，是组织的体制、制度、政策构成的组织运行的动力系统。福利彩票组织的内部运行机制表现在多个方面，其中激励机制、约束机制和创新机制是保证福利彩票组织正常运行的关键机制。

（一）福利彩票组织内部激励机制

福利彩票组织的激励机制是通过使组织的制度、政策、法规符合职工的行为规律，从而有利于持续地增强职工的工作积极性。由于职工行为的动力结构

是十分复杂的，福利彩票组织的激励机制也必然是多层次的复合结构。主要包括满足机制、升华机制和压力机制三个系统。

1. 满足机制

追求物质需要和精神需要的满足是人行为积极性的初始源泉。满足机制是指通过满足员工个人的多层次的需要而建立的一个激励机制系统。由于个人需要的发展是无止境的，因此，建立在职工个人需要满足基础上的激励机制，存在很大的局限性，那就是职工是否积极工作，是以获得满意的报酬为条件的，能得到满意报酬的任务就努力干；反之，就不努力干。这种激励机制，不断强化职工个人的索取行为，并不能唤起职工主人翁的奉献行为，所以必须配合升华机制。

2. 升华机制

升华机制是指通过促使职工把个人理想与福利彩票的发行宗旨、国家的要求相结合，从而激发其主人翁责任感的机制。社会理想指职工对本组织和国家美好未来的向往。职工有了崇高的社会理想，就会自觉地把个人理想融汇于社会理想之中，清楚地意识到作为福利彩票组织成员的责任和义务，从而产生一种新的努力工作的内部动力。由于升华机制是以个人理想（目标）与社会理想（目标）相融合为前提的，因此构建升华机制必须与满足机制相结合，让满足作为升华、奉献的奖励，而不是总让觉悟高的、自觉奉献的职工"吃亏"。这样才能激发多数职工学先进，比贡献，推动人们的工作动机不断向更高层次升华。

3. 压力机制

压力机制是指通过对员工施加外在的压力，促使员工努力工作。这是克服人的习惯惰性，利用人在危机时会产生防卫功能的一种激励机制，也就是生活中常有的"背水一战"、"置于死地而后生"的激励作用。这就要求管理者创造一种管理环境，让职工在获得一定的满足之后，又面临着失去满足的危险，使人保持一定强度的危机感和焦虑感。这样会让职工在危机面前，调动自身的防卫功能，更加努力地去保卫或重新赢得满足。

福利彩票机构实行企业化管理，必须同时建立满足机制、升华机制和压力机制，运用内在的动力和外在的压力，激励员工的积极性、主动性和创造性。当前，主要的是建立压力机制，即形成一种竞争的大环境。没有竞争就没有压力，没有压力就没有百分百的投入。个人和团体只有在充满竞争和挑战的环境中才能激发自身的活力，克服固有的惰性。

为了保证福利彩票发行销售系统的高效运行，民政部和中国福利彩票发行管理中心鼓励各省进行运行机制的改革。各省级福利彩票发行中心从当地的实际情况出发，逐步形成了具有特色的彩票发行销售激励模式。

山东省福利彩票发行中心在"齐鲁风采"上市之初，就建立了系统的激励机制。省、市两级发行中心均实行考核考评制度，工资与销量挂钩（实行系数工资制）。在销售站的管理上，坚持奖励与惩处并举。根据"信誉档案"和销售业绩，每年都表彰一批优秀销售站点，同时也有上百个销售站点受到"黄牌警示"、"限期整改"直至停止销售。区域管理员和技术员不仅实行全员竞聘上岗，而且实行动态管理，实行"末位淘汰制"。广西福利彩票发行中心在 2000 年初进行了劳动人事和分配制度的改革，实行企业化管理。人事劳动制度实行全员劳动合同制和岗位聘任制，省中心主任由民政厅聘任，其余所有员工均由省中心主任聘任。所有员工能上能下，能进能出。分配制度与效益挂钩，打破铁饭碗和平均主义，因需设岗，按岗拿薪，易岗易薪。

激励机制不仅体现在福利彩票营销组织内部，并向下延伸到投注站。郑州福利彩票发行中心为提高福利彩票的营销效率，于 2002 年对连续 8 期每期销售平均超不过 1000 元的末位投注站进行了淘汰，撤销了 100 多个设置不合理、销量上不去的投注站。并对于销售状元给予 3000 元表彰，同时将投注站向乡镇及经济较发达的村庄普及。经过整合，销售人员的业务水平明显提高，销售秩序走向规范。2002 年 10 月 1 日，北京市的"北京风采"电脑福利彩票开始实行单机销量"末位淘汰"制，投注站的销售量再不是一个只关乎投注站赚多赚少的数字了。另外，模范的示范效应是产生激励的良好导向。人员及其群体的模仿性往往使榜样成为一种时尚或是流行。许多地方的福利彩票组织充分运用这种特性，每隔一段时间就进行投注站的经验交流，进行明星投注站的评比活动，这不但交流了投注站点的经验，使各个投注站的先进经验得到传播，而且在投注站中形成相互比拼共同进步的氛围，为投注站的良性运作打下基础。

激励机制同样体现在各省市之间。通过及时公布各省市的彩票销售情况，起到了比学赶超的激励作用。例如，北京进行了投注站的末位淘汰制以后，江苏、河北等省也开始探索投注站的淘汰制度。中国福利彩票发行管理中心公布2005 年福利彩票销售 410 亿元、筹集公益金 143 亿元的同时，公布销售业绩前 10 名的省市（见表 6－4），一方面为各省市的福利彩票销售树立了榜样，另一方面也可以发现自己的不足。例如，排名第 7 的河北省，其"在线即开票"的销售额却遥遥领先，成为其他省市学习的榜样。第 3 名的黑龙江省和第 6 名的北京市则应该着力发展"在线即开票"。

表 6－4 　　　　　　　　2005 年福利彩票销量十大排行①

序号	省市名称	电脑票	即开票	在线即开票	合计（万元）
1	山东	531374. 9218	390. 0913	7281. 6583	539046. 6714
2	广东（含深圳）	389007. 1888	1363. 9669	802. 7739	391173. 9296
3	黑龙江	302898. 6064	51. 5602	0. 0000	302950. 1666
4	湖北	272480. 9282	4012. 0024	1626. 8578	278119. 7884
5	辽宁	259257. 4608	4560. 8611	2566. 1397	266384. 4616
6	北京	207185. 2472	2. 3146	0. 0000	207187. 5618
7	河北	163094. 9574	0. 0000	13448. 8423	176543. 7997
8	浙江	159933. 3094	3. 6660	499. 7788	160436. 7542
9	河南	149274. 7556	0. 0000	8384. 5404	157659. 2960
10	广西	134352. 7262	1208. 0010	831. 2198	136391. 9470

（二）福利彩票组织的创新机制

创新是民族的灵魂，江泽民曾经指出："一个没有创新的民族难以屹立于世界先进民族之林"。一个民族尚且如此，何况一个组织。福利彩票的发行本身就是一个创新，是中国改革福利事业的创新，它为福利事业的资金开辟了一个新的来源。福利彩票营销组织的创新机制是指通过提供一种鼓励创新的环境，为营销管理的创新提供一种动力源。

福利彩票组织从诞生的那天起就一直探索创新，逐步形成了鼓励创新的机制。具体表现为领导鼓励创新、组织支持创新、经费保证创新和宣传奖励创

① 中国福利彩票发行销售中心：中彩网·彩票新闻·地方彩讯，2006 年 1 月 10 日。

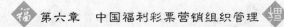

新。通过创新机制的作用，福利彩票组织取得了丰硕的创新成果。

1. 管理模式创新

在福利彩票的发行过程中，民政部和中国福利彩票发行管理中心就给各单位提出了管理模式创新的要求，各省级中心从自己的特点出发，寻求更为适合的管理模式。经过各地的努力，形成了福利彩票销售管理的三种代表性模式：山东模式、广西模式、福建模式。各种模式在实施过程中都取得了很好的成绩，尤其是创立山东模式的山东省福利彩票发行中心，已经连续 6 年销售额名列全国第一。

2. 彩票种类创新

中国福利彩票在发行初期，主要是传统型和即开票，到 1995 年开始销售电脑福利彩票，共六个省市进行首批试点。1999 年开始推广电脑福利彩票的发行，2000 年"中华风采"电脑福利彩票正式在全国发行销售。这是全国第一套由中国福利彩票发行中心统一发行、统一开奖的彩票。从此以后，新品种不断出现，彩票的种类不断增加。全国统一发行的新品种有"双色球"和"3D"，即开票的"刮刮乐"更是新品种不断，如"百变扑克"、"勇士闯关"、"即开 3D"、"棒球小子"、"趣味麻将"等。各省市的"风采系列"也是新玩法层出不穷。再加上多省市联销的彩票品种，保证了中国福利彩票销售每年上一个大台阶。2005 年比 2004 年增长 184 亿元，增幅达 81%，占据了全国彩票市场 58% 的市场份额，连续五年创历史新高。

3. 销售方式创新

中国福利彩票营销组织在进行管理模式创新、彩票品种创新的同时，进行了销售方式创新，如"大奖组"的销售方式就是中国福利彩票组织为世界彩票发展做出的一大贡献。在中国福利彩票组织运用"大奖组"之前，世界上没有其他国家尝试过这种销售方式。"大奖组"的销售方式对于推进中国福利彩票的销售起了巨大作用，虽然现在已经停止使用，但在中国福利彩票发展史上功不可没。

（三）福利彩票组织的约束机制

约束机制在管理学中叫"控制机制"，是指通过制定不同的政策和办法，约束员工的非合理行为，保证福利彩票组织能够沿着预定的方向和目标前进。福利彩票在中国是一个新生事物，在发行之初，福利彩票组织就制定了许多约束性的政策和规定，如彩票发行主体的规定、投注站的条件和运作规定、彩票销售过程的规定、彩票兑奖的规定、彩票销售资金分配的规定、公益金使用的规定等。由于约束机制的作用，保证了福利彩票事业的健康发展。

第四节　福利彩票营销组织的变革

福利彩票营销组织是适应内部条件和外部环境的要求建立的，如果这些条件和因素发生了变化，其组织也必须发生变革，以适应变化了的情况，抓住发展的机遇，避免可能的威胁。可见，研究组织变革是探讨福利彩票营销组织管理的重要内容。

一、福利彩票营销组织变革的动因

企业的市场营销组织建立起来以后，还要随企业主客观条件的变化而进行变动和调整，要适时地改组、淘汰、合并一些不合时宜的机构和部门，组建新的机构和部门。只有不断地进行改革和创新，才能使市场营销组织保持其活力，充分发挥其应有的作用。在通常情况下，当组织的管理者发现实际绩效与期望绩效之间有差距、生产经营缺乏创新、决策缓慢、沟通不良、士气低落、不满增加等现象出现时，才会认识到变革的需要，依据权变变量的变化采用不同的组织模式。福利彩票营销组织变革的动因，可能是内部条件的变化，也可能是外部环境的变化，具体原因主要集中在以下四个方面：

1. 政策变化的因素

中国福利彩票组织是国家批准的福利彩票惟一发行部门，也是同级民政部门的事业单位，虽然实行企业化管理，但政府的相关政策对其组织的变革产生着重要影响。首先，中国福利彩票营销组织的产生和演变过程就是政策的结果。在1986年5月18日，民政部批复成立中国社会福利有奖募捐券发行中心，中心为事业单位，实行企业化管理，受中国社会福利有奖募捐委员会领导。1994年，民政部发文将中国社会福利奖券更名为中国福利彩票；明确中募委发行中心与省募委发行中心是领导与被领导关系，并要求省级募办实行自收自支和企业化管理。其次，福利彩票组织的有些变革与政策有关。例如：2004年5月，财政部要求停止即开型彩票的集中销售活动，使原来实行"大奖组"销售的组织形式发生了变化。

2. 技术变化的因素

技术因素对福利彩票组织影响极大，新技术的出现，就要求营销组织发生变革，销售印刷彩票的组织与销售电脑彩票的组织就不可能相同。这在福利彩票销售管理的"福建模式"中表现得最清楚。福建模式实行一个系统、两级机构、三个层次管理的组织管理体制，电脑彩票的管理设省中心和地市电脑彩票管理站两层机构，其他票种设立相应票种发行的专业部门。

3. 市场变化的因素

市场变化表现为彩民购买行为的变化和竞争者行为的变化。这些变化会引起福利彩票组织的变革。例如，随着市场竞争的加剧，彩票市场的竞争已开始从"玩法竞争"向"终端竞争"转移。而销售终端是顾客、商品、金钱三要素的联结点，是企业和消费者接触的最后枢纽。"终端"作为产品和消费者直接接触的场所，已经成为产品销售的最重要的环节。因此，各省市彩票中心提出了"决胜终端"的口号，贯彻落实的"铺满盖严，决胜终端"方针。由于工作重心"下移"，其组织机构便相应发生变革。

4. 组织成长的要求

福利彩票组织在其发展过程中，会发生多种变化，例如营销技术的变化、营销管理的变化、人员素质的变化等。这些变化在营销管理活动中可能出现这样那样的问题，原来的组织结构已经不适应市场的要求，组织结构必然发生变革。例如，"山东模式"在初期是"省、市、县三级管理、三级核算、利益共享、风险共担"，市、县中心对所辖区域进行投资、管理和分成。但是，随着彩票市场的发展，县一级管理的矛盾和弊端日益凸显出来，在一定程度上干扰了网络管理的整体性，增加了发行成本。为此，山东省福利彩票发行中心对原有的销售管理体制进行了改革，明确规定"福利彩票发行销售按照'统一管理、分级负责，利益共享、风险共担'的原则，实行省、市两级管理、两级核算的体制"，普遍建立区域管理站。

二、福利彩票营销组织变革的趋势

企业组织变革的趋势决定了营销组织的变革趋势。福利彩票营销组织的变革趋势主要体现在三个方面：联系网络化、层级扁平化和组织虚拟化。

1. 联系网络化

互联网的出现，使组织内部上下级之间、部门之间、员工之间的联系网络化成为可能。网络化适合于信息的有效传递和对日常问题的处理，不同部门、员工之间通过先进的通讯技术进行信息沟通和及时有效的交流，可增进员工之间的了解，提高其学习能力，并增强部门之间的协同能力，有利于处理复杂的项目，形成竞争优势。因此，福利彩票组织变革的趋势之一是建立内部网络化的组织。福利彩票组织通过电脑联网系统及时掌握电脑福利彩票的销售情况，有助于福利彩票营销工作的开展。

2. 层级扁平化

层级扁平化是指减少福利彩票内部的管理层级，形成扁平的组织结构。层级的减少是现代企业组织变革最显著的特征，这样做的结果是使组织效率得到大幅提高。这是由于目前组织成员的独立工作能力大大提高，并且获得了充分授权，承担了较大的责任，上下级关系由传统的被动执行者和发号施令者的关系转变为一种团队成员的关系，从而可以加宽管理幅度，减少管理层次，实现组织的扁平化。信息技术的应用，使福利彩票组织的部分工作和任务可以标准化，下级对工作的完成情况也能通过网络系统快速、及时、准确地反馈给上级，增强了上级对下级的有效控制力度，拓宽了上级的管理幅度，使原来需要两个层级才能完成的管理任务现在只需一个层级就可完成。层级扁平化的对象是减少中间管理层。中间管理层的存在一方面是在信息处理能力有限的情况下负责信息的收集与传递，另一方面则是因为管理幅度有限，负责对操作层的监督与控制；而信息技术的应用使中间管理人员失去了存在的基础，福利彩票组织将向着减少中间管理层的扁平化方向发展。

3. 组织虚拟化

虚拟化是指企业在有限的资源背景下，为了取得竞争的最大优势，仅执行其关键的职能，而将其他职能转移到企业外部，由其他组织或人员来完成。虚拟化的目的是在竞争中最大限度地发挥资源优势，进而创造企业本身的竞争优势。虚拟化使管理的视野大为拓展，资源运筹的界限从企业内部扩展到企业外部，极大地拓宽了企业资源优化配置的范围，从而产生更加强大的综合优势，进而促进企业的快速发展。虚拟化产生的条件是信息传输的快速、便捷和低成本，网络经济使企业的虚拟化成为现实。

虚拟营销是指企业在营销组织上突破有形的界限，虽有市场调研、新产品开发、营销策划、广告宣传、财务核算、营销网络设计、销售渠道选择、商品陈列、物流配送、采购、谈判、销售、服务等功能，但企业内部却没有完整地设立执行这些功能的组织，而将一部分管理职能交给外部专业公司来进行，利用网络把现实资源迅速整合成一种没有围墙、超越空间的临时组织，实行技术、资金、人才的资源共享，优势互补，以最快的速度适应市场的需要。虚拟化的企业营销模式通过信息网络和快速运输系统，以达到即时营销的目的。虚拟营销不受时间和空间的限制，在内容上包括虚拟产品、虚拟服务、虚拟价格、虚拟渠道和虚拟促销等。

福利彩票组织是一个主要提供管理和销售的组织，组织的发展完全可以走虚拟化的道路，把彩票新玩法的开发、彩票的销售等工作外包。因此，虚拟化是福利彩票组织变革的必然选择。

三、福利彩票营销组织变革的过程

营销组织发展变革的基本方式有3种：改良式的变革、爆破式的变革和计划式的变革。改良式的变革是在原有的组织结构框架内做些日常的小改小革。如局部改变某些科室的职能，新设某些机构，或小范围地精简、合并或撤销某些部门等。爆破式的变革是指彻底打破原有框架，在短期内迅速完成组织结构的重大改组，如从直线职能制结构改组为事业部的结构，企业与企业之间进行合并，企业内部进行分立等。如果国务院对中国彩票的管理体制进行大的改变，把福利彩票与体育彩票合并成一家彩票，那么彩票组织的变革将是爆破式的。计划式的变革是指先对改革方案进行系统研究，制定全面规划，设计出理想的变革模式，然后有计划、有步骤、分阶段地实施。不管采用哪种方式，变革的过程都必须按照基本的程序进行。福利彩票营销组织的变革包括提出变革要求、进行组织诊断、制定变革方案、实施变革方案等四个基本步骤。

（一）提出变革要求

在组织变革过程开始之前，福利彩票组织的管理者必须对组织中存在的问题形成统一认识，并且认为这需要通过进行组织变革来解决。换句话说，管理者认识到组织中存在问题的严重性和进行组织变革的必要性，是实施组织变革的前提和基础。如果没有这一点，就不能开始组织变革的过程。

（二）进行组织诊断

组织诊断是进行组织变革的关键环节。关于组织诊断方法，理论界和企业界都已经总结出了系统的经验，实施企业化管理的福利彩票组织，在组织诊断过程中也必须采用这些方法。为此，这里集中介绍企业组织诊断的一般过程和方法，供福利彩票组织的管理者参考。

营销组织诊断是组织变革的重要基础性工作。其成效决定着变革方案设计的可行性和最终实施成功的可能性。组织诊断过程主要包括组织调查、组织分析和提出结论等三个环节。

1. 营销组织调查

在出现组织变革的征兆并认识到问题后，就要进行组织调查，以发现原有组织制度中存在的问题。福利彩票营销组织调查主要有三种方式：资料收集、问卷调查和个人访谈调查。

（1）系统地收集现成的资料。负责组织变革工作的工作人员需要收集的资料主要是与组织成员密切相关的文件资料，包括职位说明书，组织图和组织手册，管理业务流程图，管理工作的定员和人员配备，工作人员的基本信息，部门、科室人员的考核和奖励制度，等等。

（2）组织问卷调查。问卷调查方法是通过较短时间和比较科学的方法，了解组织成员对组织机构的现状的看法、问题和意见。问卷内容包括组织一般状况、集权化与分权化程度，以及单位之间和岗位之间的工作相互依赖程度等。表6-5提供了科室和岗位实际职能调查的项目，其他项目根据要求设计。

表6-5　　　　　　　　　　　科室和岗位实际职能调查

序号	职责内没有办的事	职责外已办的事	与其他部门重复的事	职责不清的事	需要而没有部门办的事
1					
2					
……					

通过问卷调查，可以比较系统地了解组织的实际情况，即在组织机构图及规章制度等文字资料中发现不了的实际问题，而且可以根据调查结果对这些问题进行定量的统计分析。

（3）个别面谈和小组座谈会。问卷调查所表现出的问题往往还停留在表面的现象，而且受到问卷内容和形式的约束，可能不够全面。有一些问题光靠问卷调查难以发现，这时还需进一步面谈，作进一步的定性调查，这种调查可以是个人之间面对面的访谈，也可以是小型座谈会的形式。个别访谈的对象包括组织的管理者和其他相关人员。访谈的内容包括组织结构设置的演变情况、存在的主要问题、造成这些问题的原因、个人日常工作中感到最大的困难和克服这些困难的办法、组织变革应注意的问题等。

2. 营销组织分析

通过调查，掌握了丰富、真实的资料和情况后，下一步的工作是进行组织分析，为提出组织诊断的具体结论和改进方案打下基础。福利彩票营销组织分析的内容大致可以归纳为四个方面：

（1）职能分析（业务分析）。职能分析主要应针对以下问题进行：随着内外环境的变化，需增加哪些新的职能？哪些职能需要加强？哪些旧的职能可以取消或合并？哪些职能是关键职能？现有职能的地位是否得到应有的重视？等等。

（2）决策分析。进行决策分析，是确定各管理层次、各管理部门的职责与权力的重要依据，主要内容有：为了实现企业目标，应当有哪些决策？是些什么决策？这些决策各应由企业中的哪些管理层机构来制定？决策制定将牵涉或影响到哪些有关业务？决策制定应当有哪些部门的负责人参与？决策制定后应通知哪些部门的负责人？等等。

（3）关系分析。关系分析是对各管理层次间、各管理职能间相互关系的分析，主要包括以下内容：某一部门应当包括多少职能和哪些职能？有哪些部门间的职能重复过多或搭接不够？这些部门应当担负直接指挥还是参谋服务的职能？该部门的业务工作应当与哪些单位和人员发生工作联系？要求什么人对该单位提供配合和服务？本部门对外单位又应提供哪些配合和服务？各部门间的协调配合和综合工作组织得如何？等等。

（4）工作负荷分析。组织设计的要求之一是"工作满负荷"。因此，组织分析就是要以部门或岗位为中心，将它们所涉及的各项业务流程的工作逐一列出，并估计出每项任务的工作量。通过绘制负荷图，使管理人员明了其所管辖单位的工作能力利用状况，以及是否存在工作量不足或忙闲不均的现象。经过负荷分析，可以对工作量不足的岗位实行并岗或撤岗，以提高工作效率。工作负荷分析如图6-4所示。

（5）工作流程分析。工作流程分析是通过设计科学的工作流程图，分析现有部门的设计是否符合科学的工作流程，是否需要进行流程再造，从而确定营销组织的变革方向。

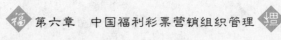

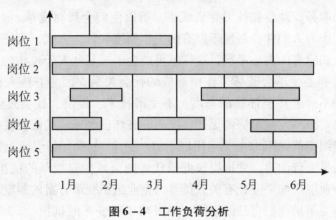

图 6-4　工作负荷分析

3. 提出诊断结论

通过职能分析、决策分析、关系分析、工作负荷分析和工作流程分析，就可以发现福利彩票组织存在问题的原因，并以此为依据，提出组织诊断的结论。

（三）制定变革方案

问题的原因确定以后，下一步就是要制定解决问题的方案。工作人员要根据收集的各方面的信息，按照组织的资源能力和市场环境的要求，进行新的营销组织设计。新方案的设计要充分进行比较选择，通过积极同组织成员沟通，最终选定较为理想的方案。

（四）实施变革方案

组织变革方案的实施将使组织结构和人员的工作发生巨大的变化。因此，在变革的实施过程中必然会遇到各种各样的困难和障碍。福利彩票机构的领导者和有关人员需要认真、慎重地分析这些障碍产生的原因，采取相应的措施予以解决。

人们反对组织变革的主要原因是：（1）变革威胁本人的职务、地位和权力。组织的变革必然会牵涉到组织部门的撤销、重组，对组织成员个人来说，

267

会使他们的职务、地位和权力受到威胁，所以他们会反对变革。（2）因循守旧的心理。因为人们往往习惯于原有的工作制度和行为方式，而任何组织变革都将触及人们原有的内心平衡，这样就可能会引起某些安于现状的人对变革的抵制。（3）担心变革会破坏工作中形成的社会关系。因为有些人对未来的看法抱有一种不确定甚至怀疑的态度，不了解技术、经济、社会发展的必然趋势，表现出对未来发展趋势的无知，担心会破坏已经形成的社会关系。

克服组织变革的阻力主要运用以下方法：（1）教育和沟通。如果能与阻碍变革的人员进行沟通，并取得彼此信任，则会减少对变革的抗拒。（2）员工参与。企业组织如果能让有关人员参与企业组织变革方案的制定，使这些人员感到这种变革是他们自己的事情，则可减少对变革的抗拒。（3）高层管理者的支持。企业组织变革的方案应当设法得到企业高层管理人员的全力支持，这就能够推进变革方案的实施，减少抵制变革的因素。（4）奖惩。在进行组织变革时，制定相应的奖惩政策，鼓励先进的变革者，对阻碍变革者进行相应的惩罚，则易形成一种欢迎变革的组织文化，使组织变革易于实施。（5）进行力场分析。力场分析是指找出组织变革的优越性和阻碍变革的原因，通过对比分析，使大家认识到实施组织变革利大于弊，并针对阻碍变革的原因找出相应的解决方法。

第七章

中国福利彩票营销人员管理

长期以来，物质资本被认为是社会生产的主要要素，但是，到了知识经济时代，智力资本逐渐取代了物质资本的社会地位，成为了社会生产的最重要因素。而人力资源是智力资本的载体，每一项管理措施都是建立在对人性及其行为的认识基础上，由此可见，它对管理机构及社会经济活动的重要性。能否管理好自己的员工，有效地开发利用自己的人力资源，调动广大员工的积极性和创造性，将直接关系到每个组织的市场竞争力，直接关系到他们能否可持续发展。因此，对福利彩票机构这一特殊性质的组织来说，要积极开发和有效利用人力资源，提高组织的竞争力和综合实力，就必须实行有效的人员管理。本章主要围绕营销人员管理的基本内容展开研究，分层次研究营销人员的招聘、培训、使用、激励与考核的程序、内容和方法。

第一节　福利彩票营销人员管理概述

为了全面把握福利彩票营销人员管理，必须了解营销人员管理的过程和内容，本节对营销人员的范围界定、营销人员管理的基本含义和特点、营销人员管理的内容和途径以及营销人员管理的意义进行分析。

一、福利彩票营销人员管理的含义

由于市场营销在中国传播应用的时间较短，彩票行业进入营销研究的时间更短，人们对营销人员的认识尚不深刻，对营销人员的构成和基本素质条件便产生了不同理解。为此，需要对营销人员管理的基本内容进行分析和澄清。

（一）福利彩票营销人员的范围界定

目前，社会上在回答"哪些人是营销人员"这个问题上，存在 3 种不同的观点：

第一，营销人员就是企业的推销员。这种观点认为，市场营销就是推销商品，因此，营销人员就是企业中向顾客推销产品和服务的推销人员。这是一种由于存在对营销的理解误区而产生的观点。诚然，推销员是营销人员的一部分，但并不是所有的营销人员都在直接向消费者推销产品，有些营销人员从事的是营销策划和管理工作，还有些人从事营销后勤工作。由于这种理解把营销人员的范围划得最小，因而是一种狭义的理解。

第二，全体员工都是营销人员。激烈的市场竞争使销售的难度加大，为了提高市场竞争力，许多企业推行"下道工序就是顾客"的管理制度，有些企业直接提出了"全员营销"的口号，从而得出了"全体员工都是营销人员"的结论。如果从市场营销的本质是通过使顾客满意来实现公司的效益目标来说，全体员工都要为实现该目标服务，因而全体员工都是营销人员的观点是正确的。但是，如果不加分析的说全体员工都是营销人员，在实践中会造成不同部门的职责不清。由于这种理解把营销人员的范围划得最大，所以是一种广义的理解。

第三，其工作直接与市场活动相关的人员是营销人员。该观点认为，市场营销既是一门学科，又是一门艺术，因而不仅需要对其进行专门研究，而且要参与具体的市场运作。按照这种理解，营销人员就是那些其工作直接与市场活动相关的人员。就是说，只有那些做市场开拓、做产品销售、做客户服务、做营销管理工作的人员是营销人员。这种观点把营销人员的范围限定在比狭义的理解宽、比广义的理解窄的区间，因而是一种中间的理解。

界定福利彩票营销人员的范围，必须考虑福利彩票机构的特点，即福利彩票机构是一个销售机构。因为中国福利彩票发行管理中心的任务是发行彩票，而发行彩票就是销售彩票，并且中国福利彩票发行管理中心直接组织全国"双色球"、"3D"、"七乐彩"的开奖；各省级福利彩票发行中心的任务直接就是销售彩票。作为销售机构，福利彩票机构的全体人员都应该是营销人员。当然，中国福利彩票发行管理中心还承担着设计、开发彩票新玩法的任务。但就是设计人员和网络维护人员，其工作性质也是一半市场、一半技术，因为新玩法只有符合彩民买彩心理才能取得成功，销售网络只有畅通无阻才能保证彩民及时购买彩票。由此可以得出结论：福利彩票机构的全体人员都应该属于营销人员，只是由于内部分工不同而在营销活动中的作用不同罢了。

（二）福利彩票营销人员管理的内涵

福利彩票营销人员管理指的是对于福利彩票发行系统的所有营销人员和管理人员进行的计划、组织、指挥和控制的管理活动。它是研究各级福利彩票发行机构中人与人关系的调整、人与事的配合、充分开发人力资源潜能、调动营销人员和管理人员的积极性、提高工作效率、改进工作质量、实现组织目标的重要理论、方法、工具和技术。

福利彩票营销人员管理的内涵包括四个层次：

第一，福利彩票营销人员管理是对福利彩票发行的各个环节、各个阶段中人与人或人与事的相互关系进行管理，而不是直接去管理福利彩票的发行过程，当然也不是简单地对人或事进行管理。它的目标是争取福利彩票的发行过程中人与人、人与事之间的相互协调，从而实现组织目标。

第二，福利彩票营销人员管理是通过多种管理手段进行的，诸如计划、组织、协调和控制等。做好人员管理计划就是根据组织的需要和长远发展目标，量身定做员工结构，对任何将要发生或可能发生的事情做好计划和预案；然后在了解组织员工的基础上，根据人尽其才的原则，激励员工发挥自己的最大潜能；在协调人与事的不断变化的形势过程中，及时调整两者之间的关系，保持人事相宜的最佳状态；在管理过程期间要有效地采用行政的、组织的、思想的各种方法，来强化员工的积极行为，约束员工的消极行为。

第三，福利彩票营销人员管理不是静态的平面管理，而是一种动态的、相互协调、相互制约的管理。在进行人员管理时，要根据每个员工的特点和优势，分配到最适合他的岗位上，而不是消极、被动地适应形势发展的要求。因此，人员管理就是要适时地根据人的能力变化和岗位要求的变化，及时调整他们的位置和关系，做到人尽其才，物尽其用。

第四，福利彩票营销人员管理的实施是围绕整个组织的目标进行的。在福利彩票营销过程中，不论对营销人员的招聘、培训，还是对营销人员的激励、考核，都要有利于组织目标的实现。

（三）福利彩票营销人员管理的特点

由于福利彩票的营销管理模式的特殊性，决定了对福利彩票系统的营销人员管理不能照搬照抄一般企业的营销人员管理方法，必须考虑其特殊要求。

目前，福利彩票营销机构由中国福利彩票发行管理中心、省级福利彩票发行中心、地市级福利彩票发行机构（或管理处）和投注站组成。多层次的福利彩票机构决定了营销人员管理内容的层次性。这些机构的人员从工作性质上分两大类：一类是管理人员；另一类是业务人员。

福利彩票营销的管理人员包括各级福利彩票发行中心的高层、中层和基层管理人员，其任务是要对各级福利彩票发行的各个环节进行计划、组织、指挥、协调和控制。高层管理人员的任务是综合运用辖下各单位的功能，制定市场营销战略，完成组织的目标。中层管理人员的任务主要有：为完成组织的目标而制定计划、执行计划和对计划进行监督；选择目标市场，制定营销策略；对基层管理人员的业务和工作状况进行指导和教育等。基层管理人员直接管理业务人员，它要直接向其下达组织的方针、政策，并组织业务人员实施。在对福利彩票营销人员进行管理时，应根据不同的层次要求，采用不同的管理方法。

业务人员是福利彩票机构的销售代表，直接与投注站和彩民打交道，在营销活动中既要取得经济效益，又要为彩民尽责。业务人员的职责是：收集市场信息，把握市场行情，为制定、调整营销战略服务；了解彩民需要，发现重点彩民，挖掘潜在彩民，提高营销工作的成功率；策划营销活动，开拓彩票市场，扩大福利彩票的销售量；扩大市场宣传，树立良好的福彩形象，创造良好的外部环境；提供彩民咨询，搞好优质服务，方便彩民买彩。针对福利彩票业务人员的工作性质和特点，营销管理中必须突出灵活性要求。

在中国福利彩票的销售系统中投注站属于销售渠道，真正属于福利彩票发行管理机构的只有国家中心、省级中心、地市级中心（或管理处）三级。福利彩票机构的工作是与投注站签订彩票销售合同，而不是向彩民直接推销彩票。福利彩票机构对营销人员管理的要求是对管理人员的管理和销售人员的管理并重。

二、福利彩票营销人员管理的内容

从营销人员管理的过程来看，其内容主要包括对人员的招聘、培训、激励、考评等方面，而这些工作的核心，是为了让营销人员更好地发挥积极性和创造力，从而为公司带来更好的业绩。以美国、日本为代表的发达国家企业的营销人员管理实践中，已经总结出成功的经验。福利彩票营销人员管理可以借鉴国外的先进管理经验，结合中国的实际情况加以综合运用。发达国家营销人员管理的经验主要体现在四个方面：

第一，开展员工的职业培训，学习成功的管理经验。为了应对日益激烈的竞争形势，适应高科技发展的需要，提高市场营销的效率和效益，发达国家普遍采用各种手段对员工的管理能力和市场营销能力进行培训强化，以提高员工的素质和适应市场的能力。在进行营销知识和能力培训的同时，充分发挥每个人的作用。

第二，增加激励措施，提高员工的福利待遇。待遇决定着一个人的生活质量，也决定着一个人的社会地位。因此，发达国家均采取多种激励措施调动员工的积极性。一个人的待遇表现在薪酬、福利等多个方面，其中薪金报酬是主体。因此，设置薪酬体系是关键性工作。薪酬体系的设计考虑以下问题：（1）薪酬政策对外要有竞争力。是否具有竞争力表现在同行业的薪酬比较上。为此，企业每年都要了解同行业中其他企业的薪资福利方面的数据，以此为依据调整各部门的待遇。（2）薪酬体系的设计要符合企业的实际。公司制定薪酬福利的指导思想是吸引最好的人才，留住最好的人才。（3）重视员工的福利计划。福利是一种非现金性薪酬。员工福利可分为两种：强制性福利和企业自行设计的福利项目。强制性福利譬如养老保险、失业保险、医疗保险、工伤保险、住房公积金等，由国家统一规定；企业自行设计的福利项目如人身意外保险、医疗保险、家庭财产保险、旅游、服装、给员工的家属赠送礼品等，可以根据具体情况决定。福利计划的设计一定要符合员工的需要，这方面可以让员工参与制定，并给员工一定的自由去选择适合自己的福利项目。（4）考绩与薪酬挂钩。

第三，进行公司和个人职业生涯规划，使员工树立长期的工作目标。近年来，发达国家企业在对营销人员的管理中，进行了公司和营销人员未来发展的设计，明确了公司和个人的发展预期，例如经过几年的努力，公司得到怎样的发展，个人能够升到什么职务。通过进行公司和个人发展设计，使员工树立长期的工作目标。

考虑公司的发展预期是因为只有公司得到快速健康的发展，员工个人才能成为干大事的人，才能得到社会的认可。所谓"庙响神灵"就是这个道理。为此，要使员工明确企业的发展战略目标，并使员工切身感受到他们的工作与企业目标的实现是密切相关的，员工才会感到在企业中有干头。

员工个人对未来发展的预期是希望公司给自己提供一个良好的发展空间，打造一个让营销人员自由施展才能的平台，帮助营销人员进行职业生涯规划，不断为营销人员设置更高的奋斗目标。譬如对营销人员实行"职称制"，设置助理营销员、营销员、助理营销工程师、营销工程师、高级营销工程师等职位，让员工与企业一同成长，增强员工的责任心与成就感。美国微软公司人力资源部就制定有"职业阶梯"文件，其中详细列出了不同职务须具备的能力和经验给员工参考。

第四，建立良好的企业文化，增强员工的向心力。良好的企业文化是增强企业凝聚力的关键因素。为了吸引高水平管理人才，发达国家的企业普遍强调企业文化建设，注重员工和管理者在感情上能够互相融合沟通。通过建立起互相信任的感情纽带，使员工为企业创造更多的价值。良好的企业文化集中体现在员工能发自内心地为公司的发展努力工作上。这就需要提高员工的满意度，加强职业道德教育建立友好的合作氛围，建立沟通机制，等等。目前，一些西方企业纷纷采用"一分钟"管理法则，其内容包括：一分钟目标、一分钟赞美、一分钟惩罚，取得了显著的成效。其中一分钟赞美，也就是主管经理要经常花费很短的时间，挑选出在员工所做的事情中正确的部分加以赞美，这可以促使员工明确自己所做的事情，更加努力地工作。因为每一个人都希望得到赞美，尤其是得到主管的承认。

借鉴发达国家营销人员管理的经验，中国福利彩票营销人员管理应该建立积极而有效的人员管理机制，充分发挥员工的积极性和创造性，挖掘员工的潜能，使之适应组织发展形势的要求，成为实现组织目标的重要部分。福利彩票营销人员管理主要包括以下内容：

（1）人员招聘管理。当福利彩票机构的人员计划表明需要有新员工的加入时，就需要启动人员招聘和选拔程序，以找到合格的营销人员，以满足市场营销发展的需求。为了保证新招聘人员能够胜任福利彩票的营销工作，在招聘过程中必须执行严格的招聘条件，并按照严格的招聘程序办事。

（2）人员培训管理。培训不仅包括新招聘的员工，也包括原有的职工，不过二者的培训内容不同。对新员工的培训内容主要包括福利彩票营销的基础知识、福利彩票机构的企业文化、福利彩票事业的光辉前景等。在职人员的培训主要是通过培训和开发，进一步挖掘员工的潜能。

（3）人员激励管理。为了充分调动员工的积极性和创造性，福利彩票机构应根据员工的工作绩效的大小和优劣，想方设法对员工实施有效的激励，从而促使他们创造出更好的销售业绩。

（4）人员考核管理。考核是评价员工绩效的重要环节。通过对营销人员的考核，及时做出信息反馈，以便起到奖勤罚懒、奖优罚劣的作用，进一步提高营销人员的工作效率和质量。

三、福利彩票营销人员管理的途径

提高福利彩票营销人员的管理水平，必须选择正确的途径。可供选择的营销人员管理途径有：

1. 相互沟通

营销人员是一组文化水平和素质较高的人群，建立相互沟通关系是提高营销人员管理水平的途径之一。一个能够充分了解自己员工的管理者，无论在工作效率，还是在人际关系上都会是一个一流的管理者。因此，福利彩票各个层次的管理者要与营销人员建立相互沟通的关系，彼此了解，形成默契，以便及时地奖励积极的行为，约束消极的行为，并采取有效的措施纠正偏差。

2. 认真倾听

认真倾听是指及时、经常地倾听营销人员的意见和建议。在福利彩票机构营销人员管理中，一个好的建议，有创意的想法往往会带来巨大利益。因此，倾听这些能够与彩民密切接触的营销人员的意见，是提高福利彩票发行和销售各个环节管理水平的明智做法。在对营销人员进行管理时，要鼓励员工积极主动地为福利彩票机构提出意见或建议，从而充分调动营销人员的积极性。

3. 方法创新

不同的管理方法适用于不同的人员，对营销人员管理的方法与其他工作性质的人员也要有所不同，并注意经常改善和创新。根据马斯洛的需要层次理论，人的需要分五个层次，即生存需要、安全需要、社交需要、尊重需要和自我实现需要，因此，对营销人员的管理要适应其不同的需要阶段采用不同的方法，并随着营销人员需要的提升，不断变化管理方法。

4. 强化引导

强化引导是指引导福利彩票营销人员沿着正确的方向发展。由于社会上尔虞我诈、弄虚作假等不良倾向的存在，福利彩票的营销人员也必然受到影响。因此，强化对营销人员的教育引导，就成为提高营销人员素质的重要途径。对营销人员引导的重要内容之一是开展良性竞争。良性竞争就是采取正当的手段或积极的方式正向攀比。恶性竞争则是采取不正当的手段制约、压制或打击竞争对手。通过教育引导，一方面提高营销人员的素质；另一方面，净化彩票市场的竞争环境。

四、福利彩票营销人员管理的意义

2004 年 12 月 4 日，体育彩票承销商杨永明、陕西省体育彩票发行中心原主任贾安庆等"西安宝马彩票案"涉案人员因为诈骗、行贿、受贿和滥用职权等行为而被依法惩处，使得中国彩票从业人员的素质和相关人才的培养成为公众和媒体关注的焦点。福利彩票的管理者必须从中吸取教训，加强对营销人员的管理。可见，福利彩票机构加强营销人员管理具有十分重要的现实意义。

第一，加强营销人员管理，有利于提高福利彩票机构的市场竞争能力。一个组织机构的核心竞争能力，首先表现为机构中人的创新能力。福利彩票机构加强营销人员管理，就是为了提高这些人员能力和水平，以保证机构目标的顺利完成。因此，对营销人员进行有效的管理，可以为福利彩票机构的发展打下良好的基础，使其在激烈的竞争中立于不败之地。

第二，加强营销人员管理，有利于提高福利彩票机构的营销效益。人员管理对于开发人的潜能，调动人的积极性和创造性，推动企业乃至经济和社会的进步具有重要的作用。加强营销人员管理，则有利于提高福利彩票机构的营销效益。营销效益包括经济效益、政治效益和社会效益。加强营销人员管理，可以扩大彩票的发行量，降低发行成本，给彩票机构带来经济效益；同时，可以筹集更多的福利资金用于社会福利事业，从而促进了社会的政治稳定；福利彩票事业的发展还可以扩大就业，增加税收，促进了社会的协调发展。

第三，加强营销人员管理，有利于提高福利彩票机构的工作效率。人是生产中最基本、最活跃、最关键的因素，提高人的素质，合理利用人力资源，是提高生产力的重要途径。福利彩票机构加强营销人员管理，有助于提高彩票机构的工作效率。福利彩票机构通过采用物质奖励、精神奖励及思想教育引导工作，通过各种竞赛或活动，激励营销人员的积极性，使其保持旺盛的工作热情，充分发挥自身的优势和特长，不断改进工作质量，提高工作效率，最终达到提高整体效益的目的。

第二节　福利彩票营销人员的条件

福利彩票营销机构的特殊性决定了营销管理人员是主体，营销业务人员的数量相对较少，因此，研究福利彩票营销人员的管理，首先是研究对营销管理人员的管理；探讨营销人员应该具备的条件，核心是分析营销管理人员应该具备的条件。为此，本节主要分析营销管理人员应具备的条件，对营销业务人员的条件只进行简要说明。

一、福利彩票营销管理人员的责任

福利彩票的营销管理人员是指各级福利彩票机构的管理人员。作为福利彩票机构的领导者或一个部门的管理者，肩负着重要的责任。高层营销管理人员负责制定整个机构的营销目标、计划、规范和战略，从总体上把握组织的销售工作；中层营销管理人员主要制定执行计划和实施计划；基层营销管理人员管理营销业务人员，并直接与投注站打交道，以完成机构规定的销售任务。福利彩票各层次的营销管理人员的责任具体表现为社会责任、工作责任、宣传责任等。

（一）福利彩票营销管理人员的社会责任

福利彩票机构作为一个特殊性质的组织，肩负着与其他组织不同的社会责任。建立福利彩票发行机构的初衷就是为社会福利事业筹措发展资金。因此，了解和重视福利彩票机构的社会责任，是福利彩票营销管理人员深入了解福利彩票发行的理念和原则、弘扬"为福利事业作贡献"宗旨的重要内容。

福利彩票营销管理人员的社会责任，集中到一点，就是扩大彩票的销售量，筹集尽可能多的福利资金，为发展中国的福利事业做出贡献。

根据福利彩票机构的社会责任，福利彩票营销管理人员应该具有高度的使命感。人民支持福利彩票事业，福利彩票机构就要尽全力回馈人民。福利彩票是一项旨在为全民福利事业作贡献的伟大举措，身为福利彩票的管理人员，应该综合运用各销售部门、各运作环节的力量，来筹集尽可能多的福利资金，回报社会，回报人民。

同时，福利彩票营销管理人员要有高度的责任感。既然人民将如此重要的使命、如此庞大的资金交给了福利彩票机构，福利彩票机构的管理者就有责任对其进行合理化的运作，通过人才、资金和物资的有机结合，追求组织的最大效率，切实履行组织的经营理念，实现组织的社会目标。

（二）福利彩票营销管理人员的工作责任

福利彩票营销管理人员的工作责任是完成销售目标，实现组织的经济效益和社会效益的最大化。为了实现组织的目标，福利彩票营销管理人员必须做好以下工作：

第一，树立"彩民至上"的营销理念。福利彩票营销管理人员首先要实践组织的"彩民至上"的营销理念。现代市场营销理论提出，市场营销活动必须以顾客为中心，在满足顾客需要的同时，组织才能达到自己的目标。所以，搞好顾客关系是每个组织都应认真对待的问题。而顾客关系管理的核心是让顾客满意，为此，福利彩票机构的营销管理人员在强调提高产品与服务质量的同时，必须加强营销理念的转变，真正树立"彩民就是上帝"的思想。

第二，完成销售任务。福利彩票营销管理人员工作的核心是完成销售任务，实现组织的目标。为了达到此目的，营销管理人员必须时刻关注环境的变化，制定正确的营销战略和策略，准确把握每一彩票玩法的销售状况以及其他因素的影响关系。通过扩大市场范围、增加营销宣传等一系列的工作，扩大彩票销售，更好地完成既定的销售目标。

第三，管理营销人员。福利彩票的销售任务是靠全体营销人员的共同努力来完成的，因此，搞好人员管理是福利彩票营销管理人员重要职责。福利彩票的营销管理人员分为不同的层次，高层次的管理人员有对低层次管理人员进行业务指导的责任，所有的营销管理人员对营销业务人员同样具有业务指导的责任。当然，这种管理职责不能越级行使。

做营销人员的管理工作，要有高度的工作责任感，领导下属做好本职工作，使每个人都能完成自己的任务目标。当工作中出现失误时，要勇于承担责任，团结全体员工实现组织的经营目标。

（三）福利彩票营销管理人员的宣传责任

福利彩票营销管理人员肩负着向社会公众宣传组织经营理念、宣扬社会公益性的重要责任，它是澄清社会公众对组织的误解、建立组织良好社会形象的重要手段，是每个福利彩票机构的营销管理人员及员工的重要任务。

福利彩票营销管理人员的宣传责任不是指一般意义上的促销宣传，而是指宣传福利彩票事业、树立福利彩票良好社会形象的大宣传。按宣传的对象划分，可以分为向彩民宣传和向社会宣传两个方面。

向彩民宣传是为了影响人们的价值观，从而使公民成为彩民。价值观是人类个性的中心部分，它影响甚至决定着人们工作、学习和生活表现的各个方面，影响着人们的决策和解决问题的过程，影响着人际间的关系交往。价值观通过人的行为引导和知觉筛选来影响人们的行为。前者直接影响人们的行为，后者则通过个人对他们所见所闻的选择、过滤和理解来间接影响人的行为。同时，价值观又具有稳定性，这种稳定性导致了改变人们价值观的难度。因此，向彩民宣传就是要影响彩民的价值观，通过使舆论向有利于彩票发展的方向倾斜，使社会公众真正了解福利彩票存在的目的和经营理念，并改变人们的某些不正确的价值观。

福利彩票营销管理人员的宣传对象不仅包括彩民，还包括社会各界，如政府机关、企事业单位、新闻媒体、社会公众等，这就是向社会宣传。要让社会各界了解福利彩票的宗旨和任务，并通过树立良好的形象，使他们在各自的工作中能够自觉、不自觉地帮助福利彩票宣传，或者做一些对福利彩票事业发展有利的工作。

福利彩票营销管理人员的宣传责任要通过每个人的具体工作来落实。宣传不仅要有针对性，而且要"三句话不离本行"，利用一切机会和场合开展宣传活动。在宣传手段上，既要大量利用各种宣传工具，又要充分发挥人的口碑宣传效应。为了提高宣传效果，福利彩票机构要做好宣传策划工作。

二、福利彩票营销管理人员的素质要求

彩票作为一个特殊的行业，利用国家赋予的垄断权力和国家公信力，发行本身没有什么价值的彩票，集中大量的资金，这就对彩票营销管理人员的素质提出了较高的要求。频频发生的彩票舞弊案，不断考验着彩票管理者的水平和能力，2004年发生的西安体育彩票"宝马舞弊案"，使人们对彩票管理人员的道德素质更加怀疑。可见，提高彩票管理人员的素质，成为关系彩票业长远发展的大问题。

为了提高管理者的素质，国际上采用的做法是联合培养。例如，捷克数家大学联合培养彩票人才。在捷克共和国彩票公司 SAZKA 的资助下，捷克国家法律大学和 West Bohemian 大学法律系合作，新设彩票经营管理课程，该套专业课程列入商务法学专业的选修课程，联合培养彩票业人才。捷克有关大学的管理人士表示，希望这套课程通过日后的不断扩展和充实，最终发展成为一门独立的学科，并设置学士学位、硕士学位，专门培养捷克共和国彩票业专业人才。另外，这次培训并不局限于在校学生，商界人士、彩票业从业人员、国家公务员以及彩票业监管部门的官员都可以报名参加。该套课程包括的科目如下：彩票法、彩票业组织机构基本管理原则、彩票产品、彩票业在经济中的定位、彩票统计方法学、彩票的促销和公共关系、彩票带来的社会问题等。这一整套课程的开发还得到了 Las Vegas 大学国际游戏协会和瑞典彩票业院校研究教育机构的协助。[①]

营销管理人员是福利彩票机构的领导者和管理者，需要领导和管理一个团队，因而需要较高的素质。福利彩票营销管理人员应具备的素质，包括道德素质、业务素质、心理素质和身体素质等各方面。

（一）福利彩票营销管理人员应具备的道德素质

福利彩票机构营销人员的道德素质是指对他们的道德品质要求，一般包括遵纪守法、克己奉公、爱岗敬业等。具体表现在以下方面：

第一，品行端正，严于律己，以身作则。福利彩票的营销管理人员是一个管理者，既要管人，又要管事，首先必须要品行端正，不违法乱纪，不假公济私。同时，管理者作为带头人，必须严于律己，以身作则，以得到员工的敬重，带领员工顺利完成彩票的销售任务。

第二，勇于承认错误，并能及时改正错误。任何管理者在经营管理工作中都会犯这样或那样的错误，重要的是怎样面对错误，怎样在最短的时间内将错误带来的损失降到最低。一个成功的管理者，不仅要有很高的业务素质，还要有勇气承担由于自己的失误而带来的损失。因此，福利彩票的营销管理人员要能够勇于自我否定，经常检讨自己的工作，及时修正错误。

---

① 陈丽青：《捷克数家大学联手培养彩票业人才》，载《公益时报》2004 年 11 月 29 日。

第三，善于举贤荐能，发现人才，培养人才。福利彩票的营销管理人员要懂得"得才者昌"的道理。管理者如果自己不能出色的胜任工作，又嫉妒他人的才能，其结果必然是，优秀的人才一个一个被挤走，代之而来的是庸碌之辈，这样的组织必然是没有前途的。因此，作为组织或部门的管理者必须胸怀宽广，任人唯贤，善于经营人心。

（二）福利彩票管理人员应具备的心理素质①

每一位领导者、管理者，除了对所主管的各项工作要认真做好以外，还要妥善处理下属提出的一些要求和不满情绪。但是，对有些要求和突如其来的问题，管理者们应该具备较强的心理素质，才能够应付自如。因此，较好的心理素质是福利彩票营销管理人员取得较高效益的保证。

1. 开朗友善，善于交际

福利彩票的营销管理人员要同机构内外的各种人员打交道，离不开人际交往，这就需要营销管理人员具有活泼开朗的性格和喜欢交际的心理。人们支持福利彩票事业和购买福利彩票，除了对国家的信任以外，还要考虑对从事彩票工作人员的信任。这就要求福利彩票营销管理人员具有希望与周边和内部建立一种和谐关系的宽容心态。

2. 充满自信，意志坚定

福利彩票营销管理人员的工作是一项管理工作，碰到问题要想出办法，拿出主张，为此，必须要有自信心。自信心是对营销管理人员职业心理的基本要求。自信心理实际上是一种对自己意志方面的自我暗示，是一种精神支柱。一个人有了自信心，才会自强不息，产生自信力，坚信事业能成功，并进而激发出极大的勇气和毅力，敢于面对挑战，敢于开拓进取，锲而不舍，最终创造出优秀业绩。同时，营销管理工作是一种具有挑战性的工作，有可能成功，也可能遭受挫折甚至失败，存有一定的风险。因此，在紧急情况下要意志坚定，不易受外界的干扰，镇定自若，临危不乱，处变不惊，凭借智慧和毅力，通过不

① 胡正明：《推销技术学》，高等教育出版社1993年版，第259~261页。

懈努力，争取良好的效益。正如法国哲学家卢梭所说的那样"自信心对于事业简直是奇迹，有了它你的才智可以取之不尽，用之不竭。一个没有自信力的人，无论他有多大才能，也不会有成功的机会"。

3. 谦虚谨慎，平易近人

福利彩票组织可以是一个"金字塔"式的结构，营销管理者居于金字塔中间的过渡位置。他既是上层领导的得力干将，又是基层员工的领导者。他肩负着上传下行的责任，向领导汇报基层员工的工作情况，向基层员工传达领导层的决策和精神。因此，管理者必须谦虚谨慎，平易近人。

（三）福利彩票管理人员应具备的业务素质

福利彩票营销的管理人员的业务素质是指其完成营销管理工作所必须具备的专业知识和技能。对于一个以销售彩票为目标的组织来说，市场营销是主要的活动方式。因此，对于市场营销的管理者来说，其业务素质的高低将关系到销售团队能否发挥作用。

福利彩票营销管理者所必须具备的基本业务素质与其工作性质密切相关，主要表现为业务知识和业务技能的把握。在营销工作中要同各种性格、不同层次的人打交道，就需要具备多方面的专业知识，并且要把多种专业知识转化为管理者自己头脑中的知识体系或知识结构。这种知识体系或结构一般由以下几个方面构成。

1. 营销理论知识

福利彩票的营销管理人员从事营销管理工作，需要有科学的理论作指导。其基本理论主要包括营销管理、消费者行为、营销战略、营销规划、公共关系、广告促销、市场调研等方面的内容。营销管理人员必须了解市场营销的各种战略、策略和方法，并要学会具体的管理知识，如信息的搜集与使用，市场调查、市场预测、营销决策的技术与方法等。

2. 营销环境知识

福利彩票的营销管理人员接触的彩民生活在特定的环境中，政治、经济、法律、社会文化对他们的购买产生着较大影响。因此，必须了解营销区域内的风土人情、宗教信仰等，以制定正确的营销战略和策略，促进销售任务的顺利完成。

3. 营销实务知识

营销管理工作是一种实务性、操作性很强的工作。除需精通基本理论外，还需要具体实务性知识。福利彩票营销管理的实务知识主要包括：福利彩票宗旨、福利彩票机构、分量彩票玩法、福利彩票彩民、福利彩票推销技巧等。

（四）福利彩票管理人员应具备的身体素质

身体条件是福利彩票营销管理者保证工作热情、发挥积极性、挑起营销重担的重要条件。在科技、经济、社会飞速发展、各个组织之间竞争日益激烈的情况下，作为一个组织或一个部门的营销管理者，要使自己的团队在种种激烈竞争的环境中生存，并带领组织向更高的目标迈进，他必须思维敏捷、动作迅速，能够在连续的、长时间的工作中依然保持一个冷静的头脑。正如邓小平同志在《高级干部要带头发扬党的优良传统》一文中说的，"不管你的见解是多么高明，如果没有精力，要做好工作是很困难的。"[1] 环境瞬息万变，要在有限的时间内处理大量的常规性的和非常规性的复杂问题，没有充沛的精力和体力，是难以肩负重任的。

三、福利彩票营销管理人员的能力要求

能力是指一个人从事一定社会实践活动的本领。它是一个人干好工作的基础。身为福利彩票机构的营销管理人员，不仅要有高度的责任感和较高的综合素质，还要有较高的工作能力。营销管理人员应该具备的能力包括几个方面：

---

① 邓小平：《高级干部要带头发扬党的优良传统》，载《邓小平文选》（1975～1982 年），人民出版社 1983 年版，第 194 页。

（一） 组织能力

福利彩票的营销管理人员要组织员工完成彩票的销售任务，一方面需要帮助员工树立有意义的目标，鼓舞员工士气，培养和调动员工的主动性和积极性；另一方面，需要组织各种营销活动，宣传福利彩票的宗旨和意义，扩大福利彩票的销售量。可见，福利彩票营销管理人员的组织能力，体现在对人员的组织能力和对营销活动的组织能力两个方面。

第一，具有组织员工搞好彩票销售的能力。营销管理人员对员工的组织能力，表现为组织团队的能力和调动个人的能力。组织团队的能力是指其为了完成销售任务而组织不同方面的人员开展专项工作的能力；调动个人的能力是指善于激发员工的工作热情，能够调动员工的工作积极性，鼓励员工提出营销活动的合理化建议和意见。

第二，具有组织各种彩票营销活动的能力。福利彩票的营销目标需要通过组织、宣传、实施各种营销活动来实现。这就要求福利彩票的营销管理人员具有组织各种类型营销活动的能力，例如：定期组织大规模的促销活动，组织福利事业的宣传活动，组织投注站的培训活动，等等。

（二） 协调能力

福利彩票机构营销管理人员的协调能力主要表现在彩票机构内部关系的协调、与彩民关系的协调、与周围环境之间关系的协调、与投注站关系的协调等四个方面。

1. 具有协调福利彩票机构内部关系的能力

营销管理人员是福利彩票机构的中坚力量，肩负着完成销售任务的使命。为此，必须能够协调机构内部各方面的关系，使大家认同机构的价值观念，形成统一的奋斗目标，形成强大的凝聚力，更好地完成营销任务。

2. 具有协调与彩民之间关系的能力

彩民是福利彩票的购买者，因此，协调彩民关系的能力是福利彩票营销管理人员最基本的能力。协调彩民关系，就是要认真了解彩民对福利彩票的意见，征询对彩票玩法的建议和对彩票机构的意见，以便在营销决策中参考；及时妥善处理彩民的咨询、批评和纠纷，以免引起负面影响。在处理彩民投诉这种问题时，管理者的态度要诚恳，要注意倾听；属于彩民误解的问题，应予以耐心的解释和说服。

3. 具有协调与周围环境之间关系的能力

福利彩票的营销活动，会涉及到政府机关、新闻媒体、街道社区、企业与事业单位等各个方面，需要得到这些机构和部门的关心和帮助，这就要求福利彩票的营销管理人员具有协调各方面关系的能力。没有良好的协调组织能力，就很难把这种千头万绪、纷繁复杂的营销活动搞得有章有法，有条不紊。

4. 具有协调与投注站关系的能力

投注站是福利彩票的销售终端，其状况直接关系到福利彩票的销售量。作为一个独立的群体，投注站在利益上与福利彩票系统既有一致性，又存在差别。一方面，它们对福利彩票机构的生存与发展起着重要的作用；另一方面，它们也在尽力争取自己的利益。这样，协调与投注站的关系就成为福利彩票营销管理人员的重要职责。

（三）营销能力

福利彩票机构的最主要的业务就是发行销售福利彩票。因此，作为福利彩票的各级营销管理者，都应该具备很强的营销能力，应该是销售方面的专家。营销管理人员虽然不直接销售彩票，但负有教育下级管理人员和营销业务人员的任务。因此，如果对营销业务不精通，就无法指导现场的管理者和业务人员，也就难以胜任其职。

1. 具有对市场变化敏锐的观察能力

在福利彩票营销过程中，需要搞好市场信息的收集和处理，为此，必须具有敏锐的观察能力和敏捷的思维能力，才能广泛、及时地搜集信息，并对搜集的零乱信息进行综合分析和处理，从平静的表象中发现潜在的变化，从现象中发现本质，把握住时机，出奇制胜。否则，如果营销管理者不善观察、反应迟钝，对市场的变化视而不见，势必缺乏应变能力，贻误时机，在市场竞争中打败仗。

2. 具有对营销环境灵活的应变能力

福利彩票的营销管理人员经常面对各种复杂的甚至是突如其来的恶劣环境，仅用一种姿态或模式对待是很难奏效的，这就要求营销管理人员具有灵活机动的应变能力，做到在不失原则的前提下，能化复杂为简单，化干戈为玉帛，取得营销的成功。反之，如果缺乏灵活的应变能力，在处理一些错综复杂的情况时，往往会因束手无策而导致失败。

3. 具有对营销过程娴熟的控制能力

福利彩票的营销管理人员通过组织营销活动促进彩票的销售，而每一个大的营销活动过程都可能出现意想不到的问题，这就要求管理者必须具备娴熟的控制能力，以保证营销活动沿着正确的方向前进。

（四）沟通能力

福利彩票营销管理人员的工作性质是与人打交道，经常与彩民、投注站、相关单位和机构内部的人员发生业务和工作联系，从而决定了他们必须具有很强的沟通能力。

1. 具有广交朋友的能力

福利彩票营销管理人员的沟通能力首先表现在社交能力上。社交能力是指营销管理人员与社会各界人员交际的能力。福利彩票的特殊性决定了营销管理人员都是社会活动家，要同各方面的人打交道，这就要求其具备与各种各样的人交往的能力，能够广交朋友。通过交往，树立福利彩票机构的良好形象，从而为彩票销售扩大市场。反之，如果交际能力差或不善交际，往往会人为地在自己与社会、自己与周围环境、自己与他人之间设置一道心理屏障，这显然不适合推销工作的顺利完成。

2. 具有良好的语言表达能力

福利彩票营销管理人员要把自己的想法充分表达给内部人员和社会各界，就必须语言表达能力强，具体表现在语言要清晰、简洁、明了，准确适度，入情入理，亲切优美，能打动人、说服人，能感染对方，激发起彩民的购买热情，能形成良好的营销气氛。具有良好的语言表达能力，可以博得社会各界的欢心，博得友谊，有助于取得良好的销售业绩。

四、福利彩票营销业务人员的素质要求

福利彩票机构营销业务人员的职责是销售福利彩票，实现组织的目标。他们素质的好坏、能力的高低，既关系到组织的外部形象，又关系到机构的营销效益。因此，提高营销业务人员的素质就成为福利彩票机构营销人员管理的重要问题。

福利彩票机构的营销业务人员的素质要求，有些与管理人员的要求完全相同，如良好的道德品质、健康的身体等。但也有些差异，如不需要领导能力、协调能力等。可见，前面介绍的营销管理者的素质要求、能力要求中的许多内容，同样适用于营销业务人员。

一般说来，优秀的营销业务人员要具备艰苦奋斗的创业精神和良好的道德品质，热爱本职工作，有强烈的上进心和进取心，遵守国家法律和有关政策法规；要身体健康、精力充沛、举止大方、态度和蔼、作风正派，要有较强的语言表达能力，讲究语言艺术；要具备福利彩票的相关产品知识、技术知识、市场知识和公关知识等；要有较强的沟通能力，谈吐自如，机灵善变，并要熟悉掌握各种推销技巧。

第三节 福利彩票营销人员的招聘和培训

福利彩票营销人员管理的过程也就是营销人员管理的环节，包括招聘、培训、激励和考评等几个方面，每个方面都有丰富的内容。本节研究招聘和培训

环节的内容。

一、福利彩票营销人员的招聘

福利彩票营销人员的招聘就是从各种类型的求职者中筛选出所需要的人员。求职者各自具有不同于其他人的特点和关键特征，进行人员招聘就是要根据每一位求职者所表现出的不同的特点和关键特征来确定是否符合组织需要。

对于营销人员需要具备的"关键特征"，西方已经有许多学者作了描述。美国营销学家麦克莫里（Mcmery）认为，具有营销人员个性的人应当是习惯性追求者，是一个强烈需要取胜和支配别人感情的人。他同时列举了优秀营销人员的五项特征：精力充沛、充满自信、渴望金钱、勤奋努力，有一种将各种异议、阻力或障碍看做挑战的心理状态。梅耶（Mayer）和格林伯格（Greeberg）认为，优秀的营销人员必须具备两个基本品质：一是感同力，即能设身处地地为顾客着想；二是自我驱动力，即具有完成销售任务的强烈愿望。这同样也适用于福利彩票系统对福利彩票营销人员的素质要求。

福利彩票营销人员的招聘需要经过三个步骤，即前期的招聘准备过程、中期的测试与筛选过程和后期的录用与评估过程。

（一）前期招聘准备过程

福利彩票机构的前期招聘准备过程，就是最高管理层关于营销工作岗位的管理人员和业务人员的招聘决定及选择标准的过程。招聘决策过程主要包括制定详细的招聘计划、定岗定编（即确定需要招聘新员工的所有岗位以及每个岗位所需人员的数量）、确定筛选每个岗位求职者的标准、确定在测试筛选过程中所要使用的测试手段，还包括发布招聘信息的时间、招聘预算、结束招聘的时间以及新员工的上岗时间等。

1. 定岗定编

在制定招聘计划时，首先就应该确定组织将要进行招聘的岗位和此岗位所需的人员数量。进行定岗定编时，必须本着最大限度地发挥现有职工的能力和水平的原则，使现有员工都能够在日常工作中满负荷的工作，不浪费现有人力资源。在定编时，要本着计划招收的员工人数要少于实际需要的人数，只有这样，才能更大地发挥员工的能动性，提高效率。

福利彩票系统在招聘营销人员时，首先要确定需要增加营销管理人员还是增加营销业务人员，以根据不同的需求对应聘人员提出适当的要求。在这个过程中，还要科学地确定所需营销管理人员和营销业务人员的数量。

2. 确定筛选标准

合理的筛选标准，是防范招聘风险的一个重要措施，更重要的是，良好的筛选标准可以大大地降低组织的招聘成本。当福利彩票机构确定要招聘人员的岗位后，就要根据每个岗位的特点和特殊要求，来确定对于各个求职者的筛选标准。

要选拔合格的营销人员，筛选标准固然重要，但是筛选标准与岗位要求的能力并不是显著相关的。一个科学的筛选标准还要求达到这样一种效果：它能够筛选掉大部分不合格的求职者，同时保留住相当部分合格的求职者。也就是说，筛选标准所确定的门槛应该是不高不低。

3. 确定测试手段

测试手段就是在员工招聘过程中，组织要通过什么样的方式来选拔适合于某个工作岗位的人员。在这项准备工作中，组织一定要尽可能多的准备丰富、全面且有效的测试手段，以降低求职者欺骗成功的概率，降低因求职者的欺骗行为而造成的损失。福利彩票机构可以采用的主要测试手段有笔试、面试、心理测试和智力测试、现场操作和实地测试等。

（二）中期测试与筛选过程

前期的准备工作就绪以后，接下来要通过测试进行筛选。筛选的程序因企业而异，有简有繁，详细的过程分为初步面谈、填写申请表、笔试、面试、学历与经历调查、体格检查、决定录用等程序。

1. 初步面谈筛选

该过程主要是通过与应聘者交谈，看其是否认可福利彩票的宗旨和机构的文化，以及看应聘者的五官、身材等方面是否适合从事福利彩票的营销工作。

2. 申请表筛选

初步面谈合格的应聘者要填写申请表。申请表的内容包括姓名、性别、年龄、学历、毕业学校及专业、籍贯、工作简历、个人特长、过去受过何种奖励和处分等。同时，要交纳获取的毕业证书、学位证书，及其他证明其水平和能力的各种证书的复印件。

3. 笔试筛选

通过了申请表筛选的应聘者，下一步要进行书面考试。笔试的内容主要是营销管理需要的基本理论、基本技能和基本方法。

4. 面试筛选

由于营销人员以后的工作是与人打交道，不仅需要看其理论知识的掌握程度，还要看其心理素质和应变能力。因此，对于笔试合格的应聘者还要进行面试。面试是为了更深入准确地了解应聘者的情况，判断应聘者的素质是否符合工作要求而进行的双方面对面的接触和交流。面试是招聘筛选的主要环节，其主要方式有以下几种：

（1）计划式面试。即面试前根据面试目的预先拟定提问内容。这种面试方式的优点是思路清晰，能使问题对应聘者提出很大的挑战；不足之处是容易导致程式化和呆板，只是在预先准备的方案中选择问题，容易不全面。

（2）深入面试。该方式是针对某一特定问题，招聘方与应聘者进行深入地探讨，这对于应聘某些特殊职位的候选人而言，是对其做出正确评价的有效方式。当然，招聘方在讨论的过程当中要讲究技巧，不能过于极端。

（3）启发式面试。这种面试方法是随机向求职者提问，使他们不能事先构思答案。该方法比回答规定问题更能表现出真实的一面，可以通过应聘者的回答揭示许多有价值的信息。

（4）压力面试。压力面试通常是在一开始就给应试者以意想不到的一击，通常是敌意的和具有攻击性的，以此观察应试者的反应。这种方法可以了解应聘者承受压力、情绪调整的能力，可以测试应聘者的应变能力和解决紧急问题的能力。当然，这种面试方式一般用于招聘销售人员、公关人员和高级管理人员等。

（5）行为描述面试（简称"BD 面试"）。"BD"是行为描述面试的英文 Behavior Description Interview 前两个词的缩写。招聘方使用行为描述面试的方式是要了解两个方面的信息：一是应聘者过去的工作经历，判断他选择本组织发展的原因，预测他未来在本组织中发展的行为模式；二是了解他对特定行为所采取的行为方式，并将其余空缺职位的要求进行比较分析。[1] 行为描述面试的问题通常是与应聘者过去的经历和工作绩效相关的，该方式具有诱导性。

（6）能力面试。能力面试与行为描述面试具有本质上的不同，即这种方法关注的是应聘者如何去实现所追求的目标。在这里，招聘方对于应聘者的工作经历关注较少，他所关注的是应聘者本身的能力。另外，如果应聘者具有这方面的工作背景，就要了解其工作绩效和工作方法是否适合招聘职位需求。

5. 学历与经历调查

对于面试合格的应聘者，下一步要审查其所填表格内容和所提供各种证书的真实性。对那些决定其是否录取的证书，不仅要查看应聘者提供证书的原件，还应该向发证机构核实。

6. 体检

体检是招聘营销人员的最后一个环节，体检合格的便可以录用。

（三）后期录用与评估过程

招聘是为了录用。因此，录用和评估是招聘工作必不可少的收尾。

1. 人员录用

福利彩票营销管理人员和业务人员的录用阶段是整个招聘过程开花结果的阶段。为了保证录用到真正优秀的人员，在整个招聘过程中，一定要注意坚持公平、公正的原则，以免受到"外部游说"活动的影响。更重要的是，录用

---

[1] 杨旭华、王新超：《卓越人力保证技术——企业人才选聘经典实务》，广东经济出版社 2003 年版，第 130 页。

时应根据具体情况灵活掌握录用标准，不要墨守成规。

2. 招聘评估

招聘评估是招聘工作结束后对整个招聘过程进行的评价，目的是总结经验，吸取教训，为以后的招聘打下基础。招聘评估主要分为两类：招聘结果的成效评估和招聘方法的成效评估。

（1）招聘结果的成效评估。招聘结果的成效评估主要针对招聘成本，录用人员的数量、质量进行评估。

福利彩票机构要对整个招聘过程中所发生费用的调查、核实，并与先期预算进行对比，期间的费用主要包括招募费用、选拔费用等各种直接费用和工作流动费用等间接费用。组织实施招聘的目标是招聘总成本和单位成本最小化。对招聘过程中的成本进行客观评价，有助于组织在今后制定招聘计划、做招聘预算提供了很好的参考。

对录用人员的数量进行评估，主要是根据招聘准备工作中所确定的目标来确定录用的人员数量是否符合要求。对录用人员的质量进行评估实际上是在录用以后，通过对录用者的实际工作的考核，进一步评估其能力、潜力和素质的过程。

（2）招聘方法的成效评估。招聘方法的成效评估主要有招聘的信度评估和效度评估两类。

招聘的信度是指招聘的可靠性程度，用某项测试所得结果的稳定性和一致性来衡量。做信度评估要使用三个量度系数：①稳定系数。稳定系数是指用不同测试方法所得结果的稳定性程度。稳定系数的数值越高，说明招聘工作的稳定性越好。②等值系数。等值系数是看对同一应聘者采用不同的测试方式而得出结果的一致性，系数越高说明测试是成功的。③内在一致性系数。内在一致性系数是指同一测试分为若干部分加以考察，各部分所得结果之间的一致性。

招聘的效度是指招聘工作的有效性，显示的是组织对应聘者真正测试到的品质、特点与其想要的品质、特点的符合程度。效度评估也有三个量度系数：预测效度、内容效度和同测效度。预测效度是将应聘者在选拔中的分数与被录用后的绩效相比较，两者相关性越大，说明测试方法、选拔方法越有效；内容效度是凭招聘人员或测试人员的经验来判断，多用于知识测试与实际操作测试；同测效度是对现有员工实施测试，将测试结果与实际工作绩效相比较，相关系数越大，表明测试效度越高。

二、福利彩票营销人员的培训

为使福利彩票持续、稳定、安全地健康发展，必须对系统内的员工进行管理和业务培训。福利彩票营销人员的培训，是由福利彩票机构人员或邀请培训人员，根据某一部分人员在某一时期的工作需要，通过书面、口头传达和沟通或者其他手段，对这些员工进行教育、示范和训练，以更新观念、转变态度、增长知识和技术、提高其思想素质和业务素质的过程。

开展营销人员培训的作用，是为了改变或强化营销人员的行为，激励他们的职业动机。营销人员的职业动机包括三个方面：第一，职业弹性，是指营销人员独立处理工作问题的能力，它所反映的是营销人员的专业知识和技能多样化程度。职业弹性高的营销人员，通常学习意愿强，善于采取新的方式和技能去解决工作中遇到的问题，因而，对外部环境的变化，如营销观念变化、客户需求变化、竞争环境变化等具有较强的适应能力。第二，职业洞察力，是指营销人员对自身业务能力以及自己所承担的任务和目标的认识程度。高职业洞察力的营销人员，会主动为自己设定职业目标，通过参与相关的学习与开发活动，提高自己的技能，防止技能老化。第三，职业认同感，是指营销人员对其工作价值以及公司的认可程度，高职业认同感的员工对公司怀有强烈的责任感，愿意尽自己的最大努力去实现组织目标，并会为自己的工作以及在工作中取得的成就感到自豪。营销人员的职业动机通常会受公司的个人发展空间，员工开发政策，职业发展机会等因素的影响。①

培训是福利彩票机构人力资本投资的一种重要形式，主要考虑培训的内容、类型、方法以及培训过程的主要环节等几个方面。

（一）福利彩票营销人员培训的一般内容

福利彩票营销人员的培训包括营销管理人员和营销业务人员两部分，业务

① 赵慧军：《动力与绩效——知识工作者的资源开发》，经济管理出版社 2004 年版，第 69 页。

人员又分为新员工上岗培训和老员工在岗培训两种类型。由于各类人员的工作经历、工作性质、工作内容的不同，培训的内容也应有所不同。要针对各工作岗位的性质对其进行工作岗位分析，根据不同的需求制定不同的培训方案，这样才能收到良好的培训效果。为了便于培训的开展，首先需要了解营销人员培训的一般内容。

福利彩票营销人员培训的一般内容主要包括：（1）与福利彩票发行中心的发展相关的培训。主要包括福利彩票机构的企业文化方面的培训、组织机构变化方面的培训、营销理念方面的培训等。（2）与福利彩票营销人员的工作相关的培训。主要针对不同层次的营销人员为了提高其业务水平和能力而进行的培训。（3）有关福利彩票新玩法的培训。福利彩票机构一旦推出新的玩法，就必须及时进行营销人员培训。（4）与彩票市场相关的知识培训。与彩票市场相关的知识，包括彩票市场环境知识、彩民行为方面的知识、竞争者方面的知识等。（5）有关现代营销管理知识和技能方面的培训。营销理论不断创新，营销人员必须与时俱进，不断学习新的营销管理理论和技能方面的知识。

（二）福利彩票营销人员培训的层次

福利彩票机构的营销人员培训可以分为三个层次，这里分别进行研究。

1. 新员工上岗培训

新员工是指刚进入福利彩票机构的员工。为了使这些员工尽快熟悉环境，了解情况，进入角色，在上岗前必须对他们进行针对性的培训。新员工上岗培训的内容主要包括：

（1）福利彩票机构基本情况的介绍。即向新员工介绍机构的内部条件和外部环境、发展历程、现状和长远规划；人员构成、组织机构的设置及职能；发行的福利彩票产品的类型、品牌等。

（2）福利彩票机构行为规范教育。组织新员工学习机构的规章制度，如请假制度、奖惩制度、福利制度、财务制度、岗位责任制度、绩效考评制度等，让其了解有关业务制度，怎样对待顾客、文明用语等内容。

（3）思想政治教育。思想政治教育除了要向员工灌输社会主义伦理道德规范、敬业精神以外，还要向其介绍福利彩票机构的优良作风、先进事迹等。

（4）业务知识和技能的训练。其内容一般包括：了解福利彩票各种产品的经营工作流程以及规则；学习其基本程序和方法；以及对于机器的操作要领等。

2. 营销管理人员的培训

福利彩票营销管理人员的培训是对福利彩票机构从事营销管理工作的人员进行的培训。作为营销管理人员，一般都有较高的学历基础和实践经验，都具有诸如计划、组织、指挥、协调、控制等能力，但随着竞争的加剧，管理者也必须终身学习。因此，对营销管理者开展培训是所有机构都必须认真考虑的问题。不过，由于工作层面的不同，所需学习和培训的内容也会有所区别。哈佛商学院的 Katg 教授认为不同层次的管理者所应具有技能要求是不同的，他研究出各级管理人员技能的最优化组合以及不同管理层所需具备的能力差别，如表7－1与表7－2① 所示。

表7－1　　　　　　不同管理层在管理技能上的不同侧重要求　　　　单位：%

	专业技能	人文技能	理念技能
高层管理者	17.9	39.4	42.7
中层管理者	22.8	42.4	34.8
基层管理者	50.3	37.7	12.0

表7－2　　　　　　不同管理层所具备的能力差别

高层管理者	洞察能力、决策能力、创造能力、统筹能力、批判能力
中层管理者	判断能力、领导能力、协调能力、沟通能力、专业能力
基层管理者	专业能力、计划能力、指导能力、沟通能力、理解能力

如何针对不同的管理阶层来制定合理有效的培训方案，是目前大多数机构亟待解决的问题。

---

① 华茂通咨询：《现代企业人力资源解决方案——员工培训与开发》，中国物资出版社2003年版，第253、254页。

3. 营销业务人员的培训

对福利彩票营销业务人员的培训是对营销理论、销售技巧、发展新彩民、巩固老彩民、事业心、责任感等方面的培训，以保证营销业务人员能够很好地适应环境，出色地完成销售工作。

（三）福利彩票营销人员培训的方法

福利彩票营销管理人员和营销业务人员培训的基本方法主要包括案例教学法、暗示教学法、情景模拟法、游戏法等。

1. 案例教学法

案例教学法是围绕一定的培训目的，把实际中真实的情景加以典型化处理，形成供学员思考分析和决断的案例（通常为书面形式），通过独立研究和相互讨论的方式，来提高学员的分析问题和解决问题的能力的一种方法。在案例教学中，要求学员扮演案例中的角色，全体同学面对同一个案例，在教师的引导下，各抒己见，以引起争论经过充分讨论，取得可行的最佳方案。

在对福利彩票营销人员的培训中，案例教学法比较适用于对管理人员的培训。

2. 课堂教学法

实行课堂教学法培训的有两种类型：一是课堂系统培训；二是请专家讲座。课堂教学法是新内容、新知识培训的主要方法。

3. 情景模拟法

情景模拟法是指在模拟具体工作情景条件下，通过对培训对象的行为加以观察与评估从而鉴别、预测受训者的各项能力与潜力。这种方法在国外被许多的大型组织广泛应用于管理人员的培训，当然，对福利彩票营销业务人员的培训也可以借鉴情景模拟法中的部分方法，加以改进。

情景模拟法注重学习者能力的培养，从整体上提高学习者岗位工作效率和质量，可以增强学习者的竞争意识，使学习者在同样的环境中进行判断和决策，彼此间互相竞争，互相促进，在不知不觉中增强学习者的紧迫感，树立竞争意识。当然，情景模拟法也有自身的缺点。它的要求比较高，准备时间较长，对教师综合素质的要求也较高；在学习的过程当中，角色扮演的程度较高，忽视了学习者的自发参与的影响。

（四）福利彩票营销人员培训的主要环节

福利彩票营销人员培训的主要环节包括：人员培训的需求分析、人员培训的组织与实施、培训结果的评估与衡量。

1. 营销人员培训的需求分析

在培训工作开展之前，首先要对员工培训的需求进行分析，确定培训是否必要，哪些人需要培训，培训的重点放在哪里。人员培训的需求分析分为几个主要过程：

（1）组织资源分析。培训需求的组织资源分析主要是指通过对福利彩票机构的目的、资源、环境等因素的分析，找出问题，确定培训目标和经过培训后组织将会呈现的状况。

培训需求的组织资源分析涉及到能够影响培训规划各个组成部分，它包括对组织目标的检查、组织资源的分析、培训环境的变换等方面。组织目标清晰，就易于设计与执行培训计划；可被利用的人力、物力、财力资源明确，就容易确立工作目标；许多工作环境特征会影响培训成果的转换，其中包括转化氛围、管理者的支持、应用所学技能的机会和建立学习型组织。

（2）培训对象分析。培训对象分析是帮助确定需要接受培训的员工有哪些。组织要求员工达到的工作绩效是衡量员工培训的标准，员工现在达到的实际工作绩效是员工是否需要参加培训的依据。若二者有差距，说明员工需要培训；差距越大，说明培训的需求越大。培训需求可能来自于包括绩效问题、工作变革或新技术的应用等方面。对员工的工作业绩进行评定后，还需要进一步确定导致业绩存在差距的原因，从而确定培训的重点内容。

（3）培训任务分析。培训任务分析的目的是确定培训内容，其最终结果是有关工作活动的详细描述，包括员工执行的任务和完成任务所需的知识、技术和能力的描述。只有当组织资源分析确定了要在培训中投入的时间与资金后

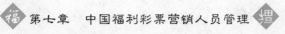

才能进行培训任务分析。

2. 营销人员培训的组织与实施

在组织人员培训时，首先要制定明确、可行的人员培训计划，然后再根据培训计划的各项要求按步骤实现。

（1）培训计划的制定。培训计划的制定要包括下列内容：培训范围的确定、培训内容的制定、培训方式的选择、培训时间的确定以及培训计划的调整方式和组织管理等工作。值得注意的是，在制定培训计划时，要严格遵循以培训发展需求为依据、以组织发展计划为依据、以各部门的工作计划为依据和以可以掌控的资源为依据的原则。

（2）培训计划的实施。制定好培训计划后，就要实施培训计划。实施培训计划要做好几项工作：选聘培训教师、制定教学执行计划、培训效果的考核与评估。在实施培训计划的过程当中，也应当对其进行控制。培训计划实施控制的主要标准在于计划是否符合实现目标所要具备的条件。

3. 营销人员培训结果的评估与衡量

对培训结果的评估是进行人员培训的最后一个环节，是改进培训质量、提高培训效果、降低培训成本的一种手段，针对评估结果，要采取相应的纠偏措施并不断跟踪。

在进行培训评估过程中，要确定评估的标准是什么，以便公平、准确的判定培训的效果。评估标准包括以下几种：学员的反应，即培训对象对整个培训的意见和看法；知识标准，即员工通过培训获得的知识、技能是否具有可操作性和实务性；行为标准，即员工在接受培训后所表现出的行为变化是否符合组织的预期目标；工作绩效，即员工在培训过后的劳动生产率是否提高、销售额是否上升、利润是否增加等。

进行评估时，应采用多种多样的评估手段，如调查问卷评估、检查培训记录、跟踪调查等。实践证明，通过追踪的方法来对培训效果进行评估的实用性较强，准确性较高。

第四节 福利彩票营销人员的激励和考核

福利彩票营销人员管理的重要任务之一是激励营销人员发挥更大的积极性，并通过业绩考核，发现员工存在的问题和不足并及时纠正，以保证营销任务的完成。

一、福利彩票营销人员的激励

激励，顾名思义，就是激发鼓励，就是调动人的积极性，勉励人们向期望的方向努力。福利彩票营销人员的激励，就是调动管理人员和业务人员的积极性，使他们的行为向有利于组织目标实现的方向转化。

(一) 激励的基本形式

激励的方式很多，要因人而异。从不同的角度划分，激励的基本形式主要有以下几种：

1. 从激励的手段可以划分为物质激励与精神激励

物质激励是指对员工的物质需要加以满足，达到提高员工的积极性和工作效率的目的。精神激励是指对员工的精神需要加以满足，如表扬、授予各种荣誉称号等。根据马斯洛的需要层次理论，物质需要是人类最基本的需要，是促使人们进行生产和生活的基本保证，物质利益关系是人类社会的最根本的关系。因此，物质激励是激励的主要形式。然而，当人们的物质需要达到一定的满足程度时，就会产生精神上的追求。当前，满足人们的自尊心、自我实现的荣誉感，更能激发人们的工作热情。福利彩票机构在对营销人员进行奖励时，必须将物质奖励与精神奖励相结合，才能发挥最大的作用。物质奖励是基础，精神奖励是根本，在两者结合的基础上，逐步过渡到精神奖励为主，使奖励措

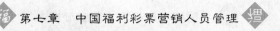

施的作用发挥得更持久、更深远。

2. 从激励的方向可以分为正激励与负激励

"正激励"是从鼓励的角度出发，利用物质的和精神的条件激发个人的工作热情，以便更好地实现组织的目标。"负激励"是从限制的角度出发，提出一定的约束条件，加大违规者的违规成本，防止员工做出机构不希望发生的事情。可见，正激励是对行为的肯定，负激励是对行为的否定。无论是正激励还是负激励，其作用是对某种行为的强化。一般来说，正激励对实现组织的目标的效果要好于负激励。

3. 从激励作用的层次可以分为内激励与外激励

内激励是通过启发诱导等方式，培养员工的自觉意识，形成某种观念，在这种观念的支配下，产生动机，从而发生组织所期望的行为。外激励是指采取外部措施，奖励组织所期望的行为，惩罚组织所反对的行为，以鼓励员工按组织所期望的方向努力。

内激励是通过对人的思想、理念、意识进行教育影响实现的，主要通过企业文化发挥作用。内激励见效比较缓慢，但作用持久，激励作用较大。外激励多以规章制度、奖惩措施的面目出现，有某种强迫性，但长期的外激励政策可以帮助人们树立某种观念或意识，产生内激励效应。

上述每种激励形式都只反映激励的一个侧面，因此，福利彩票机构要根据自身的性质、特征和现实状况，对激励方式加以组合运用，以收到预期的最佳效果。比如对管理人员的奖励，要根据所管辖范围的工作绩效对其进行精神、物质奖励相结合的奖励；对业务人员的奖励要根据其福利彩票销售额和彩民满意程度等不同方面进行不同程度的激励，而不单单是看其销售业绩。这样才能达到既奖励了有积极行为的人员，又对那些暂时落后的人员以鼓励，取得最好的激励效果。

由于文化背景的差异，对员工的激励会有较大的差别。一项研究成果对美国、日本和中国的员工激励进行了比较，其差异主要表现在以下几个方面（见表7-3）：

表 7 - 3   美、日、中三国在个体激励上的差别①

	美国	日本	中国
动机激励	成就 + 冒险	成就 + 安全	生活质量 + 安全
需要激励	成就需要（个人）	安全需要 + 个人成就需要	社会需要 + 安全、个人需要
工作激励	工作丰富化重建个人职业	集体班组成就	健康的人际关系，降低个人间的竞争关系

（二）激励的基本原则

为了保证福利彩票营销人员激励能够收到预期的效果，激励工作必须遵循科学的原则。

1. 激励要递增

激励递增的原则是指无论是奖励还是惩罚，其份量都要逐步增加，以增强激励效应的持久性。激励强化原理是指通过不断地满足员工各种需求，强化期望行为，激发、调动人的积极性，达到提高生产率的目的。斯金纳的强化理论认为，固定间隔的间歇性强化，只能带来一般的和不稳定的工作表现，组织所强化的行为快速消退。如果组织长期使用这种强化方式，几乎收不到激励效果。②

2. 激励要公正

激励作用的大小，不仅取决于人们所得的绝对量的多少，而且取决于人与人的比较。奖金的分配若采取平均主义、一刀切，则会挫伤员工努力工作的积极性，失去奖金预期的激励作用。有一项研究表明，实行平均奖励，奖金与工作态度的相关性只有 20%，而实行差别奖励，则奖金与工作态度的相关性可达到 80%。

---

① 俞文钊等：《合资企业的跨文化管理》，人民教育出版社 1996 年版。
② 曹荣、孙宗虎：《至尊企业 至尊人力资源——绩效考评与激励管理》，世界知识出版社 2002 年版，第 160 页。

3. 激励要全面

就是说激励要面向全体员工，以调动全体员工的积极性和主动性为根本目标。组织的各个部门是相互依赖、不可分割的整体，任何一个部门运转失灵，都会影响到整个组织的运作。因此，激励要面向所有的员工，使每个人都感觉到自己受到组织重视，以调动他们的积极性和主人翁责任感。

4. 激励要有针对性

组织采取的激励措施，应该针对员工的情况，区别对待。就是说，在对员工进行激励时，要弄清楚他最需要的是什么，有针对性地满足员工的需求，才能达到激励的最佳效果。

（三）激励的主要手段

福利彩票组织的激励手段和方法概括起来有以下五种：

1. 需要激励

需要是人积极行为的内动力源，如果管理者能够提供满足需要的条件，就能焕发起人们追求满足的积极行为。运用满足需要的方法激励，需要做好四方面的工作：（1）满足需要与引导需要结合。即在满足职工最强烈的正当、合理需要的基础上，引导其向更高层次的需要发展。（2）物质满足与精神满足相结合。物质需要是基础，精神需要是主导，在运用需要进行激励时，就要处理好二者的关系。（3）满足需要应注意层次性。一方面要采用不同的手段和形式来满足不同层次的需要；另一方面，对处在不同的职务层次上的员工运用不同的激励政策和方法。（4）注意满足中的公平。

2. 目标激励

目标激励是指通过制定一定的工作目标，对于超额完成规定目标的人员给予奖励，完不成目标的则给予处罚。目标激励不仅可以提高工作效率，还可以提高员工的自信心和荣誉感。这种目标可以是阶段性的，如周目标、月目标、季度目标等；也可以是长期目标，如年销售额，这样既满足了员工追求个人利益的需要，同时又促进了组织目标的实现。目标激励的对象是全体人员。运用目标激励时，必须注意目标融合与目标适宜难度两个条件。目标融合是指组织的工作目标与职工个人的目标要融合在一起，使职工充分认识目标双重意义，把整体利益与个人利益协调一致起来，从而提高目标在职工心目中的价值，以激发其工作热情。目标的适宜难度是指所设的目标既不能太高，又不能太低，是职工通过努力能够达到的目标。

3. 奖惩激励

奖惩激励是通过制定奖励或惩罚政策来激励员工的积极性。实施奖惩激励必须做好以下工作：（1）奖惩的力度要能够起到激励作用。（2）奖惩的时间要恰到好处。（3）奖惩群体与奖惩个人相结合。

4. 竞争激励

竞争激励即通过创造一种优胜劣汰的环境，使工作者感到压力，激发人们去拼搏争优，从而提高工作绩效和锻炼提高工作者自身能力水平。竞争可分为单项竞争和综合竞争。单项竞争的形式如销售竞赛、评比、夺标等，它对完成单项目标和提高人的单项素质有很大促进作用，但激励的时限较短。综合竞争则是指长期性的在各项目标中都体现的竞争，比如劳动用工、干部聘用、优化组合及分配制度上的绩效浮动工资等。它是一种使员工焕发持续的拼搏创优积极性的竞争激励。

5. 领导表率激励

福利彩票组织的领导者的自身行为对职工的行为起着很大影响作用。古人云："正身直行，众邪自息"。管理者可以通过自身优良的工作作风，对职工行为起到激励作用。例如，山东省福利彩票发行中心在 1999 年底开始筹建数据机房时困难重重：一是时间紧迫（2000 年 5 月 1 日要开通）；二是人手不够（只有 13 人）；三是没有经验（面对的是陌生的机器和未知的领域）。但是，在祁庆杰主任的带领下，中心的主任、副主任、部长都是以身示范，勤恳进取的榜样，几乎天天从早上干到深夜，5 个多月没有一天假日，安装、调试、学习研究，大家都瘦了许多。到 2000 年 4 月底，占地 350 平方米、设备一流的机房终于建成。职工们说："领导比我们熬的夜多，处处以身作则，我们佩服，再苦再累也心甘。"①

二、福利彩票营销人员的考评

福利彩票机构的营销目标要靠全体营销人员的共同努力来实现，每一个营销人员工作绩效的高低，都直接影响到整个组织的整体绩效水平。因此，对营销人员的工作绩效实行定期或不定期的考评，激励其优点和积极的行为，及时发现工作中的问题和不足并采取必要的措施加以限制和改正，对于提高营销人员的工作绩效和整个组织的整体效益具有重要意义。

（一）营销人员考评的目的

营销人员考评是组织针对其个性、品德、习惯、态度、工作业绩等方面而进行的有组织的、实事求是的客观评价。考评中最主要的是工作绩效的考察和评定，即根据营销人员工作目标和一定的绩效标准，采用科学的方法，对其工作完成情况、职责履行程度等进行定期的评定，并将评定结果反馈给营销人员。

进行营销人员考评的目的，是要通过对营销管理人员或业务人员的工作实绩的调查，对其能力的发挥程度进行分析，做出正确的评价，进而做到客观合理地安置组织成员。营销人员考评的最终目的是提高其工作绩效，既提高管理者的管理能力和水平，又提高业务人员的工作效率和效益。

第一，检查营销人员的工作绩效。通过考核，可以为营销人员提供反馈信息，帮助营销人员认识自己的优势和不足，发现自己的优点和潜能，树立自信心，鼓励其在今后的工作中充分发挥自己的优势，提高工作绩效，促进未来的发展。

第二，为决定晋职晋级、薪酬和激励提供依据。在决定对某些营销人员实施正激励时，考核的结果是重要的参考标准。如果营销人员考评的目的是晋升，考评的侧重点应该是评价营销人员是否具备担负新工作的潜能，而对其过

① 山东福彩：《山东福彩现象启事录》，载《参考消息》2002年4月28日。

去工作中所表现出来的各方面的素质及工作能力的考评，可以预测他在新的工作岗位上可能有的表现。如果营销人员考评的目的是为了对营销人员进行奖励或者调整薪酬标准时，考评应侧重于员工在考评期内的实际表现。

第三，确定营销人员的培训需求。通过对营销人员的考评，能够揭示出组织内人员的现状，便于管理者进行准确的培训需求分析，并据此制定相应的培训措施与计划，有针对性地对营销人员进行培训，从而提高培训的效果。

第四，检查和改进对营销人员的管理工作。福利彩票机构对营销人员的工作绩效考评的结果，也可反映出整个组织的效率情况，及时发现在管理方面存在的问题和不足，以便总结经验，吸取教训，改进工作，提高效益。

（二）营销人员考评的内容

营销人员考评的主要内容包括对品德、能力、态度和业绩等的考评。

1. 营销人员品德的考评

营销人员的品德要求表现为在取得成绩时心态平静，谦虚谨慎，严于律己，宽以待人；诚实守信，对组织高度忠诚；想方设法克服困难；敢于同不良倾向和不良行为作斗争，并且能够有勇有谋，随机应变；等等。这些品德表现都是营销人员品德考评的内容。

2. 营销人员能力的考评

能力考评是对人的能力素质，即在工作中运用所学知识和自身的本领解决实际问题的能力的考核。通过能力考评，有利于把有能力的员工安置到重要的工作岗位上来，把能力不够的员工重新安置，有利于组织人力资源的合理配置。在对营销人员的能力进行考评时，可以把"能力"分解为具体的、可供量化的外在内容。具体地讲，可以分解为常识、专业知识、技能和技巧、工作经验、身体状况等，在进行能力考核时分别对这几部分内容做出评价。

3. 营销人员态度的考评

一般来讲，营销人员的工作能力越强，其工作业绩就越突出。但是，如果没有良好的工作态度，工作业绩必然受到影响。因此，对营销人员态度的考评是考评的重要内容。

工作态度可以体现在员工的纪律性、责任心、主动性等方面。工作态度决定人的能力的发挥程度，较好的工作态度和较强的工作能力相结合，定能创造出较高的工作绩效。成功研制了日产发动机的土光敏夫从自己多年的工作经验中总结出："人们能力的高低强弱之差固然是不能否定的，但这绝不是人们工作好坏的关键，而工作好坏的关键在于他有没有干好工作的强烈愿望。"直到今天，土光敏夫仍然说："我没有超人的才能，但我有着永不熄灭的工作热情和强烈的工作欲望。"

4. 营销人员业绩的考评

业绩考评是营销人员考评最重要的内容，是对营销人员的工作效率和效果的评定。效率是投入与产出的关系，投入少，产出多，则效率高；反之，投入多，产出少，效率就低。任何组织的经营管理都应朝着"高效率＋高效果"这一方向努力，因此，业绩考评是营销人员考评的重点。

福利彩票营销人员考评的内容有共同点，也有不同点。共同点是对管理人员和业务人员都需要从思想品德方面和工作态度方面进行考评。不同的是在能力考核方面，对管理人员通常要从基本常识、专业知识、工作经验等方面进行比较全面的考评；对业务人员通常是着重考察其专业知识和工作技能。

（三）营销人员考评的标准

营销人员的考评制度是以职务等级制度为基础，通过对成绩、工作能力和工作积极性进行正确的评价，利用调动、晋升、调配、特殊报酬以及教育培训等人事管理手段，来达到提高人员素质、能力和工作热情，从而促进组织的发展的目的。考评标准是各个职位的业务和工作要求达到的基本标准，有数量和质量两个方面的要求。所谓数量，是指其应该做什么和做多少；所谓质量，是指其工作应做到什么程度，达到什么标准。营销人员考评的具体标准如下：

1. 态度考核标准

对营销人员工作态度的考核至少要从四个方面入手，即忠诚度、协作性、主动性和责任感。

（1）忠诚度。营销人员对组织的各项规章制度和经营决策是否理解，并且能够高度地拥护和坚决地服从；与他人的言谈举止是否符合组织的形象要求；是否注意收拾和整理工作场所；有没有因为营销人员不当的言行，破坏了组织的形象，扰乱了组织的经营秩序；以及工作是否有效率等等，这些都是对营销人员的忠诚性的考核中不可缺少的因素。

（2）协作性。在协作性方面，营销人员应该立足全局，把握各方面之间的关系，根据实际情况进行积极和妥善的合作；立足本职工作，求得上司、同事的协作；积极向领导提出意见和建议，促进团队协调合作的能力；与上司及同事和睦相处等等。

（3）主动性。营销人员的主动性是激发工作热情的内在动力。营销人员应该具有积极奋进的精神；具有主动增加工作量，提高工作质量的强烈愿望；有排除万难，争取成功的干劲；有在集会和会议上主动、积极发言的勇气等。

（4）责任感。管理层的员工要明确自己有责任，经常检验下属的工作情况和工作结果；要从下属的失误中找出自己应负的责任；在接受上级领导全权委托交办的工作任务时，要努力使领导放心；能够善始善终地完成本职工作；等等。

2. 能力考核标准

营销人员的能力考核所包括的主要内容有：知识、技能、表达能力、理解能力、创造能力、判断能力、策划能力、协调能力、领导能力等，其考核标准也应该按照不同岗位、不同职务的具体要求而制定，侧重点也不应雷同。

3. 业绩考核标准

营销人员的业绩考核是员工考核的重要内容，是保证员工完成组织目标的驱动力，要根据不同的职务、职位实行不同的考核标准。

总之，福利彩票机构营销人员考评标准的制定，必须本着公正合理、明确具体、公开透明的原则，要从实际情况出发，既有利于组织目标的实现，又要为大多数人员所接受；要使营销人员能够对照标准，肯定成绩，找出自身存在的问题，明确努力的方向。考评标准的制定最好要有考评者的参与，取得他们的支持、理解和合作。

（四）营销人员考评的方法

营销人员考评的方法从大的方面来讲可以分为客观考评法和主观考评法两类。客观考评法指的是对营销人员的绩效指标如销售量、工作质量等进行量化考核评价；主观考评法是分析营销人员在创造绩效时所必需的各种重要工作行为。在考评实践中，常用的考评方法主要有以下几种：

1. 排序法

排序法又称为"排队法"，包括简单排序和交叉排序两种。前者是指把被考评的人员按个人绩效的相对优劣依次排序；后者是在所有考评的员工中首先挑出一名最优者，然后再挑出一名最差的员工，将他们分别列为第一名和最后一名。然后再分别选出次优和次差的，分别排在第二位和倒数第二位，以此类推，直到排完为止。在排序时，可以用每个人的整体工作状况作为标准，这样最后得到的次序就是最终的绩效评价结果。

排序时也可使用复合评价标准，即根据工作分析的结果，从几个特定的绩效维度（如销售数量、服务态度等）分别对营销人员进行评价，其最终绩效结果将取决于他在各个绩效维度上的排队位置的平均值。

2. 两相比较法

两相比较法是评价者根据某一标准将被考评人进行逐一比较，并将每一次比较中的优胜者选出，绩效优者得 1 分，劣者得 0 分，最后把每人的分数相加，分数越高者绩效越好。一般认为，两相比较法比较适合进行工资管理。

同排队法相比，两相比较法的结果将更准确，但是，使用两相比较法时，要在被考评者之间进行 $N(N-1)/2$ 次比较，比较的工作量过大。例如，当对 50 人进行考评时，比较的次数多达 1225 次。因此，它不适合对人数较多的考评。

3. 强制分布法

这种考评方法是先确定几个绩效等级，比如优、良、中、差、劣，然后按照事物"中间大、两头小"的正态分布规律，人为地确定每个等级中的人数占总考评人数的比例。如把最好的10%的放在优等的小组中，次之的20%放入良等的小组中，再次之的40%放在中等小组中，再次之的20%放在差等小组中，最后的10%放在劣等小组中。

强制分布法的缺点，是由于将被考评人按组进行排队，有时不能准确比较两个个体的绩效差异。此外，营销人员的绩效有时并不遵循"中间大、两头小"的正态分布规律。因此，使用这一方法是应根据本部门的具体情况，灵活规定评定的等级及每一等级所占的比例。

4. 量表评估法

量表评估法是根据设计的等级评估量表对营销人员的绩效进行评估的方法。这种方法是把有关的绩效因素列出来，沿着不同的维度对被考评人的工作绩效进行评价，如完成工作的数量、质量、主动性、合作性等，然后把每一维度分成若干的等级，并说明每一等级的具体含义。这种评估方法考核内容比较全面，还可以对考核结果进行定量分析和比较，因此得到了广泛的应用。

5. 目标考核法

目标考核法是在"目标管理"的管理制度下，考核营销人员目标完成情况的方法。该方法要求考核前制定考核期内要达到的工作目标，所制定的目标必须明确具体，可以量化。确定目标后，要制定达到这一目标的具体计划，以及执行中的绩效评估标准。在考评时，对照既定的目标和标准，对营销人员的完成情况做出具体的评估。

6. 关键事件法

关键事件是那些对组织的效益产生重大的积极或消极影响的事件。关键事件法是在考核期内，主管人员随时记录营销人员的关键行为（包括好的和差的行为）；考核结束后，运用这些记录资料对员工进行绩效评价。

关键事件法的优点是较为客观、公正，避免了评价者个人的主观片面性，使考评者看到自己的优势和不足，有利于日后工作的改进。

7. 行为对照表法

行为对照表法又称为"行为定位评定量表法"（Behaviorally Anchored Rat-

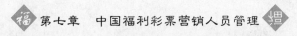

ing Scale Method，BARSM），就是将被考评者的状况与行为描述表一一对照，并把传统的量表法与关键事件法结合，兼具了两者的优势。使用这一方法时，首先确定考评的维度，然后为每一维度设计出一个评分量表，并列举出每一维度中与各评定等级相对应的关键事件，作为对营销人员实际工作表现的评分依据。可以分为五个维度，如 A、B、C、D、E 或优、良、中、差、劣。表 7－4 提供了一个把营销人员的行为划分为三个维度的行为对照表，以供参考。

表 7－4　　　　　　　　行为对照考评表（在相当栏目中打"√"）

考核内容	考核项目	优	良	中	差	劣
工作业绩	工作质量					
	工作数量					
工作态度	与他人的协作，服从纪律和命令的态度					
	事务处理得是否井井有条					
	是否表里如一地努力，而不可以表现自己					
工作能力	与实务有关的知识技巧					
	对指示、问题的理解能力如何					
	计算能力、数字观念是否强					
	文章、图表、言语的表达能力如何					

第八章

中国福利彩票营销关系管理

任何一种类型的组织，在参与社会活动时都要与各种各样的社会要素保持一定的关系，正如美国著名企业家查理斯·詹德曼所说过的："公司不是创造购买，而是要建立各种关系。"所以，每一个企业都应该在市场营销活动中有意识地建立、发展、保持同各种利益相关者的关系，将其营销的活动范围扩展至整个社会。

福利彩票机构是福利彩票的专业销售组织，在营销活动中与外界形成了错综复杂的关系，同样需要将这些关系加以整合利用，实施关系营销，有计划、有目地对各种关系加以管理，以构建一个和谐的关系网，从而扩大彩票销售，最终达到福利彩票各利益相关者共同发展、共同受益的目的。本章将从福利彩票营销的关系和关系营销谈起，重点研究福利彩票机构与各种利益相关者之间的关系管理。

第一节 福利彩票营销的关系与关系管理

在福利彩票机构的营销过程中，随着关系越来越重要，关系营销作为新的营销方式而产生。而开展关系营销的核心内容就是进行关系管理。

一、福利彩票营销中的关系

谈到关系，中国可以说是关系运用的鼻祖，几乎所有外国公司在进驻中国之前的必修课之一都是学习"关系"。这些企业为了使自己的产品打入中国市场，确保自己的业务在中国取得成功，就必须理解在中国经营企业所必要的一门硬基础——"关系"管理。

关系是指事物之间相互作用、相互影响的状态，是人和人或人和事物之间的某种性质的联系。分工的结果必然产生交换，交换的实现便成为交易，每个人无论处于哪个行业，从事什么工作，处于什么地位，都不能避免同其周边事物保持一定的联系，这种联系被称之为关系。这种关系涵盖人们生活中的每一个方面。哲学家认为，世界以人为核心衍生出四种关系，即人与自然的关系、人与社会的关系、人与人的关系和人与自我的关系。

在市场经济条件下，关系是一种重要的资源，因为关系产生于人与人、人与组织之间的交换和交易中，而关系的存在促进了交换和交易的进一步发展。因此，开展关系研究，成为一切营利组织和非营利组织的重要课题。

人们在现实生活中的交换，最基本的两种类型是经济交换和社会交换。经济交换是指货物及服务的交换，涉及利益相关者之间明确的义务，交换的对象是容许讨价还价的，交换通常受法律的制约，交换中的比值是固定的；社会交换是指社会活动中发生的交换，一般不明确规定交换的形式和涉及的义务，交换的对象通常不进行讨价还价，交换的基础是彼此的信任，交换的比值也不固定。由于现代经济的复杂性，交换所显现出的社会特征越来越受到重视，值得注意的变化之一是人际关系的契约作为保证或恢复买卖关系的力量日益强大，经济交换和社会交换密切相关。因此，研究经济交换必须对社会交换关系所产生的影响进行考察。

交换的基本组成单位是交易，因为它是经济活动中人与人之间的关系最为基本和一般的形式。交易不是简单的物品交换，而是人与人之间对物品的所有权的让渡和取得，即关系的产生。按交换的内容来分，交易包括货币交易和实物交易；按交换的机制区分，交易则可分为市场交易和权力交易；按交易的领域划分，包括商品交易和制度交易。商品交易即物品和服务的买卖；制度交易

关注的是商品流通的有规则的市场过程的秩序、结构、稳定性和可预见性。这里主要从机制上研究市场交易和权力交易。

　　制度经济学派重视制度交易中的关系研究。康芒斯对交易活动的研究曾经提出一种有价值的分类①：（1）买卖的交易（Bargaining Transaction），表现为平等双方之间的自愿交换关系；（2）管理的交易（Managerial Transaction），表现为长期契约规定的上下级之间的命令和服从关系；（3）配额的交易（Rationing Transaction），表现为法律意义的上下级关系，主要是政府与公众之间的关系。在这里，管理交易和配额交易属于权力交易，是通过制度来保障交易的形式，体现着上下级之间和政府与公众之间的关系。在高度集权的命令经济体制下，买卖交易是服从或从属于管理交易或配额交易的；而在高度分权的市场经济体制下，买卖交易则居于基础和前提地位，管理交易和配额交易是为实现买卖交易服务的。

　　丹尼尔·W·布罗姆利（DanieI W. Bromlev）在有关制度变迁的模型中引入了制度交易（Institutional Transactions）的概念。这一概念表示一种对制度安排进行选择的经济行为。布罗姆利指出存在如下四种制度交易：（1）提高经济的生产效率的制度交易；（2）有目的地改变收入分配的制度交易；（3）重新配置经济机会的制度交易；（4）重新分配经济优势的制度交易。这些交易的发生，不断改变着人们之间的利益关系。

　　在市场上取得胜利的关键是价值法则，而不是权力。然而，由于市场越来越多地受到保护，权力的操纵和运用不可避免地影响着企业的市场营销活动，特别是政府扮演着管理者和"裁判员"的角色，政府在对经济进行宏观调控的同时，必然要介入企业的微观活动，如制定和颁布规范市场交易秩序的规则，甚至以权力来决定交易的发生及其方式。

　　上述理论体现在福利彩票营销中，其交易中的关系分为两大类：生物链关系和文化渊源关系。生物链关系即福利彩票机构在经济和社会生活中为了生存而与各种社会组织形成的利益上互相依存、互相制约关系。通俗地说，即别人的存在是自己生存的前提或条件，为了自己的生存，必须让别人也生存下去。福利彩票机构营销的生物链关系如图 8－1 所示。

----

　　① 康芒斯：《制度经济学》，商务印书馆 1983 年版，第 74 页。

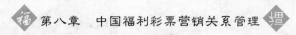

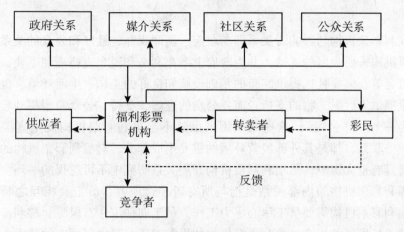

图 8 - 1　福利彩票机构营销的生物链关系

图 8 - 1 可以看出，福利彩票机构与利益相关者结成了休戚与共的关系。一方面，福利彩票机构的发展要借助于这些利益相关者的力量；另一方面，后者要通过福利彩票机构来谋求自身的利益。生物链关系主要用于公司的发展中，"有钱大家赚"是对生物链关系本质的最形象的说明。

福利彩票机构与彩民的关系是最基本的关系。福利彩票机构需要彩民购买福利彩票，彩民渴望以合理的价格获得满意的产品或服务。顾客关系是福利彩票机构最重要的关系，彩民的利益、需要、态度、评价等决定着福利彩票机构的行为，满足彩民需求是福利彩票机构一切经营活动的中心和出发点。

福利彩票机构与竞争者即体育彩票的关系是重要的关系。福利彩票机构发展需要竞争对手，与对手竞争可以吸收其优点，可以共同做大市场，因而应该与竞争对手和睦相处。松下幸之助说："做生意固然需要竞争，但仔细想来，任何人都不是为了竞争而做生意的。心胸开阔的风范，更可令顾客对店家产生信赖。"

福利彩票机构与供销商的关系包括两个方面：一是与原材料、设备以及能源等物资供应商之间的关系；二是与产品和服务的经销商（投注站）之间的关系。与供销商的关系是因分工而产生的，又由协作而形成的共同的利益关系，这种合作伙伴关系虽然不可避免地也会产生矛盾甚至冲突，但相互的依赖性更为明显。福利彩票机构必须重视与供销商的合作，广泛建立与供应商、经销商之间密切合作的伙伴关系，以便获得来自供、销两个方面的最有力的支持。

福利彩票机构与影响者关系即与政府、新闻媒介、社区和公众的关系。福利彩票机构需要政府的支持，并为政府上缴福利金和税金支持福利事业、提供就业机会等；需要社区提供完善的基础设施和良好的工作、生活环境，也为社区建设提供人、财、物的支持；需要公众的理解、支持，公众希望福利彩票机构成为一个"好公民"。这些影响因素虽然不与福利彩票机构发生直接的经济、业务联系，却是其外部经营环境的重要组成部分，对福利彩票机构的生存和发展具有重大影响，是福利彩票机构开展关系研究中不可忽视的一环。

福利彩票机构的内部关系是指与所有者、管理者、员工及相互之间的关系。福利彩票机构需要员工尽心尽力工作，员工向往工作有保障、福利待遇高和能够成长发展的机会。福利彩票机构如果能够满足其内部顾客的要求，就能够提高员工的满意度和忠诚度，从而为福利彩票事业的发展奠定良好的基础。

文化渊源关系是指由于生活在共同的文化氛围中形成的关系。文化渊源关系在现实生活中表现为"五缘"① 关系：（1）亲缘，即宗族亲戚关系，分为血亲（血缘关系）、姻亲（夫妻关系）和假亲（结拜关系）。其中血亲包括父亲家族和母亲家族，姻亲指丈夫或妻子的家族，其组织形式是家庭。在华人企业管理中，"泛家族"信任观点②的发展，使根本没有血缘关系的师徒关系、师生关系也进入亲缘关系中。（2）地缘，即邻里乡党关系，"老乡"是这种关系的代名词。（3）神缘，即宗教信仰关系，相同的宗教信仰使大家在交易中有共同的认识。（4）业缘，即业务协作关系，是由于相对稳定地在一起工作、学习、生活、战斗等形成了相同的观点和行为方式，在交易中会产生相互信任而互相帮助。同学关系、同事关系、战友关系都属于这类关系。（5）物缘，即因为在交易中的交易物相同而产生的关系，如同行关系，其组织形式是行会。福利彩票机构的文化渊源关系主要用于市场开发中。

福利彩票机构的上述各种关系，为彩票的销售带来了许多有利条件或不利的影响。福利彩票机构应该深入分析这些关系，扬长避短，趋利避害，开展关系营销，加强关系管理，以提高福利彩票营销的经济效益和社会效益。

---

① 林有成：《五缘文化与市场营销》，经济管理出版社1997年版，第8页。
② 胡正明、王磊：《华人企业管理中的信任观探析》，载《华人管理本土化之升华》，香港城市大学出版社2006年版，第46页。

二、福利彩票的关系营销

近年来，关系营销的理论研究取得了快速发展，并得到了企业界的响应。目前已成为各行各业研究和采用的主要营销模式。

（一）福利彩票关系营销的概念

关系营销的研究始于 20 世纪 70 年代，发源于北欧的诺丁服务营销学派和产业营销学派。他们倡导关系导向，但并未使用关系营销这个概念。1983 年，美国学者贝瑞（Berry）最早在服务营销领域提出关系营销的概念，他认为"关系营销就是吸引、维持并促进顾客关系"。1985 年，巴巴拉·本德·杰克逊（Jackson）在产业市场营销领域提出关系营销的概念，认为"关系营销就是指获得、建立和维持与产业用户紧密的长期关系"。1990 年，卡波尔斯（Copulsky）和沃尔夫（Wolf）提出"关系营销就是利用数据库去'瞄准'消费者，去保持消费者，与消费者建立连续关系"。1994 年，摩根和亨特指出"关系营销是指所有目的在于建立、发展和维持同顾客成功的交换关系"。并将影响企业营销成功的关系分为四组共十种合作关系，即供应商合作关系（产品供应商、服务供应商）、隐性合作关系（竞争者、非营利组织、政府）、购买者合作关系（最终顾客、直接顾客）、内部合作关系（职能部门、员工、业务单位）。格隆罗斯（Gronroos）1996 年对关系营销下的定义是："关系营销是为了满足企业和相关利益者的目标而进行的识别、建立、维持、促进同消费者的关系，并在必要时终止关系的过程，这只有通过交换和承诺才能实现。"

瑞典学者古姆松（Gummesson）认为关系营销是从关系、网络和交互的角度看营销。这个定义从企业竞争网络化的角度来定义关系营销，把关系营销看作是网络范式的一部分，认为全球竞争日益在企业网络之间进行，而不再是单个企业之间的竞争。然而，全球经济的变化，导致了关系营销某种程度的矛盾性质，要成为全球经济有效的竞争者，要求企业在网络内成为值得信任的合作者。于是，竞争与合作就不再是对立的两个方面，为了竞争必须合作，有效的合作又可以增强竞争力。在此基础上，他提出了在营销中要处理好 30 种关系，即：R1：供应商和顾客之间的关系；R2：多供应商和多顾客之间的关系；R3：与不只是在市场中的顾客例如政府、律师、影响者之间的关系；R4：顾客—供应商—竞争者之间的关系；R5：更加密切的合作关系；R6：内部市场机制；R7：顾客与一线人员的接触关系；R8：内部等级关系；R9：全职营销人员和兼职营销者之间的关系；R10：雇员市场的内部营销；R11：非商业关系；R12：分销商市场；R13：电子关系；R14：大联合关系（欧盟）；R15：质量提供的产品和营销之间的关系；R16：个人与社会网络之间的关系；R17：组织和产品的二维关系；R18：营销服务的外部提供者之间的关系；R19：与顾客的顾客之间的关系；R20：所有者与金融部门的关系；R21：标志和实物之间的关系；R22：基于法律的关系；R23：犯法的网络关系；R24：消费者实际感觉与市场研究之间关系；R25：将顾客当作员工；R26：与不满意顾客之间的关系；R27：绿色关系；R28：知识关系；R29：与大众媒体；R30：垄断关系。古姆松进一步把上述关系分为市场关系、特殊市场关系、宏观关系和微观关系四大类。市场关系指供应商与顾客作为买卖者的关系，这是传统的营销理论所研究的内容及对象；特殊市场关系则是把顾客当作企业的一员时，企业与顾客之间的关系。这两种关系存在于企业和顾客之间，是关系营销的核心所在。宏观关系存在于市场关系之上，包括企业与政府的关系，与公众的关系，与联合体等关系。微观市场关系存在于市场关系之下，主要是指企业内部的关系，包括企业内部员工与员工之间、员工与部门之间、部门与部门之间、内部市场（各个利润中心）之间的关系。

菲利普·科特勒（Philip Kotler）称"关系市场营销是买卖双方之间创造更亲密的工作关系与相互关系的艺术"，并提出了全面营销理论，指出当今世界企业竞争从对抗到建立战略联盟，从只对顾客开展营销到开展全面营销，即对供应商、分销商、最终用户、员工、金融机构、政府、媒体、联盟者、竞争者和公众开展营销。

塞斯和帕维提亚（Sheth & Atal Parvatiyar）提出"关系营销演变理论"，认为关系营销是"通过合作及合作努力来与选定的顾客、供应商、竞争者为了创造价值而建立密切的互动关系的导向"。这个定义强调了合作的重要性，将合作看作关系营销的手段，价值创造看作关系营销的目的。

关系营销的定义从开始的保持顾客发展到现在的与其利益相关者之间发生

的所有关系，体现了关系营销范围的扩大。在此基础上，可以提出福利彩票的关系营销定义：关系营销是指福利彩票机构从系统、整体的观点出发，与服务对象之间在建立、维持和发展交易关系的基础上，构建一个和谐的关系网，以创造更亲密的工作关系和相互依赖的伙伴关系，从而建立广泛、稳定的营销网络和提高品牌忠诚度的活动过程。

（二）福利彩票机构开展关系营销的意义

关系营销建立在两个经济学论据的基础上。（1）保持一个老顾客的费用远远低于争取一个新顾客的费用。美国的研究结果证明，争取一个新顾客的成本是保持一个老顾客成本的 5～10 倍。尽管这一数字在不同产业和企业之间存在差异，但吸引一个新顾客需要花费更大的费用是一个不争的事实。不仅有将一个潜在顾客成功地转化为一个现实顾客的直接费用，比如推销成本、委托成本、信用调查成本、管理成本、数据库成本等，而且还有不成功转化的相应成本。有些产业中潜在顾客向现实顾客的转化率很低，这些失败在成本中也必须得到弥补。（2）企业与顾客的关系越持久，对企业就越有利可图。研究中发现，企业与顾客的关系持续越长，每一个顾客所带来的销售额和利润就会上升。顾客对于其接受的服务越满意，顾客就会越多地购买。随着销售量的增加，企业营运成本就会下降，因为企业越过经验曲线变得更有效率，从而企业的利润得以改善。降低顾客流失率对改进顾客保持率至关重要。当顾客流失时，他们不仅带走了当前交易的利润，而且带走了所有的未来利润。此外，如果顾客因愤怒或不满而流失，他们很可能会向其他顾客传播公司的坏话，从而减少了公司的潜在顾客存量。

福利彩票机构开展关系营销，与彩民建立的是信任关系，因而具有重要的理论意义和应用价值。

1. 建立并维持彩民关系是营销成功的基本保证

彩民是福利彩票机构生存和发展的基础，市场竞争实质上就是争夺彩民。要建立与维持同彩民的良好关系，首先必须真正树立彩民利益至上的观念，而要满足彩民的需要就必须领先于竞争对手知晓彩民将会产生何种需要，怎样才能准确获悉彩民将要产生的需要。如果没有与彩民建立起良好的关系，就难以做到这一点。

2. 促进利益相关者之间的合作，共同开发市场机会

在传统的营销观念中，市场竞争是你死我活的竞争。在这种观念的指导下，公司为寻求经营上的成功而往往不择手段，这样常造成两败俱伤的后果，同时也不利于社会经济的稳定与繁荣发展。在这种情况下，一些市场营销专家认识到：彩票机构之间不仅存在竞争，而且也存在合作的可能，有时，通过加强合作更有利于公司营销目标的实现。彩票机构不仅应该意识到直接的竞争关系，还应该看到互补的联合关系。而彩民需要的多元化发展趋势，将使彩票机构之间出现了既合作又竞争的局面，即在开发市场时合作，在分享市场时竞争，也就是所谓的"合作竞争"。

3. 协调与政府的关系以创造良好的市场环境

彩票是国家垄断发行的特殊产品，出于国家整体利益的考虑，政府要通过立法、行政和经济等手段，对彩票营销活动实行宏观调控和管理，因此，福利彩票机构的经营活动必然要受到政府有关规定的影响。在处理与政府的关系上，福利彩票机构应该持积极的态度，遵循国家法规，协助研究解决国家所面临的相关问题的方法和途径，这样有助于创造良好的市场环境，保证彩票经营的成功。福利彩票机构与政府间的密切合作，将有利于政府各项宏观调控指标的实现；而政府的宏观调控方针与政策，也将有利于福利彩票机构开拓市场，促进社会经济和福利事业的发展。

（三）福利彩票关系营销的基本内容

福利彩票关系营销的内容很多，这里主要研究关系营销的层次、建立方式和应用三个方面内容。

1. 关系营销的层次

根据培养顾客忠诚的联结方式的类型和数量，贝瑞和帕拉苏拉曼归纳了三种创造顾客价值的关系营销层次，即一级关系营销、二级关系营销和三级关系营销。级别越高，潜在的回报也就越高。

一级关系营销在顾客市场中经常被称作频繁市场营销或频率市场营销。这是最低层次的关系营销，它是通过价格和其他财务上的价值让渡吸引顾客与企业建立长期交易关系，如对那些频繁购买以及按稳定数量购买的顾客给予折扣优惠。这种方法是企业让渡适当的财务收益给客户，增加客户价值，从而起到提高客户满意度和增进客户关系的目的。随着企业营销观念从交易导向转变为以发展顾客关系为中心，一些促使顾客重复购买并保持顾客忠诚的战略计划应运而生，频繁市场营销计划即是其中的一例。所谓频繁市场营销计划，是指对那些频繁购买以及按稳定数量进行购买的顾客给予财务奖励的营销计划。如香港汇丰银行、花旗银行等通过它们的信用证设备与航空公司开发了"里程项目"计划，即共同奖励那些经常乘坐飞机并积累飞行达到一定里程标准的顾客。一级关系营销的另一种常用形式是对不满意的顾客承诺给予合理的财务补偿。例如，新加坡奥迪公司承诺如果顾客购买汽车一年后不满意，可以按原价退款。

二级关系营销是增加目标顾客的财务利益，同时也增加社会利益。在这种情况下，营销在建立关系方面优于价格刺激，企业人员可以通过了解单个顾客的需要和愿望，使服务个性化和人格化，来增加公司与顾客的社会联系。可见，二级关系营销把人与人之间的营销和企业与人之间的营销结合起来，其主要表现形式是建立顾客组织，包括顾客档案和正式的、非正式的俱乐部及顾客协会等。以某种方式将顾客纳入到企业的特定组织中，使企业与顾客保持更为紧密的联系，实现对顾客的有效管理。

三级关系营销是增加结构纽带，同时附加财务利益和社会利益，使企业和顾客互相依赖对方。结构性联系为扩大现有的社会联系提供一个非价格动力。良好的结构性关系将提高客户转向竞争者的机会成本，同时也将增加客户脱离竞争者而转向本企业的利益。结构性关系要求提供的服务对关系客户有价值但不能通过其他来源得到。这种服务通常以技术为基础，并被设计成一个传送系统，而不是仅仅依靠个人的建立关系的行为，为客户提高效率和产出。

福利彩票机构的关系营销可以区分不同的情况进行。例如，对长期没有中过奖的老彩民给予奖励、建立彩民之家、请老彩民参加用彩票公益金建立的福利项目的奠基与揭幕仪式等。

2. 关系营销的建立方式

福利彩票机构的关系营销建立方式有两种：关系深入型和关系领先型。关系深入型是指彩民购买彩票以后，继续与他们保持联系，了解他们存在的问题和机会，并随时以各种方式为其提供服务。关系深入型的前提是交易关系已经发生，目的是培养交易之外的各种关系，因而只适用于现有彩民。关系领先型是福利彩票机构在与彩民建立交易关系之前，先建立非交易关系，先组织他们参加一些公益活动，从而为以后的交易打下基础。关系领先型只要是目标市场上的顾客均可。

3. 关系营销的应用

企业与顾客的关系一般分为五个层次：（1）基本型，即销售人员出售商品后，不再与顾客接触。（2）反应型，即销售人员出售商品后，鼓励顾客遇到问题或有意见时给公司打电话。（3）可靠型，即销售人员出售商品后，不久就打电话给顾客，了解有何意见和建议。（4）主动型，即销售人员经常与顾客电话联系，讨论有关改进产品用途和开发新产品问题。（5）伙伴型，即经常与顾客相处在一起，寻求顾客合理开支的办法，或者帮助顾客合理地购买。企业利用关系的情况见表8－1：

表8－1 关系营销水平应用

利润 客户	高利润	中利润	低利润
量大而平均购买少	可靠型	反应型	基本或反应型
量中而平均购买中	主动型	可靠型	反应型
量少而平均购买大	伙伴型	主动型	可靠型

对于福利彩票机构来说，由于福利彩票的价格是固定不变的，利润的多少取决于彩民购买彩票数量的大小。因此，福利彩票机构应该依据是其不同的购买量，采用不同的关系类型和处理方法，以产生更多忠诚的彩民。

三、福利彩票营销关系管理的产生

关系营销成功的关键是关系管理。因此，开展关系管理是福利彩票机构的重要任务。

关系管理的产生需要具备一定的条件，这就是企业竞争环境的变化、信息技术条件的发展和营销理念的变革。

1. 企业竞争环境的变化

经济全球化使得企业的竞争对手都是跨国界的，各国资源将在全世界范围内按效益最大化的原则被重新分配，面对这种激烈的竞争，每个企业、个人都要对自己的竞争能力进行重新审视，而利用一切可以利用的手段来增强自身的绩效是企业生存的惟一途径。评价企业绩效的指标主要有三个：其一是利润，即看企业在不在赚钱；其二是投资回报，即企业的投入产出比例；其三是现金流量，即不管赚多少钱，都需要考虑是否保有安全的现金流。显然，这三项指标都与企业与利益相关者的关系直接相关。

竞争力的变化还体现在从产品到服务的转移上。信息技术以及生产技术的快速普及使得产品的生命周期大大缩短，一个新产品很快就会被竞争对手模仿，产品在功能方面的细微差别已不是一个企业的核心竞争优势，产品本身的优劣差距缩小，竞争力从产品转向服务就成为必然，如何从情感上"笼络"客户，并使利益相关者满意，便成为企业在新经济条件下必须磨炼的生存技巧。

2. 信息和通讯技术的发展

企业竞争要求进行关系管理，而计算机、信息技术、网络应用技术的发展则使得关系管理成为可能。

高速发展并日渐普及的信息技术，正改变着人们的生活，同样也改变着社会经济模式。随着个人电脑在企业的普遍使用，使得在全企业范围内建立一个多点输入、多用户共享的关系管理系统成为现实；而互联网的出现使企业与利益相关者的沟通发生了质变，以前的沟通渠道是单向的，而互联网支持双向沟通，实现了企业与利益相关者的对话，一下子拉近了双方的距离，从而增添了一个全天候的、不受地域限制的沟通渠道。

互联网的面对面沟通方式，有效地支持了利益相关者随时随地准确地访问企业信息。只要进入企业的 Web 网站，就能了解到企业及其相关的各种产品和服务信息，寻找用作购买决策的依据及满足需求的可行方式。同时，企业的营销人员也能够借助先进的信息技术，及时、全面地把握企业的运行状况及变化趋势，以便在与利益相关者接触时能够针对其需要提供更为有效的信息，改善信息沟通效果。总之，运用数据库管理、Internet 等信息系统和信息技术，企业不仅能够及时、迅速、大量地收集客户信息，及时传递给客户服务中心加以处理，实现对客户信息的更好保护和利用，而且还可以方便企业同客户的有效沟通。

可见，信息和通讯技术的发展为福利彩票机构的关系管理提供了技术支持。利用这些技术，福利彩票机构可以保持与彩民的热线联系，利用数据库进行各个方面的关系管理。

3. 营销理念的变革

营销理念的发展经历了五个阶段：生产观念、产品观念、推销观念、营销观念及社会营销观念。新的营销理念的动态发展，其重心逐渐转移到了关系营销上，要求企业的营销活动必须树立合作共赢的理念。

纵观西方市场营销学过去几十年来的发展历程，对市场营销的研究工作也是围绕着一系列不断变化的营销领域而展开的。20 世纪 50 年代，人们主要关注消费品的营销，对消费者购买行为模式、影响因素以及购买决策过程进行了研究；60 年代，人们主要关注工业市场营销，其特点是企业与客户、供应商和竞争者的关系更加密切；70 年代，学者们投入大量精力研究非营利性或社会福利性的营销战略；80 年代，注意力转移到了服务营销，充分认识到服务在经济发展和组织管理中的地位和作用；90 年代，市场营销者开始重视对关系营销的研究，关系管理成为人们关注的重点。

营销理念的演进和革命是关系管理的理论基础。适应新的市场形势，福利彩票机构的关系管理已经提上日程。

第二节 福利彩票营销关系管理的内涵

为了提高福利彩票营销关系管理的水平，必须明确关系管理的概念，找寻福利彩票机构的营销关系管理与其他组织的不同之处，并对关系管理的职能进行分析研究，从而为具体进行利益相关者的关系管理打下基础。

一、福利彩票营销关系管理的概念

在中国社会里，要想取得"事业"的成功离不开"关系"，因此，"关系"思想渗透到社会生活的方方面面。但是，尽管"关系"一词由来已久，对关系管理却研究甚少，致使中国许多社会组织的管理者至今仍不能正确理解关系管理的内涵，误把关系管理理解为"拉关系"或"公共关系管理"。其实，关系管理与这二者虽然有联系，但存在本质的区别。

首先，"拉关系"与"关系管理"都要利用各种关系开展工作，但"拉关系"属于灰色范畴，有点歪门邪道的含义；而"关系管理"则是科学的理论和知识，不是介于黑和白之间的灰色概念。

其次，"公共关系管理"和"关系管理"的基础都是"关系"，但存在很多差别。第一，公共关系关心的是组织形象的塑造、传播及沟通的效果，而关系管理的根本宗旨是保证整个组织的运行、生存和发展；第二，公共关系在实际操作上以对外为主，对内为辅，而关系管理必须以内为先，内外并重；第三，公共关系指的是一个组织的"公共"关系，而关系管理包括大到国家与国家，中到各级组织——包括企业内部的各种关系、企业与客户的关系、企业与企业的关系等各种各样的经济关系，小可以小到各种人际关系。可见，公共关系管理只是关系管理的一个方面。

在明确了以上区别的基础上，就要对关系管理给出准确的定义。居延安把关系管理定义归纳为：如何用关系管理作为一条线把企业的上游供应商一直到下游客户的横向关系、从上层领导一直到一线员工的纵向关系，穿起来、管理好。① 该定义形象地展示了应该管理的各种关系，但没有说明管理的内容。本书提出了新的关系管理的概念：关系管理就是利用信息技术，使组织运行过程中需要的利益相关者的信息能够及时、充分、有序地在组织内外部之间流动，以此提高与各利益相关方的关系忠诚度，并与之建立起长期、稳定、相互信任的密切关系，实现各种资源有效利用的活动。

福利彩票营销的关系管理适用于一般关系管理的原理。因此，福利彩票营销关系管理是指福利彩票机构为了在激烈的市场竞争中谋求长期生存和发展，利用信息技术，使其经营福利彩票过程中的各类信息在彩民、分销渠道、政府、媒体、社区等利益相关者之间有序流动，并同他们建立、发展、保持长期、稳定、相互信任的密切关系的一系列营销活动。该定义说明，福利彩票营销关系管理就是对各个利益相关者关系的管理。

1. 彩民关系管理

彩民是福利彩票机构的顾客，在以顾客为中心的营销理念下，如何管理好同彩民之间的关系，提高彩民的满意度与忠诚度，是福利彩票机构营销关系管理最重要的内容。

2. 投注站关系管理

投注站是福利彩票分销渠道的基本单位，站在服务彩民的第一线，在福利彩票营销中占据举足轻重的地位，同其建立良好的长期互助关系，是福利彩票营销关系管理的另一重要内容。

3. 政府关系管理

政府是国家行政的管理机构和国家权力的执行机关，是最具有影响力和经济实力的关系管理对象。福利彩票机构与政府的关系是双重关系，一方面，福利彩票发行机构是民政部、厅、局的事业单位，接受财政部的监管，因而同政府之间是直接的管理和被管理关系；另一方面，同其他政府部门又是影响关系。

① 居延安：《关系管理——从美利坚走回中国的报告》，上海人民出版社2003年版，第2页。

4. 媒介关系管理

在当今社会，媒介是影响、引导社会舆论主要的也是最有力的工具之一。因而在关系管理的对象中，它是一种特殊的公众群体。媒介关系在欧美被看作是立法、司法、行政三大权力之后的"第四权利"。因此，正确处理福利彩票机构与媒体的关系就显得十分重要。

5. 社区关系管理

福利彩票机构经营管理和外部形象的好坏与社区有着密切的联系。社区是指组织的所在地，是组织赖以生存和发展的"根据地"，共处于一个空间领域，并与其有着各种交互关系的相关公众，如地方政府、社团组织、当地居民等都属于社区关系管理的范畴。

二、福利彩票营销关系管理的特征

福利彩票营销关系管理的特征，主要表现在长期性、互动性、过程性、复杂性及公益性等五个方面。

1. 福利彩票关系管理时间的长期性

福利彩票机构开展关系管理，是为了发展、建立、维持成功的交易关系，追求的是长期的、可持续的利益，从而表现出长期性的特点。在关系管理者看来，交易结束，关系随之开始，而且这种关系是可持续的，要伴随企业终生。

2. 福利彩票关系管理方式的互动性

福利彩票机构在关系管理中，利益相关者是营销活动的参与者或合作伙伴，交易双方的利益是互利、互补的，营销者与彩民之间是互动的关系，双方通过互动而影响对方的行为。各方在为对方创造价值最大化的同时提高自己的效益，而非一方所得必为对方所失。

3. 福利彩票关系管理活动的过程性

福利彩票机构的关系管理过程同时是关系营销的过程。要建立和维持与利益相关者长期依存的关系，意味着福利彩票机构必须根据对方的需要提供优质服务，包括售前、售中及售后服务，并且还要对彩民展开福利彩票知识教育，使其由盲目消费变为自觉消费。

4. 福利彩票关系管理策略的复杂性

一般的交易活动中，价格是最重要的因素，客户对价格的敏感性高。由于福利彩票的销售价格是政府制定且固定不变的，针对彩民的关系管理就只能使用调节中奖率和中奖额的策略，而不能借助价格的变动策略。同时，关系管理对价格在客户购买行为过程中所扮演的角色有了新的理解。在关系管理过程中，关系作为价格以外的一种利益存在，可以凭此来减弱交易双方对价格的敏感心理，减少价格战的危害。这样，福利彩票的关系管理主要通过借助新闻媒介的宣传和提供人性化的服务，加强彩民对福利彩票营销宗旨的理解，从而表现出营销策略的复杂性。

5. 福利彩票关系管理目的的公益性

福利彩票销售是以"扶老、助残、救孤、济困"为宗旨的，发行彩票的目的是为社会福利事业筹集资金，促进社会公益事业的发展。福利彩票机构开展关系管理的目的就是为了实现上述目标。从中国福利彩票发行管理中心获悉，①"十五"期间，福利彩票所筹集的 400 亿元公益金近一半上缴国家财政主要用于社会保障事业，其余主要用于"扶老、助残、救孤、济困"等社会福利事业。民政部留用公益金主要用于"星光计划"和"明天计划"的实施，其中"星光计划"共资助兴建 32000 多个社区老年福利服务中心，"明天计划"已资助 13000 个残疾孤儿实施了康复手术。可见，福利彩票营销的关系管理与其他行业的关系管理具有不同的特点。

---

① 芊苇：《中国福彩"十五"期间筹集公益金超过 400 亿元》，http：//www. zhcw. com/1/2006/01/18/46@12679. htm。

三、福利彩票营销关系管理的职能

福利彩票营销的关系管理是在进行福利彩票营销的过程中，福利彩票发行中心等各个部门坚持以公众利益为重的价值观念，有计划、有步骤地将其落实到自己的政策和行为中，旨在实现与各利益相关者之间关系的协调。可见，关系管理在实现福利彩票营销目标中具有重要的功能。

1. 沟通传播

关系管理的第一个职能是沟通传播功能。通过沟通传播，增加利益相关者对福利彩票机构的了解，广结人缘，为福利彩票营销创造良好的外部环境，达到塑造良好的企业形象，让公众舆论向有利于福利彩票的方向发展的目的。

对福利彩票机构这种性质比较特殊的组织而言，只有通过广泛的信息传播和沟通，促进公众对福利彩票的了解，才能有效地改变公众态度，树立福利彩票的良好社会形象。例如，从 2005 年开始，美国麻省（马萨诸塞州）彩票公司的广告宣传重点从"奖池意识"运动向公益宣传过渡。根据公司近期公布的消息，2005 年，广告公司将通过电视、广播等媒介提醒人们：麻省彩票公益金惠泽该州 351 个城镇。各种平面媒体和网站宣传都围绕公益金使用展开。

2. 协调关系

关系管理的第二个职能是协调关系。通过关系管理，运用各种协调、沟通手段，可以为福利彩票机构疏通渠道、发展关系、减少摩擦、调解冲突，使之成为机构运转的润滑剂与交往的桥梁。关系管理涉及的部门较广，由于各种原因而产生纠纷的可能性就更大，因此，协调组织与各利益相关方的关系更为重要。

关系管理的协调作用在福利彩票机构中尤为重要，作为政府的一个事业单位，福利彩票机构经营彩票的目的是筹集公益金，但对大多数彩民来说，购买彩票的目的是获取高额奖金。但是彩民只要购买了彩票，就会产生一份公益金，就为发展社会公益事业做出了一份贡献。这就要求福利彩票机构协调两种目的之间的关系，促使彩民能够在做贡献的基础上满足其买彩的消费动机。

3. 辅助决策

关系管理的第三个职能是辅助决策职能。通过关系管理，可以了解福利彩票机构利益相关者的各方面信息，在经营决策中协助决策者考虑繁琐的社会因素，平衡复杂的社会关系，使决策尽量反映社会公众的利益，从而为提高彩票机构的决策水平打下基础。这样，福利彩票机构就具备了一定的社会适应力，可以从社会公众和整体环境的角度评价决策的社会影响和社会效果。因此，福利彩票机构经营管理的决策者必须把关系管理作为科学决策的一个不可分割的组成部分。

4. 塑造形象

关系管理的第四个职能是塑造形象。通过关系管理，福利彩票机构可以将自己的信息及时、准确、有效地传播出去，加深公众对福利彩票的认知与了解，从而提高福利彩票的知名度和美誉度，创造良好的公众舆论环境。

福利彩票机构要扩大市场销售，取得竞争的主动权，就必须塑造良好的公众形象，不论是通过产品或是通过服务，都要制定以塑造良好形象为最终目标的策略。关系管理人员要通过分析社会舆论和进行民意测验等方式，详细分析福利彩票机构的现实社会形象，找出与期望形象之间的差距以及造成此差距的原因，进而明确要塑造什么样的公众形象，以便制定关系管理的目标和策略。

5. 降低经营风险

关系管理的第五个职能是降低经营风险。关系管理通过留住相关利益群体，维持相对稳定的利益关系，在激烈的市场竞争中形成可靠的市场基础，保证了产品销路和利润水平，减少了经营中的不确定因素。因此，福利彩票营销机构要同政府、媒介、彩民等相关利益群体保持良好的互惠关系，以建立安全可靠的发行机制、销售渠道、宣传网络，降低福利彩票的经营风险。

6. 降低经营成本

关系管理的第六个职能是降低经营成本。关系管理的重点是留住老顾客，而吸引一个新顾客所耗费的成本是保持一个现有顾客成本的 5 倍，从而有利于降低经营成本。同时，关系管理考虑的是关系的长期稳定性，获取新顾客的成

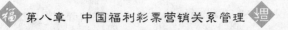

本在较长时间内分摊也会降低成本。另外，关系管理采用的是防守性营销，所要耗费的精力和时间成本也比进攻性营销要低。因此，福利彩票机构必须加强关系管理，提高关系管理的质量和水平。

第三节　福利彩票营销的彩民关系管理

在买方市场条件下，卖方处于不利的地位，因此，必须树立以顾客为中心的营销理念，去识别、挑选、发展并保持顾客，管理好同顾客之间的关系，提高顾客满意度与忠诚度，以实现企业与顾客双赢的目的。可见，顾客关系是企业关系管理的第一位关系。同理，彩民关系是福利彩票机构的第一位关系。福利彩票机构要在日益激烈的市场竞争中取得优势，就必须在应用现代化信息技术的基础上，收集彩民信息，分析彩民的需求特征和购买彩票的行为偏好，并提供优质服务，提高彩民的满意度，最终达到与彩民双赢的目的。为此，本节重点探讨福利彩票营销的彩民关系管理。

一、彩民关系管理的概念

彩民是福利彩票机构的客户，客户关系管理在福利彩票营销中叫做"彩民关系管理"。要明确彩民关系的概念，首先需要对客户关系管理的概念进行研究。

客户关系管理（Customer Relationship Management，简称 CRM）的研究开始于 20 世纪 90 年代，是伴随着互联网的普及而发展起来的新的管理思想和管理手段。其出发点是站在客户的立场，引导客户的需求，让客户满意度最高，同时使企业收益也最大。

客户关系管理的益处通常表现在下面的一个或多个方面①：第一，获得客

---

① 罗纳德·S·史威福特：《客户关系管理加速利润和优势提升》，中国经济出版社 2002 年版，第 30 页。

户的成本较低——节省了市场营销、邮寄、接触、追踪调查、实现和服务等方面的开支；第二，不必获得过多的客户——同样能保持稳定的业务量（特别是在 B2B 营销环境中）；第三，减少了销售成本——通常，现有客户更善于做出反应，对渠道或分销商的更多了解更能增强客户关系的效果，客户关系管理还能减少促销活动的成本并提供营销和与客户沟通方面更高的投资回报率；第四，更高的客户创利能力——更多的钱夹份额，更多的后续销售，更多的来自满意客户的推荐，更多的服务，更有实力进行交叉销售或增量销售；第五，提高客户的保留度和忠诚度——客户留得越久，购买得就越多，因此，客户关系管理增加了销售机会和客户有生之年的商业价值；第六，评估客户的创利能力——了解哪些客户是真正的创利客户，哪些客户可以通过交叉销售或增量销售改变其低利或无利的状态，哪些客户永远无利可图，哪些客户需要用外部渠道管理，以及哪些客户驱动了未来的业务。

关于客户关系管理的概念，加特纳集团（Gartner Group）将客户关系管理定义为[1]：为企业提供全方位的客户视角，赋予企业更完美的客户交流能力和最大化的客户收益率所采取的方法。IBM 将客户关系管理定义为[2]：通过提高产品性能，增强顾客服务，提高顾客交付价值和顾客满意度，与客户建立长期、稳定、相互信任的密切关系，从而为企业吸引新客户、锁定老客户，提供效益和竞争优势。Romano（2000）认为，客户关系管理系统就是"吸引并保持有经济价值的客户，驱逐并消除缺乏经济价值的客户"。卡尔森营销集团（Carlson Marketing Group）的定义是："一种商业策略，能够让组织与其个别员工、销售管道或客户主动建立起一种偏见或喜好，从而拉拢人心，并增加公司的绩效。"[3] 杨东龙给出的定义是："客户关系管理是指企业通过政策、资源、结构和流程，基于信息技术获得并管理客户知识，建立客户忠诚和创造客户价值，从而产生并保持成本和利益最优化以及持续竞争优势的所有活动。"[4]

上述定义各从不同的角度分析问题，均存在一定的局限性。本书的定义是：客户关系管理是一种旨在改善组织与客户之间关系，通过将人力资源、业

---

① http：//www. gartnergroup. com.
② Customer Relationship Intelligence, http：//www. ibm. com.
③ 转引自唐璎璋、孙黎：《一对一营销》，中国经济出版社 2002 年版，第 42～43 页。
④ 转引自宝利嘉：《客户关系管理解决方案 CRM 的理念·方法与软件资源》，中国经济出版社 2002 年版，第 33 页。

务流程与专业技术进行有效的整合，最终为企业涉及客户的各个领域提供完美的集成，并融入组织经营理念和公关策略等内容的提高客户满意度和忠诚度的活动。

彩民关系管理是指福利彩票机构为了获得持续竞争力，利用信息技术取得彩民数据，通过整合资源、满足彩民需要来提高彩民满意度，以建立彩民忠诚的一系列活动。该定义包括四个方面的内容：

1. 扩大彩民资源

彩民资源是福利彩票机构最终实现交易并获得现金流入的惟一入口，是实现企业利润的惟一来源。因此，彩民资源是福利彩票经营者最重要的资产。如果没有了彩民，福利彩票就不能实现交换，那么福利彩票经营的一切活动都将是无效劳动。所以，可以毫不夸张地说：彩民是福利彩票经营者的衣食父母，扩大彩民资源是福利彩票机构的首要任务。

2. 建立彩民忠诚

彩民的忠诚是福利彩票经营者取得竞争优势的源泉，因为忠诚客户趋向于购买更多的彩票，并主动为福利彩票传递好的口碑，推荐新的客户，从而降低营销费用，提高福利彩票的竞争能力。因此，建立彩民忠诚是福利彩票经营者开展客户关系管理所追求的根本目标。

3. 识别和保持有价值彩民

根据帕累托（Vilfredo Pareto）定律，一个企业 80% 的利润往往是由 20% 最有价值的客户创造的，其余 80% 的客户是微利、无利，甚至是负利润的。作为福利彩票的经营者，识别和保持有价值彩民是客户关系管理的基本任务。

识别有价值彩民的方法之一是利用客户生命周期利润来判断。客户生命周期利润由两部分构成：第一部分称为"客户当前价值"。它是假定客户现行购买行为模式保持不变时，客户未来可望为企业创造的利润总和的现值，它是根据客户关系的当前状态做出的对客户未来利润的一种保守估计。第二部分称为"客户增值潜力"。它是假定企业采用更积极的客户关系管理策略，使客户购买行为模式向着有利于增大企业利润的方向发展时，客户未来可望为企业增加的利润总和的现值，它是对客户增值潜力的一种估计。利用客户生命周期利润理论，根据当前价值和增值潜力，任何一个彩民对福利彩票经营者的价值都一目了然。

4. 让彩民满意和信任

彩民认知价值是客户关系保持的内在动力，贯穿于彩民生命周期的每一个阶段。彩民满意的基础是彩民价值期望的满足，一系列的彩民满意产生彩民信任，长期的彩民信任形成彩民忠诚，彩民满意和彩民信任是通向彩民忠诚的两个重要里程碑，分别在彩民生命周期的前期和中期起着至关重要的作用。研究这些影响因素，提高彩民的满意度和信任度，开展一对一营销，可以有针对性地解决彩民的问题，实现建立彩民忠诚的目标。

二、彩民关系管理的策略

彩民是福利彩票机构的"衣食父母"，没有彩民就没有福利彩票机构。福利彩票机构要在激烈的市场竞争中获得主动，就必须把维持彩民关系作为首要任务。彩民关系处理得好坏，直接关系到福利彩票机构的前途和命运。因此，搞好彩民关系是福利彩票机构进行外部关系管理成功的关键。彩民关系管理的策略主要有：

（一）树立以彩民为中心的思想

以彩民为中心的思想，就是要求彩票发行销售机构从彩民的角度出发，而不是从自己的观点出发去辨明彩民的需求。每种彩票都包含有一些可互换选择的属性和特性，如果营销职能部门不研究彩民，就不可能知道彩民的这种互换选择，就不可能做到使彩民满意。据美国市场营销协会调查，一个满意的顾客会做出如下选择：再次购买；较少注意竞争的品牌和广告；购买公司新加入产品线的其他产品；向至少3个人说公司的好话。与之相反，一个不满意的顾客会对11个人抱怨所买到的产品。为此，福利彩票机构必须树立以彩民为中心的思想。

树立以彩民为中心的思想，首先，要承认彩民的权益。必须从管理者到普

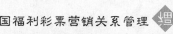

通员工、从理论到实践上承认彩民的权益并落实到行动中。要以彩民的需要作为营销的出发点，一切营销活动都必须符合彩民的需求和利益，以彩民是否满意作为衡量营销工作的标准。其次，要了解彩民需求。了解彩民是福利彩票机构进行市场营销活动的起点，也是现代营销理念与以往营销理念的区别所在。既要了解彩民质的方面的需求，又要了解彩民量的方面的需求；不仅要了解彩民现时的需求，而且要了解其潜在需求；不仅要了解彩民相同的需求，还要了解彩民的差异需求。以便对市场进行细分，确定目标市场。再次，要满足彩民需求。彩民关系管理就是通过制订不同的方案，针对不同的目标顾客，实施差异化营销，以更好地满足彩民的不同需求。第四，要留住老彩民。满足彩民的一次需求是容易的，难的是长期留住彩民。留住老彩民的方法是向其提供满意的产品和满意的服务。

（二）提供优质产品，把握彩民心理需求

质量是产品的生命，好的产品质量可以留住老顾客，建立品牌忠诚，吸引新顾客，扩大市场影响。福利彩票的质量体现在两个方面：

第一，体现为经营过程中的公平性、公正性和权威性。这就要求福利彩票机构从两个方向开展工作。其一，始终坚持福利彩票发行的公开、公平、公正，并在每一个细节上表现出来。其二，必须垄断经营彩票，打击各种"地下彩票"。否则，在巨大的利益驱动下，"私彩"的恶性竞争不仅将把彩票市场的秩序破坏殆尽，而且将对彩票发行的"公开、公平、公正"原则形成冲击，最终直接损害彩民利益，彻底葬送彩票市场。

第二，体现为彩票的中奖率和中奖额的大小。尽管福利彩票的设置是以"扶老、助残、救孤、济困"为宗旨的，发行彩票的目的是为社会福利事业筹集资金，促进社会公益事业的发展；尽管彩票的奖金额占彩票销售额的50%是国家规定的，但必须考虑到大多彩民购买彩票是为了获得大额奖金的目的。这就要求在福利彩票机构在设计彩票的玩法时，必须设计有吸引力的、科学的中奖率和中奖额，抓住彩民的心理，扩大彩票销售量。

（三）提高福利彩票机构的服务意识

在现代人的消费心理中，产品本身的使用价值固然重要，但产品所体现的

审美价值和附加价值将是左右其购买行为的最后抉择。客户购买产品，实际上是期望购买到其所带来的一系列的利益和满足。例如，美国 IBM 公司之所以能在竞争异常激烈的国际电脑市场长期称霸，就是因为它最早认识到用户购买电脑是需要有与之相适应的一系列配套服务，如用户需要使用说明、软件程序、快速简便的维修方法等。因此，它向用户出售的不仅仅是一台电脑，而是整个电脑系统（包括硬件、软件、安装、调试、传授使用方法、提供维修等一系列配套服务）。

完善的服务是福利彩票机构维持良好彩民关系的重要组成部分。彩票是一种特殊商品，虽然有的彩民可能中奖，但对于大多数人来说，买彩票中奖的可能性很小。良好的彩民关系在于把对彩民的诚意贯穿在售前、售中和售后的整个运营链条中。对于这些没有中奖的彩民来说，优质的服务和良好的消费体验是留住他们的惟一方法。福利彩票机构要用优质的服务措施来保留客户，用贴心的服务让客户意识到即使没有中奖也是一种消费与体验，更是为社会福利事业做贡献。

（四）塑造福利彩票机构的良好形象

企业要在激烈的竞争中脱颖而出，除了优质产品和服务之外，塑造鲜明的企业形象也是一个必要条件。福利彩票是一项慈善事业，起着行善积德、扶危济困、造福社会、弥补政府投入不足的作用。因此，塑造福利彩票机构的良好形象，可以吸引更多的彩民购买福利彩票，这对于扩大福利彩票机构的销售额具有重要作用。

塑造福利彩票机构的良好形象，主要从两个方面入手。第一，用福利彩票的公益性来塑造福利彩票机构的公益形象。塑造福利彩票机构的公益形象要用福利彩票支持社会公益事业的事实来说明。第二，用福利彩票发行过程的公开性来塑造福利彩票机构的公正形象。塑造福利彩票机构的公正形象要通过宣传机构内部管理的严密性和发行、开奖、兑奖过程的严谨性来实现。

（五）保持通畅的信息沟通渠道

企业要建立与客户积极的互动的关系，就必须与客户保持通畅的信息，以了解和掌握客户的消费需求、消费心理和消费习惯。福利彩票机构通过与彩民进行流畅的信息沟通，使彩民能够及时了解福利彩票机构推出的新产品和提供的新服务，也使组织能够掌握彩民的需求动向，从而使双方在沟通中相互提携，共同进步，以达到共赢的目标。与彩民的沟通的方式主要有：与员工直接沟通；利用口碑沟通；提供具体的线索或者信息；沟通无形的信息；将营销传播的努力和信息进行整合；等等。与彩民沟通的原则是：让服务明白易懂；沟通具有连贯性；承诺可以兑现；沟通要长期坚持。

为此，福利彩票机构要有规律地举行一些小型或大型的见面会、座谈会等，邀请一些有思想、热情的、特别的彩民参加，以实现福利彩票机构与彩民之间的近距离接触，进行有效沟通，从彩民那里了解他们的需要，了解他们对福利彩票机构的意见。为了让彩民及时了解产品及服务的新情况，福利彩票机构要通过新闻、广告等媒体广泛宣传。安徽省福利彩票发行中心为了让彩民们明明白白地购彩，增加福利彩票的透明度，体现中国福利彩票的公平、公正、公开的原则，继 2004 年组织热心彩民港澳游以后，又于 2005 年 7 月再次邀请省内彩民前往北京。彩民们走进双色球、3D 开奖现场，亲眼见证了每一个中奖号码出炉的全过程。这次组织的近 80 名前往北京的彩民是从安徽省 17 个市选取的热爱福利彩票的老彩民，他们长期以一颗平常心始终关注和支持着福利彩票事业的发展，关注着公益事业的不断进步。①

（六）扩大福利彩票机构的自我宣传

福利彩票机构建立和保持与彩民的良好关系，自我形象宣传非常重要。自我宣传的主要方式是举办社会公益形象宣传、庆典活动和赞助活动。

1. 社会公益形象宣传

福利彩票机构的社会公益形象宣传主要宣传彩票公益金的用途。要让每一个人都知道：福利彩票销售额的 35% 用于"扶老、助残、救孤、济困"和最低社会保障。

---

① 一福：《回馈彩民 取信彩民——走进开奖现场 见证号码出炉》，载《新闻世界》2005 年第 6 期。

2. 庆典活动

当福利彩票机构内部发生值得庆祝的重要事件时，或在人们共同庆祝的重大节日时，福利彩票机构可以举行隆重的公共关系专题活动，包括各种节日庆典、开业庆典、周年或若干周年庆典等。它是一种展示福利彩票机构形象、提高社会知名度的公关活动。

福利彩票机构可以利用周年纪念日，尤其是逢五年、十年的纪念日举行庆典活动，制作纪念册，通过文字、图片、图表、幻灯片、录像等方式，全面介绍福利彩票机构的成就、现状、发展历程和美好前景，如组织的福利资金已经有多少投放到了全国福利事业的建设上，建立了哪些福利院等设施，等等。这样，既可以对外宣传组织的成就，扩大社会影响，又可以对内展望未来，鼓舞士气，凝聚人心。2006 年 3 月 20 日，广西电脑福利彩票迎来了 6 周岁的生日。当天下午，广西福利彩票发行中心在广西福彩大厦举行新闻宣传座谈会及"见证福彩"仪式，庆祝广西电脑福利彩票发行 6 周年，社会各界人士、民政厅的领导、新闻媒体记者、投注站业主、销售员及彩民近 100 人参加了庆祝活动，向与会者介绍了广西福利彩票发行中心 6 年来所取得的成就，很好的宣传了福利彩票事业的公益性质，扩大了广西福利彩票发行中心的社会影响。

3. 赞助活动

福利彩票机构是一个社会福利和社会公益机构，对于特殊困难的家庭、学子的赞助活动是非常频繁的。福利彩票机构要充分利用这些机会，借用新闻媒介的宣传，扩大活动的影响范围，提高宣传效果，树立福利彩票机构的良好形象。在这些赞助活动中，邀请老彩民或贡献大的彩民到场，请他们为赞助项目活动揭牌，将会起到意想不到的作用。利用这些赞助活动，可以加强对福利彩票机构经营理念的宣传，鼓励公众都为福利事业做出一点贡献，对扩大彩票的发行量、筹措更多的资金会有很大的帮助。

三、彩民关系管理的流程

客户关系管理是一个将客户信息转化为客户关系的循环流程，因此，一个典型的客户关系管理流程主要有信息管理、客户价值管理、客户满意度管理三个阶段构成。福利彩票机构的彩民关系管理同样适用这一流程，如图8－2所示：

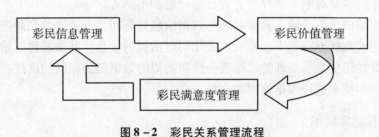

图8－2　彩民关系管理流程

（一）彩民信息管理

彩民数据信息是彩民关系管理的灵魂，对数据的处理和分析是彩民关系管理的主要任务和功能。彩民信息管理是将包括彩民和潜在彩民等表示彩民基本状态的信息收集到数据库中，帮助福利彩票机构完成彩民分析，确定彩民需求，并挖掘出彩民深层次的购买规律的过程。

1. 信息收集

彩民的信息一般从销售过程、服务过程、业务推广过程或采用其他多种形式获得，这些信息来源可以是销售点、互联网、投诉档案、直接接触和被拒记录，以及第三方的预测信息。不同的行为过程与来源产生了不同的数据类型，以此可以把彩民信息分为三类：

（1）彩民描述性数据。此类数据描述的是彩民的基本信息，变动不是很快，可在较长时间内使用。彩民的基本情况包括：姓名、地址、性别、出生年月、电话、工作单位、婚姻等；信用情况包括：信用卡号和信贷限额、忠诚度指数等；行为爱好包括：生活方式、特殊爱好、对问卷和促销活动的反应等。

（2）市场促销性数据。此类数据表示对每个彩民进行了哪些促销活动，例如促销活动的类型、对促销活动的描述、促销媒体、促销时间、促销意图、成本信息等。由于彩票市场的特殊性，针对彩票的促销活动都是面对全体彩民的，比如大型的公益活动、媒体宣传等。

（3）彩民交易数据。描述福利彩票机构与彩民相互作用的所有数据都属于彩民交易数据，例如，购买彩票方面的数据：过去购买记录、购买频率、购买数量、购买金额及其累计金额、购买过程及付款方式等；售后方面的数据：售后服务内容、对服务的评价、曾有的问题和不满等。

在收集信息的阶段，需要对这些数据信息进行初步处理，首先是把从多个渠道得到的数据进行基本的校验，去除明显错误的信息；其次是将原始的非结构化的数据转化为易处理的二维表，性质类似的数据归为相同的属性；最后是借助数据库技术进行数据使用和分析。

2. 数据库技术

数据库是 20 世纪 90 年代初提出的概念，W. H. Inmon 给出了数据仓库的定义①：数据库是一个面向主题、集成、时变、非易失的数据集合，是支持管理部门的决策过程。数据库的概念一经推出，在经济发达国家的大型企业几乎不约而同地建立了自己的数据库。数据库的应用已遍及银行、证券、保险、税务、电信、医疗保险和商业零售店等主要传统数据处理密集型的各个行业和部门。所以，福利彩票机构进行彩民关系管理也需要建立彩民数据库以支持彩票的营销决策。

彩民关系管理利用数据库技术进行业务处理的逻辑顺序是②：第一，数据库将彩民行为数据和其他相关的数据集中起来，为市场分析提供依据；第二，数据库把对彩民行为的分析以联机分析处理（On-Line Analytical Processing，OLAP）、报表等形式传递给市场专家，市场专家利用这些分析结果，制定准确、有效的市场策略；第三，数据库将彩民对市场机会的反应行为再集中到数据库中，作为以后进行市场策略评价与分析的依据。由此可知，数据库在彩民关系管理中的应用是一个周而复始的过程，且在重复的过程中不断对数据分析进行提高与改进，直到获得良好的分析效果。

3. 数据挖掘技术

数据挖掘（Data Mining，简称 DM），是一种分析具体数据并萃取和展现

---

① 杨路明：《客户关系管理》，重庆大学出版社 2004 年版，第 160 页。
② 姜继忱：《数据仓库技术在 CRM 中的应用》，载《冶金信息导刊》2004 年第 5 期。

可付诸行动的、隐含的和新颖的信息以解决业务问题的流程。① 数据挖掘技术在彩民关系管理中主要应用在以下几个方面：

第一，彩民群体分类。数据挖掘把大量的彩民分为不同的类别，每个类别的彩民具有相似的属性，而不同类别的彩民的属性尽量不相同。例如，把所有彩民分成两类：男性和女性；在福利彩票市场的彩民群体中，从彩票机构与彩民的关联度来看，可以将彩民划分为非彩民、潜在彩民、显在彩民和忠诚彩民等四个基本类型。福利彩票机构要对不同类别的彩民提供针对性的产品和服务来提高彩民的满意度。

第二，彩民的获得与保持。福利彩票事业的增长和发展壮大需要不断获得新彩民并维持老彩民，数据挖掘技术能够帮助识别出这些潜在彩民，并提高市场活动的回应率，做到有的放矢。随着彩票行业的竞争激烈化，获得新彩民的成本正在不断上升。因此，保持原有彩民就显得越来越重要，数据挖掘可以帮助发现打算离开的彩民，以便使福利彩票机构采取适当的措施挽留该彩民。

第三，提高现有彩民的价值。当彩民浏览福利彩票网页寻找某类彩票时，数据挖掘技术就可以识别彩民数据，分析哪些彩民可能会对新产品感兴趣；同时福利彩票机构还可以利用数据挖掘技术预测那些会引起彩民兴趣的新产品，并通过电子邮件传递给彩民，让彩民选择是否可以接受。

第四，保留忠诚彩民。数据挖掘技术将数据仓库中的彩民信息根据彩民支出、生命周期的进行划分，并判断彩民的持久性，识别哪些彩民将成为忠诚彩民，哪些彩民可能流失。

4. 彩民信息的采集及分析

彩民信息的采集和分析是一个过程，包含着丰富的内容。

（1）彩民问卷调研。问卷调研是通过一系列精心准备的问题对彩票消费者群体进行的抽样和调查，通常是为了研究和划分彩民的不同价值观、生活方式、产品使用、利益寻求的看法。彩票消费者调研和分析是一个包括许多主题和技术的非常大的题目，通过市场调研，福利彩票机构可以获得第一手的、真实的数据，因此，彩民调研是收集彩民信息的一种重要的、行之有效的手段。

---

① 宝利嘉：《客户关系管理解决方案——CRM 的理念、方法与软件资源》，中国经济出版社 2002 年版，第 76 页。

彩民调研结果的有效性取决于：

①被调查的彩民（现有的或者潜在的）是否是从兴趣人群中抽取的。

②回应样本是否是从兴趣目标人群中随意抽取的。如果不是随意抽取的，那么，这种具有偏向性的样本可能导致没有反映兴趣人群的观点和行为的结果。

③问题是否公平，被调查者是否能够回答。设计的问题要无诱导性，不能令人迷惑、很难理解或因被调查者不记得他们的行为而无法回答。

④调查报告是否清楚，是否符合实际。有时不受管理层欢迎的结果容易被压制、被忽略。

（2）彩民的群体行为研究。从消费学的角度来看，彩票是一种特殊商品，彩民是这种特殊商品的消费者。因此，开展彩民这个群体的消费行为研究尤为重要。要提高彩票的销售数量，应扩大消费者即彩民群体的队伍，研究他们的消费特征，并由此做出相应的营销对策。

彩民的群体行为研究主要包括：彩民群体的基本特征（性别、年龄、职业、受教育程度、收入等）对购买彩票行为的影响；彩民购买彩票的心态和动机（如消遣、中奖、献爱心、跟风等）分析；彩民类型（老彩民、新彩民、潜在彩民）分析；购买方式（随机选号、非随机选号）分析；影响彩民购买决策的因素（奖项的设置、奖金额的设置）分析；等等。

5. 建立彩民管理系统

彩民管理系统由三部分组成：一是彩民态度管理。通过健全彩民投诉和建议制度以及定期组织彩民调查，将彩民的书面、口头投诉和建议进行记录、整理，对调查结果进行统计、分析，可及时发现彩民态度变化的倾向，为福利彩票机构较早采取行动消除彩民不满、巩固市场占有率提供早期预警。二是彩民数据库管理。运用电子计算机技术，将所有彩民的有关信息储存起来，建立详细的彩民档案，并经常对信息进行整理、分析，既可加深对彩民的了解，便于彼此沟通，又能为以后的营销决策提供依据。三是彩民关系管理。对于所有的彩民，都要设立相应的客户经理为其提供专门服务，通过对彩民提供对口服务、提升服务价值来培养忠诚彩民市场。

（二）彩民价值管理

客户关系管理的核心是客户价值管理（Customer Value Management，简称

CVM），同理，彩民价值管理在整个彩民关系管理过程中也占据着重要的地位。只有投资于最有价值的彩民，并努力提高其满意度与忠诚度，才能使福利彩票机构对彩民的投资回报最大化。因此，必须建立一套全面完善的彩民价值体系，以确定哪些彩民对福利彩票机构而言是最有价值的。

罗兰·T·拉斯特（2001）提出了客户终身价值的计算方法，该方法把时间价值作为一个重要参数，使客户价值有了量化的标准。在整个客户关系生命周期内研究客户最终的价值贡献，其目的是根据客户历史的交易情况来探究其潜在价值，与对该客户当前价值评价的结果一起成为辅助管理决策的依据。

1. 客户关系生命周期理论

客户关系生命周期指从一个客户开始对企业进行了解或企业开始准备对某一客户的开发活动开始，直到客户与企业的业务关系完全终止且与之相关的事宜完全处理完毕的整个时间段。如图 8-3 所示。

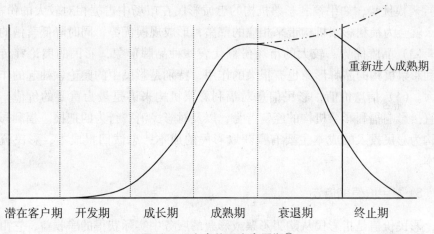

图 8-3　客户关系生命周期①

根据企业的投入与客户对企业收益的贡献不同，可以将客户关系生命周期分为潜在客户期、客户开发（突破）期、客户成长（维系）期、客户成熟期、

---

① 董金祥、陈刚、尹建伟：《客户关系管理》，浙江大学出版社 2002 年版，第 42 页。

客户衰退期、客户终止期和恢复期（重新进入成熟期）七个阶段。

在客户关系生命周期的每个阶段，企业为客户投入的成本及客户给企业带来的价值都是不同的，处于成熟期的客户能给企业带来最大的客户投资回报，是企业最有价值的客户，因此，企业应该尽可能地延长客户的成熟期。这就需要企业根据客户所处的客户生命周期，提供相应的个性化服务，进行不同的战略投入，使获取和维持客户的成本降到最低，增强企业的竞争实力。

2. 彩民价值分析

彩民价值就是彩民在整个彩民关系生命周期内对福利彩票机构的贡献与福利彩票机构为其投入的成本之间的差额。因此，就福利彩票机构而言，彩民关系生命周期持续时间越长，彩民价值就越高。

具体来讲，彩民贡献主要体现在以下几个方面：（1）基本市场价值，是指彩民购买福利彩票使其价值得以实现，显而易见，彩民关系生命周期越长，彩民给企业带来的基本市场价值就越多，福利彩票机构的投资回报率就越高。（2）规模优势，如果福利彩票机构的忠诚彩民在市场中占据相对较大的份额，那么就会为福利彩票机构带来相应的壁垒，形成规模优势，同时降低营销的成本。（3）品牌优势，较大的市场份额代表一种品牌形象，彩民的舆论宣传对福利彩票机构的品牌形象也有很大的作用，特别是彩民中的舆论领袖起的作用更大。（4）信息价值，彩民信息对福利彩票机构来讲是最为重要的价值，它会直接影响福利彩票机构的经营行为，以及对彩民消费行为的把握。福利彩票机构为彩民投入的成本主要有：获取彩民的成本；忠诚回报成本；彩民流失成本。

3. 彩民价值的传递

彩民价值是指彩民从购买彩票或彩票的服务中实际获得的净收益，它由获得的效益减去获得上述效益的成本而得出。彩民获得的效益虽是主观性的，但一般是可以度量的，并同彩民所认定的相关彩票种类满足其需求和愿望的能力直接相关，可以通过增加新效益、降低所承诺效益的不确定性以及提高彩票产品/服务的可获得性而增加价值。

在彩民价值的传递中，销售点（投注站）是一个关键的因素。彩票零售点是直接面对彩民的门面，其销售与服务的质量直接影响彩民对福利彩票机构的评价。

（三）彩民满意度管理

福利彩票机构进行彩民数据收集与分析、彩民价值分析与传递等活动，其目的就是为了向彩民提供高质量与及时的服务，以提高彩民满意度，最终达到彩民忠诚。满意度管理是根据前两个阶段的工作结果来分析彩民满意度的影响因素，制定提高彩民满意度策略的过程。

1. 彩民满意的界定

彩民满意是彩民对某项彩票或服务的消费体验的总体评价，是彩民通过对一个产品或服务的可感知的效果与其预期值相比较之后，所形成的愉悦或失望的感觉状态，是衡量福利彩票机构经营质量水平的一种方式。如果可感知的效果低于期望，彩民就会不满意；如果可感知的效果与期望相匹配，彩民就会满意；如果可感知的效果超过期望，彩民就会高度满意。

彩民满意是彩民忠诚的前提，当彩民满意后，会产生对该产品的信赖、维护和希望重复购买的心理，就产生了彩民忠诚。忠诚彩民是福利彩票机构最宝贵的资产，因为他们会倾向于重复购买，从而降低福利彩票的交易成本低，使福利彩票机构从中获取最高的边际利益。尽管忠诚彩民不一定是满意彩民，但是满意彩民却更有可能成为忠诚彩民。彩民满意有利于福利彩票机构与彩民更亲密的接触，从而更好地挖掘出彩民的真实需要，因为他们更乐于同福利彩票机构进行积极的交流。彩民满意有利于提高福利彩票机构的整体声誉，提高福利彩票机构抵御市场风险的能力。

2. 影响彩民满意度的因素

彩民满意度与服务质量这两个概念是相互交织在一起的，二者密切联系却又存在区别。其联系是：服务质量高可以使彩民满意度高，而彩民满意度高说明服务质量高。区别表现为：满意度是一种短期的、特定交易的评估，而服务质量是一种由对其表现的长期、总体的评价构成的态度。例如，彩民满意度评估会在每一次福利彩票交易后发生；但服务质量评估不是特定交易下的，而是反映了所有交易的总体印象。正因为如此，在实施与评估福利彩票机构的服务质量时，产生了许多困难。首先，对服务质量的感知倾向于依赖彩民对一个特定服务与其预期的重复比较，如果一种服务（无论它怎样好）没能满足一个特定彩民的预期，该彩民就会觉得这个服务质量很差。其次，在对福利彩票机构的评估中，彩民不仅评估彩票，同时也对服务的传递系统进行评估。

影响彩民满意度的因素通常集中在有形维度、可依赖维度、反应维度、保证维度与移情维度这五个维度上。

（1）有形维度。由于缺乏实在的物理产品，彩民在形成评估意见时，常常依赖在购买彩票过程中所见到的有形物品。福利彩票机构的有形维度包括广泛的物体，例如那些在服务环境中的设施与福利彩票机构员工的整体形象。这样，影响彩民满意度的有形维度呈现二维状态：一方面集中在机器设备等硬件设施上；另一方面集中在彩票销售人员的形象与交流方面。这方面的典型问题包括：

福利彩票机构有看起来很现代化的设备吗？

福利彩票机构的建筑设施看起来吸引人吗？

福利彩票机构的员工外表上看起来整洁吗？精神吗？

福利彩票机构发放的与服务相关的材料（比如宣传单）看起来吸引人吗？彩民明白这些东西吗？

（2）可依赖维度。可依赖维度反映了福利彩票机构在服务过程中所表现的一致性与可靠性。例如，福利彩票机构在不同时间提供服务的水平的一致性；对每个彩民的服务质量是否会发生剧烈的变化；福利彩票机构对彩民承诺的一致性；福利彩票机构对每一次彩民收费、记录、开奖、兑奖的正确性；等等。可依赖维度是这五个服务质量维度中最重要的一个，包括的常用问题有：

当福利彩票机构承诺将要做某些事情时，它会遵守承诺吗？

福利彩票机构的员工在解决彩民的问题时能表现出真诚的关心吗？

福利彩票机构第一次就提供了正确无误的服务吗？

福利彩票机构是在其承诺的时间内提供的服务吗？

福利彩票机构的彩民记录正确无误吗？

（3）反应维度。反应维度既反映了福利彩票机构提供服务的及时性，也反映了机构成员提供服务时的意愿和态度。例如，福利彩票机构成员因为忙于个人的事情而冷落了彩民，由于这种无反应而使彩民不满。福利彩票机构反应性的例子包括：

员工明确地告诉彩民何时将提供某种服务；

员工及时地向彩民提供服务；

员工对彩民永远热情；

员工即便是在工作非常忙的时候也乐意帮助彩民解答问题。

（4）保证维度。服务质量的保证维度是指福利彩票机构的业务能力、对彩民的友善以及业务的安全性。能力包括福利彩票机构具有提供服务所需要的知识和技能；友善态度包括礼貌、友好、考虑彩民利益；安全性包括金融风险问题和保密问题。福利彩票机构在保证维度方面的问题主要有：

福利彩票机构的员工的行为帮助彩民树立了对购买彩票的信心；

彩民购买福利彩票时福利彩票机构所赋予的安全感；

福利彩票机构的员工对彩民始终保持礼貌；

福利彩票机构的员工能够正确回答彩民的问题。

（5）移情维度。移情维度也可以说是一种"换位思考"，就是能够像自己曾经经历过一样去体会别人的感受。因此，具有移情能力是福利彩票机构提高彩民满意度的重要条件。具有移情能力的福利彩票机构成员总是把自己看作是彩民，因而能够理解彩民的需求并且让彩民更好地理解自己的服务。不具备移情能力的彩票机构成员则不关注彩民的个性化需求，提供服务的时间只是为了方便自己而不考虑彩民的要求。具有移情能力的福利彩票机构应该具备如下素质：

时刻关注彩民的个性化需求；

服务时间设定在对所有彩民都方便的时段内；

雇用那些能够关注彩民个性化需求的员工；

每天的服务都要以彩民的需求为基础；

理解彩民最根本的需求。

3. 提高彩民满意度的策略

在确定了影响彩民满意度的因素之后，一个重要的工作就是找到能够提高彩民满意度的策略。提高彩民满意度的策略就是将福利彩票机构的营销重点集中在提高现有彩民满意度的基础上，争取新彩民的信任与购买行动。具体说来，提高彩民满意度的策略包括：保持正确的态度、在销售之余想着客户、建立信任关系、监控服务提供过程、提供额外的服务、提供服务承诺等。

（1）保持正确的态度。保持正确的态度是指在处理彩民关系过程中，树立从彩民出发的思想和以服务为本的理念。福利彩票机构的员工必须记住：每一个彩民都有自己独特的购彩需求，是彩民的预期价值决定服务的效果，而不是员工自己的想法。

（2）在销售之余想着彩民。通过买卖彩票以接触彩民，建立客户关系，关键是要有真诚的态度和个性化的手段，在销售之余想着彩民。典型的做法包括：寄送生日卡片；对彩民取得的成功（中彩）寄信表示祝贺；与过去提供服务的彩民保持联系，并且在需要的时候提供进一步的帮助。这样做的目的是让彩民体会到福利彩票机构真诚地关心他们，很重视这种客户关系。

（3）建立信任关系。信任是一种对诚实、正直和可靠品质的坚定的信念或者信心。在服务环境中，信任包括三个主要的方面：①服务提供者的专业水平；②服务提供者的可靠性；③服务提供者对客户的关心程度。建立福利彩票机构与彩民之间的信任关系的主要策略有：保护彩民的机密信息；避免贬损竞争对手或者其他彩民；任何情况下都坦诚地对待彩民；告诉彩民完整的福利彩票信息，包括正面的和负面的；让彩民感觉信赖、谦恭并且无微不至；积极参与社会事务。

（4）监控服务提供过程。彩民购买了一项服务之后，对向彩民提供服务的过程进行监控，也是提高彩民满意度的一个关键方法。这样做可以及时纠正出现的错误，并且在服务没有完成之前就影响彩民对服务质量的看法。

（5）提供额外的服务。额外的服务是指福利彩票机构责任范围以外提供的各种服务。例如，旅馆免费把客户遗落的物品寄回家；福利彩票机构向没有及时兑奖的彩民在投注站发出在时效前兑奖的通知。可见，额外的服务包括不计其数的个人接触及那些能够把一次交易与长期交易区别开的各种小事情。福利彩票机构给彩民提供各种额外服务，可以使彩民感到人性化的服务，对提高彩民满意度有重大作用。

（6）提供服务承诺。服务承诺可以实现三个目标：①增强客户忠诚度；②提高市场份额；③迫使组织提供承诺以改进所有的服务质量。例如，Hampton 酒店曾对客户宣布："如果客户在其住宿期间有某个问题没有得到满意的解决，他就可以继续免费再住一晚。"当旅客结账并且不再有问题的时候就会兑现这一承诺。这一承诺的效果绝对是正向的，雇员开始注意纠正那些潜在的服务问题，旅馆的服务标准也有了很大提高。在这一承诺实施的两年里，有7000 名客户使用了这一承诺服务，他们的消费是 350000 美元，并且其中 86%

的客户表示会再来 Hampton，有 45% 的客户已经这样做了。因此，福利彩票机构提供服务承诺是提高彩民满意度的重要措施。

福利彩票机构的服务承诺应该是没有约束条件、陈述清楚明了、有实际意义、使用时不麻烦并能够立即兑现。例如，承诺福利彩票的发行过程是公开、公平、公正的；承诺保护中奖彩民的隐私权；等等。提供承诺要避免三种情况：（1）承诺的东西太小、太普通；（2）承诺的条件太苛刻；（3）承诺违约的价值太小，不值得使用。

综上所述，彩民关系管理是福利彩票营销关系管理中最重要的组成部分。在不断变化的彩票市场环境下，信息技术的迅猛发展以及营销理念的变革，使得"以彩民为中心"成为彩民关系管理的核心思想。福利彩票机构要在彩票市场上取得竞争优势，必须在这一核心思想的指导下，收集彩民数据信息，利用数据库技术和数据挖掘技术分析彩民的购彩动机与行为特征，根据客户关系生命周期理论来判断哪些是最有价值的彩民，最后，通过控制影响彩民满意度的各种因素来达到提高彩民满意度和忠诚度的最终目的。

第四节　福利彩票营销的其他关系管理

在福利彩票市场上，除了彩民关系以外，其他利益相关者的关系也是非常重要的。他们对福利彩票市场的态度，直接影响着福利彩票的市场走向。这些利益相关者包括供应者、竞争者、销售者、政府机构、新闻媒体、社区公众等，也必须同他们建立良好的关系。由于福利彩票发行不需要大量、复杂的采购，与体育彩票机构是一种垄断竞争关系，因此，这里只研究分销渠道关系、政府关系、媒介关系和社区关系的管理。

一、分销渠道关系管理

福利彩票的分销渠道是指福利彩票发行机构通过一定的组织系统将彩票产品和服务的价值转移到彩民手中的途径或通道。这种转移活动需要经过包括各种批发商、零售商、商业服务机构（交易所、经纪人等）在内的中间环节。而福利彩票分销渠道关系管理就是福利彩票机构通过对各分销渠道成员实施选择、协调、激励与控制等活动，从而建立长期的合作关系，寻求"双赢"，以达到提高市场竞争力的目的。

福利彩票的整个分销渠道包括基本渠道成员、特殊渠道成员和辅助渠道成员三个部分。基本成员是指承担转移彩票产品和服务价值的福利彩票营销部门和福利彩票投注站；特殊渠道成员是指福利彩票销售中的无人分销渠道，即那些通过互联网及其他电子方式的网络渠道以及彩民的自我服务将福利彩票产品和服务分销给彩民的渠道；辅助渠道成员是指为整个福利彩票分销过程提供重要服务但不承担福利彩票价值转移风险的组织，例如，运输业、仓储业和提供促销支持的组织以及金融业、信息业、广告业、调研业等相关部门。

在渠道成员中，福利彩票营销部门是福利彩票分销渠道的主导者，它控制管理着福利彩票整个分销渠道的运行，在福利彩票分销渠道管理中起着举足轻重的作用，但由于它是福利彩票分销渠道的管理者，是渠道关系管理的实施者，因而不是福利彩票分销渠道关系管理的内容；特殊渠道是无人的分销渠道，没有具体的渠道分销商，也不是该部分的管理内容；辅助渠道成员虽然对福利彩票的分销起到了一定的作用，但其与福利彩票机构的利益关系不是很明显，所以也不是关系管理的内容。剩下的只有福利彩票投注站，它是福利彩票产品和服务的价值实现的终端，福利彩票的形象、福利彩票营销战略与策略的执行以及福利彩票的一切营销活动，全部由福利彩票投注站来执行。因此，投注站的关系管理是福利彩票分销渠道关系管理的主要内容。

（一）福利彩票分销渠道关系管理的特点

中国福利彩票发行管理中心是民政部的直属事业单位，实行企业化管理，是全国福利彩票的唯一发行机构，经民政部授权，负责全国福利彩票发行和销售业务，对各地福利彩票机构实施业务领导和全面监控，按省级行政区域组织实施。其分销渠道关系管理的特点是：

1. 分销渠道关系管理的对象类型单一

中国福利彩票发行销售系统在全国各省、自治区、直辖市和计划单列市共设销售机构 32 个，地级销售机构 320 个，全系统从业人员 14.5 万多人。全国现有投注站超过 10 万个，建立起了强大的销售网络。

但是，包括中国福利彩票发行管理中心，省级福利彩票发行中心，地、市级福利彩票发行中心和发行管理处、管理站、发行部等在内的机构属于福利彩票营销组织，只有投注站是福利彩票发行机构的分销渠道。因此，福利彩票的分销渠道只有一级中间商，也就是零售商，从渠道长度看属于一级渠道。

2. 分销渠道关系管理难度大

虽然福利彩票采取的是一级渠道策略，但是为了使各阶层、各年龄段的人随时随地购买彩票，在这一级渠道上设置的零售商数目众多。由于零售商的数量大，分散经营，经营素质和观念参差不齐，对福利彩票机构的营销策略的执行不统一，造成关系管理的难度加大。

3. 对分销渠道关系管理的手段多

目前，承担福利彩票发行销售任务的是省级福利彩票发行中心。由于特定的历史条件，各级发行销售机构是通过行政手段产生的，上下级具有行政上的隶属关系。

中国福利彩票主要发行即开型、即开传统型和电脑型彩票，前两种彩票由中国福利彩票发行管理中心统一印制，销售形式采用批发零售方式，由中国福利彩票发行管理中心批发给各二级发行中心，二级发行机构再向其所辖地（市）、县批发或直接组织销售，销售网络大都依赖省、地（市）、县各级民政部门所设立的福利彩票发行机构；电脑福利彩票的各项发行权属于中国福利彩票发行管理中心，各省级福利彩票发行管理中心建立各自的电脑彩票销售系统，承销各地福利彩票并接受中国福利彩票发行管理中心的业务领导，各省级福利彩票发行管理中心在承销区域内设置投注站，并统一核发销售许可证，由其所辖的地市设立的销售机构进行管理。

上述分销渠道关系的各个机构和投注站之间，既存在共同分割使用 15%的发行费的关系，也存在运用行政手段进行管理的关系。

（二）投注站关系管理

投注站在福利彩票市场营销中占有重要地位，它直接代表福利彩票的形象，决定福利彩票销售任务能否完成，因此，投注站关系管理是福利彩票机构关系管理的另一个重点内容。福利彩票机构对投注站的关系管理包括对投注站的选择、对投注站工作人员的培训、提供便利与服务、信息沟通以及激励措施等内容。关于对投注站管理的详细内容在下一章研究。

二、政府关系管理

政府关系是企业与政府各级行政机构及其官员和工作人员之间的关系，具体包括工商、人事、财政、税务、市政、治安、法院、海关、环保卫检等政府职能部门及其工作人员。[1] 彩票是政府控制的行业，其销售规模和销售效果，必须通过政府行为来实施，必须得到政府有关部门的协同支持。

（一）政府对福利彩票机构的影响

政府是国家行政的管理机构和国家权力的执行机关，是最具社会影响力和经济实力的影响者。政府的肯定与赞赏、支持与援助将会使企业获得长足的发展，诸如贷款、拨款、经济援助、鼓励各界声援和协作等对企业来说是有利的条件；而政府的否定与谴责、反对与制裁则往往会给企业带来灭顶之灾。同时，政府作为管理者，由一些具体部门对各行各业的业务活动进行指导、控制、调节和监督，在特殊的阶段和场合还具有直接管理的作用。

福利彩票是一个特殊的市场，政府在彩票市场上起着独特的作用。

首先，国务院是中国彩票管理的最高机构，彩票发行的审批权集中在国务院，任何地方和部门均无权批准发行彩票。彩票是一种筹资工具，作为一种宝贵的集资渠道必然掌握在国家手中，经国家批准，由政府有关部门统一进行管理，实行垄断经营。

其次，财政部是彩票的宏观市场监管部门，其职责是制定政策、管理市场和监督发行。地方各级财政部门是本地区彩票市场的行政监管部门，依法对彩票市场实施监管。

---

[1] 王方华、洪祺琦：《关系营销》，山西经济出版社1998年版，第234页。

最后，民政部是福利彩票发行的行政业务主管部门，依照法律、法规和国务院、财政部的有关规定，负责本部门彩票发行和销售的统一管理工作。中国福利彩票发行管理中心是经民政部授权的直属事业单位，是全国福利彩票的惟一发行机构，负责全国福利彩票发行和销售业务，对各地福利彩票机构实施业务领导和全面监控，按省级行政区域组织实施。

可见，福利彩票的发行审批权、管理权、具体的销售等都集中于政府部门的手中，政府关系管理对福利彩票营销有着直接的、巨大的影响。国家的政策环境给福利彩票发展创造的市场机会可以概括为三个方面：（1）国家的政策给了福利彩票公正的地位。在福利彩票发行之初，人们对其还很不了解，并且往往把彩票与赌博、好逸恶劳等贬义词联系在一起。为此，国家政策给了福利彩票不是赌博的公正地位，为彩票市场的发展创造一个宽松的社会环境，并且为树立福利彩票的良好社会形象打下了基础。（2）国家有关打击非法彩票的政策为福利彩票的发展提供了空间。自1990年以来，国家一直贯彻打击非法彩票的政策，为福利彩票的发展扫清了障碍，从而提供了发展机会。（3）福利彩票在筹集社会福利资金中地位的确立为福利彩票营销不断得到发展的机会。从认为彩票不是赌博到承认彩票是筹集社会福利资金的重要途径，这种政策的一贯性使福利彩票得到快速成长。

国家彩票政策的变化虽然可能给福利彩票带来发展机会，但也可能带来威胁；福利彩票的政策环境造成的市场威胁主要有两个方面：一是1994年批准体育彩票发行给福利彩票的市场销售带来威胁；二是国家彩票法迟迟不出台，彩票的发行管理体制不统一，增加了福利彩票市场营销环境的变数。

（二）政府关系管理的内容

福利彩票的各级经营管理者都要服从国家政府机关的指导和监督，正确处理与政府机关的关系。具体而言，福利彩票经营者要从以下几个方面处理与政府之间的关系：

第一，熟悉和掌握政府的各项有关方针、政策和法令，自觉接受政府有关部门的指导和监督。

对于国家颁布实施的有关政策文件，要认真学习，在福利彩票发行过程中，严格按规定执行。尤其是与福利彩票部门联系密切的一些政府机构，如财政部、民政部等，福利彩票部门更要随时与之保持联系，掌握政策动态。对于其他政府机构，像城管、卫生、工商等部门，也要保持联系，使福利彩票的市场活动符合其他政策规定。例如，山东省威海市的福利彩票发行中心积极做好与政府部门的沟通工作，自觉遵守政府的相关政策规定，在设立投注站时，一律要求室内设站，并统一设计、制作福利彩票标识，维护了威海市的城市形象，得到政府的支持。

第二，及时了解政府部门对福利彩票经营活动的意见或看法，顺应政府的价值观和价值取向。

作为社会公众利益的代表，政府的价值观和价值取向更容易观察、把握和满足。福利彩票机构应该积极地参加政府主管部门举办的有关会议和其他活动，听取政府部门对福利彩票的各项评估与建议。一方面，政府代表公众的价值观就是公众的利益最大化，能够对福利彩票的生产经营产生重要影响。主要包括：市场公平、公共权力和利益的保护及国家长远利益的保证。福利彩票机构的个体利益应当服从社会整体的利益。因此，对于政府这部分价值取向要采取支持的态度。另一部分价值取向是政府自身的价值观和价值取向。政府作为权力机构，有时会追求权力的最大化和利益的最大化，这时候，要将福利彩票机构同政府的关系摆在公正、公开、公平的层面上来进行，也就是说，对政府的不正当或不合法行为要合理阻止，促进政府发挥公仆的作用。

第三，建立、健全与政府有关主管部门的经常性信息交流，主动做好信息沟通，赢得政府部门的信赖和支持。

由于福利彩票是一个新兴的行业，国家在政策规定、市场管理等方面还有一些不完善的地方，福利彩票部门在实际的市场运作中，必然会遇到许多问题和困难。这就需要福利彩票机构及时把自己的困难和问题向上级主管部门反映，做好信息沟通，让政府部门了解自己的需要，以便在今后的政策修订、法律建设等方面，为福利彩票的发展创造更好的条件。另外，通过信息沟通，也可以增进政府对福利彩票事业的了解，使之对福利彩票事业更加信赖和支持。

第四，树立良好的福利彩票机构形象，积极参加由政府组织的各种社会公益活动，协助政府解决一些社会问题。

良好的福利彩票机构形象，不仅能在市场上赢得声誉，还有助于同政府、社区、媒体等建立和谐的关系。所谓形象导入是通过一些特殊的公共关系活动，如赞助、支持社会福利事业等先树立福利彩票机构的公益形象，使公众接受该形象并引起情感共鸣。

第五，与政府人员广为联系，建立良好的人际关系。

福利彩票机构的管理者与政府官员的良好私人关系是政府关系管理的基石。因为处理政府关系，需要熟悉政府机构的内部层次、工作范围和办事程序，还要与各主管部门的工作人员增进友谊，保持良好的个人关系。个人之间的交流沟通相对于各种活动而言，更加具有灵活性，还可以减少"踢皮球"和"公文旅行"的现象，提高办事效率。

三、媒介关系管理

媒介关系亦称"新闻媒体关系"，是指组织与大众传播媒介及其工作人员之间的关系，也就是福利彩票机构与报社、杂志社、出版社、电台、电视台等机构及其记者、编辑、作家等的关系。新闻媒介既是福利彩票机构关系管理的对象，又是实现关系管理目标的主要工具。

（一）媒介关系管理的作用

新闻媒介与社会公众有着最广泛的传播关系，既可以通过新闻媒介，将福利彩票机构的各种信息传播给公众，也可以从新闻媒介那里了解到社会公众对福利彩票机构的有用信息。因此，媒介关系管理对于福利彩票机构而言具有双重性：一方面，福利彩票管理人员通过新闻媒介实现其正面的宣传公益形象的目的；另一方面，新闻媒介本身也是福利彩票营销关系管理的对象，是组织的外部公众。具体说来，媒介关系管理的作用表现在三个方面：

1. 良好的媒介关系有利于改善福利彩票机构的外部舆论环境

良好的媒介关系是组织力求建立良好的舆论环境的最主要环节。福利彩票机构在公众舆论中地位的高低，在很大程度上取决于公众环境舆论质量的高低，但归根到底决定于组织与媒介关系的好坏。

公众舆论是福利彩票机构不可忽视的力量，有利的公众舆论可以推动福利彩票事业的前进与发展，不利的公众舆论可以遏制其发展机会。因此，与媒介建立良好的关系，能够使福利彩票机构的有关活动，诸如推出福利彩票新玩法、福利资金的使用流向等有利信息较顺利地传播到公众，形成有利的舆论环境。

2. 良好的媒介关系可以扩大福利彩票机构的社会影响力

任何组织能够直接影响的社会公众只是有限的一小部分，要扩大社会影响力，使更多的公众了解和相信组织，就必须借助于新闻媒介。与新闻媒体建立良好的关系，利用他们对组织作正面的宣传和推动，扩大组织形象的辐射广度和深度，扩大社会影响力，进而提高组织的声誉和美誉。福利彩票机构是社会福利组织，其发行福利彩票的目的是筹集社会福利资金，促进中国福利事业的发展，要将这一经营理念传播到广大的公众中去，增强福利彩票的社会影响力，新闻媒介是最好的宣传渠道。

3. 良好的媒介关系有利于福利彩票机构的危机公关的处理

新闻传播机构是社会信息流通过程中的"把关人"，他们决定着各种社会信息的取舍、流量和流向，引导着公众舆论的中心议题。对福利彩票机构及其产品的形象确立具有一定的导向作用。尤其是当出现危机时，良好的媒介关系有利于向社会公众说明问题，协助机构转危为安。

（二）媒介关系管理的内容

媒介关系管理的目的，是争取媒介对福利彩票机构的了解、理解和支持，形成有利于福利彩票机构的舆论气氛，同时提高媒介本身的社会影响力，实现合作双赢。媒介关系管理的内容包括四个方面：

1. 选择合适的新闻媒介

社会上存在着各种各样的新闻媒介，其影响力和各方面水平都不尽相同，因此，选取哪个或哪些新闻媒体作为关系管理的对象，是福利彩票机构的关系管理部门首先要考虑的问题。要根据宣传目标的需要，以最少的成本选择最合适的新闻媒介，使有关福利彩票的信息有效地传达给目标群体——彩民，并保证他们所接收到的信息量足够他们消化，能够满足他们的需求。

福利彩票机构在选择新闻媒介时，要考虑的因素主要有彩民的特点、传播主体与传播效果、媒体成本费用等。

2. 积极向新闻媒介提供信息

新闻媒体的发展，需要及时、准确并能够吸引眼球的信息。因此，福利彩票机构要搞好媒介关系管理，就必须经常向新闻界提供各种信息，其中既要包括福利彩票自身的新闻，也要包含其他相关的信息；还要有丰富的想象力，能够"制造新闻"，宣传报道；适时举办新闻发布会等，邀请新闻人士参加，为其提供信息机会。通过这些形式，主动向新闻媒介提供必要的信息，增进新闻媒介对组织的了解、兴趣和关注，创造机会展示组织，扩大组织影响。

3. 与新闻媒介保持经常的和紧密的关系

由于彩票既具有筹集资金兴办社会福利事业的正面作用，又具有博彩投机的负面效应，新闻媒体从哪个角度宣传，将在很大程度上影响彩票的社会形象。因此，福利彩票机构要与新闻界保持经常的和紧密的关系，认真听取他们的意见和建议，并把针对社会公众对福利彩票机构的经营情况的评价和意见，做出及时相应调整和改善的信息提供给新闻媒介，以便引导他们进行正面宣传。

4. 尊重新闻媒体的职业特点

新闻界的职业特点是重视新闻报道的客观性、及时性和公正性，而不受其他势力的左右。要尊重新闻媒介的职业特点，就是要尊重新闻媒介及有关人士，无论何时都要以真诚的态度与他们交往，尊重他们的独立性，充分理解媒体的立场和工作职责。

四、社区关系管理

社区关系是指福利彩票机构与所在地区的公众（如学校、医院、居民等）的关系，是以地缘为纽带而连接和聚集的若干社会群体或组织之间的关系。对福利彩票机构来说，社区不仅是其生存与发展的基础以及经营活动赖以持续的后勤保障系统，更是潜在彩民的发源地。因此，福利彩票机构开展社区关系管理，同社区保持良好的关系，有利于实现福利彩票机构的营销目标。

福利彩票机构的社区关系管理主要包括以下内容：

1. 遵纪守法，做合格的社区"公民"

福利彩票机构开展社区关系管理，首先要遵纪守法，做合格的社区"公民"，以自身事业的成功为社区增添光彩。这是福利彩票机构开展社区关系管理的基础。

2. 积极参与，扶持社区的公益活动

社区不是一个经营性的组织，没有充足的资金来源，但却承担着很多公益事业。因此，福利彩票组织应该力所能及，抓住各种机会，支持社区开展各项公益活动。福利彩票的发行宗旨是"扶老、助残、救孤、济困"，在社区举办公益活动，能使居民直接的感受福彩的宗旨。如：救助社区贫困家庭，资助贫困学生上学，社区老年人的"星光计划"等。社区居民通过直观的感受福彩的公益活动，认识到福彩对社会的正面作用，增强对福彩的认同感。通过对社区公益活动的支持，以实际行动表明福利彩票机构愿意承担社会责任、与社区共同发展的一贯思想，从而树立优秀社区公民的形象。福利彩票机构本身就是一个社会福利单位，更应该重视社区内老弱病残的生活起居，以便在身边树立良好的公益形象，促进公众对福利彩票机构的理解与支持。

3. 融入社区，加强社区的感情交流

与社区民众进行双向沟通，达到相互了解，是建立良好社区关系的重要条件。因此，福利彩票机构必须加强社区的感情交流。社区为福利彩票机构的生产与经营提供了多种资源与服务，创造了福利彩票机构生存与发展的良好环境。同样，福利彩票机构必须融入社区，为社区的环境和福利做贡献，与社区民众进行双向沟通，并推进社区的繁荣和发展。

4. 共同生存，维护社区的生态环境

福利彩票机构所在社区的环境如何，直接关系到社区公众的生活和健康。因此，避免对社区的生态环境造成破坏，美化社区的环境，是福利彩票机构社

区关系管理的基本要求。这样，不仅可以增强社区环境对内部员工的吸引力，而且也可以帮助福利彩票机构赢得社区公众的爱戴。

5. 建设站点，搞好社区的彩票营销

福利彩票的顾客群比较广泛，只要有收入的成年人都有望成为彩民，因此在社区设销售点是最恰当不过的。投注站最好建在社区出入口附近，使所有出入社区的人都能感受到福彩的影响。而且要选好人，做好投注站软硬件建设，因为投注站一举一动直接代表着福利彩票在社区居民中的形象，直接关系着社区居民是否选择购买福利彩票以及买多买少等。因此在社区建投注站，不仅是一个福利彩票销售站，更是一个福利彩票宣传站。

第九章

中国福利彩票营销的投注站管理

2006 年 11 月 6 日，广东省体育彩票 01938 号投注站的老板"彩哥林珂"（原名肖旭红）"携彩民千万资金蒸发"的消息传出后，引起彩民惶然。据羊城晚报报道，有 400 多名彩民受骗，保守地估计也被骗了近 2000 万元。这是体育彩票继西安宝马事件以后发生的又一起震惊全国的大案。虽然两次案件的性质不同，但有一个共同点，即都发生在渠道环节。这也从反面说明：搞好投注站管理是福利彩票营销的重要一环。目前，虽然投注站也销售少量的即开型印刷彩票，但主要是电脑彩票，因此，本章主要研究对投注站销售电脑彩票的管理。

第一节　投注站在福利彩票营销中的地位

投注站作为福利彩票的销售终端，是福利彩票市场营销的前沿阵地，不仅决定着福利彩票销售任务能否顺利完成，还肩负着宣传福利彩票、传播彩票信息、服务彩民、树立福利彩票形象等多个重要功能，在福利彩票市场营销中占有不可忽视的作用。因此，正确认识福利彩票投注站的地位和作用，明确投注站功能和工作内容是福利彩票市场营销活动的重要内容。

一、福利彩票投注站管理的内涵

中国福利彩票实行的是国务院批准、民政部主管、中国福利彩票发行管理中心发行、省级以下各级民政部门承销、投注站发行的销售体系。

中国福利彩票投注站（以下简称投注站）是指按照中国福利彩票发行管理中心及省福利彩票发行中心的有关规定，省级福利彩票发行中心批准设立的专门销售福利彩票的固定场所，是在福利彩票机构统一管理下的、对外独立承担民事责任的福利彩票零售店。投注站销售福利彩票，需要与福利彩票机构签订福利彩票授权特许销售协议书，取得中国福利彩票特许经营许可证和销售上岗证才能开展销售业务。按经营方式，投注站分为专营站和兼营站。专营站是指有独立经营铺面，专业销售福利彩票且不得增加其他经营项目的投注站；兼营站是指与其他商业联合经营铺面的投注站。可见，福利彩票机构与投注站的关系是一种特殊的销售代理关系。

福利彩票机构与投注站的销售代理关系的特殊性是由福利彩票的特点决定的。由于福利彩票发行的垄断性和发行过程的公开、公平、公正性，使销售代理关系产生了不同的特点，主要表现在：投注站必须严格按照福利彩票机构的有关规定销售彩票，福利彩票机构必须对投注站进行严格的管理。

福利彩票机构对投注站的管理，是对投注站的规划布局、设立、迁移、变更、中止销售、撤销和发展等进行的考核、监督和违规查处。管理工作由各省级福利彩票发行中心及其下属的地市级福利彩票发行中心组织实施。关于对投注站管理的具体内容，中国福利彩票发行管理中心在其制定的《电脑福利彩票投注站管理办法》（中彩发字〔2006〕104 号）中做出了明确的规定，提出了管理的区域、管理的内容、管理的层次和管理的方法。管理的区域是按照行政区域进行管理。管理的内容主要包括：（1）投注站的设立；（2）投注站的环境与设施；（3）投注站的人员管理；（4）投注站的彩票销售行为；（5）投注站的兑奖和结算；（6）投注站的迁移和撤销；（7）投注站的奖励和违规处理。各省中心可以依据本办法，结合本地投注站管理的实际情况，制定具体规定并报中国福利彩票发行管理中心备案。管理的方法是实行投注站年检认证制度，由市中心组织实施。依据本办法对投注站的运行情况进行全面检查，对不

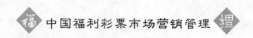

符合要求或达不到标准的投注站应限期整改；整改不合格的，可予以降级、停机整顿直至撤销。

二、福利彩票机构对投注站的关系管理

在福利彩票机构与投注站的"特殊的销售代理关系"中，福利彩票机构处于主导地位，需要运用关系营销的理论作指导，在加强对投注站管理的过程中搞好与投注站的关系。

福利彩票机构在处理与投注站的关系上要做好以下工作：

1. 选择合适的投注站

鉴于投注站的重要性，选择信誉好、预期绩效高的投注站是投注站管理的必要前提。各地福利彩票机构在投注站的选择上都要慎之又慎，除了必要的硬件设施以外，还必须考虑以下四个因素：（1）从事销售业务时间的长短及其成长记录，有经营经验的经销商是招募投注站的首选。（2）服务水平和服务能力，服务水平的高低以及站点负责人的亲和力等无形因素是选择投注站的关键因素。（3）地理位置，要选择人口众多、方便彩民购买的地点设立投注站。（4）兼营商品的特性，投注站一般是同时兼营其他商品的报亭、商店，所以在选择时还要考察其现在经营的商品类型及数量。另外，投注站点负责人的个人素质与声望等也是福利彩票机构选择分销商的重要因素。

2. 对投注站工作人员进行培训

福利彩票投注站点的设立数量繁多，销售人员的总量很大，但就单个投注站来说则是规模很小，人员很少，且经验相对不足，这就需要对其进行具体的指导与帮助，对投注站的工作人员进行培训。培训的内容包括产品知识培训、营销宣传培训、服务培训等。

3. 对投注站提供便利与服务

为了提高投注站的服务能力，福利彩票机构还要尽力为其提供各种支持和服务。一是提供技术支持，主要是指计算机软件、硬件方面的支持。投注站工

作的简化有利于投注站工作人员把更多的精力用于对彩民的服务。二是提供广告支持，利用电视、电台、报刊等媒介工具广为宣传，介绍新产品，争取新彩民，提高福利彩票的市场占有率。三是及时配送彩票及相关耗费材料。

4. 加强信息沟通

与投注站的合作关系不仅需要协议的保证，还需要经常的信息沟通来维持，以促进和巩固双方的了解和友谊。第一，传递福利彩票机构的发展战略。要让投注站了解福利彩票的市场发展战略，特别是要将福利彩票机构的战略目标与投注站的发展前景结合起来，使投注站工作人员能够发自内心地加强与彩民之间的沟通，提高彩民的忠诚度。第二，完善投注站的职责。投注站必须有明确的职责，才可能在职责范围内工作，避免违法乱纪以及权责不清的事情发生。第三，与福利彩票机构传递市场、竞争、彩票偏好等信息。

5. 适当的激励措施

目前，彩票发行机构给投注站的佣金是彩票销售额的 7%～8% 左右，比例已经够高，越来越多的单位与个体竞相加入彩票销售队伍就说明了这一点。这样，对投注站的激励主要是精神激励，适当的表扬也是很好的激励方式。激励措施不仅包括正激励——奖励，也包括负激励——惩罚，二者同等重要。因此，福利彩票机构在处理与投注站的关系上，必须制定明确的管理制度，对违规者进行严厉的惩罚。通过奖励和惩罚并举，以激励投注站的工作人员提高工作责任心和服务水平。

三、福利彩票投注站的职责

福利彩票投注站是福利彩票的销售终端，其基本职责是销售彩票，同时，还肩负着与销售相关的其他职责。这些职责可以概括为五个方面：

(一) 销售彩票

福利彩票机构设立投注站的主要目的是销售彩票，因此，销售彩票是投注站的主要职责。投注站要按照福利彩票机构的要求，组织福利彩票的销售，按时完成销售任务。为了履行这一职责，投注站需要具备一定的硬件条件和软件条件。硬件条件是符合条件的房屋和设备；软件条件是能够完成销售任务的人员。同时，自觉遵守上级发行中心制定的各项规章制度，在销售过程中坚持"公正、公平、公开"原则，不营私舞弊，不弄虚作假。

（二）促销宣传

实现销售职能的前提是让人们了解福利彩票，扩大福利彩票销售的基础是看其促销活动能否调动人们的购买积极性，因此，福利彩票投注站的第二项职责是开展福利彩票的促销宣传。投注站应当在醒目位置张贴中国福利彩票"扶老、助残、救孤、济困"发行宗旨和"公平、公正、公开"发行原则的宣传语以及理性购买彩票的提示语，并通过人员服务、张贴 POP 广告、宣传灯箱、发布中奖信息和中奖号码、建立彩民聊天室等形式，把福利彩票的促销信息迅速传递给彩民，让彩民明确福利彩票的发行宗旨，了解福利彩票的发行过程，掌握福利彩票的游戏规则，最终成为福利彩票的忠诚彩民，以增加福利彩票的销售量。

（三）服务彩民

投注站的人员每天与彩民接触，其第三项职责就是服务彩民。投注站的销售人员需要树立"热情诚信、彩民至上"的服务态度，通过给彩民提供购买服务、兑奖服务、咨询服务、宣传服务、信息服务、交流服务等，吸引潜在彩民转变成现实彩民，现实彩民成为忠诚彩民，从而提高福利彩票的影响力，促进福利彩票扩大销售。

投注站销售员要履行服务彩民的职责，具体来讲，就是要把彩民当亲人，服务要全心全意，要做到嘴勤、手勤、腿勤、脑勤。[①] 所谓嘴勤，就是有问必答，多与彩民进行情感和业务沟通。所谓手勤，一是要多学多练，有过硬的业

---

① 卢李丽：《强化服务　聚集人气——潍坊 37078610 投注站》，http://www.sdcp.com.cn，2004年 7 月 14 日。

务素质，不出现打错号的情况；二是要经常、随手打扫投注站的内外卫生，开门之前三件事：擦拭机器、整理设施、打扫卫生；三是要力所能及地为彩民做些事情、提供方便，如绘制中奖号码走势图、无偿提供开水、冬天生火炉、夏天开风扇、一年四季为过路的上班族抄写中奖号码、义务为彩民寄放物品等。所谓腿勤，就是多跑腿、多走动。为老客户电话购票送票上门；主动到一些铁杆彩民家里拉家常；到邻镇的投注站去看看，到城里的投注站去看看，学习先进经验，改进自己的经营方式。所谓脑勤，就是常动脑筋，主动为彩民着想，把一些该做的事情想细、想好。例如，福利彩票每逢推出新玩法、制定新章程，销售人员都会先学习好、理解透、记牢了。这样，就可以保证随时随地向彩民们做宣传。

（四）收集信息

福利彩票营销的关系管理首先是彩民关系管理，建立彩民关系需要彩民的相关信息。由于投注站直接与彩民接触，可以了解彩民的各种信息，从而成为彩民信息的主要收集者。福利彩票机构通过投注站收集的相关彩民信息，进行福利彩票营销的关系管理。同时，投注站也要利用所收集的信息，扩大福利彩票的销售。这样，收集信息就成为投注站的第四项职责。投注站的工作人员利用与彩民经常接触的机会，了解彩民的姓名、年龄、家庭状况、收入状况、买彩动机、买彩习惯、购买数量等信息，并记录下来，作为以后有针对性促销的依据；福利彩票机构利用这些信息建立彩民信息档案，以不断培养忠诚彩民。

（五）树立形象

决定福利彩票销售量的主要因素之一是品牌形象，品牌形象是彩民的一种体验和感受，而彩民接触福利彩票是从投注站开始的，因此，投注站还要承担树立福利彩票品牌形象的职责。投注站树立福利彩票品牌形象的途径很多，如投注站的门头形象设计、投注站工作人员的言谈举止、投注站工作人员的服务质量和服务水平、投注站工作人员的业务水平、投注站门厅的布局、投注站的设施、投注站的兑奖状况等。

此外，投注站在彩票销售中，还要承担一定的社会责任和义务，主要包括：忠诚福利彩票发行事业；积极劝导彩民理性投注；发现彩民有异常情绪的要做好疏导工作，必要时及时向地市级中心报告；自觉做到不向未成年人出售彩票；遵纪守法，照章纳税；等等。

四、福利彩票投注站的工作内容

福利彩票投注站的工作包括福利彩票的销售工作、促销工作、收集信息工作和售后工作等多方面内容。关于促销和信息收集工作前面已经说明，这里只研究销售及售后的工作。

按照福利彩票销售及售后工作的内容和环节，可以分解为销售工作，资金结算工作，小额中奖彩票的兑奖工作，作废票、乱码票与白票的处理工作，投注站设备、器材的管理工作等，每一项工作包含着丰富的内容。虽然福利彩票的玩法各异，各地福利彩票机构对投注站的要求有所不同，但投注站的销售工作内容是类似的。

（一）福利彩票的销售

福利彩票投注站的销售是投注站的主要工作，其核心是售出彩票，收回资金。因此，投注站应当设专人从事电脑彩票销售，每个投注站销售员不得少于2人。在这个阶段，投注站的工作主要集中在五个方面：

1. 严格按照福利彩票的发行规定销售彩票

为了体现福利彩票的公开、公平、公正性，国务院做出了严格的销售规定，中国福利彩票发行管理中心也制定了全国统一的销售规范，主要包括：严禁向未成年人（18周岁以下）出售彩票；严禁以欺诈方式发行销售彩票，对于投注站出现欺骗彩民、损害彩民利益的行为，将受到法律惩处；等等。

各省、市、自治区的彩票发行中心也根据各地的具体情况做出了地区性的规定。例如，广东省福利彩票发行中心规定：严禁销售异地彩票、境外彩票或其他投注站打印的彩票；严禁打印本地的彩票到外地和其他投注站销售；严禁出售过期的彩票。贵州省福利彩票发行中心规定：不得将打印不完整、印章不清楚的彩票售给购票者。河北省福利彩票发行中心规定：投注站必须专卖专营，不得兼营福利彩票以外的其他类型彩票，不得销售异地彩票和非法彩票，不得在室内摆放赌博机；严禁销售员以赠送、赊票、打折或变相打折等不正当竞争行为销售彩票。

2. 向彩民提供满意的销售服务

提供满意的销售服务是投注站实现销售目标的主要途径和措施，这就要求投注站的销售人员必须做到对每一个彩民都能提供规范化优质服务。为此，彩票销售员必须经过培训并取得销售员上岗证书才能销售电脑福利彩票，熟悉各种彩票的游戏规则、设奖方案及兑奖方法等，耐心解答彩民提出的各种问题。彩票销售员工作时间应挂牌服务，外表整洁端庄，遵守销售员职责和职业道德；在彩票销售时使用文明礼貌用语，向彩民提供规范化优质服务。正确引导彩民理性投注，自觉树立福利彩票良好的品牌形象。反之，如果投注站人员服务态度差，一年内被投注者投诉三次以上，经调查核实，在发出书面整改通知后仍无成效的，应取消其彩票销售资格。

同时，投注站要向彩民提供满意的信息服务，主要包括：福利彩票的不同玩法说明；完整、准确、及时填写的开奖公告和号码走势图；历次开奖数据；等等。同时，要配备宣传磁带、光盘及相应播放器、模拟选号器具、电脑等。并准确及时宣传省、市福彩中心面向社会发布的各种公告。

3. 按销售规程的要求从事福利彩票销售

福利彩票投注站的销售规程包括销售地点、销售时间、彩票打印、票款收付等方面的要求。销售地点是指投注站的门头设计和营业房摆设。要有统一的门头设计，使用统一标志和销售用具（销售柜、灯箱、公告牌等）；应合理、规范地张贴宣传画，销售证书应摆放在醒目位置，对损坏、玷污、破损的宣传画应及时更换。销售时间一般每天正常开机售票时间不少于 10 小时。特殊情况需要中止售票时间 1 天以上的，应张贴告示，3 天以上的报福彩中心批准。许多彩民利用节假日购买彩票，因此，除休市外，节假日期间必须照常营业，未经市福彩中心批准不得擅自关门停业。

彩民购买福利彩票，投注站要给彩民打印出兑奖凭证，交投注者保存，此兑奖凭证就是电脑福利彩票。投注者可以任意选择投注号码和投注注数。每张

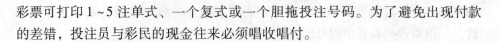

彩票可打印1~5注单式、一个复式或一个胆拖投注号码。为了避免出现付款的差错，投注员与彩民的现金往来必须唱收唱付。

4. 保证销售任务的完成

福利彩票机构设置投注站的目的是销售彩票，这样，完成销售任务、扩大彩票的发行量就成为投注站的中心工作。为此，投注站的工作人员要全身心地投入到福利彩票的销售工作中去，利用自己的硬件设施和优良服务吸引彩民，以扩大福利彩票销售。同时，福利彩票机构对于那些积极销售彩票并取得良好业绩的投注站，或对彩票销售工作提出合理化建议被采纳的，应给予表彰或奖励。如果完不成销售任务，则应该更换。例如，浙江省福利彩票发行中心规定：投注站设立两个月后，月销售额排名本市最后几位的投注站应限期（期限不超过1个月）整改，整改无效的由市管理站报省中心予以退机处理。广东省福利彩票发行中心的规定是：由于销量低，被列入当地末位淘汰范围经整改后仍无成效的，将被取消其彩票销售资格；惠州市规定：新设立的投注站，市区和县城的三个月内月均要达到6万元以上，乡镇3万元以上，否则，取消销售资格。[①]

5. 保存销售的相关信息

投注站需要保存的销售信息分两类：一是销售的数据信息；二是彩民的相关信息。投注站在销售过程中，会产生大量的销售信息，这些信息必须保存并上交，以备后查。例如，彩票票面信息打印不完整或未打印出的彩票，投注站应详细记录发生时间、流水号和金额；每天投注的有关数据；等等。投注站必须在每个销售日的规定结束时间之前结束销售，开奖当天必须按电脑福利彩票数据中心规定的截止时间结束销售，并上传当天的投注数据。投注站销售数据以省中心机房数据为准。

销售数据的信息是由电脑完成的，关于彩民方面的信息，则需要投注站的销售人员随时记录下来。经过加工整理，成为福利彩票机构开展客户关系管理的依据。

---

① 惠州市民政局：《电脑福利彩票投注站设立条件》，2005年3月3日，http：//www. hzmzj. gov. cn。

（二）福利彩票的资金结算

在中国的渠道代理关系中，存在的最为严重的问题是代理商缺乏诚信而拖欠货款问题，它大大地增加了交易成本，已成为经济发展的重要制约因素。福利彩票是靠国家信用维持发行的特殊商品，35%的公益金必须按时上交，50%的返还奖金必须按时发放，在这种情况下，只要发生像其他商品那样的彩票款大量拖欠，整个彩票市场必将崩溃。因此，福利彩票机构必须加强对彩票款的管理，实现销售款的足额上交。投注站每期彩票销售应交款计算公式为：

$$当期应交彩票销售款 = 当期销售额 - 兑奖额$$

根据这一要求，投注站需要从两个方面做好工作，一是不能采取任何形式的赊账行为，包括熟人赊购和生人的抵押购票。由于投注站人员求售心切，很容易造成赊销，如果是熟人拖欠彩票款，虽然以后可以还债，但直接影响彩票销售款的上交；如果是不法分子利用假身份证、假存折等抵押购票，则将是血本无归。这些损失都要由投注站承担。二是要讲诚信，不要拖欠和挪用彩票款，收到的彩票款要及时足额上交。

作为福利彩票机构，需要从技术上和制度上堵塞漏洞。从技术上说，要尽可能利用银行卡，以减少投注站销售人员接触现金的机会；从制度上说，要对那些拖欠彩票销售款的投注站采取果断措施，暂停或取消其销售资格，限期追回被拖欠或挪用彩票销售款，情节严重的，移交司法机关追究其法律责任。

在投注站上交福利彩票销售款的同时，福利彩票机构要按时支付投注站代销费和兑奖手续费。目前，投注站的销售劳务费用各省市的规定不尽相同，一般为销售额的6%～8%。例如，贵州省福利彩票发行中心按照该投注站电脑彩票销售总额的7%每月派发一次劳务费。上海市基诺彩票的零售商，每售出一张彩票可以得到销售额6%的佣金；每兑一张中奖彩票，兑奖佣金为彩票金额的1%。该费用的结算方式也不一样，有的省市规定按月发放，有的省市在每期的销售额中直接扣除（投注站点在交款时就已留下其费用）。

（三）福利彩票的兑奖

福利彩票的兑奖是销售工作的重要内容，是显示福利彩票公平、公正的关键环节，因此，福利彩票机构必须认真做好兑奖工作。根据国家规定，彩票获奖奖金不足 10000 元者免交所得税，10000 元及以上者要缴纳 20% 的偶然所得税，彩票奖金税要由省级彩票中心代扣代缴，必须到省级彩票中心领取。对于小额奖金的兑奖来说，为了方便彩民兑奖，可以让获奖者在投注站兑取。同时，这样做还加深了彩民与投注站销售人员之间的友谊，促进了彩民的购买。可见，兑奖是投注站的主要工作之一。

由于兑奖工作的重要性，各省、市、自治区福利彩票发行中心都对投注站的兑奖工作做了严格的规定，主要内容包括五个方面：

1. 严格按照"游戏规则"规定的兑奖等级和奖金金额兑付

不同的游戏玩法规定了不同的兑奖等级和奖金金额，因此，"游戏规则"规定的兑奖等级和奖金金额就成为投注站兑奖的惟一依据。投注站要严格按照"游戏规则"规定的兑奖等级和奖金金额兑付，不得以任何理由拒绝或拖延兑奖。

2. 严格检查兑奖彩票

中奖彩票是惟一兑奖凭证。由于电脑福利彩票是按期销售的，这样，兑奖也就有了固定的期限，当期兑奖有效，超过兑奖期限的中奖彩票不予兑付奖金，作弃奖处理。各省级福利彩票发行中心规定了彩票获奖的兑奖期间，例如，河北省规定的中奖彩票兑奖期为 30 天，山东省、贵州省规定中奖彩票兑奖期为 35 天。同时，中奖彩票因玷污、损坏、涂改等原因不能正确识别的，或由持票人人为原因导致票面信息不完整的无效彩票，投注站不予兑付奖金，作弃奖处理。

销售员在投注机上验票、兑奖时，要认真核对屏幕上显示的特征码，确认无误后方可按"兑奖"键正式进行兑奖操作；若发现特征码难以确认，应使用手工输入特征码的方法进行验证，确认无误后再进行兑奖。

3. 严格执行全省通兑的原则

电脑福利彩票的奖金实行全省通兑，因此，投注站不仅要给在自己投注站购买的彩票兑奖，还要给在全省其他投注站买的彩票兑奖。投注站不能以任何理由破坏这一原则，拒绝兑奖或拖延兑奖。同时，对于不需要自己兑付的大奖，要告诉中奖者兑奖的时间和地点。投注站的兑奖奖金由投注站从当期销售款中支付，当兑付奖金超过销售款时，可从下期销售款中扣除超过部分；同时投注站应有备用金，用于彩民兑奖。

4. 严格回收已兑奖的彩票

投注站在办理兑奖时，必须回收已兑奖的彩票，将已兑奖的中奖彩票盖章或剪角，分类、分期、分奖等整理保存 90 天，以备检查，保存期过后可自行销毁。如投注站在兑奖期内导致已兑奖彩票丢失，引起的经济纠纷，投注站承担全部责任。

5. 严遵兑奖的职业操守

投注站的工作人员必须遵守职业道德，其中奖彩票的中奖金额，以投注机确认为准。投注站不得有冒领奖金或少付奖金等欺骗中奖者的行为，不能截留彩民中奖奖金。

（四）福利彩票作废票、乱码票、白票的处理

福利彩票的兑奖凭证功能导致了不法分子可能利用作废彩票（简称"作废票"）、乱码彩票（简称"乱码票"）、无字彩票（简称"白票"）等造假，牟取不义之财并扰乱彩票市场秩序，为此，福利彩票机构必须严加防范。由于这些彩票的出票源头是投注站，所以，从源头上搞好对这些彩票的处理是至关重要的。

关于上述彩票的处理办法，各省、市、自治区福利彩票发行中心都做出了明确的规定，投注站必须严格按照规定执行。例如，山东福利彩票发行中心对"齐鲁风采"电脑福利彩票的作废票、乱码票、白票的处理办法规定如下：

1. 作废票处理

作废票因非人为因素导致投注机打印的彩票标识码不完整，无法销售，必须由省中心统一注销。处理方法是：（1）投注站将作废票在该票所属玩法的当期封机前送市中心；（2）市中心向省中心作废票注销申请，申请内容包括该票产生的原因、玩法、期号、站号、流水号等，并提交加盖注销印章的废

票，市中心主任在申请上签字确认；（3）在该期封机时间前 20 分钟，将废票注销申请传真到省中心技术部，由技术部专人负责注销；（4）妥善保管废票及废票注销申请，直到超过该票有效期。

2. 乱码票、白票处理

投注机打印出不能进行作废处理的乱码票、白票时，站点销售员要妥善保管。每期销售结束后，将本期发生的乱码票、白票收齐，置于信封中，一周内送市中心核对、结算。

3. 上交彩票的检查

省发行管理中心对各投注站上缴的上述"所有彩票"随时进行检查，发现问题将追究当事人的责任。

（五）福利彩票投注站设备、器材的管理

电脑福利彩票是依靠电脑设备维持运转的，投注站销售彩票靠的也是投注设备的完好。为了帮助投注站开展工作，从而扩大彩票销售，各省、市、自治区福利彩票发行中心都为投注站提供了投注设备和宣传器材。投注站在使用这些设备和器材的过程中，需要承担维护保养的义务。投注站设备、器材管理工作的内容主要有：

1. 投注设备的使用

福利彩票机构提供的电脑福利彩票投注设备仅用于销售彩票，投注站不得擅自改变其用途。为了保证投注设备的可靠性，投注机由省中心负责统一订购，使用统一的软件、配件和耗材，任何单位和个人不得擅自采购和使用。投注站在使用投注设备的过程中，不得擅自打开投注机机盖、拆卸投注机或更换零件。不得查询、修改、拷贝省福彩中心在投注机内安装的程序和有关数据文件。

2. 投注设备的维护

投注设备的维护是保证其正常运转的基础。为此，投注站必须做好投注设备的维护工作，包括防水、防雷、防磁、防火、防盗、防尘、防潮、防震等。

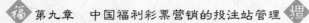 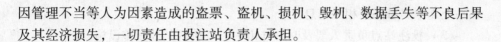

因管理不当等人为因素造成的盗票、盗机、损机、毁机、数据丢失等不良后果及其经济损失，一切责任由投注站负责人承担。

3. 投注设备的故障处理

投注设备在使用中，由于磨损等原因，必然会发生故障。为了减少故障的产生，投注站销售人员应严格按规定进行操作。如发生设备故障，投注站必须及时向所属地（市）发行中心的维护人员汇报，并认真填写设备故障表，写明故障现象和时间，由地（市）发行中心的技术人员进行维修。如发现通讯线路故障，必须设法向省、市彩票中心汇报，得到明确指示后，再从事相应操作。

只有在维护人员的允许下，才能够进行一些简单的维护工作，擅自操作造成的后果，责任自负。如有维护人员对设备进行维护，必须请维护人员填写维护表，包括维护时间、维护内容，并有投注站工作人员认可，由省彩票中心存档，以备核查。

4. 投注设备的损坏赔偿

对于投注设备一般采取的都是交付押金使用的方式，由于各地福利彩票发行中心对投注站建设费用的规定不同，各地投注站对投注设备交付的押金数额也不同。如果发生投注站人为造成的设备损坏，其经济损失和维修费用由投注站从押金中扣除。

5. 宣传器材的管理

为了提高福利彩票宣传器材的使用寿命和使用效益，投注站必须对这些器材加强管理。各地福利彩票机构对提供给投注站的宣传器材做出了相应规定，如长沙市制定的福利彩票投注站宣传器材管理制度包括以下内容：[1]

（1）福利彩票投注站门面上方统一安装标识灯箱，晚上必须开启灯箱，8：30 以后才能关闭灯箱。如灯箱出现故障，站点须及时维修。

（2）开奖公告牌悬挂在福利彩票投注站门面内的醒目位置，每日须及时

---

[1]　长沙市福彩中心：《投注站点宣传器材管理制度》，http：//www.nxmz.gov.cn，2005 年 3 月 19 日。

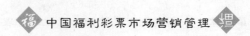

粘贴上期中奖号码及相关信息。

（3）投注站点负责人要及时悬挂市中心发放的其他宣传设施。

（4）投注站内醒目位置要张贴"湖南省电脑福利彩票销售细则"和"湖南省电脑福利彩票销售许可证"，不得更改或转借他人。

（5）投注站内应摆放福利彩票宣传单及相关资料供彩民阅读。

（6）站点负责人要爱护好广告宣传器材，时刻保持其清洁卫生。

第二节　福利彩票投注站人员的要求

投注站销售人员的素质直接影响着投注站的彩票销售数量。福利彩票机构要提高福利彩票的市场竞争力，提高投注站的经营业绩，就必须制定统一、高效的投注站福利彩票销售人员工作规范，并通过加强对投注站人员的培训，不断提高他们的素质。

一、福利彩票投注站人员应具备的素质

投注站是福利彩票的零售店，投注站人员是福利彩票的销售人员。由于投注站人员肩负着福利彩票发行公平、公正的职责，所以，同其他零售店的销售人员相比，投注站销售人员的素质要求要高得多。投注站人员的素质要求集中体现在良好的道德素质、业务素质、学习素质及身体素质方面。

（一）投注站人员应具备的道德素质

所谓道德素质，在这里主要指投注站销售人员要具备诚信经营、一切为彩民着想的素质要求。彩票运作的基础是彩民的信任，彩民的信任首先是对投注站人员的信任。如果投注站人员得不到彩民的信任，则彩票产业就很难存在下去。因此，投注站销售人员必须具备良好的道德素质。

投注站人员的道德素质表现在五个方面：

1. 诚实守信

所谓诚实守信就是人们常说的"当老实人，说老实话，做老实事"，具体表现为能如实介绍彩票玩法、如实打印福利彩票、如实进行彩票兑奖。

2. 拾金不昧

在福利彩票投注站，一些彩民因为工作、生活繁忙，总是匆匆来匆匆去，经常有人在购买彩票后把钱物遗忘在投注站，有的人甚至把刚买的彩票也遗忘在柜台上。这就需要投注站人员具有拾金不昧的品质，把彩民丢失的东西归还失主。

3. 有错必纠

投注站人员在福利彩票的销售工作中，由于各种原因，尽管小心谨慎，也可能会出现错误。这就要求投注站人员具有有错必纠的素质，勇于承认错误，勇于改正错误，把错误带来的损失降低到最低程度。例如，山东省济宁市37081108 投注站的销售员有一次误将 30 选 7 的彩票打印成了 36 选 7，购票人当时并没有发现。售票员发现自己的失误后，便四处打听那位彩民的住址，跑了一个多小时才找到那位彩民，把重新打印的彩票送给了他。这位彩民深受感动，不仅成为该站的"铁杆彩民"，而且成为该站的义务宣传员。[1]

4. 说话算数

目前，许多福利彩票的老彩民因为工作忙，通过电话告知购买彩票的号码、由投注站人员垫钱购买彩票的情况很多，由于双方没有代购协议，也没有购买旁证，更没有交付彩票款，彩票仍然在投注站人员手中，这时如果彩票中奖，是否将中奖彩票交还买彩人是考验投注站人员道德素质的试金石。在这一方面，许多投注站人员已经交出了令人满意的答卷。例如，江苏省淮安市第32080202 投注站业主葛淮玲女士，在老主顾刘先生选择 2006065 期双色球号码时，因时间仓促，只是在电话中随口报了一组号码，没想到中了 500 万元大

---

[1] 王桂雨：《立下凌云创业志"小站"也有大作为》，http：//www.sdcp.com.cn，2004 年 7 月 14 日。

奖。中奖次日，葛女士将中奖500万元的事告诉他。当接过这沉甸甸的中奖彩票后，刘先生简直不敢相信自己的眼睛，要知道这张命中500万元的黄金号码还是在未付本金的前提下"逮"到的，一无票据凭证，二无协议合约，中奖彩票完全可以"姓葛不姓刘"，葛女士也完全可以据为己有，但葛女士没有这样做，为投注站人员又一次树立了榜样，为构建和谐社会做出了贡献。

（二）投注站人员应具备的学习素质

彩民的兴趣、需求是不断改变的，彩票产品要随着彩民需求的变化而不断发展。与此相适应，对福利彩票销售工作的要求不断提高。同时，在投注站的经营运作中，为了进行自身的宣传，要求销售人员要有创新性，在福利彩票的经营中树立自己的特色，以吸引广大的彩民。这就要求福利彩票投注站人员具有较高的学习素质，即要具有学习新知识的能力，以适应发展了的市场情况。投注站人员的学习素质主要体现在四个方面：

1. 终身学习

社会经济的发展要求人们必须不断学习新的理论知识，从而决定了所有的机构都要成为学习型组织，所有的个人都成为终身学习者。为此，投注站人员必须具有终身学习的态度，不断接受新的知识。

2. 自我学习

终身学习需要找到学习的途径。投注站人员的学习途径有两条，第一条途径是通过福利彩票机构举办的培训班学习，学习内容主要是投注站的工作规范和制度、各种福利彩票的玩法、销售的技巧、服务彩民的方式等。可见，积极参加各种培训是投注站人员增长彩票知识、提高销售能力的重要途径。第二条途径是自我学习。福利彩票机构组织的培训时间总是有限的，培训的知识也不可能包罗万象，因而就要求投注站人员能够针对自己的不足进行自我学习，自我充实。对于投注站的销售人员，销售理论的学习是十分重要的。在彩票销售过程中，需要从把握彩民的需求出发，了解彩民的购彩心理，投其所好，直到满足彩民的购彩需要。这其中就包含着市场营销、心理学、客户关系管理等方面的理论知识。通过自我学习，既丰富了自己的知识，又提高了自己的能力。

3. 善于观察

自我学习的一个重要方法是通过观察或聆听发生在他人身上的事情而学习，这叫做社会经验的学习。投注站销售人员每天与彩民接触，可以向彩民学习，向其他投注站学习，向其他行业学习，学习如何在销售实践中运用各种知识，如何在经营运作中不断的创新，以持续吸引彩民的兴趣，提高彩民忠诚度，从而扩大福利彩票的销售。

4. 学以致用

投注站人员提高学习素质的目的是应用，因此，投注站人员的学习要带着问题学，学以致用。例如：当发现彩民有什么新的想法需要投注站人员应该帮助满足、其他投注站有了新的玩法自己需要掌握时，投注站人员就需要抓紧学习、积极学习。

（三）投注站人员应具备的业务素质

从事任何职业的人都需要熟悉自己的工作流程，掌握一定的专业知识。投注站是福利彩票发行机构的前沿阵地，是彩民了解福利彩票的一个主要窗口，投注站销售人员经常会面对彩民的询问，需要具备丰富的业务知识才能够令彩民满意。

投注站销售人员的业务素质，主要包括六个方面：

1. 熟悉投注机的操作和维护

投注站的主要任务是利用投注机销售福利彩票，因此，投注站人员的业务素质首先表现为能够熟练掌握投注机的操作和维护。

2. 牢记彩票品种及游戏规则

对于涉足购买福利彩票的新手来说，他们在购买彩票过程中向投注站人员提问的问题，主要集中在福利彩票的品种、各种彩票玩法的具体规则、奖金的设定、开奖及兑奖的情况等，同时，这也是投注站人员销售彩票必须掌握的基本知识。因此，投注站人员要熟悉掌握福利彩票的产品种类和各种彩票玩法的

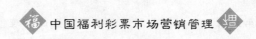

具体规则、奖金的设定、开奖及兑奖的具体操作等。

3. 掌握各种福利彩票的投注技巧

许多彩民喜欢在投注站谈论投注的体会，并要求投注站人员发表意见，这就要求投注站销售人员掌握各种福利彩票的投注技巧，当好彩民的参谋。

4. 掌握接待彩民的技巧

投注站每天要接待多种类型的彩民，他们的要求各不相同：有的人已经选好号码，购买彩票的过程要求快而准；有的人没有做好准备，需要边思考边选号；还有的人要看他人的选号，自己从中得到启发；也有的人来征求你的意见，讨论决定投注号码。这样，投注站人员必须掌握待人接物的技巧。

在与彩民打交道的过程中，有时由于工作人员的疏忽或失误，可能给彩民带来不应有的麻烦，从而发生纠纷。因此，投注站人员还必须掌握各种处理彩民纠纷的技巧。例如，彩民到投注站兑奖时，如果销售员发现彩票已兑过奖，而彩民咬定没兑过，该怎么处理？有的站主害怕彩民闹事，会自认倒霉，自掏腰包给彩民兑奖；也有的站主会以站内没钱为由让彩民到其他站点兑奖。其实这些做法都是不对的。如遇兑奖彩票重复兑奖，应交由当地福彩中心调查，直接追究兑奖投注站的责任，还彩民一个说法。这才能体现彩票的公开、公平、公正，也才让彩民体会到彩票发行的诚信。

5. 能够熟练记录彩民的信息

为了扩大福利彩票的销售，投注站周围必须有大量的忠诚彩民，这些彩民的信息，投注站人员必须完整地记录下来，以备开展关系营销之用。

6. 了解彩票市场的相关信息

彩票市场是由商流、物流、信息流构成的，三者缺一不可。商流是指彩票的买卖，物流是指彩票的运输配送，信息流是指伴随商流和物流运动的各种信息。影响福利彩票营销的信息是多方面的，除了彩民的信息外，还有国家政策、收入水平、法律法规、科学技术、人口状况、竞争状况等。在这当中，竞争者信息对投注站最为重要，因此，投注站人员必须了解福利彩票的主要竞争者——体育彩票的各种游戏规则、特征等信息。

（四）投注站人员应具备的身体素质

"身体是革命的本钱"，没有强健的身体素质作保证，工作能力再强都无济于事。福利彩票投注站每天的营业时间在 10 小时以上。在福利彩票的销售工作中，销售人员要时刻保持高度的热情，不停地解答彩民的询问，向新彩民介绍福利彩票的性质、玩法，大力宣传福利彩票及投注站的良好形象，这需要具备过硬的身体素质才能胜任。为此，投注站人员必须加强身体锻炼，以保证有条件全身心地投入到福利彩票的销售工作中，为福利彩票事业努力作贡献。

二、福利彩票投注站人员的工作规范

工作规范是指为了实现特定工作岗位所承担的任务而对工作人员处理日常事务制定的行为准则。从事任何职业的人员都要遵守其相应的工作规范，投注站销售人员也不例外。为了扩大福利彩票的销售额，投注站销售人员在工作中必须严格遵守福利彩票发行中心制定的工作规范。投注站人员的工作规范包括销售规范、兑奖规范、投注机操作规范和日常工作规范。关于销售规范和兑奖规范前面已经说明，这里只研究投注机操作规范和日常工作规范。

（一）投注机的操作规范

投注站人员的核心工作是销售彩票和兑奖，而这两项工作都要使用投注机，因此，掌握投注机的操作规范是对投注站人员的基本要求。

福利彩票销售人员必须按照投注机的操作步骤进行工作，因为任何一个环节出了差错都会影响整个销售行为的效率。投注机的操作步骤是：

第一步，检查电源线是否插好，通讯专线是否接好，开机；

第二步，通讯连接，系统登陆；

第三步，售票或兑奖；

第四步，脱机后挂断通讯线路，关机。

其中，售票与兑奖是重点和关键。售票即投注，在投注前检查是否有打印纸,然后进行打印测试,并检查打印的测试票是否清晰、完整,若一切正常方可正式销售。

投注站人员还应能够熟练操作投注机,以减少彩民的等待时间,提高彩民满意度。熟练操作投注机的前提和基础是熟知各种福利彩票的玩法,能够言简意赅地进行介绍,在回答彩民的询问时能够达到彩民的满意,使投注机的操作与彩票玩法有机地结合在一起。

(二) 日常工作规范

投注站人员的日常工作规范包括其销售场所规范和接触彩民的规范。投注站的场所陈设、布局起到广告的作用,销售人员与彩民的接触则直接关系到彩票的销售量。因此,投注站销售员应当衣装整洁、语言文明、服务热情。为了统一各投注站的行动,各地福利彩票机构都为投注站制定了工作规范,基本内容包括以下六个方面:

1. 人员上岗规范

投注站销售人员必须经过培训、领取销售员证才能上岗,否则,一律不准上岗操作。上岗时必须佩戴统一的销售员证,主动接受顾客监督。

2. 营业工作规范

投注站要确保每日的销售时间,保证每期的正常销售。不得在营业时间内拒绝投注,做到满时点服务,如有特殊情况停机,须经地市级中心同意,并进行公告。同时,销售人员上班时均须填写考勤登记表和销售状态表,记录工作的起始时间和工作员号码,以备检查。销售人员本人使用的密码一定要保密,要妥善管好销售专用章、现金和已兑奖彩票。

3. 销售流程规范

在正常的工作秩序下,应按照先后顺序接纳群众投注,解答群众询问。每注彩票的销售金额按规定收取,不得向购票者索取其他费用。不得将打印不完整的彩票销售给购票者。

4. 设备使用规范

投注站销售人员必须严格遵守投注机使用规定，不允许有超越规程的操作或将专用设备挪作他用。销售人员应爱护投注设备，确保投注工作的正常进行。具体来说，设备要安放整齐稳妥，避免碰撞造成的损坏；设备上面不得放置水杯、食物、衣物和金属物品，以免影响设备的正常运行或损坏设备；在开机状态，不能用物品覆盖在投注机的外表上，影响正常散热；不能随意搬动设备，在开机状态下严禁搬动设备；清扫时必须用布盖好设备，以防尘埃损坏设备。

5. 兑奖工作规范

兑奖是投注站人员的主要工作之一，各地福利彩票机构为兑奖设计了严格的规范。关于兑奖的规范，上一节已经说明，这里不再赘述。

6. 室内陈设规范

投注站要窗明几净、环境整洁。营业场所不许随意堆放杂物；做到公告牌、销售许可证、宣传资料设置规范，内容准确，及时更换；各类物品摆放整齐。

三、福利彩票投注站人员的培训

随着中国彩票业的快速发展和市场竞争的加剧，福利彩票投注站人员的素质和销售水平已成为决定彩票销售数量的关键因素。为了全面打造福利彩票的销售新局面，福利彩票机构必须对投注站人员进行岗位培训，以进一步提高其业务素质。

（一）培训的内容

对投注站销售人员的培训是投注站站点管理的重要工作内容之一，培训内容主要包括五个方面：

1. 管理制度培训

管理制度是福利彩票投注站的行动规则，是每个投注站工作人员都必须遵守的规章。通过管理制度培训，使销售人员全面深入地了解投注站的管理制度、工作规范，并在福利彩票的销售工作中严格贯彻执行。

2. 技术操作培训

技术操作培训是电脑彩票销售人员上岗前的必修课，培训的主要内容是彩票投注机的使用和维护。通过基本技能培训，使销售人员熟练掌握投注设备的正确使用方法及其保养维护方法，以减少对投注站设备可能出现的损坏，延长投注设备的寿命。

3. 彩票业务培训

彩票业务培训是对福利彩票业务知识的培训，培训的主要内容是彩票的游戏规则。通过培训，使销售人员掌握各种彩票知识和投注规则，了解销售技巧，能够解答彩民的提问，扩大福利彩票的销售量。

4. 站点宣传培训

站点宣传培训是对投注站进行的常规培训。培训内容主要有新玩法宣传、促销宣传、中奖宣传、彩票形象宣传等。通过培训，使站点负责人掌握宣传方法和技巧，为扩大福利彩票销售创造条件。

5. 客户服务培训

客户服务培训是强化站点工作人员的服务意识，提高服务水平的培训。培训的主要内容是服务的方法和项目，例如怎样做到热情周到、建立诚信、提高彩民的满意程度等。通过培训，使投注人员增强市场竞争意识，提高竞争能力。

（二）培训的形式

投注站人员的培训方式包括定期培训、以会代训、外出参观学习、经验交流等形式。

除了这些传统的培训形式，一种新的培训形式正悄然兴起，即对投注站负责人进行短期的 MBA 课程培训。广东省福利彩票发行中心已经进行了尝试，取得了满意的效果。

2006 年 7 月中旬，广东省福利彩票发行中心组织了省内 300 多位福利彩票优秀投注站的站主，分六期在中山大学岭南学院进行 MBA 课程培训。课程涉及市场营销、店面管理、连锁经营与发展、客户沟通与客户关系管理以及危机预防与危机管理等现代营销管理理论。

通过培训，投注站负责人对彩票营销宣传、彩民和站点管理等方面有了一个全面、系统的了解，能跳出彩票看彩票，通过专心经营、科学管理，成为福利彩票销售的领头羊。同时，通过 MBA 培训这一平台，站主之间能互相沟通、加强交流、学习。参加培训的店主表示，这 5 天所学知识将运用在福利彩票投注站的经营上，打造全省最优质的福彩专营店。

（三）培训的步骤

由于培训内容不同，培训步骤存在差异，但基本上大同小异。以 3D 上市为例，省级福利彩票发行中心的培训工作主要分为五个步骤，分层递进。

1. 省中心培训管理人员

"彩票发行，领导先行"。一项新玩法的推出，必须先让管理者明白，然后才能往下推广。要把新玩法的材料预先发给各级管理人员和营销人员，要求他们先搞明白 3D 的游戏规则、投注方法、特点等等；随后，采取分批、分片的方式，进行全面组织培训。

2. 组建、培训 3D 讲师团

"教育者要先受教育"。为了搞好新玩法上市的培训工作，必须先组织讲师团，对讲师团成员进行培训，在讲师团成员考核过关后，才有资格加入后面的培训工作。

3. 讲师团培训销售人员

即由讲师团成员对各市区的销售员开展业务培训。如果已有其他省份发行过该种彩票，可以邀请其他省份的讲师团协助培训销售人员，主要目的是让销售人员学习该省市先进投注站的销售经验和技巧。

4. 投注站销售员培训彩民

彩民是新彩票的购买者，因此，新玩法推出以后，必须让彩民了解，这就要求各投注站在3D上市前，组织多场"3D知识彩民讲座"，并对讲座情况进行核实备案。

5. 组织彩民进行再培训

在3D上市一个阶段后，以各管理站为单位，再对彩民进行更深层次的培训，起到稳定彩民队伍的作用。

第三节　福利彩票投注站的设立与撤销

投注站的设立是福利彩票投注站管理的第一步，设立的地点与标准对于以后的经营有很大的影响。投注站在经营过程中，由于各种原因，可能出现变更与撤销。本节主要研究投注站的设立原则、建站的标准、程序以及投注站的变更与撤销等问题。

一、福利彩票投注站的设立原则

投注站的设立（有的省市叫"设定"或"设置"）需要遵循一定的原则。为了提高投注站的销售效益，各省级福利彩票发行中心都提出了明确的投注站设立原则。深圳市福利彩票投注站的设立原则是："科学规划、统筹布局，结构完整、规范管理，特色经营、打造品牌，市场导向、合理竞争，优胜劣汰、能进能出，彩民至上、便利服务，合作开放、利益共享。"① 辽宁省电脑福利

---

① 深圳市福利彩票发行中心：《深圳市福利彩票投注站设立管理暂行规定》，http：//www. szlottery. com/index. asp。

彩票投注站的设立原则是："投注站的设立要依据地区经济状况和市场开发程度，考虑方便群众投注、兼顾人口数量和站间距离合理分布。不同地区以及同一地区的市区、城乡结合部、县城和农村乡镇要区别对待。其中，人口密度大、经济发展状况较好的，站间距离（步行）可以小一些；反之则可大一些。"①　各地设立投注站的原则在表述上虽然有所不同，但基本内含是相同的，都包括站点的合理布局与经营方式的科学搭配。

（一）投注站点的布局合理

投注站的设立首先是一个布局问题。因为投注站布局的合理性涉及到福利彩票的市场覆盖面和市场竞争力，关系到能否方便彩民购买和兑奖，因而直接影响到福利彩票的销售业绩。

为了做到投注站的选址布局合理，在投注站的设立中需要综合考虑站点之间的距离、彩民购买的便利性、市场竞争的有利性和周围环境的整洁性等因素。

1. 站点距离的合理性

投注站点布局的合理性首先表现在站点之间的距离合理，既不能太近，又不能太远。站点布局太紧密会引起投注站之间争夺有限彩民的激烈竞争，这一方面造成了资源上的浪费，另一方面容易滋生恶性竞争。而如果投注站点距离太远，则不能满足彩民的需要，给彩民买彩和兑奖带来了困难，从而影响福利彩票的销售。同时，由于站点间距大，竞争对手的投注站会乘虚而入，把彩民拉过去，从而造成彩民的流失。

因此，为了既不浪费资源，又能够充分调动投注站主的竞争意识，福利彩票投注站之间的距离一般确定为：城市（含县城）原则上不能小于 500 米；发达地区的乡镇，可依照城市标准设立投注站；欠发达地区的乡镇、村，可依据人口的密度和经济发展状况设立投注站。②　随着人口密度的加大，投注站之

---

①　辽宁省福利彩票发行中心：《辽宁省电脑福利彩票投注站管理办法》，http：//www. lnlotto. com/index. html。
②　广东省福利彩票发行中心：《广东省电脑福利彩票投注站管理办法》，http：//www. gdfc. org. cn//。

间的距离应该缩短。深圳市 2006 年设立的福彩投注站之间沿街步行距离统一要求是：特区内 100 米以上，特区外 200 米以上。[①] 市民每走 3~5 分钟就可买到彩票。

2. 彩民购买的方便性

由于福利彩票产品和体育彩票产品具有极强的同质性，双方竞争激烈。福利彩票机构要扩大市场份额，巩固彩民对福利彩票的忠诚，就必须将方便彩民购买、方便为彩民服务作为争取彩民的一个重要手段。因此，设立投注站点需要遵循的另一个原则就是彩民购买的便利性。

调查显示，彩民购买彩票大多是在其居住地附近、单位附近或上下班的途中，投注站的便利与否直接影响到彩民购买彩票的可能性及购买频率。彩民购买的便利性主要考虑投注站点的地点特性，包括周边是否有密集的居民住宅小区、大型企事业单位及繁华商业区，如工厂、学校、购物中心和娱乐场所等。这些区域的人口流动性大，流量比较固定，容易形成相对固定的彩民群体，对投注站点的经营稳定性较为有利。例如，广场附近每天都会有很多的人去广场散步，锻炼身体，顺便买上几注彩票是很可能的，因而广场附近便是设立投注站的地点选择。另外，城乡结合部也是投注站选择的地点，因为那里人口流量大、密集，且流动性并不是很大，有大量出租屋，打工族聚集较多，而打工族正是彩票的重要消费人群。

3. 市场竞争的有利性

投注站周围的竞争情况对彩票的经营也会产生很大的影响，选址时必须分析竞争者——体育彩票投注站的情况。由于两者产品的同质性很强，而福利彩票具有很大的先发优势，因而在投注站地点选择上必须坚持"以我为主"的原则，敢于竞争，善于竞争。对于市场潜力大的地方，要完全按照自己的规划设立投注站。

4. 周边环境的整洁性

在投注站地理位置的选择上，不仅要考虑投注站点的间距合理、彩民购买

---

① 深圳市福利彩票发行中心：《关于受理福利彩票投注站设立申请的通告》，http：//sq. szmz. sz. gov. cn。

的方便及市场竞争的有利，还要考虑到周边环境的整洁性。

随着社会经济的发展，人们对环境的要求越来越高，谁都不愿意在垃圾成堆的环境中购买彩票。为此，投注站的设立必须考虑周边的环境是否清洁的问题。福利彩票投注站要远离污染源，以保证彩民的健康。同时，清洁的环境能够给彩民带来好心情，从而激发彩民的购买热情，增加购买彩票的数量。

（二）经营方式的搭配科学

福利彩票投注站按经营方式一般分为专营店和兼营店两种类型，专营店是指只经营福利彩票一种彩票的投注站点，而兼营店则是指除了经营福利彩票之外，店内兼售其他物品的投注站。深圳市则按经营业务、营业面积等分为便利站、专营站、专卖店和快乐8投注站四种类型。便利站是指具备使用面积2平方米以上的彩票销售场所，场所可兼营其他经营项目的投注站，有专职或兼职销售人员；专营站指有独立门面，使用面积5平方米以上；专卖店指有独立门面，特区内使用面积15平方米，特区外则要20平方米以上，由专人、专职经营福利彩票，能够同时设立传统彩票（双色球、3D、深圳风采和快乐8销售终端）；快乐8投注站是指设在休闲娱乐、商业等场所内的快乐8销售终端，经营面积（含销售区及彩民休息区）不小于15平方米。可见，这里便利站和快乐8投注站是兼营店，专营站和专卖店是专营店。因此，本书把投注站的经营方式仍然划分为专营店和兼营店。

福利彩票投注站的设立，要保证两种经营方式的科学搭配。但要实现二者的科学搭配，需要了解二者的优势和劣势。

专营店的优点是：环境好，硬件配置高；有走势图，有茶水，个别的还有电脑、空调，既方便彩民的购买，也让彩民觉得"体面"；投注站业主在装修、布置店面上也可以有更多的自由，非常利于留住那些技术型彩民、促进彩票的销售。同时，由于专营店有专人专营，业务熟练，可以给彩民提供更好的服务，因而有利于福利彩票品牌的形象建设。缺点是专营店的营业面积较大，这在房租贵的地方无法设立，原因是卖彩票所得的净收入很难支撑高额的房租和其他日常开销。

兼营店的优点是房租等费用低，能够方便彩民购买彩票和兑奖。缺点是没有专人专营，业务不熟练，不能提供良好的买彩环境和信息服务，因而不利于福利彩票的品牌形象建设。

从以上对专营店和兼营店的利弊分析中可以看出，无法统一认定哪一种经营方式绝对有利。有专家认为，不能绝对地认为兼营就不如专营，而应该考虑如何为彩民提供便利。根据国外的标准，衡量一家兼营店是否成功，要看它由于增加销售彩票而导致其他业务量上升的幅度是否达到 30% 以上，只有超过30%，才能算是兼营成功。彩票专营店强调良好的环境以及丰富的资料，这主要是服务于技术型彩民。但从调查结果看，中国的技术型彩民不足 10%，从着眼更多彩民的角度出发，兼营店是必要的。① 例如，广东省福利彩票发行中心批准，在中油碧辟公司的便利店内建立 200 家投注站，方便了出租车司机和私家车司机购买福利彩票，开辟了新的彩票市场。②

从目前中国福利彩票投注站经营的实践来看，销售量大的站点都是专营店。安徽省福彩中心市场部负责人介绍，在安徽一般专营店是兼营店销售的 3至 5 倍，个别的甚至是 10 倍以上。因此，尽管各地福利彩票发行中心对投注站设立类型的要求都不尽相同，但规范兼营投注站、鼓励创建专营投注站却是大势所趋。安徽省六安市为在规范福利彩票投注站建设方面的具体做法有：鼓励站点创建福彩专营投注站，对 2005 年 1 月 1 日以前设立的站点如改建为福彩专营站的给予一定的资金扶持；同时还特别规定，今后凡新增投注站，均应为福彩专营店。广东省惠州市在电脑福利彩票投注站设立条件中规定：申请设立的投注站必须是专业经营福利彩票，不得兼营其他彩票业务或其他非彩票类业务。河北省福利彩票发行中心 2006 年 3 月 7 日发布的《〈"燕赵风采"电脑福利彩票投注站管理规定〉补充规定》中明确规定：投注站必须专卖专营。③

从投注站经营方式的发展趋势来看，在人口密度小的城镇和农村，设立专营店是必然选择。但对于人口密度大、房屋租金高的城市来说，只设专营店不仅弊大于利，而且是做不到的，必须采用专营店和兼营店并举的方针。同时，对于一些新的彩票品种，如基诺彩票，它的目标顾客是经常进出大酒店、高档娱乐场所的白领阶层，这些彩民既不进专营店，也不进一般的兼营店，因而兼

① 老威：《彩票投注站经营模式分析：兼营是现状专营是趋势》，载《北京晚报》2005 年 11 月2 日。
② 《广东福彩联姻加油站》，载《公益时报》2005 年 9 月 23 日。
③ 河北省福利彩票发行中心：《〈"燕赵风采"电脑福利彩票投注站管理规定〉补充规定》，http：//www. cangzhoufucai. com/news/shownews. asp? NewsID =40。

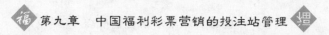

营店必须设在高档的营业场所。可见，经营方式的选择必须综合考虑多种因素。

二、福利彩票投注站的设立程序

设立投注站是福利彩票机构的中心工作，必须遵循一定的程序。福利彩票投注站的设立一般经过四个步骤：

（一）调查研究，编制规划

设立投注站的目的是为了销售福利彩票，这就决定了投注站必须设立在人们需要的地方。为此，设立投注站的第一步，是编制站点布局规划。

由于每注福利彩票的价格只有 2 元，只要有收入的人就可以买得起，因此，编制规划的主要依据是人口数量和密度，收入则是第二位的。如果人口多，密度大，投注站的数量就要多一些，投注站之间的距离就要近一些；反之，则少一些。

投注站规划数量的多少和距离的远近，必须从所在地的实际出发，以方便彩民为原则。要根据具体的街道现状，实地考察居民的居住状况和人口的流动状况，步行测算出纵横交错的街道距离，从而编制投注站的规划图。

（二）制定标准，规定条件

为了把规划变成现实，各省、市、自治区福利彩票发行中心要制定设立福利彩票投注站的基本条件、申请资格、规章制度、办理程序和建设标准，以便在投注站的设立和建设中有章可循。

投注站设立的基本条件是指投注站必须具有的房屋面积、距离和室内设施等硬件条件，这是设立投注站的基础。

申请资格是指申请经营投注站的人必须具备的人员方面的软件条件，如户籍、年龄、健康条件、经营能力、诚信记录、经营保证金等。为了避免投注站人员违规后逃逸，投注站经营者的户籍必须是当地人；年龄在 18 ~ 60 岁，身体健康；有民事行为能力和一定的经营能力，能够独立承担经营成本和经营风险；诚信守法，无不良记录。申请者可以是自然人，也可以是法人。

规章制度是投注站开业以后工作人员应该遵循的操作规程、工作纪律、行业规章等。主要包括：投注机操作规程；福利彩票的销售、资金上交和兑奖制度；投注站的宣传与资料陈列规定；销售员的上岗规定；等等。

办理程序是指投注站的申请经营者需要经历的申请、批准过程。主要包括：填写投注站设立申请表；提交申请材料；申请受理；签订合同；等等。

建设标准是指投注站开业以后，展现在人们面前的外在形象及室内格局和销售状况应该达到的要求。

（三）发布公告，接受申请

福利彩票发行是一项阳光工程，自始至终体现公开、公平、公正的原则，因此，福利彩票机构设立投注站，需要向全社会发布公告，受理福利彩票投注站的设立申请。

由于各地的经济发展情况不同，人们接触媒体的习惯不同，发布公告的方式也存在差别。例如：在经济发达的深圳市，由于人们已经有了上网了解信息的习惯，可以把公告发布在网站上，请申请人可以在网站查询设立条件和应提交的申请材料目录，如实填写有关资料，进行网上申请。其他多数地区应该把公告发布在报纸上，申请人根据报纸公布的信息提出申请。

在受理福利彩票投注站设立申请的公告中，要告知申请人从何处取得经营投注站需要具备的条件、需要遵守的规定、投注站的设立规划及如何取得申请表、怎样填写申请表等信息，并告知办理申请的步骤。

对于申请人提交的申请材料，福利彩票机构要进行认真审核，符合要求者即行受理，并出具"受理回执单"。不符合要求者不予受理，并向申请者说明原因，退回申请文件。

在材料合格的情况下，核查拟作投注站场所的情况。投注站最终受理申请的条件是：投注站场所必须符合投注站的布局规划；如果一个投注站有 2 个以上符合规划的申请者，申请专营站优先于申请兼营站；如果二者的条件完全相同，则按递交申请的先后次序确定。

（四）签订合同，开张营业

经过审批合格的申请人，需要与福利彩票机构签订承销中国福利彩票合同书，领取中国福利彩票特许经营许可证、销售上岗证等方可开张营业。在签订合同之前，申请人需要交纳经营保证金，并提交审核银行账户（包括"交款账户"和"代销费返拨账户"）情况。

代销合同的签订并不意味着可以立即开张营业，还有两项重要的工作要做。一是福利彩票机构对投注站按照统一门面、统一设计的标准进行统一的装修，并安装投注机等设备；二是对投注站人员进行统一的培训。

上述工作全部完成以后，投注站就可以择日开张。

三、福利彩票投注站的建设标准

中国福利彩票的销售方式是随着彩票产业的发展，逐步从摊点式走向店面式的，截至 2004 年，福利彩票投注站基本告别了摊点式销售，进入了店面销售。但是，虽然走进了店内，仍有很多的投注站店内都没有规范化，多数采用"士多店"① 的经营模式。2002 年，广州的福利彩票投注站 80% 是"士多店"，即在杂货店里腾出一小块空地，在骑楼临街方向和楼梯间开一个窗口，便卖起彩票来了，同时兼营杂货。这使得投注站的形象及服务大打折扣，进而影响福利彩票的形象。为了扩大投注站经营规模、提升形象、提高服务质量，福利彩票发行与销售机构着手进行福利彩票投注站的建设与规范工作，把投注站建设成为"统一形象、统一装修、统一标志"的标准投注站。标准化投注站点一般是指专营化的福利彩票投注站，有利于店内装修的统一、标志的统一。

为了避免少走弯路，各地福利彩票机构在设立新的投注站时，都规定了新的投注站的基本条件。以深圳市为例，投注站设立的基本条件是：（1）原则上投注站之间步行的最短距离在 500 米以上，以沿街步行的最近距离计算；

---

① "士多店"取自英文"store"的英文谐音。此外，在中国东南沿海的一些城市，人们把商品种类繁多的店铺称之为士多店。

（2）符合治安、消防、市容和环境卫生等要求，是合法自有或租赁的建筑物；场地面积：兼营站不少于 2 平方米，专营站不少于 20 平方米；（3）投注站户外和室内均能按标准张挂中国福利彩票的形象标识，户外有 2 平方米以上的对外宣传栏；按统一形象装修，张挂福利彩票统一形象标识；（4）周围环境符合无油污、灰尘、烟雾，不潮湿的要求；（5）室内环境适合计算机工作和热敏纸存放；（6）在电讯网络覆盖范围内；（7）室内电源布线、插座位置、放置投注机工作台等符合操作要求。

在此基础上，各地福利彩票机构制定了统一的建设标准。例如，"黄河风采"投注站的建设标准是：

1. 门面设计

门面要整洁大方，门面外要悬挂鲜明醒目尺寸适宜的"标识牌"，必须印有中国福利彩票"黄河风采"投注站的字样和徽标，颜色以天蓝底、红字两色为主。

2. 营业面积

店内必须有 8 平方米以上的场地，店内必须有正规、大方、实用的信息公告栏，尺寸和样式要统一，能完整登载"黄河风采"电脑彩票三种游戏开奖信息。

3. 店内必备

店内必须摆放供彩民阅读、查询的各类宣传资料，必须备有现有游戏每次开奖的中奖号码或图表，备有供彩民使用的笔、投注单，选号参考资料和有关福利彩票的报刊。

4. 店内设施

店内墙上要悬挂各种宣传画和走势图表，电脑彩票投注方法，彩票知识等。要有供彩民方便填号的桌、座位，夏季要有饮用水，有条件的应备有微机，供大户彩民选号使用。室内要干净整洁、通风、讲究卫生。

5. 规章制度

专卖店业主和销售人员要遵守市中心的各项规章制度，服从中心管理，在销售和操作中无违规现象，无彩民投诉，按时上缴销售款，并做到账目登记完整清楚。

四、福利彩票投注站的变更与撤销

由于福利彩票投注站是按照规划设立的，除非人口数量或人口密度变化，否则既不应该增加，也不应该减少。但是，福利彩票投注站在经营过程中，由于人为因素及其他原因，可能会发生变更：有的投注站可能要求终止销售；有的投注站则可能被撤销。这就要求福利彩票机构制定变更与撤销的条件和程序。目前，各省、市、自治区福利彩票发行中心对投注站变更和撤销的规定不尽相同，但大同小异，其基本目的都是为了给彩民提供方便或提高彩票营销的管理水平。

（一）投注站的变更

福利彩票投注站的变更即特许销售权的变更，是指投注站（即转移方）因各种原因已不能或不宜继续从事彩票销售，经该投注站和承接方申请，省级福利彩票发行中心批准，将投注站的特许销售权授予（转移）给承接方的过程。投注站的变更包括负责人的变更和站点地址的变更。

投注站负责人变更是指原投注站的负责人不愿或不能继续履行承销福利彩票的协议，把特许销售权转让给他人的过程。负责人变更的一般程序是：（1）拟转移方和拟承接方分别以书面形式向地市级福利彩票发行中心提出申请；（2）地市级中心对拟承接方资质进行考察、初审；（3）填写福利彩票投注站特许销售权变更审批表报省中心批准；（4）地市级中心与拟转移方解除授权特许销售协议，与拟承接方签订福利彩票授权特许销售协议书。

投注站地址的变更是指因为拆迁、搬迁等原因在投注站原址上无法继续经营，到新的地址继续经营的过程。另外，由于所处区域网点密度高而销量相对较低、地市级福利彩票发行中心根据网点规划需要等也可以要求投注站搬迁。

投注站地址的变更由于涉及到投注站的布局，需要增加新地址的考察环节，因而在程序上复杂一些。其一般程序是：（1）站点负责人须向地市级福利彩票发行中心提出书面申请，说明投注站变更地址的原因；（2）地市级中心收到站点负责人提交的申请后，到申请变更地址进行实地考察，并提出考察意见；（3）填写福利彩票投注站地址变更审批表报省中心批准；（4）地址变更。投注站地址正式变更前必须履行销售、兑奖等工作，并在原投注站张贴公告说明变更情况。

（二）投注站的撤销

投注站的撤销是指经投注站负责人或地市级福利彩票中心申请，经省福利彩票发行中心批准，终止特许销售协议，撤销投注站特许销售权的过程。投注站的撤销包括申请撤销和强制撤销两种类型：

1. 申请撤销

申请撤销是指由于投注站负责人不愿意或无法继续经营，主动提出终止协议的申请，省级福利彩票发行中心批准而终止特许经营权的过程。例如：投注站负责人提出书面申请，要求终止彩票销售；投注站因拆迁、搬迁等原因无法继续经营；投注站负责人因事离境三个月以上；投注站委托担保人提出终止委托担保；等等。

投注站点的申请撤销需要遵循以下程序：

（1）递交申请。投注站负责人要向地市级福利彩票发行中心提出撤站申请。因拆迁、搬迁，终止销售合同或其他原因无法继续经营的投注站，申请书应提前30天提出，并写明撤站原因。

（2）审议申请。对于投注站提交的撤站申请，地市级福利彩票发行中心要召开专题会议审议站点撤销的相关事项，并报省级福利彩票发行中心核准。

（3）通告撤站。撤站批准后，应及时通知申请撤销站点负责人。从接到通知之日起，投注站负责销售站点最后一期彩票，并出示公告，说明撤站的原因和最后的兑奖期限。最后兑奖日到期后，站点方可撤销。

（4）交机退款。站点撤销后，投注站负责人要到市中心办理终止销售手续。应持代销协议书、最后一期的兑奖票据、结清销售款的凭证、销售许可证、上岗证、剩余的热敏纸彩票、投注单、投注机、拆除的福利彩票的招牌、标识及交纳押金的原始收据，到地市级彩票发行中心按有关规定办理押金退款手续。投注站欠款或损坏投注机的赔偿费用，在保证金中扣除，不足部分仍由投注站承担。

2. 强制撤销

强制撤销是指由于投注站违反所签订的承销协议，不履行投注站的职责，而被省级福利彩票发行中心收回特许经营权、取消其销售资格的过程。例如，不服从省、地发行中心管理，不履行投注站销售协议书，不服从教育和处罚；无特殊原因销售额持续半年列本地区末位；组织、纵容他人在投注站内进行赌博或以福利彩票为掩护，销售非法彩票；存在问题经过整改在指定的时间内仍未达到要求；投注站负责人受到国家法律制裁；多次欠款，经多次教育仍不悔改；投注站形象建设达不到建站标准，有损福彩形象；拒不参加省、市中心组织的各种培训和会议，经批评教育不改；执行省市中心各项决定不积极，严重损害彩民利益；等等。

投注站的强制撤销需要遵循以下程序：

（1）停业：地市级福利彩票发行中心对符合强制撤销条件的投注站，有权及时终止投注站的销售，并报省级福利彩票发行中心批准；

（2）公告：被强制终止销售权的投注站由地市级福利彩票发行中心办理停业公告；

（3）兑奖：被强制终止销售的投注站应办理该站点最后一期的兑奖手续；

（4）退款：投注站办理好了最后一期兑奖手续并缴清所有应缴的彩票款后，持投注机、兑奖公告、灯箱、横幅、有关票据和代销协议到地市彩票发行中心按规定办理押金退款手续。

第四节　福利彩票投注站的监督与激励

福利彩票发行机构同投注站之间是委托销售的契约关系，投注站为福利彩

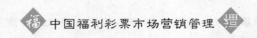

票机构销售福利彩票，而福利彩票机构则对投注站负有管理与监督的职责，以顺利实现福利彩票的销售目标。福利彩票机构对投注站的管理是多方面的，上一节分析了投注站的设立、变更和撤销，这里主要研究对投注站的监督和激励。

一、福利彩票投注站的监督

投注站作为福利彩票发行机构的销售终端，代表着福利彩票的对外形象，其经营内容、经营时间、经营规范都要严格体现福利彩票发行的公开、公平、公正原则。但是，有的投注站竟然违反规定，出现了蒙骗彩民、截留中奖彩票、骗取销售金额、冒领奖金、不按时缴纳彩票销售款等不良现象。这些行为严重破坏了福利彩票市场营销的秩序，损坏了福利彩票在彩民心中的公益形象。因此，加强对投注站的监督管理势在必行。

福利彩票投注站的监督包括福利彩票机构监督和社会监督两个层次。

(一) 福利彩票机构的监督

福利彩票机构对投注站的监督，其依据是福利彩票发行中心和投注站签订的委托销售协议；范围包括所有影响彩民利益的行为；内容是监督投注站是否守规经营、诚信经营；方法是对投注站奖惩的经济方法。

1. 监督依据

各省、市、自治区福利彩票发行中心对投注站的监督，基本依据是双方签订的代理承销协议。在协议中，明确规定了投注站必须接受福利彩票发行中心制定的各种管理规定，这样，有些内容虽然没有在协议中出现，但投注站必须严格执行。

2. 监督范围

由于彩民状况直接关系到福利彩票事业的兴衰，因此，福利彩票发行中心对投注站监督的范围包括一切影响彩民物质利益和精神利益的行为。

3. 监督内容

福利彩票发行中心对投注站监督管理的具体内容可以归纳为 10 个方面：（1）地址监督。投注站建立后，必须在申请地点销售电脑福利彩票，未经省发行中心批准，不得擅自改变销售地址、站名和站号。（2）时间监督。投注站的营业时间不能少于福利彩票机构规定的时间，不得随意停机；对于确有特殊情况需暂时停机，要及时通知福利彩票发行中心，经福利彩票发行中心批准后才能停机。（3）价格监督。电脑福利彩票投注金额为每注人民币 2 元，不得向购票者索取其他费用。（4）销售监督。福利彩票销售人员要严格按照福利彩票发行中心的工作规程进行彩票销售活动，严禁出现骗取销售金额、冒领奖金的行为。（5）兑奖监督。投注站要严格按照省福利彩票发行中心的规定确定奖级，兑付奖金，对于超过兑奖期限仍未兑奖的视为弃奖，应不再给予兑付奖金。（6）资金监督。投注站的彩票销售资金要按时足额上缴，确保福利彩票的销售资金安全。（7）数据监督。销售数据是保证福利彩票发行公正性和兑奖的依据，销售数据要严格按照福利彩票发行中心的规定传送。（8）人员监督。投注站销售人员必须严格遵守福利彩票机构的有关规定，认真参加培训，遵守投注站人员的行为规范。（9）设备监督。投注站必须按福利彩票机构的规定使用和维护投注设备。（10）服务监督。投注站必须按规定提供彩民需要的信息服务。

在上述监督的内容中，资金结算监督是核心，因此，各地福利彩票发行中心出台了详细的资金结算管理规定。以上海市为例，在投注站财务管理暂行办法中，把与资金相关的项目全部纳入其中，包括押金、结算和交纳三个方面，投注站必须严格按照规定执行，福利彩票发行中心则按照规定进行监督管理。（1）押金管理。经上海市福利彩票发行中心批准设立的投注站，必须严格按照双方所签订协议规定的有关条款交纳押金，方能领取投注机等销售设备。押金由所辖管理站代收代缴，管理站、发行中心出具的押金收据，投注站要妥善保管，不得遗失。投注站站点停止彩票销售，必须结清销售款，方可办理退机手续，退机时应退回押金收据，由发行中心财务部按规定计扣设备折旧费，退回押金余款。押金收据单位已入账的，应出示押金收据复印件，并出具收到退款的收据。（2）结算。投注站销售彩票销售劳务费按销售总额的 7% 结算；兑奖手续费按兑奖总额的 1% 结算。投注站向发行中心解缴彩票销售款，发行中心向投注站支付销售劳务费和兑奖手续费，均采用银行划款的方式。发行中心以投注站负责人为户名，统一在市工商银行第二营业部为每个投注站开设两个账户：一个是投注站上缴销售款的专用账户；另一个是发行中心支付销售劳务费和兑奖手续费的储蓄账户。销售劳务费和兑奖手续费每周结算一次，发行中心在每周五将上周一至周日各投注站应得的销售劳务费和兑奖手续费划入其储蓄账户。（3）缴纳。投注站须将每天销售收入中的应缴款于次日上午11：30之前存入缴款账户。应缴款额结算公式如下：应缴款额＝当天销售总额－当天实际兑付奖金额。

4. 监督方法

福利彩票机构和投注站的销售代理关系，决定了福利彩票机构对投注站的监督只能是经济的方法。为了做好对投注站的监督工作，福利彩票发行中心要对投注站进行定期或不定期的检查，以此为依据，决定对投注站的奖惩。

（二）社会监督

虽然福利彩票发行机构对投注站的经营行为做出了具体的规定，建立了一系列的奖励和处罚制度，还通过各种方式对投注站的经营运作进行监督管理，但是由于人力、物力资源的限制，仅福利彩票发行机构一方面的力量难以对投注站进行全面的监督，因此，就需要引入新的监督体系。对投注站监督的另一条途径是社会监督。社会监督是指把投注站的权利和义务向全社会公开，让投注站的一切行动暴露在社会公众面前，接受社会的监督。社会监督不仅增加了对投注站的监督力度，在一定程度上减少了福利彩票发行机构的监督成本；同时，充分地接受社会监督，也拉近了福利彩票机构和社会公众的距离，使群众有更多的机会了解福利彩票，也使福利彩票发行中心更加贴近彩民，了解彩民的心声，这有利于福利彩票在群众心目中建立诚信的形象。

对投注站进行社会监督，其方法是以书面的形式把投注站的权利和义务下达给每个投注站，从而使监督工作做到公开、透明；制定投注站管理手册，每个投注站一本，投注站手册中包括投注站的管理规范，销售人员操作手册，福利彩票的知识说明，做到一册在手，知识都有。通过把投注站的监督内容和管理手册向彩民公开，方便彩民及利益相关者了解投注站的责任，明确哪些属于

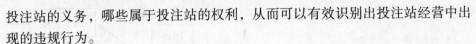

投注站的义务，哪些属于投注站的权利，从而可以有效识别出投注站经营中出现的违规行为。

社会监督的有效途径是设立举报投诉电话。在投注站内悬挂举报投诉电话号码，举报投诉电话可以由福利彩票发行中心人员轮流值班接听，或建立服务信息管理站，由服务信息管理站负责投诉举报电话的处理工作。通过社会监督，提高投注站的服务质量和服务水平。

二、福利彩票投注站的激励

投注站是人的集合体；投注站的经营运作都是靠人来进行的；只有在人的主动参与下，投注站才可能实现高绩效。因此，福利彩票发行中心必须对投注站采取有效的激励措施，以提高投注站的积极性。

(一) 激励的过程与方法

激励是组织根据员工的需要、动机及其行为方式，选择相应的激励方法，采取适当的激励措施，激发其积极实施组织所希望的行为，更好地为实现组织目标服务的过程。对投注站的激励，就是针对投注站建立一套合理有效的激励机制，调动积极性，使其更好地实现福利彩票发行中心的营销目标的一个过程。资料表明，一个人要是没有受到激励，只能发挥其自身能力的 20% ~ 30%，但是，如果受到充分而正确的激励，则能发挥其能力的 80% ~ 90%。因此，提供物质激励和精神激励是促使投注站提高工作热情的重要途径。

心理学家认为，人类有目的的行为都是出于对某种需要的追求。未得到满足的需要是产生激励的起点，进而导致某种行为；行为的结果，可能是使需要得到满足，之后再发生对新需要的追求；行为的结果也可能是遭受挫折，追求的需要未得到满足，由此而产生消极的或积极的行为。这种激励过程可用图 9 - 1 来描述[1]：

---

① 周三多等：《管理学——原理与方法》(第四版)，复旦大学出版社 2004 年版，第 514 页。

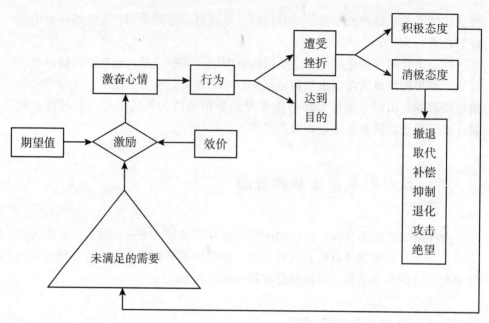

图 9 - 1　激励过程

　　激励是一个复杂的心理过程，每个个体的需要不同，同种激励所产生的效果也不同，且不同个体在不同时间、不同环境的激励水平也不尽相同。所以，在选择激励方法时应因人而异，因时而变，具有针对性，才能更有成效。

　　投注站是彩票市场销售的末端，其利益驱动是代销费。目前，中国福利彩票投注站的佣金是固定的，销售佣金一般是销售额的 7%，兑奖佣金是兑奖额的 1%。在这种情况下，对投注站的激励只能表现在两个方面：一是通过促销，实现彩票多销，使投注站的收入水涨船高；二是寻找新的收入来源。从国外彩票业的实际情况来看，彩票零售商除了销售佣金外，还可以获得其他好处，例如，印度的彩票分销商 Playwin 公司规定：如果中头奖的彩民买的彩票是由该销售点售出的，售出头奖的零售商可以获得彩池奖金 1% 的佣金。这是零售商最大的利润所在。对于兼营的投注站来说，彩民购买彩票时，还会顺带购买零售商店兼营的其他商品，由此带来相当可观的附带销售收入。

（二）对投注站的激励措施

对投注站的激励措施包括正向激励和反向激励，正向激励是奖励，反向激励是惩罚。

1. 奖励激励

各地福利彩票发行中心都对投注站的经营运作行为作了明确规定，凡是在经营运作中成绩突出者会得到一定的奖励。奖励可分为精神奖励和物质奖励，精神奖励如优秀投注站的评比、发放明星投注站标牌、开表彰大会等；物质奖励则主要是发放奖金、组织免费外出参观考察等。

如"龙江风采"电脑福利彩票投注站管理办法中规定：[①] 凡管理严格、遵章守纪、销售业绩突出的投注站，省、市中心按照有关规定给予表彰和奖励；凡举报违规行为且经调查情况属实的，省、市中心酌情对举报者给予奖励。广东省电脑福利彩票投注站管理办法规定：[②] 全年无违规记录的投注站，有资格参与国家、省、市级优秀投注站的评选，省、市中心对优秀投注站予以表彰、奖励；投注站负责人、销售员为福利彩票事业积极主动提出合理化建议，被省、市中心采纳，省、市中心予以表彰、奖励。

除了在管理办法中规定给予不违规或表现突出的投注站奖励之外，各地福利彩票发行中心还纷纷开展了明星投注站、优秀投注站的评选活动，对于获得殊荣的投注站给予一定的奖励。

银川福利彩票发行中心于 2003 年 11 月开展了"销量增长奖"，该项活动的主要内容是：凡当月销量超过上月销量 5000 元以上的投注站，福利彩票中心给予当月销售总量 1% 的奖励。天津市福利彩票中心则专门组织优秀站点的销售人员到港、澳持区观光和学习。湖南省开展的明星投注站奖励办法为：100 个"全省百优投注站"，每个投注站奖励 1000 元；50 个"全省 50 佳投注站"，每个投注站奖励 3000 元；10 个"全省十强投注站"，参加年底由省中心统一组织的"新马泰三国 8 日游"或派发相应奖金。以上评出的 160 个明星

---

① 《"龙江风采"电脑福利彩票投注站管理办法》，http://dxal.gov.cn/mzj/sydw-fczxtzz.htm。
② 《广东省电脑福利彩票投注站管理办法》，http://www.zqfcw.com/gwfg/tzzgl.htm。

投注站由湖南省福利彩票中心统一授牌，并举行授牌仪式。

2. 惩罚激励

对投注站点的处罚主要有经济处罚和一定时间的停机处罚，情节严重者将被撤销其销售资格。

（1）经济处罚。如"龙江风采"电脑福利彩票投注站管理办法中规定：投注站没有按照规定使用、贴挂全省、市统一的标识或设施的，予以限期整改，整改期限过后仍未纠正的予以停销一期并处以 100 元罚款。违反有关规定并造成投注者投诉的，视情节轻重和影响大小予以 200 元罚款并限期整改，整改期限过后，继续不改的，予以一周停销整顿并作 1000 元罚款处理。投注站违反规定的，停销一周予以整顿，同时视数额和影响大小、损失多少处以 1000～3000 元罚款；情节严重的予以撤销站点，特别严重的按照有关协议追究法律责任。凡受到省、市中心通报批评、警告或经济处罚的投注站，均不得参与年内省、市中心进行的各类评比。

（2）停机处罚。《广东省电脑福利彩票投注站管理办法》规定：投注站出现下列情况的，省、市中心按其情节轻重，给予暂停销售彩票一至七天的处罚：拒绝为中奖者办理兑奖被投注者投诉的；投注站未按时交足当期应交彩票销售款的；将热敏纸彩票、投注单及宣传材料挪作他用或造成严重浪费的；不服从市中心管理的（如不执行市中心的文件通知、不按市中心要求参加会议、培训、促销活动，更换销售员不报经市中心备案等）；等等。

（3）撤销销售资格。撤销销售资格的处罚主要是针对那些错误严重者，如有冒领奖金或少付奖金等欺骗中奖者行为的；投注站人员服务态度差，一年内被投注者投诉三次以上，经市中心调查核实，在发出书面整改通知后仍无成效的；销量低，被列入当地末位淘汰范围经整改后仍无成效的；等等。

（4）淘汰制度。发展网点是有原则的，既要保证足够的覆盖面，同时也要适当考虑经营者的利益。目前，不仅全国各地区投注站的销售情况有很大差别，就是同一个地区投注站销量"贫富"悬殊的现象也比较常见，有些投注站每月的销售额达几十万元，但是有些投注站每月却只有几千元进账。分析其原因，除了地理位置等客观素因外，销量悬殊与投注站主不善经营有很大关系。有的投注站服务和设备都不齐全，甚至只是把卖彩票当作副业，虚有其表；有的投注站诚信不足，态度不好的现象时有发生，以至于福彩中心不时接

第九章 中国福利彩票营销的投注站管理

到彩民的投诉。针对这种现象，必须引入竞争机制，实行"淘汰制"，让那些不遵守管理规章、经营不善的福彩网点退出市场，以加强投注站的管理，提高服务质量，增加投注站的经营效益。同时，"淘汰制"的实施也实现了部分闲置的投注机的再分配，有利于社会资源的合理利用。

各地福利彩票机构在对投注站的管理中，为了激励投注站的销售积极性，普遍采用了末位淘汰制度。如北京依照《电脑福利彩票投注站考核评比暂行办法》规定，月销售额在两万元以下的销售网点，实行限期整改，视情况逐步淘汰。对于新增设的销售网点，3个月内不参加销售统一排名，第四个月起参加考核。具体淘汰办法是，各区福利彩票发行中心每月对全区销售网点进行销售排名，对销售排名在全区后20位的销售网点进行帮助，分析原因并采取措施，限期提高销量。另外，上月已被警告的网点，次月仍排名在后10位，被警告3次后，区福利彩票中心将给予撤机处理。

从2005年4月15日开始，广东省福利彩票发行中心及各地市福利彩票中心在全省范围内逐步实行末位淘汰制。集中对环境差、服务差、销量差的"三差"福利彩票投注站进行重点整顿。对于销量太差的投注站，先分期分批停机一天，进行业务培训，然后才能再上岗。全省6000多个投注站，先期进行停机培训的每天约200台，培训的内容主要是服务意识和彩票业务知识。以后对那些仍然是"三差"的福利彩票投注站，将逐步被关闭。

深圳市福利彩票发行中心也引入福利彩票投注站退出机制：即对月营业额在2万元以下的站点进行黄牌警告，连续3个月受到黄牌警告仍未改善的，将被解除经营合同。

完善福利彩票投注站的激励机制，还要注意把握好激励的时机和激励的力度，激励周期不宜过长，及时激励才有效果。对于奖励要大张旗鼓的宣传，而惩罚则要注意影响范围；激励方法要灵活多样，要随着收入及生活水平的变化而变化，这样激励才能保持其持续的有效性，对不同需要的人采用的激励方法也应有所不同；物质激励与精神激励要有机结合；做到"奖罚分明，奖要合理，罚要合情"。

403

附：部分福利彩票投注站的管理规定

1. 电脑福利彩票投注站管理办法

（中彩发字［2006］104号）

第一章 总　则

第一条　为进一步规范电脑福利彩票（以下简称电脑彩票）的销售，加强对电脑彩票投注站（以下简称投注站）的管理，制定本办法。

第二条　中国福利彩票发行管理中心（以下简称中福彩中心）在民政部的领导下主管中国福利彩票的发行管理工作，各省、自治区、直辖市福利彩票发行中心（以下简称省中心）受中福彩中心的委托负责本辖区投注站的管理工作，各市地福利彩票销售机构（以下简称市地中心）受省中心的委托，负责管理本辖区的投注站。

第二章　投注站的设立

第三条　投注站是指按照中福彩中心及省中心的有关规定设立的销售电脑彩票的固定场所。

第四条　凡具有完全民事权利能力和行为能力的中华人民共和国公民和具有法人资格的企业、事业单位及社会团体，均可向驻地所在市地中心提出设立投注站的申请。

第五条　申请开设投注站的个人或者单位，应当具备固定的销售场所和一定的资金保障。

第六条　投注站的设立，由个人或者法人申请，市地中心审查核定，省中心批准，省中心统一将批准的全省投注站报中福彩中心备案。

第七条　经审查合格并批准设置的投注站由中福彩中心颁发《销售许可证》后，才具有电脑彩票销售资格，方可进行销售。

第八条　投注站必须在省中心批准的地址销售电脑彩票，未经省中心批准，不得擅自改变销售地址。

第三章　投注站的环境与设施

第九条　投注站应当根据自身经营场所的面积，制作并使用统一设计的中国福利彩票标牌，标牌应当清晰、整洁、完整无损。

第十条　投注站应当在醒目位置张贴中国福利彩票"扶老、助残、救孤、济困"发行宗旨和"公平、公正、公开"发行原则的宣传语以及理性购买彩票的提示语。

第十一条　投注站必须使用中福彩中心统一设计的开奖公告牌，公告牌应当清晰、整洁，开奖公告内容应当及时更新。

第十二条　投注机是销售电脑彩票的专用设备，投注站不得擅自改变用途。

第十三条　投注站应当做好投注机的防火、防盗、防尘等日常保养工作。

第四章　人　员　管　理

第十四条　投注站的协议签约者是投注站的指定责任人，对投注站的运营管理活动负全责。

第十五条　投注站更换负责人，需报市地中心审查并经省中心批准。

第十六条　投注站应当设专人从事电脑彩票销售，每个投注站销售员不得少于2人。

第十七条　销售员应当年满18周岁，参加岗前培训，经考核合格获得上岗资格后才能从事电脑彩票销售，未取得上岗资格者不得从事电脑彩票销售。

第十八条　销售员应当每天按照省中心规定的时间销售彩票，因特殊原因不能正常销售彩票的，应当公告。

第十九条　销售员应当衣装整洁、语言文明、服务热情。

第五章　彩　票　销　售

第二十条　销售员必须按照电脑彩票面额进行销售，不得擅自变更或者变相变更彩票面额销售。

第二十一条　销售员不得向未成年人销售彩票。

第二十二条　禁止赊销彩票，禁止销售事前打印好的电脑彩票。

第二十三条　销售员不得销售私彩和其他非法彩票。

第二十四条 销售员与投注者的现金往来应当唱收唱付；对销售款、已兑奖的中奖彩票应当妥善保管并按照有关规定及时上缴，严禁弄虚作假、骗取销售资金、冒领奖金的行为。

第二十五条 投注站应当及时、准确转发各级福利彩票发行管理机构面向社会发布的各种公告，不得进行虚假宣传。

第二十六条 投注站除销售电脑彩票之外，有义务销售其他类型的中国福利彩票，并执行有关规定。

第二十七条 注销彩票应当严格按照中福彩中心和省中心的有关规定执行。

第六章　兑奖和结算

第二十八条 投注站应当严格执行省中心制定的兑奖办法和资金结算办法，保证正常兑奖及资金结算。

第二十九条 超过兑奖期限的彩票以及因污损、涂改、破损等原因不能正常识别兑奖的无效彩票，投注站不予兑付奖金，并应当向兑奖者说明不能兑付的原因。

第三十条 投注站发现兑奖异常情况时，应当立即报告市地中心或者省中心。

第七章　投注站的迁移和撤销

第三十一条 投注站因故需要变更销售地点时，应当以书面形式提前向市地中心申请，经市地中心审查并报省中心批准后方可迁移。

第三十二条 投注站因故终止电脑彩票销售并撤销投注站的，应当以书面形式报市地中心审查核定，并经省中心批准。

第三十三条 因故迁移或者撤销投注站，市地中心应当在其原址提前张贴投注站迁移或者撤销的公告。

第八章　投注站的奖励和违规处理

第三十四条 严格管理、遵章守纪，销售业绩突出的投注站，中福彩中心、省中心或者市地中心可以给予表彰或奖励。

第三十五条 对电脑彩票销售工作提出合理化建议并被采纳的集体或者个

人，省中心或者市地中心酌情给予表彰或奖励。

第三十六条 投注站违反各级福利彩票发行管理机构制定的有关规定，省中心或者市地中心视其情节给予限期整改、停机直至撤销等处理。触犯法律的，移送司法部门依法处理。

第九章 附　则

第三十七条 本办法适用于所有销售电脑彩票的投注站。

第三十八条 各省中心可以依据本办法，结合本地投注站管理的实际情况，制定具体规定并报中福彩中心备案。

第三十九条 本办法自公布之日起施行。

2. 深圳市福利彩票投注站设立管理暂行规定

(深圳市福利彩票发行中心 2004 年 6 月 3 日)①

第一条 为进一步弘扬中国福利彩票"扶老、助残、救孤、济困"的宗旨，探索符合深圳实际的福利彩票经营新路，根据《中华人民共和国行政许可法》有关精神和国家有关福利彩票发行管理的政策规定，结合深圳实际，制定本规定。

第二条 中国福利彩票投注站（以下简称投注站）是指经深圳市福利彩票发行中心（以下简称市福彩中心）核准、签订代销合同，直接向彩民销售福利彩票的零售点。按经营方式分为：专营站和兼营站。专营站是指有独立经营铺面，专业销售福利彩票且不得增加其他经营项目的投注站；兼营站是指与其他商业联合经营铺面的投注站。

第三条 投注站必须遵纪守法、诚信经营，维护中国福利彩票形象，承认并遵守市福彩中心的管理规范，严格履行与市福彩中心签订的代销合同。

第四条 市福彩中心是中国福利彩票发行管理中心的二级发行机构，是深圳市惟一发行和销售福利彩票的管理机构，负责在全市组织发行和销售福利彩票，建设和管理全市福利彩票投注站。

---

① 摘自：http://www.szlottery.com/index.asp。

第五条 市福彩中心有关投注站建设的工作接受市民政局、市财政局的指导监督，接受社会各界和新闻传媒监督。

第六条 设置投注站坚持以下原则：科学规划、统筹布局，结构完整、规范管理，特色经营、打造品牌，市场导向、合理竞争，优胜劣汰、能进能出，彩民至上、便利服务，合作开放、利益共享。

第七条 市福彩中心根据科学的发展观制订全市投注站建设规划，报市民政局同意后实施。

第八条 市福彩中心按公开、公平、公正原则分批办理投注站设置申请。

第九条 投注站设立的基本条件：

（一）原则上投注站之间步行的最短距离在 500 米以上，以沿街步行的最近距离计算。

（二）符合治安、消防、市容和环境卫生等要求，是合法自有或租赁的建筑物；场地面积：兼营站不少于 $2m^2$，专营站不少于 $20m^2$。

（三）投注站户外和室内均能按标准张挂中国福利彩票的形象标识，户外有 $2m^2$ 以上的对外宣传栏；按统一形象装修，张挂福利彩票统一形象标识。

（四）周围环境符合无油污、灰尘、烟雾，不潮湿的要求。

（五）室内环境适合计算机工作和热敏纸存放。

（六）在电讯网络覆盖范围内。

（七）室内电源布线、插座位置、放置投注机工作台等符合操作要求。

第十条 法人和自然人均可申请设立投注站：

（一）一个自然人只可设立一个投注站，一个法人只可设立五个投注站。

（二）在每个申请批次中，申请者只能进行一次有效申请。

第十一条 申请条件：

（一）法人申请者是指在深圳市登记，具有连锁经营特点，总体经营面积在 $2000m^2$ 以上，并可在自有连锁经营服务网点内设置投注站的法人单位。

（二）自然人申请者是指具有深圳户籍，身体健康，有民事行为能力，诚信守法，年龄在 18 至 60 岁的市民。

（三）自主经营，独立承担经营成本和经营风险。

（四）自有或租用符合福利彩票投注站要求的铺面，按统一形象装修，张挂福利彩票统一形象标识。

（五）遵守市福彩中心有关经营管理规定，依照有关指导经营。

（六）担保彩票销售员符合市福彩中心有关规定、诚信守法。

（七）经营保证金人民币叁万元整（含投注机设备、通讯使用费、彩票销售资金安全、投注站违规处罚金等担保）。

第十二条　申请者须提交下列文件：

（一）投注站设立申请表。

（二）申请者身份证明。

1. 法人申请者提供工商部门出具的登记证书（原件和复印件）。

2. 自然人申请者提供户口簿、身份证（原件和复印件）、1 寸彩色近照2 张。

（三）拟作投注站场所的房产证或一年以上期限的房屋租赁合同书（原件和复印件）。

1. 拟作投注站场所予以实地核准后，申请者于 3 个工作日内递交房产资料。

2. 拟作投注站场所是属房管部门许可租赁的房屋，有房屋租赁合同登记；出租人与转租人之间须有房管部门的正式房屋租赁合同书文本；转租人与受转租人之间须有出租人认可的房屋租赁合同书。属自有合法物业，须有房产证。

第十三条　申请方式

（一）网上申请确定入围和排序。受理申请和办理按申请排序进行。

（二）申请网站为深圳民政网，网址为 www. szmz. sz. gov. cn。

（三）网上申请须填妥电子表格，如实填报个人身份证等资料，必须注明拟作投注站场所的详细地址。

（四）网上申请按公布的数量为限。超出限额的，不接受申请；申请成功的，按时间先后为序。有关申请数据以民政局网站数据库存储的原始数据为准。

（五）下载或到市福彩中心领取《投注站设立申请表》，并如实填写。所填写的内容必须与网上申请填报的内容相符，否则该申请无效。

（六）申请者必须于网上申请成功之日起 3 个工作日内向市福彩中心递交申请文件资料；逾期未交的，视为放弃网上申请；须重新进行网上申请并重新排序。

第十四条　申请受理

（一）福彩中心负责受理申请。

1. 办公地址：红岭中路 1042 号深圳市福利彩票发行中心服务厅。

2. 服务咨询电话：0755 – 82475433　82475328

3. 服务办理时间：周一至周五（法定节假日除外）。

上午：9：00～12：00 下午：14：00～17：00

（二）由市福彩中心负责核准申请者的文件资料。

1. 《投注站设立申请表》上拟作投注站场所的地址或申请者与提交的文件资料不相同者，视为无效申请，不予受理。

2. 符合要求者，即行受理，出具"受理回执单"。

3. 不符合要求者，即退回申请文件，不予受理；并向申请者说明原因，给予指导。

（三）根据市福彩中心技术、设备、人员及深圳市场的实际情况，原则上实行分批申请，分期受理。

第十五条　办理程序

（一）福彩中心销售一部按照工作程序核查拟作投注站的场所情况，如 1 个投注站有 2 个以上符合条件的申请者，专营站优先于兼营站的申请；同等情况按网上申请的先后次序确定。

（二）福彩中心销售一部、技术部按照工作程序核查拟作投注站场所装修情况。

（三）福彩中心财务部审核经营保证金和银行账户（A：交款账户；B：代销费返拨账户）情况。

（四）福彩中心负责签订《承销中国福利彩票（电脑票）合同书》。

（五）福彩中心市场部、技术部培训、考核销售人员。

（六）福彩中心技术部安装投注机等设备。

（七）福彩中心销售一部发放《中国福利彩票特许经营许可证》、《销售上岗证》、已兑奖、作废印章。

第十六条　办理时限（分批分期核准后执行的时限）

（一）核查拟作投注站场所情况：12 个工作日；

（二）核查拟作投注站场所装修情况：6 个工作日；

（三）审核经营保证金和银行账户情况：3 个工作日；

（四）签订《承销中国福利彩票（电脑票）合同书》：1 个工作日；

（五）上岗培训与考核：1 个工作日；

（六）安装投注机等设备：6 个工作日；

（七）发放《中国福利彩票特许经营许可证》、《销售上岗证》、已兑奖、作废印章：1 个工作日。

第十七条　本管理规定由市福彩中心负责解释。

第十八条　本管理规定自 2004 年 6 月 3 日起施行。

3. 广东省电脑福利彩票投注站管理办法

（广东省福利彩票发行中心 2005 年 7 月 20 日）①

第一章　总　　则

第一条　为了加强我省电脑福利彩票投注站的管理，确保电脑福利彩票（以下简称"彩票"）销售工作的正常进行，根据财政部《彩票发行与销售管理暂行办法》的规定，特制定本办法。

第二条　广东省福利彩票发行中心（以下简称"省中心"）负责全省电脑福利彩票投注站管理和监督，并授权各地级以上市福利彩票发行中心（以下简称"市中心"）按照本办法对所在地区电脑福利彩票投注站（以下简称"投注站"）实行具体管理和监督。

第三条　广东省各级福利彩票发行中心工作人员、所有电脑福利彩票投注站负责人及销售员必须遵守本办法。

第二章　申请设立投注站条件及程序

第四条　申请设立投注站的条件

（一）具有法人资格的企业、事业、社会团体及民办非企业单位或有广东省内常住户口、年满 18 周岁以上、具有完全民事权利能力和行为能力、有高中以上学历的个人。

（二）申请设立投注站的单位或个人必须明确投注站的经营方式（专营福利彩票还是兼营其他彩票）。

---

① 摘自：http://www.gdfc.org.cn/。

（三）申请设立投注站的单位或个人必须提交所申请站点的市场可行性分析报告。

（四）申请设立投注站的单位或个人必须直接参与经营管理投注站，必须有专门销售福利彩票的销售人员。投注站不得转让、转包。

（五）申请设立投注站的单位或个人必须具有投注站场地的所有权、使用权或租赁权，不得使用临时搭建的房屋、铁皮屋及租赁拆迁屋等作为投注站专用场地，福利彩票投注站面积原则上不得小于 10 平方米。

（六）福利彩票投注站之间的距离：城市（含县城）原则上不能小于 500 米；发达地区的乡镇，可依照城市标准设立投注站，欠发达地区的乡镇、村，可依据人口的密度和经济发展状况设立投注站。

（七）申请设立投注站的单位或个人必须有在申请投注站所在地市有注册地址依法可以提供担保的单位或有当地常住户口、年满 18 周岁以上、具有完全民事权利能力和行为能力、有经济能力的个人作经济担保。

第五条 设立投注站的程序

（一）各市设立投注站的计划，须报省中心市场三部备案，省中心根据各市中心上报的计划发放投注机、"销售许可证"、"销售员上岗证"。

（二）凡符合本办法第四条的单位或个人，以书面形式向所在地的市中心提出申请。申请人须向市中心提供本人的有效身份证件、户口本、学历证书、担保人资料和准备开设投注站的地址资料、房产证或租赁协议书。经市中心初步审核同意设立的投注站，必须按省、市中心提供的投注站设计式样进行装修（费用由投注站自理）；投注站装修后经市中心检查符合要求的，才能正式批准设立。

（三）获得批准设立投注站的单位或个人须按每台投注机交保证金人民币10000 元（该款统一上交省财政厅的保证金账户，作为投注机和投注站拖欠或拒交彩票销售款等的押金），并与市中心签订"广东省电脑福利彩票销售合同"后，由市中心协助投注站开通彩票销售专线（费用由投注站自理）；同时，投注站须参加全省统一的投注机财产保险（费用由投注站自理）。

（四）获得批准设立的投注站负责人、销售员必须接受市中心的业务培训，经考试合格后方可发放投注机、销售许可证及销售人员上岗证，开始销售彩票。

（五）市中心可以根据当地实际，通过公开向社会征集、招标等形式设立投注站。

第三章　销售、兑奖、结算、设备、档案管理

第六条　销售管理

（一）投注站必须遵守《广东省电脑福利彩票投注站工作人员守则》，严格按照《热线投注机使用说明书》操作投注机。

（二）投注站必须按照《广东省电脑福利彩票销售合同》约定的时间销售彩票，节假日期间（除休市外）未经市中心批准不得擅自关门停业。

（三）彩票以人民币计价，按面值销售，严禁溢价或折价销售。

（四）投注站打印不完整、不清晰的彩票视为无效票，不得出售给投注者，并在当期销售截止前持无效票（无密码行除外）到市中心冲正。

（五）严禁销售异地彩票、境外彩票或其他投注站打印的彩票；严禁打印本地的彩票到外地和其他投注站销售；严禁出售过期的彩票。

（六）严禁向投注者收取购票款以外的任何费用，不得在销售过程中强迫投注者购票或欺诈投注者，不得借销售彩票名义推销其他产品。

（七）严禁利用投注站作掩护销售"私彩"、非法出版物或进行其他与国家法律法规相抵触的活动。

（八）严禁向未满18周岁的未成年人出售彩票。

第七条　兑奖管理

（一）中奖彩票是惟一兑奖凭证，当期兑奖有效，开奖次日开始兑奖（兑奖期限详见各种彩票玩法的相关办法），过期不能兑奖，视为弃奖；中奖彩票因玷污、损坏、涂改等原因不能正确识别的，不能兑奖，作弃奖处理。

（二）热线销售系统兑奖实行全省通兑，投注站负责各种彩票的低奖等兑奖工作（具体要求见各种彩票玩法的相关办法），不得以任何理由拒绝兑奖或拖延兑奖。

（三）中奖彩票的中奖金额，以投注机确认为准。投注站不得有冒领奖金或少付奖金等欺骗中奖者的行为。

（四）投注站的兑奖奖金由投注站从当期销售款中支付，当兑付奖金超过销售款时，可从下期销售款中扣除超过部分；同时投注站应有备用金，用于彩民兑奖。

（五）投注站在办理兑奖时，必须回收已兑奖的彩票，将已兑奖的中奖彩

票分类、分期、分奖等整理保存 90 天，以备检查，保存期过后可自行销毁。如投注站在兑奖期内导致已兑奖彩票丢失，引起的经济纠纷，投注站承担全部责任。

第八条 销售款、销售彩票手续费结算管理

（一）投注站必须按省、市中心的要求将应交的彩票销售款存入省中心指定的专用储蓄账户，由省中心委托银行统一划扣。

（二）投注站每期彩票销售应交款计算公式为：

当期应交彩票销售款 = 当期销售额 - 兑奖额

（三）除特别情况外，市中心须于每月的 15 日前支付投注站上个月应得的彩票销售手续费。

第九条 投注设备管理

（一）投注机是用于销售彩票的专用设备，不得改变用途；不得擅自拆卸投注机或更换投注机零部件；不得查阅、修改、复制投注机内部装载的程序和有关数据文件。

（二）投注站人员必须爱护设备，切实做到"八防"：防盗、防火、防雷、防晒、防潮、防尘、防震、防磁。

（三）投注机出现故障或丢失投注机的应及时上报市中心。出现故障的投注机由市中心或投注机供应商负责维修，投注站不得擅自处理投注机故障。

（四）因投注站管理不善造成投注机损坏的要赔偿相应的损失，丢失投注机的必须按每台成本价人民币 13000 元赔偿。

（五）投注站丢失投注机除保险公司按规定理赔外所产生的经济损失和责任，由投注站全部承担。

第十条 档案管理

市中心对投注站实行档案管理制度，对每一个投注站都要建立档案，将投注站的编号、地址、联系电话，负责人、销售员基本情况、业务培训考核情况、年度奖罚情况等进行备案。

第十一条 投注站迁移及人员更换管理

（一）投注站未经市中心批准，不得擅自改变销售地址，因特殊情况需要迁移的，必须先报市中心批准呈省中心市场三部备案后方可迁移地址，并在原投注站张贴公告。

（二）投注站更换销售员，必须提前报经市中心备案，由市中心负责培

训，经考核合格、领取上岗证后才能销售彩票。

第四章　处罚与奖励

第十二条　省、市中心有权按本管理办法对违规投注站进行处罚。市中心对投注站的处罚情况要以书面形式报省中心市场三部备案。

第十三条　投注站出现下列情况的，省、市中心按其情节轻重，给予暂停销售彩票一至七天的处罚。

（一）违反本办法第六条中（一）至（四）、（八）情况的；

（二）拒绝为中奖者办理兑奖被投注者投诉的；

（三）投注站未按时交足当期应交彩票销售款的；

（四）违反本办法第九条中（一）至（三）情况的；

（五）将热敏纸彩票、投注单及宣传资料挪作他用或造成严重浪费的；

（六）不服从市中心管理的（如不执行市中心的文件通知、不按市中心要求参加会议、培训、促销活动，更换销售员不报经市中心备案等）。

第十四条　被暂停销售的投注站必须及时进行整改，整改后向市中心申请检查，市中心检查通过后报省中心市场三部申请恢复其彩票销售权。

第十五条　省、市中心对出现下列情况的投注站有权取消其彩票销售资格。

（一）在一年内出现三次以上第十三条中的情况，经批评教育仍拒不改正的；

（二）违反本办法第四条中（二）、（四）、（五）情况的；

（三）违反本办法第六条中（五）至（七）情况的（如情节严重触犯国家法律法规的，则移送司法机关处理）；

（四）有冒领奖金或少付奖金等欺骗中奖者行为的；

（五）未经市中心批准同意擅自变更销售地址的；

（六）不按省、市中心要求统一规范装修，在市中心发出书面整改通知后仍无成效的；

（七）投注站人员服务态度差，一年内被投注者投诉三次以上，经市中心调查核实，在发出书面整改通知后仍无成效的；

（八）销量低，被列入当地末位淘汰范围经整改后仍无成效的。市中心对须整改的投注站要提前发出书面"整改通知书"，并办理好送达手续。

第十六条　投注站不得拖欠或挪用彩票销售款，否则，暂停或取消其销售资格，限期追回被拖欠或挪用彩票销售款，情节严重的，移交司法机关追究其法律责任。

第十七条 被取消销售资格的投注站按本办法第二十条办理。

第十八条 全年无违规记录的投注站，有资格参与国家、省、市级优秀投注站的评选，省、市中心对优秀投注站予以表彰、奖励。

第十九条 投注站负责人、销售员为福利彩票事业积极主动提出合理化建议，被省、市中心采纳，省、市中心予以表彰、奖励。

第五章　投注站的终止

第二十条 投注站终止销售彩票时，到市中心办理终止销售手续。投注站须在七个工作日内与市中心结清销售款、交回投注机、销售许可证、上岗证、剩余的热敏纸彩票、投注单及拆除原有关"南粤风采"等福利彩票的招牌、标识后，市中心将保证金（无利息）在十个工作日内退回给投注站并解除销售合同。如投注站欠款或损坏投注机的赔偿费用，由市中心在保证金中扣除，不足部分仍由投注站承担。

第六章　附　　则

第二十一条 市中心从当地实际出发，参照本办法制定的投注站管理实施细则（办法），经报省中心备案后方生效执行。

第二十二条 本办法的解释权属广东省福利彩票发行中心。

第二十三条 本办法自 2005 年 8 月 1 日起实行，原省中心有关投注站管理规定与本办法有抵触者，以本办法为准。

4. 浙江省电脑福利彩票投注站管理规定

（浙江省福利彩票发行中心 2003 年 8 月）①

第一章　总　　则

第一条 为保证浙江省电脑福利彩票（以下简称彩票）销售网络的安全、

---

① 摘自：http：//www.zjol.com.cn/gb/node2/node150154/node150169/node150181/userobject15ai170336.html。

高效、畅通和加强对彩票销售投注站的规范化、标准化管理，制定本规定。

　　第二条　浙江省福利彩票发行中心（以下简称省中心）作为浙江省福利彩票承销机构，负责本规定的制定和执行。市电脑福利彩票管理站（以下简称市管理站）是省中心垂直的派出机构，受省中心委托全权负责市辖区域内电脑福利彩票业务。

　　第三条　凡与省中心签订《代销协议书》的投注站视为接受、承认本规定的约束和合法性。

第二章　投注站设定

　　第四条　凡具有法人资格的企业、事业、社会团体及民办非企业单位或具有完全民事权利能力和行为能力的公民，均可申请开设福利彩票投注站。

　　第五条　申请开设投注站的个人或单位，必须拥有投注站经营场所的所有权或租赁权。经市管理站实地查看符合相关规定条件，并报省中心核准的投注站，需签订《代销协议书》和交纳保证金，销售员经培训合格，领取《销售证书》，并按要求做好销售场所的形象布置和设备安装后，才能销售彩票。

　　第六条　投注站是销售彩票的场所，应自觉执行本规定，严禁销售未经省中心批准的其他彩票或非法彩票。

　　第七条　投注站必须按要求做好销售场所形象布置和设备安装工作。

第三章　负　责　人

　　第八条　投注站负责人是投注站合法经营者，对投注站的管理经营负全责。

　　第九条　负责人的电话及投注站电话更改必须及时通知市管理站，投注站更换销售人员应提前通知市管理站，新上岗的销售人员经培训合格后方可上岗。

　　第十条　投注站因故不能连续销售彩票时，应提前两天书面报市管理站批准。

　　第十一条　保证金收据是办理退机手续时领取保证金的惟一凭证，需要妥善保管。

第四章　彩　票　销　售

　　第十二条　销售员必须严格按《热线系统投注机操作培训手册》的规定

进行操作，熟练掌握不同种类彩票的设奖方案、游戏规则及兑奖方法等业务知识，做到持证、足时上岗，耐心细致地解答顾客各种有关彩票的问题。

第十三条 彩票销售每注的金额按"游戏规则"的规定收取，不得向彩民索取其他费用；严禁销售员以赠送、赊票、打折或变相打折等不正当竞争行为销售彩票；严禁向未成年人出售彩票。

第十四条 投注站不能蒙骗彩民，截留中奖彩票；发现投注站有骗取彩民的行为，依法严办。

第十五条 投注站应合理、规范的张贴宣传画，对损坏、玷污、破损的宣传画应及时更换；开奖公告的填写应及时、完整、准确；要保存历次开奖数据，以供彩民参考。

第十六条 投注站不得擅自更换销售点的统一标志和销售用具（销售柜、灯箱、公告牌等）。销售证书应摆放在醒目位置。

第十七条 投注站不得将打印不完整、不清楚的彩票或注销票出售，一经查实，投注站必须承当一切法律责任。

第十八条 投注站应将日报表、注销票保管三个月以上。

第五章 兑奖和结算

第十九条 兑奖是投注站的一项重要工作，应严格按照"游戏规则"规定的兑奖等级和奖金金额兑付。如发现投注设备显示与彩票实际奖金不符时，应及时报市管理站核实。不得以任何理由拒绝兑奖，尤其不能拒绝在全省其他投注站点买的彩票的兑奖。骗取或冒领奖金者承担刑事责任。

第二十条 彩票兑奖期以规定的时间为准。超过兑奖期限的中奖彩票不予兑付奖金。玷污、破损和信息不全的彩票被视为无效彩票，投注站应不予兑奖。

第二十一条 投注站应将兑奖票盖章或剪角分期、按奖等整理归类保管三个月以上。

第二十二条 投注站必须妥善保管缴款卡和佣金卡，若有遗失应及时报告，办卡所需手续费用自理。投注站应按时缴纳销售应交款，不得以任何理由拖欠。

第二十三条 省中心每月 15 日发放投注站上个自然月（上月 1 日至月底）的佣金（代销费和兑奖手续费）。投注站应在每月 1 日早上 10：00 以前将上月的全部销售应交款存入交款卡内，即每月结清销售应交款。

第二十四条 每月 1 日至 5 日为对账日，投注站如果对账目（销售额、兑奖额、应交款、已交款、欠款）有疑问，应在该时间段跟市管理站核对账目，逾期将视投注站为无条件认可，市管理站不再受理历史期对账事宜。

第六章 投注站的撤销

第二十五条 投注站的撤销有以下两种方式：

（一）投注站提前提出终止代销协议时，应提前 45 天书面通知市管理站，在得到省中心批准后，方可终止代销行为。

（二）投注站负责人受国家法律制裁或因违反本规定遭市管理站或省中心强制退机。

投注站若遇以上情况，在缴清欠款、投注设备经市管理站、省中心检测完好无损后，方可终止代销协议，退还保证金。

第七章 数据安全和设备保养

第二十六条 投注站销售数据以省中心机房数据为准。

第二十七条 投注站如不认真执行本规定，随意注销彩票，让非销售员随意打印彩票，所产生的后果由投注站自行负责。

第二十八条 投注站应严格按规定进行操作，若发现投注设备故障应及时与市管理站联系。人为造成设备损坏的经济损失，费用由投注站承担。

第二十九条 投注设备仅用于销售彩票，投注站不得擅自改变其用途。

第三十条 投注站不得擅自打开投注机机盖、拆卸投注机或更换零件。不得查询、修改、拷贝省中心在投注机内安装的程序和有关数据文件。

第三十一条 投注站必须做好投注设备的防水、防雷、防磁、防火、防盗、防尘、防潮、防震工作。因管理不当造成的盗票、盗机、损机、毁机和数据丢失等不良后果，一切责任由投注站承担。

第八章 奖励和处罚

第三十二条 对违规投注站的处罚分为：警告、罚款、停机（暂停销售）、退机（取消代销资格）。

第三十三条 投注站设立两个月后，月销售额排名本市最后几位的投注站应限期（期限不超过1个月）整改，整改无效的由市管理站报省中心予以退机处理。

第三十四条　投注站连续七天未正常开机销售，予以警告并限时开机（限时不得超过七天）。若到时仍未开机，由市管理站报省中心予以退机。

第三十五条　对欠款投注站违规处理方式：省中心对有欠款的投注站，按欠款额度大小分别做警告、停机、退机处理。

（一）对有严重欠款的投注站，由省中心采取停、退机处理措施。

（二）一个月内因欠款被停机累计三次的投注站作退机处理。

（三）第三十四条规定对欠款停机的投注站同样有效。

（四）要求每月月底结清当月所有销售应交款，对截至每月1日上午10：00前仍未缴清上月销售应交款的投注站，上月代销费停发。

第三十六条　投注站未经市管理站报省中心批准擅自移址、更换负责人，一经查实，由市管理站报省中心予以退机处理。

第三十七条　投注站违反第六、十三、十四、二十九条规定，除退回非法所得外，由市管理站报省中心予以退机，情节严重的将追究法律责任。

第三十八条　对违反本规定其他条款，不履行《代销协议》、不服从市管理站、省中心管理的投注站，视其情节轻重予以警告、停机直至退机，造成经济损失的由投注站赔偿，情节严重的将追究法律责任。

第三十九条　对被省中心强制退机处理的投注站，应在接到退机通知十天内到市管理站办理退机手续，超时按每日50元收取投注设备折旧费，按每日0.3%收取销售应缴款滞纳金，并保留追讨投注设备和销售应缴款权利，情况特别严重时移交司法机关处理。

第四十条　凡认真执行本规定，积极销售彩票，取得良好业绩的投注站，或对彩票销售工作提出合理化建议被采纳的，将给予表彰或奖励。

第四十一条　凡举报其他投注站有违反本规定行为并经查实，将给予举报人表彰或奖励。

第九章　附　　则

第四十二条　本规定的解释权属于浙江省福利彩票发行中心。

第四十三条　本规定自公布之日起施行，本规定若与以前规定或其他文件有抵触、变动的地方以本规定为准。

5. "龙江风采"电脑福利彩票投注站管理办法

（黑龙江省福利彩票发行中心）①

第一章 总 则

第一条 为了加强对福利彩票投注站的规范化、标准化管理，保证"龙江风采"电脑福利彩票（简称电脑票）的顺利发行，制定本办法。

第二条 黑龙江省福利彩票发行中心（以下简称省发行中心）是电脑票投注站的主管部门，负责本办法的制定、修改和监督实施；负责全省投注站的管理和调控。

第三条 市福利彩票发行中心（以下简称市发行中心）受省中心委托，负责本市投注站的日常管理和维护，贯彻和监督本办法的执行。

第四条 所有经省发行中心批准设立的投注站均视为认同并遵守本办法。

第二章 投注站的设立

第五条 投注站是按照省中心相关规定设立，销售"龙江风采"电脑福利彩票的固定场所。

第六条 凡具有完全民事行为能力，在本省具有城镇户口的守法公民及具有法人资格和固定的注册地址的企事业单位、社会团体，均可向市福利彩票发行中心提出设立投注站的申请。

第七条 是发行中心根据本市投注站总体布局和《投注站建设标准》对已申请登记的拟建投注站按《"龙江风采"电脑福利彩票投注站建站程序》设立投注站。

第八条 投注站建立后，必须在省、市发行中心审批的地点销售彩票，未经批准，严禁变更销售地址。

---

① 摘自：http://dxal.gov.cn/mzj/sydw-fczxtzz.htm。

第三章　彩　票　销　售

　　第九条　投注站必须固定专人从事彩票销售工作，每个投注站销售员不少于 2 人，销售人员需要变更的，需提前一周向市中心备案。

　　第十条　销售人员必须参加岗前培训，培训包括：投注机的使用、维护、市场营销、宣传、文明服务等内容。经考核合格获得销售员证后，才能从事福利彩票销售工作。未经培训或培训考核不合格者不得从事彩票销售工作。

　　第十一条　销售员应保证每天正常开机售票且销售时间不少于 8 小时。特殊情况需要中止售票时间 1 天以上的，应在门头出示公告，3 天以上的报市中心批准并在门头出示公告。

　　第十二条　投注站销售人员应注重维护福彩形象，向投注者提供规范化优质服务，严格按照《"龙江风采"电脑福利彩票销售员守则》进行福利彩票销售活动。

　　第十三条　投注站销售人员必须按照彩票面额进行销售，不得擅自变更或变相变更面额进行销售，严禁向购票者赠送福利彩票。

　　第十四条　投注站不准向未成年人销售福利彩票。

　　第十五条　投注站不准赊购彩票，不准在本站和异地销售事前打印好的彩票。

　　第十六条　销售员与投注者的现金往来必须唱支唱付；对销售款按照有关规定及时上缴，严禁弄虚作假、骗取销售金额、冒领奖金的行为。

　　第十七条　投注站应准时、如实转发省、市发行中心面向社会发布的各种公告，不得进行虚假宣传，误导群众。

　　第十八条　投注站有义务销售其他系列的福利彩票，并服从和执行相关规定。

第四章　兑奖和结算

　　第十九条　投注站必须严格执行《"龙江风采"电脑福利彩票兑奖办法》的规定，承担省内各投注站售出的每张彩票各有效投注中奖总奖金 1000 元以下（不含 1000 元），有效中奖彩票的兑奖工作，不得以任何理由拒绝兑奖。

　　第二十条　兑奖应即时足额以现金形式兑付。对超过彩票兑奖期的弃奖票以及因污损、涂改等原因不能正常识别兑奖的无效彩票，投注站有权不予兑付奖金，但无权对其进行收缴。

第二十一条　彩票销售员必须严格查验中奖彩票，按规定标准兑奖。如发生超期兑付、无效彩票兑付或其他错兑错付等问题，由投注站负责。

第二十二条　投注站必须按规定时间周二、周五将彩票销售款（销售款＝每期彩票销售总额－代销费－已兑付奖金－兑奖手续费）上缴市发行中心指定银行。

第二十三条　每期销售结束后，投注站必须将所有兑奖彩票（包括兑奖单据）分期整理归类，妥善保管，到兑奖期结束后自行处理。

第五章　设备管理与维护

第二十四条　投注机是用于电脑彩票销售的专用设备，任何单位和个人不得利用其进行其他活动。

第二十五条　投注机由省发行中心负责统一定购，使用统一的软件、配件和耗材，任何单位和个人不准擅自自行采购和使用。

第二十六条　投注机的购置费用由各市承担。投注机的维护管理按省发行中心《投注机维护管理办法》执行。

第二十七条　投注机管理权一律归省、市发行中心，投注站必须服从统一管理。对不服从管理的，省、市发行中心有权终止其彩票销售资格。

第二十八条　投注机的维修、维护和耗材发放由市中心具体负责。

第二十九条　投注机的巡检以市发行中心为主，省发行中心协调组织实施。

第三十条　投注站销售员应严格按照《投注机操作须知》的要求进行操作。因投注站非正常操作原因导致投注机故障或元件损坏的，其修复或更换配件的人工成本费按全价收取，由此造成的经济损失全部由投注站承担。

第三十一条　投注站人员不得擅自拆卸投注机或更换投注机零部件。不得查阅、修改、拷贝投注机内装载的程序和有关数据文件。

第三十二条　投注机发生故障后，投注人员应及时向所属市中心报告并说明故障表现，等待市发行中心技术人员处理，严禁投注站自行处理。

第三十三条　投注站必须承担投注机日常保养工作，切实做好防磁、防火、防盗、防尘、防潮、防震等工作。

第六章 未完成票的管理

第三十四条 因投注机原因造成未打印或票面信息打印不完整的彩票称为未完成票。

第三十五条 投注站应详细记录站号、时间、玩法、流水号和金额并送达或传真到市发行中心，由市发行中心直接作废或由市发行中心签字确认后传真到省发行中心作废。

第七章 投注站的撤销与变更

第三十六条 投注站在彩票销售的过程中，出现下列情况之一的，省、市中心将予以撤销，由市中心收回销售许可证并报省中心批准备案：

（一）投注站书面申请终止彩票销售的；

（二）投注站因拆迁、搬迁且无法迁址，单方面原因不能维持正常销售的；

（三）城市站点彩票周销量不足 3000 元，乡镇站点彩票周销量不足 1000 元，下达整改通知一个月后彩票销量增幅低于 20% 的；

（四）连续 10 天不能进行正常售票或无故不开机销售年累计超过 15 天的；

（五）投注站不履行协议规定的责任和义务，擅自变更销售地址或更换销售人员、私自转让投注站（投注机）、每月累计 3 次未结清销售款的；

（六）其他严重违规违纪、违反合同，不服从管理和处罚，造成严重后果或不良影响，经教育仍不纠正的；

（七）凡被撤销的投注站，市中心应在原投注站张贴站点撤销公告。

第三十七条 投注站需要变更销售地点时，应事先以书面形式向市发行中心递交申请，由市发行中心报省发行中心盖章批准后，方可迁移，并需在原投注站张贴公告说明情况。

第三十八条 投注站如需转让，必须以书面形式向市发行中心递交申请，经省发行中心批准后办理变更手续。不允许私自转让，如有发现，将予以撤销。

第八章　奖励和处罚

第三十九条　投注站作为独立经营个体，其发生的刑事、经济等法律责任，完全由投注站自行承担。

第四十条　凡管理严格、遵章守纪、销售业绩突出的投注站，省、市中心按照有关规定给予表彰和奖励。

第四十一条　凡举报违规行为且经调查情况属实的，省、市中心酌情对举报者给予奖励。

第四十二条　投注站没有按照规定使用、贴挂全省、市统一的标识或设施的，予以限期整改，整改期限过后仍未纠正的予以停销一期并处以100元罚款。

第四十三条　违反第九、十、十一、十二条规定并造成投注者投诉的，违反第十七、十八条规定的，视情节轻重和影响大小予以200元罚款并限期整改，整改期限过后，继续不改的，予以一周停销整顿并作1000元罚款处理。

第四十四条　投注站违反第十三、十四、十五、十六条规定的，予以没收非法所得，停销一周予以整顿，同时视数额和影响大小、损失多少处以1000～3000元罚款；情节严重的予以撤销站点，特别严重的按照有关协议追究法律责任。

第四十五条　投注站违反第八条规定的，予以停销一期并处200元罚款以示警告；两次以上警告停销一周并罚款500元，三次以上警告撤销站点，收回销售许可证。

第四十六条　凡受到省、市中心通报批评、警告或经济处罚的投注站，均不得参与年内省、市中心进行的各类评比。

第四十七条　市中心不认真履行职责，严重违反站点管理办法对投注站管理不善或对出现的问题处置不当，造成管理混乱或造成其他恶劣影响的，省中心将予以全省通报和一定的经济处罚。

第九章　附　　则

第四十八条　本办法的解释权属黑龙江省福利彩票发行中心。

第四十九条　本办法自发布之日起实施。

6. 辽宁省电脑福利彩票投注站管理办法

（辽宁省福利彩票发行中心）①

第一章 总 则

第一条 为加强全省电脑福利彩票投注站（以下简称投注站）的管理，维护福利彩票发行机构、投注站和彩票购买者的合法权益，确保电脑福利彩票销售工作规范有序进行，根据财政部《彩票发行与销售管理暂行规定》等有关规定，制定本办法。

凡在本省销售电脑福利彩票的机构必须遵守本办法。

第二条 投注站是按照辽宁省彩票发行中心（以下简称省中心）相关规定设立的专门销售电脑福利彩票的场所，是在省中心和各市福利彩票发行中心（以下简称市中心）统一管理下的、对外独立承担民事责任的基层电脑福利彩票销售机构。

市中心受省中心委托与投注站签订由省中心统一印制的制式《辽宁省电脑福利彩票授权特许销售协议书》时，应约定本办法作为前述协议的附件并要求投注站严格遵守。

第三条 投注站按照行政区域管辖设立和管理。

第四条 投注站管理的主要内容：

（一）投注站的规划布局和发展；

（二）投注站的设立、迁移、变更、中止销售和撤销；

（三）投注站外在形象及室内格局、投注服务用品的规范设定；

（四）投注站彩票销售行为合规性的认定和监督；

（五）投注站违规行为的查处；

（六）投注站服务质量标准的制定和管理；

（七）彩票销售员的基本技能、服务标准及其培训和考评；

（八）投注机的采购、使用、维护、维修和更换；

---

① 摘自：http://www.lnlotto.com/index.html。

（九）投注站的年检认证等。

第五条　对投注站实行分级管理。按照投注站的营业面积、整体形象、销售彩票品种数量、销售业绩、服务功能、服务质量等指标将投注站分为一、二、三级站，不同级别的投注站给予不同标准的发行经费。具体办法由省中心另行规定。

市中心在与投注站签订《辽宁省电脑福利彩票授权特许销售协议书》时应严格执行前述发行费用标准。

第六条　实行投注站年检认证制度，由市中心组织实施。依据本办法对投注站的运行情况进行全面检查，对不符合要求或达不到标准的投注站应限期整改；整改不合格的，可以予以降级或停机整顿；被降级处理的投注站，发行经费也相应地降低；对符合晋级条件的予以晋级并给予相应的发行经费。

第二章　管 理 机 构

第七条　省中心是全省电脑福利彩票投注站的行业管理部门。主要负责所辖区域内投注站的布局、发展规划；投注站设立、迁移、变更、中止销售和撤销的审批；投注站统一形象的规划设计和管理；投注机的集中采购和更换工作的计划安排；投注站投诉中涉及重大问题的处理；投注站涉嫌非法彩票或严重违规操作行为的查处；对市中心投注站建设、管理工作的检查指导等。

第八条　市中心负责辖区内投注站的具体管理，行使以下职权、履行以下职责：

（一）本地区投注站布局和发展规划的提出；

（二）投注站设立、迁移、变更、中止销售和撤销的考察、初审和上报；

（三）投注站销售人员基本技能和服务规范的具体培训和考评；

（四）投注站外在形象及室内揭示板、走势图、投注服务用品、宣传用语和宣传资料的管理；

（五）投注机的维修、维护服务；

（六）对投注站下达质量目标的管理考核；

（七）一、二、三级投注站的评定、考核；

（八）配合有关部门对非法彩票进行打击查处，对投注站一般违规操作行为进行教育和处理；

（九）投注站的咨询接待和投诉处理；

（十）对投注站实施年检认证；

（十一）上级交办的其他管理工作。

第三章　投注站的建设布局

第九条　投注站的设立要依据地区经济状况和市场开发程度，考虑方便群众投注、兼顾人口数量和站间距离合理分布。不同地区以及同一地区的市区、城乡结合部、县城和农村乡镇要区别对待。其中，人口密度大、经济发展状况较好的，站间距离（步行）可以小一些；反之则可大一些。

第十条　在本办法下发前已设立的投注站间隔距离可维持原状。

第十一条　投注站的数量应随着经济的不断发展，彩票市场的进一步开发，彩民队伍的不断扩大而有所增加。投注站的设施、环境和服务水平应不断提高。

第十二条　全省统一制定投注站建设发展规划。市中心应在全省投注站发展规划指导下结合当地实际制定本区域的发展规划。

第四章　投注站的设立、迁移、变更、中止销售、撤销

第十三条　投注站的设立

投注站的设立是指经申请人申请，市中心招标或考察初审，省中心批准，并委托市中心与申请人签订《辽宁省电脑福利彩票授权特许销售协议书》、《辽宁省福利彩票投注机购买使用协议书》或《辽宁省福利彩票投注机租赁协议书》，赋予申请人电脑福利彩票销售权的过程。

第十四条　投注站设立的基本条件

（一）申请人条件

1. 具有法人资格的企事业单位、其他组织或具有完全民事权利能力和行为能力的公民；

2. 具有固定的注册地址和户口地址；

3. 新设立或迁移的投注站要具有固定且不小于20平方米使用面积的场所，并拥有该场所的所有权或租赁权；

4. 直接参与经营管理投注站，有专职福利彩票销售人员。

（二）彩票销售员条件

1. 城市投注站销售人员应具备高中以上学历，农村应具备初中以上学历；

2. 年龄在 18~60 周岁；

3. 身体健康，能胜任彩票销售工作。

（三）符合省、市中心要求的其他条件。

第十五条　经批准设立的投注站应与市中心签订《辽宁省电脑福利彩票授权特许销售协议书》，并由市中心颁发省中心统一制发的《辽宁省电脑福利彩票销售证书》。

第十六条　签订《辽宁省电脑福利彩票授权特许销售协议书》的有效期限为 2 年。

第十七条　投注站的迁移

投注站的迁移是指经投注站申请，市中心考察初审，省中心批准，投注站由原地址迁移到另一地址继续销售电脑福利彩票的过程。投注站地址迁移后，须在原址张贴公告，连续张贴时间不得低于 7 日。

第十八条　原则上市辖区域内城区的投注站只在城区迁移，农村投注站只在农村内迁移。

第十九条　投注站的变更

投注站的变更即特许销售权的变更，是指投注站（即转移方）因各种原因已不能或不宜继续从事彩票销售，经该投注站和承接方申请，市中心考察初审，省中心批准，将投注站的特许销售权授予（转移）给承接方的过程。未经省中心批准，特许销售权不得转移。投注站变更后迁移到新址销售的，新址要符合投注站设立标准。

第二十条　投注站变更应按照以下程序办理：

（一）拟转移方和拟承接方分别以书面形式向市中心提出申请；

（二）市中心对拟承接方资质及设立投注站的基本条件进行考察、初审；

（三）填写《辽宁省电脑福利彩票投注站特许销售权变更审批表》报省中心批准；

（四）市中心与拟转移方解除授权特许销售协议，与拟承接方签订《辽宁省电脑福利彩票授权特许销售协议书》。

第二十一条　投注站的中止销售

投注站的中止销售是指经市中心申请并经省中心批准，临时停止投注站销售权，中止彩票销售的过程。投注站有下列行为之一的，中止投注站的彩票销售：

（一）无故不参加省、市中心组织的业务培训和各种会议及活动的；

（二）不服从行业主管部门或省、市中心管理的；

（三）投注站外部形象、环境卫生、投注用品、宣传品及服务水平等达不到标准要求的；

（四）擅自变更特许销售权或迁移投注站的；

（五）在投注站张贴、悬挂非中国福利彩票的彩票宣传品、标识的；

（六）兼营非省中心承销的其他彩票的；

（七）无正当理由拒绝兑付全省通兑的中奖福利彩票奖金或截留彩民中奖奖金的；

（八）发布虚假中奖公告的；

（九）未经市中心批准连续停止彩票销售 3 日以上 6 日以内或日工作时间不足 6 小时在一年内累计超过 15 日的；

（十）其他违反电脑福利彩票销售有关管理规定且不足以撤销特许销售权的行为。

第二十二条　投注站的撤销

投注站的撤销是指经市中心申请，省中心批准，终止特许销售协议，撤销投注站特许销售权的过程。投注站有下列行为之一的，予以撤销：

（一）投注站提出书面申请，要求终止彩票销售的；

（二）因故不能继续销售电脑福利彩票的；

（三）享有投注站特许销售权的单位主要负责人或公民受到刑事处罚、劳动教养以及其他被剥夺或被限制人身自由时间较长的；

（四）经行业管理部门同意迁移的投注站，迁移后不符合标准且在市中心或其上级指定的时间内整改仍未达到要求的；

（五）违反本办法第四十三条规定的；

（六）一年内曾被管理部门两次以上中止销售的；

（七）未经批准，擅自停止销售福利彩票连续达 7 个（含本数）销售日的；

（八）无特殊原因销售额持续半年列本地区末位的；

（九）故意向兑奖彩民隐瞒中奖金额情节严重的；

（十）设立分销站点，以口头约定或其他形式为依据赊销彩票的；

（十一）组织、纵容他人在投注站内进行赌博或以福利彩票为掩护，销售非法彩票的；

（十二）法律法规规定须禁止的其他行为。

第五章　彩 票 销 售

第二十三条　在彩票销售中，投注站的社会责任和义务是：

（一）忠诚彩票发行事业，遵循福利彩票"扶老、助残、救孤、济困"的发行宗旨和"公平、公正、公开"的发行原则；

（二）积极地劝导彩民理性投注；

（三）发现彩民有异常情绪的要做好疏导工作，必要时及时向市中心报告；

（四）自觉做到不向未成年人出售彩票；

（五）遵纪守法，照章纳税。

第二十四条　彩票销售员

（一）彩票销售员必须经过培训并取得销售员上岗证书才能销售电脑福利彩票；

（二）彩票销售员队伍应相对稳定。销售员更换时，投注站须提前两周以书面形式报市中心，并提供新上岗人员的详细信息。新上岗人员除符合本办法第十四条外，还必须经过培训并取得销售员上岗证书才能销售福利彩票；

（三）彩票销售员实行登记管理和晋级制度。彩票销售员要在市中心登记备案，经培训考试取得资质方可录用。销售员录用后要实行专业化管理和职称晋级制度，晋级考评由省中心统一组织；

（四）彩票销售员工作时间应统一着工装，挂牌服务，外表整洁端庄，遵守销售员职责和职业道德，保持室内清洁。熟悉各种彩票的游戏规则、玩法特点。耐心解答彩民提出的各种问题。正确引导彩民理性投注。自觉树立福利彩票良好的品牌形象。

第二十五条　投注站销售彩票应遵循诚信和自愿购买原则，严禁以欺骗方式销售彩票。

第二十六条　投注站应保证每天正常开机售票时间不少于 10 小时。特殊情况需要中止售票时间 1 天以上的，应张贴告示，3 天以上的报市中心批准。

第二十七条　投注站应在显著位置悬挂或摆放《辽宁省电脑福利彩票销售证书》，应合理、规范地张贴宣传画，对玷污、破损的宣传画应及时更换；

431

开奖公告、号码走势图的填写应及时、完整、准确并提供历次开奖数据供彩民参考；配备宣传磁带、光盘及相应播放器、模拟选号器具、电脑等。

第二十八条　投注站应准确及时宣传省、市中心面向社会发布的各种公告，不得进行虚假宣传，误导彩民。

第二十九条　投注站有义务销售省、市中心要求销售的其他系列福利彩票，并服从和执行相关规定。

第三十条　投注站要按照"游戏规则"的规定销售彩票，不得以赠送、打折或变相打折等不正当竞争手段销售彩票。严禁设立分销站点，以口头或其他形式为依据赊销彩票。

第三十一条　投注站打印的信息不全或不清楚的彩票视为未完成票。投注站必须按照规定程序注销未完成票，不得将未完成票或注销票出售。

第三十二条　投注站必须按规定兑付奖金并及时销毁已兑奖彩票。如发现设备显示与应兑奖金不符或不明款项进入预存账户，应及时报市中心核实处理。

第三十三条　对于应由省、市中心兑付奖金的，投注站应如实告知中奖者兑奖办法。

第三十四条　投注站不得以任何理由拒绝兑付全省通兑彩票的奖金，不得截留彩民中奖奖金。

第六章　投注站的培训

第三十五条　投注站销售员必须参加省、市中心统一组织的各项培训，包括岗前培训、定期培训和专门培训。

第三十六条　投注站有义务对彩民进行各种玩法及相关政策的宣传培训。

第七章　投　注　机

第三十七条　投注机的采购由省中心统一负责。

第三十八条　投注机的使用方式由省中心根据实际情况确定，可采取租用或购买两种方式。投注机购买时，市中心应按照省中心采购的价格出售。

第三十九条　投注机的使用年限由省中心根据机器的使用寿命确定。投注机在达到使用寿命时应进行更换。单个投注机达到使用寿命时，由市中心与省中心联系更换。批量投注机达到使用寿命时由省中心统一安排，市中心具体组织更换。

第四十条　投注机的维修由市中心市场管理员和维护员负责。投注机的维护和保养由市场管理员、维护员和彩票销售员共同负责。

第四十一条　市中心应建立巡检制度，定期对投注机进行巡检维护，彩票销售员在日常彩票销售中要注重投注机的养护，确保投注机的正常使用。

第四十二条　投注机出现故障时，投注站要及时报市中心维修，因人为原因造成的设备损坏，经济损失由投注站自行承担。

第四十三条　投注站不得擅自改变投注机用途，不得私自拆卸投注机或更换零部件，不得查阅、修改、拷贝省中心在投注机内装载的程序和有关数据文件，不得加挂未经省、市中心批准使用的任何销售软件。

第四十四条　出售给投注站的投注机，在投注站被撤销特许销售权时，如果投注机未达到使用寿命，可按照评估折旧后的残值由市中心收回。

第八章　投注站咨询、投诉的接待和处理

第四十五条　省中心设立市场监督员负责本行业重大和疑难问题的投诉、接待和处理。

第四十六条　省、市中心分别设立咨询和投诉电话并对投注站和社会公布。

第四十七条　市中心要认真接待和解决投注站的咨询和投诉，对于确实解决不了的问题要逐级上报。

第四十八条　对于投注站直接咨询或投诉到省中心的问题，省中心要认真了解情况并予以解答或处理。

第四十九条　省、市中心要高度重视和维护投注站的合法权益，搞好服务，切实解决投注站遇到的困难。

第九章　附　　则

第五十条　本办法由省中心负责解释。各市中心可依据本办法制定实施细则，报省中心批准后执行。

第五十一条　本办法自颁布之日起实施，以前制定的有关投注站管理的规定如与本办法相抵触的以本办法为准。

第五十二条　本办法在执行中如遇国家及上级有关部门政策调整时，以国

家及上级有关部门规定为准。

7. "燕赵风采" 电脑福利彩票投注站管理规定

(河北省福利彩票发行中心 2003 年 5 月 1 日)①

第一章 总 则

第一条 为加强"燕赵风采"电脑福利彩票投注站的规范化、标准化管理,保证"燕赵风采"电脑福利彩票的顺利发行,制定本规定。

第二条 河北省福利彩票发行中心(以下简称省中心)负责本规定的制定、修改和监督实施;负责全省投注站的管理和调控。

第三条 市福利彩票发行中心(以下简称市中心)受省中心委托,负责本市投注站的日常管理和维护、维修,贯彻和监督本规定的执行。

第四条 河北省境内所有"燕赵风采"电脑福利彩票投注站必须认同并遵守本规定。

第二章 投注站的设立

第五条 在河北省具备固定的注册地址或户口地址的企事业单位、社会团体及具有完全民事权利能力和行为能力的普通公民,均可向所在市中心提出设立"燕赵风采"电脑福利彩票投注站的申请。

第六条 投注站设立的标准条件:

新增设投注站点应保证有合理的购票人群。在当前情况下,应优先向万人以上的大乡镇布点(交通方便、经济富裕),同时从区域整体布局出发,充分考虑投注站之间间距的合理性,相邻福彩投注站距离不得低于 500 米。新投注站的设立要求具备以下条件:

1. 申请人申请,经市福彩中心考察,报省中心批准。

2. 投注站必须有固定电话、电源和门面房。

3. 投注站必须有专人专营。

---

① 摘自: http://www.cangzhoufucai.com/news/shownews.asp? NewsID=39。

4. 店面必须进行装饰，安装福彩标识醒目、美观。

5. 经考察合格并批准设置的投注站必须与各市中心签订彩票销售协议书或投注机产权、经营转让协议书，并严格履行协议书规定的责任和义务。

第七条 投注站是销售"燕赵风采"电脑福利彩票的场所，应自觉执行省、市中心的规定，严禁销售异地彩票和非法彩票。

第八条 投注站的标识、设施和装饰装潢必须按照规范、统一、有序的要求进行设置。具体标准是：

1. 投注站应根据自身经营场所的大小，制作并悬挂省中心统一设计的"中国福利彩票"牌匾。

2. 在室内一侧放置电脑福利彩票投注机，同时配置投注纸、笔筒等。

3. 在投注机上方或侧上方80cm处悬挂《销售许可证》。

4. 室内正面墙上张贴："燕赵风采"电脑福利彩票投注须知。

5. 室内两侧墙上张贴内容：第一栏为《销售员守则》；第二栏为"燕赵风采"电脑福利彩票开奖公告、预计下期特等奖金额及中奖号码；第三栏为"燕赵风采"电脑福利彩票复式投注玩法计算表；第四栏为《福彩动态》及中奖号码走势图。

6. 投注环境优良，为彩民提供优质服务。

第九条 经批准设立的投注站，按规定交纳押金或转让金并由市中心发给省中心统一制作的《销售许可证》后，才具有彩票销售资格。

第十条 投注站设立后，必须在申请地点销售"燕赵风采"电脑福利彩票，未经省发行中心批准，不得擅自改变销售地址、站名和站号。

第三章 彩票销售

第十一条 彩票投注员必须参加岗前培训，经考核合格，获得上岗证后，才能从事销售"电脑彩票"工作。

第十二条 投注员应严格按照《"燕赵风采"电脑福利彩票销售员手册》和《投注机操作手册》的要求进行操作。因人为因素造成的投注机损坏或经济损失由投注站承担全部责任。

第十三条 投注员应注重维护福彩形象，在彩票销售时应使用省中心统一规定的文明礼貌用语，向彩民提供规范化优质服务。

第十四条 投注员必须按照标定的彩票金额进行销售，绝不容许降价、溢价、擅自赠票或其他变相变更彩票面额进行销售，更不得向购票者索取其他费用。

第十五条　投注员与彩民的现金往来必须唱支唱付；对销售款、兑奖票应进行妥善管理并按照有关规定及时上缴和处理，严禁弄虚作假、骗取销售金额、冒领奖金等行为。

第十六条　销售中，票面信息打印不完整或未打印出的彩票，投注站应详细记录发生时间、流水号和金额，及时上报省、市中心，按有关规定处理。不得将打印不完整的彩票销售给彩民。

第十七条　严禁任何形式的赊账行为；防止不法分子利用假身份证、假存折等抵押购票，当发现有人诈骗时，应立即向省、市中心和公安机关举报。

第十八条　投注站不得销售私彩。

第十九条　投注站有义务准时、如实转发省、市中心向社会发布的各种公告，不得进行虚假宣传，误导群众。

第四章　兑奖和结算

第二十条　投注站应严格按照《"燕赵风采"电脑福利彩票承销细则》的规定，承担本站售出的所有固定奖有效彩票的兑奖工作，不得以任何理由拒绝兑奖。

第二十一条　中奖彩票兑奖期为 30 天。超过兑奖期限的中奖彩票不予兑付奖金，作弃奖处理。

第二十二条　超过彩票兑奖期限的弃奖票，以及污损、涂改的中奖票，或由持票人人为原因导致票面信息不完整的无效彩票，投注站不予兑付奖金。

第二十三条　投注站每期的代销费及所兑付的奖金从当期彩票销售总额中扣留。

第二十四条　投注站必须在开奖次日上午 10：00 之前，按照期结单打印出的当期应缴款，到省中心指定的银行足额缴纳彩票销售款。

第五章　投注站的撤销和迁移

第二十五条　投注站在销售彩票的过程中，出现下列情况之一者，省发行中心将撤销该站，取消其销售资格：

（1）因拆迁、搬迁或其他原因无法继续经营的；

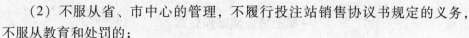

（2）不服从省、市中心的管理，不履行投注站销售协议书规定的义务，不服从教育和处罚的；

（3）多次欠款，经多次教育仍不悔改的；

（4）投注站形象建设达不到建站标准，有损福彩形象的；

（5）拒不参加省、市中心组织的各种培训和会议，经批评教育不改的；

（6）执行省市中心各项决定不积极，严重损害彩民利益的；

（7）投注站负责人耽误销售时间一个月以上的；

（8）投注站负责人受到国家法律制裁的。

凡被撤销的投注站，须按省中心的要求在投注站张贴停止销售公告，方能办理退机或转让手续。

第二十六条 投注站需更换销售地点时，应事先书面申请，填写《投注站迁移申请及审批表》，经市中心考察同意报省中心批准后方可迁移，并在原投注站贴公告说明情况。

迁移条件：

（1）期销量未达到市发行中心规定的最低要求的。

（2）所处区域网点密度高，销量相对较低的。

（3）市发行中心根据网点规划需要，要求投注站搬迁的。

（4）因城建等其他原因。

第二十七条 投注站如需更换负责人，必须以书面形式向市中心申报，并经省中心批准后办理过户手续。

第六章 数据管理和设备保养

第二十八条 省中心提供的投注机，仅作为销售"燕赵风采"电脑福利彩票用，投注站不得擅自改变投注机用途。

第二十九条 投注站人员不得拆卸投注机或更换投注机零部件；不得查阅、修改、拷贝省中心在投注机内装载的程序和有关数据文件。

第三十条 投注机发现故障时，投注站应立即向市中心报修，维修人员应及时处理。

第三十一条 投注站必须做好投注机的防病毒、防磁、防火、防盗、防尘、防潮、防震等工作。

第七章 奖励和处罚

第三十二条 凡管理严格、遵章守纪、销售业绩突出的市中心或投注站，省、市中心按照有关规定给予表彰和奖励。

第三十三条 凡举报违规行为且经调查情况属实的，省、市中心对举报者酌情给予奖励。

第三十四条 投注站违反本规定的，省中心根据情节轻重对其提出警告，两次受到警告者，取消其销售资格。

第三十五条 投注站因违反规定造成的经济损失由投注站负责人赔偿，必要时按销售协议书的有关条款追究法律责任。

第三十六条 本规定的解释权属河北省福利彩票发行中心。

第三十七条 本规定自发布之日起施行。

《"燕赵风采"电脑福利彩票投注站管理规定》补充规定

（河北省福利彩票发行中心 2006 年 3 月 7 日）①

1. 本规定适合河北境内所有"燕赵风采"电脑福利彩票投注站（以下简称投注站）。

2. 所有投注站必须认同并遵守《电脑福利彩票投注产权、经营权转让协议书》、《"燕赵风采"电脑福利彩票投注站管理规定》及补充规定，以及省、市、扩权县（市）福彩中心制定的相关规章制度，认真履行自身的权利和义务。

3. 投注站应按照省中心规定进行投注站建设，必须有统一牌匾（中国福利彩票，红底黄字）、室内走势图等。

4. 投注站必须专卖专营，不得兼营福利彩票以外的其他类型彩票，不得销售异地彩票和非法彩票，不得在室内摆放赌博机。

5. 投注站在销售福利彩票过程中，严禁以优惠、折价、降价作为促销手段销售。

---

① 摘自：http://www.cangzhoufucai.com/news/shownews.asp? NewsID=40。

6. 投注站违反规定的，一经发现，须立即纠正，视情节轻重及改正态度，省、市、扩权县（市）中心可采取停止销售、终止合同等处罚。

7. 由于投注站违反规定，在社会及彩民中造成恶劣影响的，将依法追究其法律责任。

8."贵州风采"电脑福利彩票投注站管理规定

（贵州省中国福利彩票发行中心）①

第一章　总　　则

第一条　为保证"贵州风采"电脑福利彩票（以下简称"电脑风采票"）销售，加强对投注站的规范化、标准化管理，制定本规定。

第二条　贵州省中国福利彩票发行中心（以下简称省发行中心）市场部是投注站的综合管理部门，负责本规定的贯彻实施。

第三条　所有经省发行中心批准设立的投注站，其负责人和操作员视为认同并遵守本规定。

第二章　投注站设立

第四条　凡具有完全民事权利能力和行为能力，在贵州省具有固定的注册地址或户口地址的企事业单位、社会团体及守法公民，均可向省发行中心或省发行中心在各地设置的网点管理站提出设立"贵州风采"电脑福利彩票投注站的申请。

第五条　经省发行中心批准设立的投注站，需签定《"贵州风采"电脑福利彩票委托销售协议书》并交纳二万元押金。

第六条　投注站是销售"贵州风采"福利彩票和其他类型福利彩票的场所，应自觉执行省发行中心的规定，严禁销售未经中国福利彩票发行中心批准的各类彩票。

第七条　投注站根据《投注站建设标准》的要求进行建设。

---

① 摘自：http：//www.wwsky.net/showart.asp？art_id=637&cat_id=22。

第八条 投注站建立后，必须在申请地点销售"贵州风采"电脑福利彩票，未经省发行中心批准，不得擅自改变销售地址、站名和站号。

第九条 省发行中心按照该站电脑彩票销售总额的7%每月派发一次劳务费。

第三章 投注站销售

第十条 彩票销售员必须经省发行中心培训，经考核合格，获得销售员上岗证和投注站销售许可证后，才能销售"贵州风采"电脑福利彩票，彩票销售员要严格按照《操作手册》的规程进行彩票销售、兑奖等工作。因人为因素造成的投注机损坏或经济损失由投注站负责人承担。

第十一条 "贵州风采"电脑福利彩票投注金额为每注人民币2元，不得向购票者索取其他费用。

第十二条 严禁出现骗取销售金额、冒领奖金的行为。

第十三条 不得将打印不完整、印章不清楚的彩票售给购票者。

第十四条 每期开奖日16：00前，投注站须将本销售期内所有的作废票（包括作废单据）和打印失败票（包括已填写好的打印失败票登记表）分类整理后，分别装入不同信封，一周内上交到地（州、市）发行中心封存。按《"贵州风采"电脑福利彩票兑奖票、作废票处理暂行办法》执行。

第十五条 各投注站于每天22：00前（开奖日除外），须通过通信网络向"贵州风采"电脑福利彩票数据中心传输当天投注数据，同时接收次日销售特许权。

第四章 兑奖和结算

第十六条 投注站须承担兑付本站售出的所有四、五、六、七等奖有效彩票的兑奖工作，严格遵照《"贵州风采"中国福利彩票承销细则》的规定确定所中奖等，兑付奖金。不得以任何理由拒绝兑奖。

第十七条 中奖彩票兑奖期为35天。超过兑奖期限的中奖彩票不予兑付奖金，视为弃奖处理。

第十八条 中奖彩票票面被玷污、票面信息不完整以及破损不能正确识别的彩票均为无效彩票，投注站应不予兑奖。

第十九条 四、五、六、七等奖兑奖票，按《"贵州风采"电脑福利彩票兑奖票、作废票暂行办法》执行。

第二十条　投注站已兑付的奖金从每期彩票销售总额中扣除。

第二十一条　各投注站必须确保在每期开奖当日根据省中心规定的时间停止销售，缴清该期彩票销售款，同时向省数据中心传输当天截止时的投注数据。如省发行中心从该账户不能按时划收到当期应收款额，将按所欠金额的1%收取滞纳金。严重者将停止其销售特权。

第五章　投注站撤销和变更

第二十二条　投注站在彩票销售的过程中，出现下列情况之一者，省发行中心将撤销该站，取消其销售资格：

（一）因拆迁、搬迁或其他原因无法继续经营；

（二）投注站提出终止彩票销售；

（三）不服从省、地（州、市）发行中心管理，不履行投注站销售协议书，不服从教育和处罚；

（四）投注站负责人因事外出三个月以上。无法保持投注站正常工作；

（五）投注站负责人受到国家法律制裁。

凡被撤销的投注站，须按省发行中心要求在投注站张贴停止销售公告，并按协议书要求完成所销售彩票最后一期的兑奖工作，在交纳设备价每月 2.5‰ 的设备折旧费后方能办理退机手续。

第二十三条　投注站需更换销售地点时，应事先以书面形式向地（州、市）发行中心递交申请，经省发行中心批准后，方可迁移。并在原投注站张贴公告说明情况，并做好兑奖工作。

第二十四条　投注站如需更换负责人，必须以书面形式向地（州、市）发行中心报告，经省发行中心批准后办理更换手续。

第六章　数据管理和设备保养

第二十五条　投注站须于每个销售日晚 22：00 时前结束销售，开奖当天必须按"贵州风采"电脑福利彩票数据中心规定的截止时间结束销售，并上传当天的投注数据。

第二十六条　电脑福利彩票投注机仅作为销售"电脑风采票"用，投注站不得擅自改变投注机用途。

第二十七条　投注站人员不得擅自拆卸投注机或更换投注机零部件。不得查阅、修改、拷贝省发行中心在投注机内装载的程序和有关数据文件。

第二十八条　投注机发生故障时，投注站应立即与所属地（州、市）发行中心联系，由地（州、市）发行中心技术人员进行维修。

第二十九条　投注站必须做好投注机的防病毒、防磁、防火、防盗、防尘、防潮、防震等工作。

第七章　奖励和处罚

第三十条　投注站违反第二十四条规定的，彩票中心根据情节轻重对其提出警告，两次受到警告者取消销售资格。凡因投注数据未及时上传造成的经济损失，由投注站责任人赔偿，网点管理站承担连带责任，必要时按协议书的有关条款追究法律责任。

第三十一条　投注站违反第八、十三、十五、十八、二十一、二十七条规定的，省发行中心根据情节轻重对其处以200元以上罚款，并提出警告，三次受到警告者取消销售资格。由此造成的经济损失由投注站责任人赔偿，必要时按协议书的有关条款追究法律责任。

第三十二条　投注站违反第十一、十二、十三条规定的，退回非法所得，无法退回者，由省发行中心没收。同时省发行中心将按情节轻重对该站负责人处以200元以上罚款，并提出警告，三次受到警告者取消销售资格。

第三十三条　凡积极销售彩票，取得良好业绩的投注站，或对彩票工作提出合理化建议被采纳的，经证实省发行中心将给予表彰和奖励。

第三十四条　凡举报其他投注站有违反省发行中心规定的行为，省发行中心将酌情给予奖励。

第八章　附　　则

第三十五条　本规定的解释权属贵州省福利彩票发行中心。

第三十六条　本规定自发布之日起实施。

第十章

中国福利彩票营销项目管理

管理大师迈克·哈默认为，"企业要成功，最关键的是执行"，而项目管理提供了有效的计划、组织、实施和控制方法，为保证营销战略的顺利实施提供了条件。按照汤姆·彼得斯等管理专家预测，项目管理将站到"管理舞台的中央"；《财富》杂志也断言"21世纪是项目管理的世纪"。国内著名项目管理专家丁荣贵教授也预测：卓越的项目管理能力必将成为企业的竞争力，而且是一种核心竞争力①。现代项目管理已经越来越受到企业重视，并开始从企业向政府部门和非营利组织扩散。福利彩票营销的成功既需要制定科学的营销战略，也需要有效的"执行"，通过提高福利彩票营销管理的效能与效率，可以在既定的资源（如时间、资金、技术、人力）等约束条件下达到令人满意的目标。为此，福利彩票营销必须强化项目管理，了解项目管理的关键因素，掌握项目管理的科学性和规律性。本章着重探讨项目管理理论与技术在福利彩票营销中的应用，以期为福利彩票营销管理创新提供一种新的思路。

第一节　福利彩票营销项目管理概述

从1987发行第一张福利彩票算起，中国福利彩票市场已有20年的历史。

---

① 丁荣贵：《项目管理》，机械工业出版社2004年版，第31页。

在这期间，中国的彩票事业取得了长足发展，2006 年全国福利彩票销售额达 495 亿多元。为了提高福利彩票的发行量，管理机构举办过一系列大大小小的活动。同时，福利彩票新产品的开发也得到了很大的发展，从一开始的即开型彩票到后来的电脑彩票，从"有奖募捐券"到"刮刮乐"，电脑彩票已有 23 选 5、30 选 7、31 选 7、32 选 7、33 选 7、36 选 7、双色球、3D、七乐彩、中福在线等，彩票的新玩法层出不穷。在这些营销活动和新产品开发中，管理人员或多或少地运用了项目管理的思想，但没有系统采用过项目管理的方法。因此，掌握项目管理的基本理论和方法，是福利彩票机构营销管理人员提高营销管理水平的重要内容。

一、项目管理概述

项目管理 20 世纪初起源于西方建筑行业，在 20 世纪 60 年代被中国老一辈科学家在推广系统工程理论和方法时引进。目前，项目管理已经形成了完整的理论和体系。要把项目管理的理念应用到福利彩票营销管理之前，首先要对项目及项目管理做一个全面的了解。

（一）项目

企业的经营活动可以简单分为两大类：一种是以重复性劳动为主要特征，属于日常工作；另一类是以非重复性劳动为主要特征，称为项目（Project）。项目触及到人们生活的方方面面。从广义上讲，在一般的组织机构里，多达 50% 的工作是以项目的形式进行的。比如，策划一场婚礼，建设一座楼房，编写一套软件，开一次生日聚会，开发一种彩票新玩法，合并两家制造厂，制定一次新的营销计划等。

关于项目的定义，国内外许多开展项目研究的组织和学者都做过研究，所处的不同角色使其对项目的理解各不相同。罗德尼·特纳（Rodney Turner）从项目目标的角度提出的定义："它以一种新的方式将人力、财力和物资进行组织，完成有独特范围定义的工作，使工作结果符合特定的规格要求，同时满足时间和成本约束条件。"联合国工业发展组织《工业项目评估手册》从投资角度提出的定义："一个项目是对一项投资的一个提案，用来创建、扩建或发展某些工厂企业，以便在一定周期时间内增加货物的生产和社会的服务。"美国《项目管理概览》一书从项目特征角度提出的定义："项目是要在一定时间内，在预算范围内，需达到预定质量水平的一项一次性任务。"伯纳德·科法（法）、泊维茨·盖瑞（英）、罗伯特·塞尔（法）从项目营销角度提出定义：项目是"一项复杂的交易，涵盖一系列的产品、服务及劳动，尤其是指建设那些能够为买方带来长期利润的固定资产时所产生的交易。"① 中国建筑业从建设角度提出的定义：项目是"按照一个总体设计进行施工的基本建设工程。"丁荣贵、杨乃定从综合的角度提出定义："项目是在一定的组织机构内，在限定的资源条件下，在计划的时间里，按满足一定性能、质量与数量的要求去完成的一次性任务。"② 本书采用的就是这一定义。

项目是一项为了创造某一产品或服务的时限性工作。一个项目的完成，也许只需要不到 100 个小时，也许会需要上千万小时。项目有时只涉及一个组织的某一部分，有时则可能需要跨越好几个组织。例如，福利彩票机构开发一种新的玩法、改变营销组织的结构或人员配置、"大奖组"的销售、开展一次福利彩票宣传活动等。

项目的上述定义表现出其具有的典型特征：

1. 时间的一次性

一次性是说项目不具备时间的连续性，而不说明持续时间的长短，有的项目持续时间较短，有的项目会持续几年。任何项目都有明确的开始时间和结束时间，当项目的目标已经达到时，该项目就结束了，或者已经知道并且可以确定该项目的目标不可能达到时，该项目就会被中止。项目在此之前从来没有发生过，而且将来也不会在同样的条件下再发生。因此，每个项目都有自己的特点，每个项目都不同于其他的项目。项目所产生的产品、服务或完成的任务与已有的相似产品、服务或任务在一些方面有明显的差别。项目自身有具体的时间期限、费用和性能质量等方面的要求。例如，福利彩票新玩法的开发不能千篇一律；福利彩票的促销策划不能照抄照搬，必须不断创新。

① 伯纳德·科法、泊维茨·盖瑞、罗伯特·塞尔：《项目营销》，企业管理出版社 2004 年版，第 3 页。
② 丁荣贵、杨乃定：《项目组织与团队》，机械工业出版社 2005 年版，第 5 页。

2. 成果的整体性

任何一个项目都是一个整体，都应从全局出发综合考虑各资源要素，使其得到最佳配置。各部门要充分协作配合，以追求整体效益，做到数量、质量、结构的总体优化。一个项目整体目标是单一的，但具体目标往往是多样的。既可能是协调的，相辅相成的，也可能是对立的，相互制约的。因此，应把多目标协调起来，实现目标整体优化。例如，山东省福利彩票发行中心总结的"五位一体"的促销宣传经验就是项目管理整体优化成功的结果。

3. 目标的明确性

每个项目都有自己明确的目标，为了在一定的约束条件下达到目标，项目经理在项目实施以前必须进行周密的计划，依照工作范围、进度计划和成本来开展工作。事实上，项目实施过程中的各项工作都是为实现项目的预定目标而进行。

4. 组织的临时性

项目开始时要建立项目组织，项目组织中的成员及其职能在项目的执行过程中都在不断地变化，项目结束时项目组织就要解散，因此项目组织具有临时性。

5. 过程的复杂性

对于企业或事业组织而言，项目一般由多个部分组成，工作跨越多个部门、多个学科、多个行业，项目通常没有或很少有供参考的经验，执行中有许多未知因素，每个因素又常常带有不确定性。需要将不同经历、不同组织、不同特长的人有机地组织在一个临时的组织中，在有限的资源、较低的成本、严格的工期约束条件下，实现项目目标，从而表现出复杂性特点。同时，大多数项目本身存在技术、资金、政治及社会方面的高度复杂性。在技术方面，由于大型项目的目标是推出特定的产品或服务，这就意味着需要特别的技术，还要系统性地思考；在资金方面，有很多外因是无法预测到的，因此在资金预算方面常常需要变更，而项目小组的预算变更还需要向上级组织申请才能被批准；在政治及社会方面，由于外部环境的变化，有些项目常常无力继续下去，房地

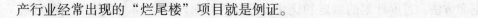

产行业经常出现的"烂尾楼"项目就是例证。

（二）项目管理

项目管理通常被认为是第二次世界大战的产物，制造原子弹的曼哈顿计划就是一个经典的项目。20 世纪 80 年代以前，项目管理仅应用于国防建设部门。进入 21 世纪以后，项目管理已应用到各行各业。

关于项目管理的定义，从一般意义上讲，项目管理就是运用科学管理理论与艺术方法来管理项目。但由于该定义过于笼统，不便操作，因此，必须从操作的角度给项目管理下定义。

从操作的角度，项目管理的定义中应该包括五个方面的内容：一是项目管理的主体；二是项目管理的客体；三是项目管理的过程及职能；四是项目管理的手段和方法；五是项目管理的目的。

按照上述要求，项目管理的定义是：项目管理就是运用科学的理论和方法，通过一个临时性的专门的柔性组织，对项目及其资源进行高效率的计划、组织、指挥、协调和控制，以实现项目立项时所确定目标的动态活动过程。

根据以上定义，项目管理包括以下八项内容：

1. 项目组织管理

项目组织是指为了科学有效地安排项目投入人力而采取的一系列组织行为，包括项目组织的规划设计、组织结构模式选择、项目管理班子和项目经理的选择与要求等。

2. 项目范围管理

项目的范围是指为了实现项目目标必须完成的所有工作。一般通过定义交付物和交付物标准来定义项目范围。具体包括项目范围的批准、范围的规划、范围的变更控制和范围的确认等。

3. 项目进度管理

项目进度管理是指为了确保项目按时完成而进行的一系列（各阶段）工作过程的时间安排，包括项目活动定义和顺序安排的方法，活动时间计划的依

447

据和方法，进度计划的制定和优化，进度的监测（检查）与调整等。项目进度通常用进度计划表描述，进度计划不仅说明了完成项目工作范围内所有工作需要的时间，也规定了每个活动的具体开始和完成日期。项目中的活动根据工作范围确定，在确定活动的开始和结束时间时还要考虑他们之间的依赖关系。另外，有时还可能对项目的过程有明确要求，比如规定过程应该遵循的规范和标准并要求提供这些过程得以有效执行的证据。

4. 项目成本管理

项目成本是指完成项目需要的所有款项，包括：人力成本、原材料、设备租金、分包费用和咨询费用等。项目的总成本以预算为基础，项目结束时的最终成本应控制在预算内。

5. 项目质量管理

质量是指项目满足明确或隐含需求的程度。一般通过定义工作范围中的交付物标准来明确定义这些标准，包括各种特性及这些特性需要满足的要求，因此交付物在项目管理中有重要的地位。项目质量管理是一个体系，包括质量策划、质量要求、质量控制方法和质量保证措施等。

6. 项目信息管理

项目信息管理是指为确保项目信息快速有效地收集和传递而进行的一系列工作，包括信息交流规划、信息传递、进度报告和施工资料文件的管理等。

7. 项目风险管理

项目风险管理是指对项目风险的识别、分析、排除和降低风险的管理，包括风险的识别、分析预测、风险评价与实施管理等。项目风险管理强调了对项目目标的主动控制，对项目实施过程中遇到的风险和干扰因素可以做到防患于未然，以避免和减少损失。风险管理主要通过 4 个相关阶段去完成，即风险识别，风险评估，风险处理和风险监督。[①] 项目开始实施前，项目经理对项目中存在的不确定因素可能造成的损失要一一查找并列举出来。采用风险识别询问

---

① 李剑锋、王珺之：《项目管理的十大误区》，中国经济出版社 2004 年版，第 227～234 页。

法和流程图法进行风险识别；对识别的风险情况，采取定量和定性的专家调查法对项目进行风险估计和评价；在项目风险的控制上实施积极的风险控制措施，在计划上预控、在实施中挽救和对风险大的部分采取风险转移相结合的方式控制风险，以求降低风险成本。

8. 项目采购管理

项目采购管理是指围绕项目所组织的对货物（材料、设备）和服务进行采购的工作的管理，包括采购计划、招标、合同管理等。

有些项目的管理虽然是"一次性的活动"，但不符合上述八条要求，如演出活动、葬礼、外交斡旋，甚至一次交友聚会，都可以堂而皇之地被当作"项目"来运作，即所谓的"泛项目"。"泛项目"是指不能预先将项目目标、范围等清晰定义，只能大致明确其目的的项目。《西游记》述说的西天取经就是一个"泛项目"。它没有一个良好的开始：项目虽然有一个产品的标准（三藏真经），但是质量标准很含糊（师徒四人到达西天后，如来只是吩咐阿摊、伽叶"将我那三藏经中三十五部之内，各捡几卷与他，教他传流东土，永驻洪恩"）；它并没有限定时间和费用指标（连观音菩萨也认为取经时间是"未定，约莫二三年，或可至此"，唐僧更认为是"或二三年，或五七年"）；它没有限定项目的范围。此外，这个项目既没有周密的计划，又没有考虑风险。本书不研究"泛项目"管理。

二、项目管理在福利彩票营销中的作用

福利彩票机构在营销过程中采用项目管理的理念和方法，对于促进彩票事业的发展具有重要的作用。

1. 有利于防范福利彩票营销中的风险

风险是指所有可能导致企业活动的失败、延期、超支或达不到预期效果的事件。风险或危机是近几年来企业中很常见的事情，从肯德基的苏丹红、光明的回炉奶事件到前不久发生的亨氏婴幼儿转基因食品和 Sony 的六款数码相机问题产品的曝光，可以看出风险事件是无处不在的，这进一步验证了"莫菲

法则"①。福利彩票营销所面临的内、外部环境是非常复杂的，从而决定了福利彩票营销中可能出现的风险。体育彩票的"西安宝马案"已经敲响了警钟。因此，在福利彩票营销活动中采用系统、科学的项目管理方法是非常重要的，它可以帮助营销者将内部条件和外部环境中的不确定事件给营销项目的时间、成本和质量带来的负面影响降到最低限度。

2. 有利于加强福利彩票营销活动中的计划和控制

项目管理理论将对项目的管理过程划分为启动、计划、执行、控制和收尾五个阶段，而其中的计划和控制是项目管理的关键环节，它通过对项目实施范围的仔细分析，建立项目的工作分解结构，然后以项目的工作分解结构为基础，分别制定出指导项目实施的范围、成本、时间、质量、沟通、人力资源、物流、风险等方面的计划。这种工作思路和方法，对于福利彩票营销机构进行营销管理具有重要的指导作用。福利彩票机构通过对营销工作的分解和计划可以进行有效的控制，以保证实现整体的销售目标。

3. 有利于加强福利彩票营销的沟通

沟通是福利彩票机构扩大销售的重要工具，也是项目管理中的重要因素。因此，福利彩票机构在营销过程中运用项目管理的思想和方法，可以从机制上解决沟通的地位和作用问题，更好地实现与彩民、社会公众的有效沟通，以增加彩票的销售量，从而实现销售目标。

4. 有利于加强部门间的合作

从彩民的角度看，彩票营销是整个福利彩票机构的事情。从福利彩票机构品牌运作的角度看，彩票营销也是福利彩票机构的整体行为。但从福利彩票机构的现实情况来看，许多单位仍把福利彩票营销看作是市场部（或其他单个部门）的事情，绝大多数事情基本是由市场部来负责与执行，其他部门只是被动地参与。这样，彩民的要求与彩票机构的行为就产生了矛盾。而项目管理强调通过多职能、多专业的共同参与和努力来实现项目的目标。因此，采用项目管理理论来对福利彩票机构的营销活动进行指导，并采用相应的组织管理方

---

① "莫菲法则"的含义是：凡事可能出岔子，就一定会出岔子。

法，协调组织成员共同为项目的实现而努力，就可以帮助福利彩票机构克服营销过程中存在的缺乏跨职能、跨部门合作的缺陷，从而使相关人员提高办事效率和效益，以扩大福利彩票销售。

三、福利彩票营销项目管理的层次和类型

福利彩票营销过程中采用项目管理，可以从项目管理的层次和类型两个角度考量。

（一）福利彩票营销项目管理的层次

由于项目涵盖的范围不相同，根据实际情况项目可以分为大型项目、项目、子项目等。与中国福利彩票机构的管理范围相适应，大型项目主要由中国福利彩票发行管理中心来运作，项目可以由中国福利彩票发行管理中心和省级发行中心来组织，子项目主要由下级彩票组织来实施。根据这种划分，福利彩票营销的项目可以分为三个层次：

1. 中国福利彩票发行管理中心的项目

中国福利彩票发行管理中心是中国惟一的福利彩票发行管理机构，具有福利彩票的发行权和管理权。因此中国福利彩票的营销项目，许多是由中国福利彩票发行管理中心组织实施的，这就构成了中国福利彩票发行管理中心的营销项目。例如：双色球的发行，就是中国福利彩票发行管理中心运作非常成功的项目。

中国福利彩票发行管理中心运作的项目包括大型项目和项目两个层次。大型项目（Program）通常是由若干个互相联系的或相似的项目组成，是以协调的方式管理以获得单个项目不可能得到的利益的一组项目，也称为项目群。项目（Project）是大型项目的组成部分。例如，对某一种彩票的全国性促销就是一个大型的项目，由多个项目组成，包括对彩民的调研项目、广告促销项目、开展知识讲座促销项目、对销售人员培训的项目、及各省、市的促销项目等。

2. 省级福利彩票发行中心的项目

省级福利彩票发行中心是各个省级区域内发行福利彩票的专门机构，负责在本区域范围内的福利彩票销售。省级福利彩票发行中心组织的主要是项目（Project），包括在本省区范围内彩票玩法的开发、彩票的促销活动等，都是省级福利彩票发行中心的营销项目。例如，各省、市、自治区开发的"风采系列"玩法、为扩大彩票发行开展的各种促销活动等。

3. 地市级福利彩票发行中心的项目

虽然各省、市、自治区采用不同的发行管理体制，但多数省级中心都下设地市级福利彩票发行中心。地市级福利彩票发行中心的职责是按照省级中心的要求发行福利彩票，因此，它们的营销项目主要是子项目。子项目（Subject）是一个项目中的更小的和更易于管理的部分，例如小的促销活动及相关的营销项目。

（二）福利彩票营销项目管理的分类

福利彩票营销的项目管理内容很多，如彩票新玩法的开发、彩民调研、各级福利彩票发行中心的企业形象识别系统设计、营销战略设计、营销策略设计、促销活动的运作等。按照项目的特点，可以分为新产品开发项目、营销策划项目和促销项目三大类。

1. 福利彩票的新产品的开发项目

福利彩票的新产品开发是有惟一性和时间限制的，从对产品的需求分析到彩票玩法的设计完成是一个项目。在新产品开发前首先应调查现在的彩票市场的需求情况，存在怎样的市场空缺，彩民对现有彩票的需求是否满足等。彩民购买彩票有三种心理：奉献心理、娱乐心理和中奖心理。从这些购买心理和行为来分析，设计出符合彩民需求的彩票。福利彩票新产品开发分为电脑彩票和印刷彩票两大类，每一类彩票都有新产品的开发项目。

2. 福利彩票的营销策划项目

福利彩票的营销策划项目是指为了实现营销目标而进行的专题营销研究，

如彩民调研、营销描述设计、企业形象设计、营销战略与策略策划等。其共同的特点是工作成果是一个研究或策划方案，交由福利彩票机构的各职能部门组织实施。

3. 福利彩票营销的促销项目

福利彩票的促销项目是指为了促进福利彩票的销售而开展的项目管理。其特点是既要设计方案，又要组织实施，工作成果是给福利彩票销售产生的积极影响和扩大的销售量。

福利彩票的促销方式有四种：广告、人员推销、公共关系和营业推广。对于福利彩票营销而言，促销项目可能是某种方式单独组成，也可以是几种方式综合组成。这里主要介绍福利彩票的广告促销项目、公共关系促销项目和营业推广促销项目。

广告促销是指通过各种媒体迅速向目标市场服务对象传递商品或劳务信息的宣传活动。广告是福利彩票发行促销最常用的方式。山东省福利彩票发行中心组织的报纸、广播、电视、网络和投注站点"五位一体"的营销宣传项目，为保证山东省赢得"福彩事业看山东"的美誉立下了汗马功劳。又如，在同级城市中连续荣获福利彩票销售六连冠的青岛市，2005年销售额为11亿元，其立体的媒体宣传项目起了重要作用。他们开办广播电台三台联播、报纸专栏专版、电视、电台固定栏目，并建有网站等，宣传各种彩票游戏玩法；进行彩票知识讲座，及时报道中奖情况和福利彩票中心资助的公益活动；为深度开发乡镇彩票市场，组织彩游宣传车，在七市乡镇进行为期一个月的巡回宣传，调动乡镇居民参与福利彩票的积极性；并增加了户外广告的数量。

公共关系是指通过各种传播媒介，提供有说服力的材料，以树立美好的企业形象，从而为企业营销创造一个和谐外部环境的活动。公共关系是福利彩票促销的重要工具，福利彩票"扶老、助残、救孤、济困"的发行宗旨是公共关系活动的切入点。例如，组织演出队伍到乡镇进行公益演出，进行慰问活动；资助社会福利和公益项目，如儿童福利院、社会福利院、敬老院、残疾人康复中心、希望小学、聋校、盲校等。通过这些活动项目，让彩民了解到福利彩票募集的资金确实是取之于民，用之于民，以消除彩民的消极心理，与彩民建立良好的社会关系。

营业推广是在一个比较大的目标市场中，为了刺激需求而采取的能够迅速产生激励作用的促销措施。比如，过去曾经采用的大奖组销售就是利用多人聚集在一起而引起人们的好奇和"从众"心理而开展的促销项目。在"齐鲁风采"发行五周年之际，以赠送纸杯、刀具等方式开展了"爱心回报"活动。

四、福利彩票营销项目管理的程序

项目管理的程序可以从两个角度分析：一是从资源投入的角度，项目管理形成了生命周期的形状；二是从具体操作的角度，项目管理分为不同的管理阶段。

项目从立项到完成的整个过程叫项目的生命周期，它由与资源投入变化相适应的完成项目的不同阶段或过程组成。典型项目生命周期要经过四个阶段：启动阶段、计划阶段、执行阶段、收尾阶段。如图 10 – 1 所示①：

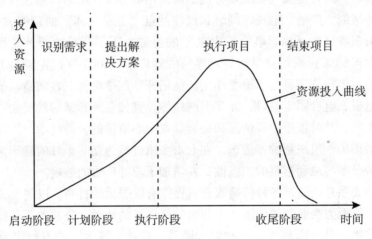

图 10 – 1　项目管理的生命周期

第一个阶段是启动阶段。在这个阶段的资源投入最少，主要的工作任务是项目识别、项目的构思和项目选择，其形成的文字资料主要有项目建议书或者

①　根据骆珣：《项目管理教程》，机械工业出版社 2004 年版，第 15 页。

可行性研究报告。

第二个阶段是计划阶段。项目计划是项目执行的蓝本，它主要是解决如何、何时、由谁来完成项目的目标等问题，即制定项目计划书，具体包括确定项目的工作范围、进行项目工作分解；估算各个活动所需的时间和费用；进度安排和人员安排等。该阶段的资源投入大大增加。

第三个阶段是执行阶段。在这个阶段主要是具体实施项目计划，是项目从无到有的实施过程，因而也是资源投入最大的阶段。该时期的管理重点是执行项目的计划书、跟踪执行过程；在项目的执行过程中，需要根据执行情况，对项目的计划进行必要修改和补充，即项目的变更控制。

第四个阶段是收尾阶段。当项目的目标已经实现，或是项目的目标不可能实现时，项目就进入收尾阶段。该阶段的资源投入逐步减少到停止投入。收尾阶段的管理重点是项目的交接、对项目结果进行检验、项目的评价和总结、吸取经验教训，为完善以后的项目管理积累经验。

由于以资源投入为依据的项目管理生命周期的划分过于粗放，不便于操作，需要对项目生命周期进行阶段细化，这就是项目管理的一般程序。项目管理一般包括需求分析、项目选择、项目计划编制、项目执行、项目控制、项目验收、项目审计、项目评价八个阶段。

(一) 需求分析

一个项目的产生是要解决问题或满足需要，就是说，首先是客户对某事有需要，为了满足客户的需要才进行项目组建。因此，在启动项目前就必须对需求分析清楚，以便对症下药，有目的地开展项目的活动。对于福利彩票的营销项目，"大"的方面的需要主要是国家需要募集更多的福利资金来"扶老、助残、救孤、济困"；"中"的方面的需要是在福利彩票的营销过程中发现未被满足的需求，例如：现有的玩法不能满足彩民的需要，或者某一地区的福利彩票销售滞后，或者对目前彩民有什么新的想法不了解等，都需要设立一个营销项目，并通过项目的完成满足市场的需要。此外，一般的客户需求有市场需求、竞争需求、技术需求、法律需求等。当项目的发起人发现有需求时还只是一个粗略的方向，还需要有详细的需求建议书进行分析。福利彩票营销的客户是彩民，发现需求的是福利彩票机构及其上级主管部门。

（二）项目选择

项目选择主要是项目承约商或是项目小组对能满足项目需求的不同项目的筛选过程。能满足需求的项目可能不只一种，而且要考虑尽可能多的方案来支持这个项目需求。因此，对这些项目就要进行可行性分析。

可行性分析主要是对项目的经济、技术、进度、运营和规章制度等方面的可行性进行全面的调查和分析，以探讨项目是否可以实施。在最终的详细可行性研究中，对投资额估算的误差应该控制在±10%范围内。具体包括：市场研究和需求分析；项目在技术上是否可行；项目在经济上是否具有竞争力；项目组要多少投资；项目的实施风险分析；项目的社会效应；项目需求的资源状况分析。在进行了项目的可行性分析以后，要整理出一份项目可行性分析报告。由于项目的大小不同，项目可行性分析报告的内容差别也很大。对于大型福利彩票营销项目来说，必须有相应的各种技术资料，在编制的过程中必须站在客观公正的立场进行调查研究，其内容深度一定要达到国家规定的标准。福利彩票机构内部组织的小型营销项目，因为是建立在对市场已经了解的基础上，只需要有一个说明要求的文字报告即可。

大型福利彩票营销项目的可行性研究报告既是为向上级有关部门提供的报告，又是为客户和管理人员服务的，同时也是写给项目团队成员的，因此，必须通俗易懂，足够详细。一般可行性研究的结论有以下几种情况：项目可以立即进行；项目组要增加资源才能进行；需要等待某些条件成熟之后项目才能进行；某些目标需要修改后项目才能进行；项目不能或是没有必要进行。判断不可行比判断可行的收获要大，因为可以避免巨大的浪费。

（三）项目计划编制

项目计划是福利彩票营销项目管理中的重要工作，有较多的活动和内容。主要包括项目的范围计划、工作计划、人员管理计划、资源供应计划、进度报告计划、成本计划、质量计划、变更控制计划、文件控制计划、风险对策计划、支持计划等。营销项目计划安排要形成文字档案，以便在实施时严格按照计划有步骤地进行。

项目计划的科学性取决于编制方法的科学性。这里简单介绍三种常用的工具和方法：WBS 法、责任分配矩阵和行动计划表。

1. WBS 法

WBS 法是工作分解结构（Work Breakdown Structure，简称 WBS）的简称，是项目管理中最有价值的管理工具，它将需要完成的项目按照其内在工作性质或内在结构划分为相对独立、内容单一和易于管理的工作单元，从而有助于找出完成项目范围的所有任务。工作分解结构可以把整个项目联系起来，把项目目标细化为许多可行的、更易操作的、相对短期的任务。对于比较复杂的项目，需要自动化工具来协助管理并汇总项目信息。由于 WBS 是一种"层级"结构，为了实现在组织内汇报的自动化，需要建立一种"母子"（层级）关系。这样可建立"编码表"来为 WBS 各元素制定编号。WBS 的结构形式如图 10－2 所示：

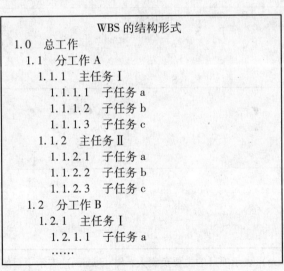

图 10－2　WBS 结构图示

WBS 法分解工作的一般步骤是：总项目、子项目或主体工作任务、主要工作任务、次要工作任务、小工作任务或工作元素。

WBS 的工作分解必须遵循五项原则：（1）项目工作的分类按照实施过程、产品开发周期或活动性质等进行；（2）在分解任务的过程中不必考虑工作进行的顺序，但必须适应组织管理的需要；（3）不同的项目分解的层次不同，不必强求结构对称；（4）把工作分解到可定量检查为止；（5）工作分解的最低层次必须明确需要什么样的技术或专家来完成。

2. 责任分配矩阵

责任分配矩阵（Responsibility Assignment Matrix，简称 RAM）是一种将所分解的工作任务落实到项目有关部门或个人，并明确表示他们在组织工作中的关系、责任和地位的方法和工具。在项目实施的过程中，如果某项活动出现了错误很容易从责任矩阵中找出该活动的具体负责人和具体执行人。当协调沟通困难或是工作责任不明时，都可以运用责任分配矩阵图来解决。如图 10-3 所示。

任务编号	任务名称	赵某	钱某	孙某	李某	周某	吴某	郑某	王某	冯某	陈某	楚某	魏某	蒋某	沈某	韩某	杨某
1000	总工作	P															
1100	分工作 A		P				S										
1110	主任务 I			P	S												
1111	子任务 a		S			P											
1112	子任务 b			S			P										
1113	子任务 c				P	S											
1200	分工作 B							P		S							
1210	主任务 I							S			P						
1211	子任务 a								P			S					
1212	子任务 b								S	P							
1213	子任务 c								S		P						
1300	分工作 C												P			S	
1310	主任务 I													S		P	
1311	子任务 a													P	S		
1312	子任务 b												S				P
1313	子任务 c														P		S

注：P（President）表示项目的主要负责人；S（Service）表示项目的次要负责人。

图 10-3　责任分配矩阵

3. 项目行动计划表

项目行动计划表是指以工作分解结构图为基础，将项目的一系列活动或任务进一步细分，并按内在的层次关系把持续时间、紧前任务和所需的资源等，汇总并记录后所形成的表格，如表 10-1 所示。

表 10 – 1　　　　　　　　　　项目行动计划

任务编号	任务名称	主要负责人	时间（周）	紧前任务	所需的资源
1000	总工作	赵某	4		
1100	分工作 A	钱某	3		公司的局域网
1110	主任务 I	孙某	2	1100	电脑设备
1111	子任务 a	周某	2		图案设计
1112	子任务 b	吴某	1	1111	软件开发
1113	子任务 c	李某	1		

（四）项目执行

项目执行（Project Execution）指正式开始为完成项目而进行的活动或努力的工作过程。在这个过程中，项目经理要协调和管理项目中存在的各种技术或组织等方面的问题。在执行前期要对项目计划进行核实，对项目的参与者进行确认，对项目执行的结果保证质量，注意团队信息的沟通，对工作授权要适当。

（五）项目控制

由于项目的一次性和独特性，在过程管理中实施有效的项目控制是实现过程目标和最终目标的前提和关键。在项目控制过程中，首先是跟踪项目的执行是否按照工作计划进行，工作过程中的结果是否向总体目标靠近，如果项目在执行过程中出现了偏差，要及时采取挽救措施使项目回到正常轨道上来；如项目出现变更，则要及时调整项目的计划，建立一套正规的程序对项目的变更进行有效的控制。项目控制的一般程序是：建立项目基准计划、收集项目进展信息、识别偏差现象、偏差原因和趋势分析、采取纠正偏差行动、通知有关部门。

（六）项目验收

项目验收是核查项目计划规定范围内的各项工作或活动是否已经全部完成，可交付成果是否令人满意，并将核查结果记录在验收文件中的一系列活

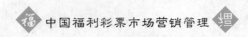

动。项目验收的标准一般包括：项目合同书、国际惯例、国际标准、行业标准、国家和企业的相关政策、法规。

（七）项目审计

项目审计是对项目管理工作的全面检查，包括：项目的文件记录、管理的方法和程序、财产情况、预算和费用支出情况以及项目工作的完成情况。

（八）项目评价

项目评价是在项目完成并运营一段时间后对项目的准备、思想决策、设计施工、生产运营、经济效益和社会效益等方面进行的全面而系统地分析和评价，从而判别项目预期目标的实现程度的一种评价方法。项目评价的主要目的是从已完成的项目中总结正反两方面的经验教训，提出建议，改进工作，不断提高投资项目决策水平和投资效果。项目评价的内容主要包括项目目标评价、项目实施过程评价和项目影响评价。在评价后，形成项目评价报告书，以作为将来项目管理的经验来源。

第二节 福利彩票营销的项目组织与团队管理

福利彩票营销的项目管理归根到底就是对项目中人的管理。项目管理的基础是有一个适当的项目组织，组成一支高效的项目团队，选择一个好的项目经理。为了更好地发挥项目成员的作用，要采用先进的激励方法鼓舞项目团队成员顺利完成任务，并取得更高的绩效。

一、福利彩票营销的项目组织设计

福利彩票营销的项目组织是为了完成机构的营销目标而建立的职务结构。

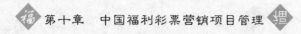

项目组织是项目活动成功的基础。项目组织具有与一般组织不同的特征：为了专门的任务而设立；项目经理具有特别重要的作用；强调团队的协作精神；灵活性强；等等。福利彩票营销的项目组织管理主要包括选择项目组织的类型和进行项目组织的运行机制设计等内容。

（一）项目组织的类型

项目组织在长期的发展中形成了职能式、项目式、矩阵式、复合式、网络式和虚拟式六种类型，福利彩票机构可根据自己的需要进行选择。

1. 职能式项目组织结构

职能式项目组织形式是指企业按职能以及职能的相似性来划分部门，各职能部门根据项目的需要承担本职能范围内的工作。例如，要开发新产品就可能从营销、设计及生产部门各抽调一定数量的人员形成开发小组，而小组成员并没有脱离原来的职能部门，需要在原职位上完成项目中由本部门职能来完成的任务，可见，这样的项目实施组织界限并不十分明确，他们在项目中实施的工作多属于兼职工作性质。如图 10－4 所示。

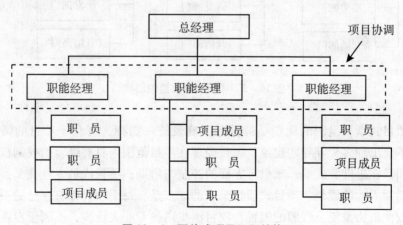

图 10－4　职能式项目组织结构

职能式项目组织的主要优点是：同一部门人员可以交流经验及共同研究，

有利于企业技术水平的提升；当某人从某项目退出或闲置时，部门主管可以安排他到另一个项目去工作，从而有利于资源的灵活利用与降低成本；沟通渠道是垂直型的，有利于组织的控制。缺点主要有：协调的难度大；项目组成员责任淡化；等等。

2. 项目式项目组织结构

项目式组织是按项目的需要来划归所有资源，每个项目拥有完成项目任务所必需的所有资源，每个项目实施组织有明确的项目经理。项目经理对上直接接受企业主管或大项目经理领导，对下负责本项目资源的运用以完成项目任务。每个项目组之间相对独立。项目式组织结构如图 10-5 所示。

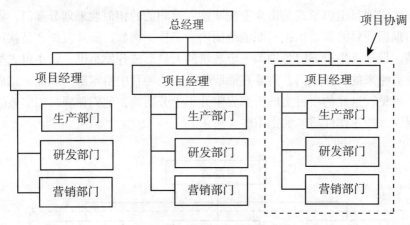

图 10-5　项目式项目组织结构

项目式项目组织的优点是：目标明确及统一指挥，有利于项目的圆满完成，不会出现多头领导的现象；项目经理在项目范围内具有绝对的控制权，有利于项目在进度、成本、质量等方面的控制与协调；项目成员专业交叉，有利于全面型人才的成长。项目式项目组织的缺点是：每个项目都有自己的一套机构，致使机构重复及资源的闲置；项目组织内各专业人员少，不利于专业技术水平的提高；项目式组织随项目的产生而建立，随项目的结束而解体，致使项目组织不稳定。

3. 矩阵式项目组织结构

矩阵式组织形式是将按照职能划分的纵向部门与按照项目划分的横向部门结合起来，以构成类似矩阵的管理系统。矩阵式组织形式适应于多品种、结构工艺复杂、品种变换频繁的项目。矩阵式组织形式分为强矩阵组织形式、弱矩阵组织形式和中矩阵组织形式。强矩阵组织形式的资源均由职能部门所有和控制，每个项目经理根据项目需要向职能部门借用资源；各项目是一个临时性组织，一旦项目任务完成后就解散；项目经理向项目管理部门经理或总经理负责，他领导本项目内的一切人员，通过项目管理职能，协调各职能部门派来的人员以完成项目任务。弱矩阵组织结构是基本上保留了职能式组织形式的主要特征，但建立了相对明确的项目实施班子，却未明确对项目目标负责的项目经理，即使有项目负责人，他的角色只不过是一个项目协调者或项目监督者，而不是真正意义上的项目管理者。中矩阵组织形式又称"平衡矩阵组织形式"，是为了加强对项目的管理而对弱矩阵组织形式的改进。与弱矩阵组织形式的区别是在项目实施班子中任命一名对项目负责的项目经理；与强矩阵组织形式的区别是该项目经理仍然在各个职能部门中。矩阵组织形式如图 10 - 6、图 10 - 7、图 10 - 8 所示。

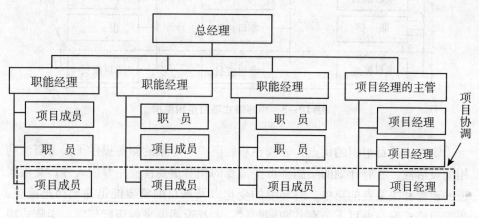

图 10 - 6 强矩阵式项目组织结构

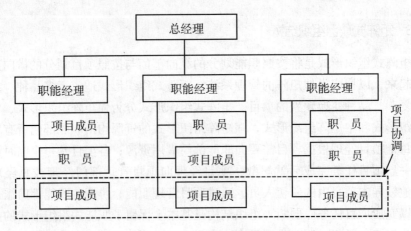

图 10-7　弱矩阵式项目组织结构

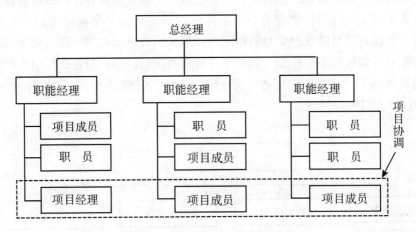

图 10-8　中矩阵式项目组织结构

矩阵式项目组织的优点，表现在职能组织中专家的储备提供了人力资源利用的灵活性，所有计划的实施都可按需要的相对重要性使用专门人才；交流渠道的建立和决策点的集中，对环境的变化以及项目的需要能迅速地做出反应；当项目完成时，项目人员有其职能归宿，大都返回原来的职能部门。矩阵式项目组织的缺点是：职能组织与项目组织间的平衡需要持续地进行监督，以防止双方互相削弱对方；在开始制定政策和方法时，需要花费较多的时间和劳动量；对时间、费用以及运行参数的平衡必须加以监控，以保证不因时间和费用而忽视技术运行。

4. 网络式项目组织结构

网络式项目组织结构是随着知识经济的到来和网络技术的应用而产生的，是为了完成知识性项目而建立的组织形式。网络式项目组织结构具有以下特征：（1）项目的资源不再相对独立，可以为各个项目共享；（2）项目成员在各个项目中的角色不是固定的，而是动态变化的；（3）项目成员在组织中的权力地位取决于其拥有的知识。

网络式项目组织结构的主要优点是：各个项目经理和项目成员不再仅仅看到自己项目范围内的利益，而是关心整个组织的发展；组织的资源可以为各个项目共享；项目成员可以相互学习，有利于在组织中获得发展和提升。网络式项目组织结构的主要缺点是：当一个项目成员同时参与多个项目时，难免会带来角色的混乱，并且无法很好地安排自己在各个项目中应该花费的时间。

5. 复合式项目组织结构

复合式项目组织结构是指公司同时采取多个不同的项目组织形式。如图10-9所示。

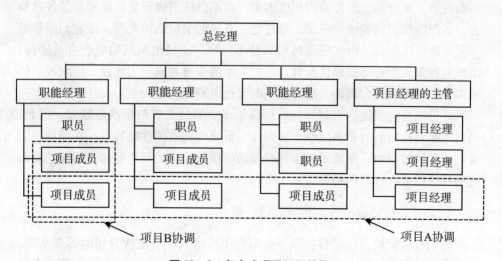

图 10-9　复合式项目组织结构

465

复合式项目组织结构使公司在建立项目组织时具有较大的灵活性，但也存在一定的风险：同一公司的若干项目采取不同的组织方式，由于利益分配上的不一致性，容易产生资源的浪费和各种矛盾。

6. 虚拟项目组织

虚拟项目组织是通过选择能够分担某一方面经营责任的拥有优势竞争力的合作伙伴，使得整个项目能够顺利实现最终目标。虚拟项目组织具有高度的市场动态适应性，从其在公司中的功能划分，主要有联合生产型、联合销售型和联合开发型。采用虚拟项目组织由于能够实现资源共享、优势互补，因而具有很大优势：能够利用外部资源增强虚拟项目组织的竞争力；能够在不增加投资的情况下实现规模经济，并能避免过度竞争。因此，虚拟项目组织是目前项目管理理论研究的前沿课题。

（二）项目组织的运行机制

项目组织有两层含义：一是指项目的组织机构；二是指组织的运行。项目组织的管理就是为实现项目管理目标而进行的项目组织机构的建立、组织协作与组织调整的组织运行活动过程。项目组织的运行机制是指在明确项目总目标的前提下，充分调动各方面的积极因素，以系统的观点研究影响项目的各参与方、各职能部门、各组织成员，通过建立有效的组织结构关系，使它们能够最大限度地协作配合，以实现项目组织整体目标。项目组织活动能否有效进行、组织资源要素能否得到最佳配置、组织关系能否得到最有效体现、组织成员的积极性能否得到最大调动，项目组织的运行机制是关键因素。

评价项目组织运行机制好坏的标准很多，但最主要的标准是绩效。因此，项目组织运行机制具有系统性、协调性、群众性和效率性的特征。在项目组织管理的发展过程中，形成了基于职权驱动的项目组织运行机制和基于契约驱动的项目组织运行机制两种类型。

1. 基于职权驱动的项目组织运行机制

以职权为驱动力的运行机制，是指在项目组织中有层次分明的等级结构，有着严格的职权结构和组织运行规则。项目组织中的职权是处于某一职位上的权力，是一种能够影响别人处理、管理业务的权力。这是一种项目组织安排的权力，是项目组织赋予各级管理者的具有法律效力的权力，具体表现为指挥权、决策权和奖惩权。

以职权为驱动力是目前项目组织有效运转的最主要形式，它具有以下特征：一是独占性，拥有职权的上司有权力给下属分配任务，确定其工作内容及进度，下达指令，指挥管理；有权聘任或解聘下属；有权给予下属一定的奖惩。二是封闭性，指项目组织内形成一个连续封闭的运转系统，包括管理组织的封闭，管理职能的封闭，管理制度的封闭和管理过程的封闭。三是强制性，在项目组织中大量使用行政方法，强调权力的高度集中和统一，集权的成分较大。四是制度化，是指在项目组织中运用制度化管理推动项目管理工作的进展。

以职权为驱动力的项目组织运行机制，其优点主要体现在：领导对权力的运用得心应手，对管理中一些复杂问题的解决非常有益；领导通过集权，可以保证决策者能够从全局出发，综合考虑，统筹兼顾，有利于统一使用和协调各部门的力量，创造比较明显的工作成绩，保证组织的协调发展。其缺点主要体现在：中层、基层管理人员被动地、机械地执行命令，长期下去，会降低项目组织成员的工作热情。同时，由于各级领导的主观能动性没有调动起来，只靠高层领导进行促进，其力量是有限的、反应是迟缓的，从而降低组织的适应能力和活力。

2. 基于契约驱动的项目组织运行机制

基于契约驱动的项目组织运行机制是以合同（契约）为驱动力，规范责任双方权力、责任和义务的结构关系。这种契约关系可以是人们常见的合同契约，也可以是一种内部协定。契约驱动的项目组织管理的关键要素是：契约的制定、考核量化和兑现奖惩。

项目组织运行机制中的契约关系是由项目团队与其利益相关者之间的关联关系而产生的。在项目组织中，其契约关系主要反映五个方面：（1）"投资者——成果提供者"的关系：主要反映的是总经理与项目经理之间的关系。（2）"资源使用者——资源供应者"的关系：主要反映项目经理与部门经理之间的关系。（3）"投资者——资源育成者"的关系：主要反映总经理与部门经理之间的关系。（4）"雇主——雇员"的关系：主要反映项目经理与项目组成员的关系。(5)"专业资源——资源育成者"的关系：是指项目组织成员与部门经理之间的关系。

以契约为驱动力的项目组织运行机制的主要特征是：平等性，契约双方具有平等的法律地位，能够充分体现双方当事人的意愿和经济利益；开放性，好的契约总是双赢的，因此，契约双方必须相互沟通和了解，并根据对方的反应调节自身的行为；规范性，契约双方为了维护自身的权力，都非常审慎地对契约内容进行充分考虑，反复推敲和斟酌；原则性，契约双方以共同认可的承诺为行为的准则，准则是一种价值观，比基于制度的管理更灵活、更有效。

(三) 福利彩票项目组织选择的原则

前面介绍的六种项目组织结构形式，其中职能式、项目式和矩阵式是基本的形式，其他形式是在此基础上派生的形式。三种形式各有各的优点、缺点和适应性，因此，福利彩票机构营销在进行项目组织结构选择时，要充分考虑各种组织结构的特点、企业特点、项目的特点和项目所处的环境等因素。

首先，要分析各种项目组织结构形式的优缺点和适应性，选择优点相对较多、缺点相对较少、并且与项目要求相匹配的项目组织结构形式。一般来说，职能式组织结构比较适用于规模较小、偏重于技术的项目，而不适应于项目的环境变化较大的项目。因为职能部门本身的存在无法做到各职能部门间的紧密合作。当一个公司中包括许多项目或项目的规模比较大、技术复杂时，则应选择项目式的组织结构。同职能式组织相比，在对付不稳定的环境时，项目式组织具有潜在的长处，这来自于项目团队的整体性和各类人才的紧密合作。同前两种组织结构相比，矩阵式组织形式由于融合了两种结构的优点，在充分利用组织资源上显示出了巨大的优越性，这在进行技术复杂、规模巨大的项目管理时呈现出了明显的优势。

其次，要考虑企业的特点。福利彩票机构是一个营销机构，其项目主要集中在销售、开发和在线设备维护上。这种机构决定了职能式、项目式和矩阵式的项目组织均可选择。具体选择哪一种，取决于项目的规模和性质。

再次，要考虑项目本身的特点。从规模来说，福利彩票机构营销的项目有的很大，有的则很小；从完成机构来说，福利彩票机构营销的项目多数是自己完成，有些项目则需要请外部人员完成，即"外包"；从时间要求来讲，有些

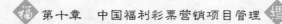

项目要求在最短的时间内完成，有的项目则时间较宽松。这样，需要自己完成的小规模的项目，可以采用职能式的组织形式；大项目则可采用项目式或矩阵式组织形式。时间要求宽松的项目可以采用职能式组织，时间要求紧的项目则采用项目式。如果是外包，采用的主要是项目式组织形式。

最后，要考虑项目所处的环境。如果该项目受环境变化因素的影响很大，项目完成过程中充满变数，就只能采用项目式。否则，可以采用职能式或矩阵式组织形式。

综合以上分析，提出影响项目组织结构形式选择的关键因素，在综合比较的基础上确定项目组织结构形式的选择。影响组织选择的关键因素与组织结构的对应关系见表 10－2。

表 10－2　　　　　　　　　　影响组织选择的关键因素

影响因素　　组织结构	职能式	矩阵式	项目式
不确定性	低	高	高
所用技术	标准	复杂	新
复杂程度	低	中	高
持续时间	短	中	长
投资规模	小	中	大
重要程度	低	中	高
客户类型	各种各样	中	单一
对内部依赖性	弱	中	强
对外部依赖性	强	中	弱
时间限制性	弱	中	强

二、福利彩票营销的项目团队建设

福利彩票的项目团队是指为实现机构设定的项目目标而组成的正式组织。由团队的队长（项目经理）、协调员、出主意者、评论员、外联负责人、执行人及督察组成。① 项目经理的职责是发现新成员并提高团队合作精神。协调人的职责是将所有队员的工作融合到整个计划中。出主意者的职责是维持和鼓励团队的创新能力。评论员是能使团队保持长久的高效率工作的监护人和分析家。外联负责人负责团队的所有对外联系事务。执行人的职责是保证团队行动的推进和圆满完成。督察的职责是保证团队工作的高质量。

根据项目团队人员构成的要求，一个项目团队的组建可以描述为这样一个过程：聚集具有不同需要、背景和专业的个人，把他们变成一个整体中的有效的工作单元。在这个转变过程中，要把诸多个体贡献者的目标和精力融合到一起，聚集到特定的目标上。团队组建是一个连续的过程，需要一定的领导技能和对组织、组织结构、权力、权力结构及运行机制的了解。福利彩票的营销项目有简单和复杂的多种情况，复杂的项目需要多个部门参加，例如，曾经为福利彩票事业发展立下赫赫战功的"大奖组"销售。在这样的活动中，团队建设尤其重要。体育彩票大奖组的销售中就是因为没有注重团队建设而出现了"西安宝马事件"。因此，加强项目团队建设是福利彩票机构管理者的重要职责。

（一）高效项目团队的特点

在福利彩票营销的项目管理活动中，项目团队工作是否有效会直接影响到项目的成败。也就是说，项目要获得成功，必须有一支高效的项目团队。高效的项目团队是指具有盎然的士气、较高的工作效率、完善的沟通和协作以及曾经取得的骄人成绩。具体来说，高效的项目团队通常具有以下特点。

1. 清晰理解项目目标

为使福利彩票营销活动中的项目团队工作有成效，要高度明确所要进行的工作的范围、质量标准、预算和进度计划。对于要实现的目标，每个团队成员必须对这一结果以及由此带来的益处有共同的设想。

---

① 丁荣贵、杨乃定：《项目组织与团队》，机械工业出版社 2005 年版，第 174 页。

2. 具有高度的凝聚力

凝聚力是指维持项目团队正常运转的所有成员之间的相互吸引力。团队对成员的吸引力越强，成员遵守规范的可能性越大。一个高效的项目团队，必然有高度的凝聚力，每位成员都强烈希望为团队的发展付出努力。

3. 合理分工与协作

高绩效的项目团队的成员要参与制定项目计划，明确各自的任务和职责，以便在工作过程中实现有机结合。每位成员勇于承担职责，努力完成项目中的任务。为此，项目经理起带头作用，工作身先士卒，管理一丝不苟；团队成员积极热情，群策群力，发挥各自的积极性和主观能动性，愿意为项目的成功付出必要的时间和努力。

4. 成员相互信任

在团队管理研究中，信任被作为一个重要的管理要素被加以重视。对于虚拟组织这一宽泛的团队来说，信任的重要性更是无可置疑的。一个高效的团队，其成员必须理解彼此之间的相互依赖性，承认团队中的每位成员都是项目成功的重要因素。信任横跨项目团队的生命周期。首先，项目起步需要有成员的彼此信任：坚信项目的成功才能使成员愿意加入团队这一次级组织并为之全身心的投入。在项目开展过程中，信任是彼此配合的润滑剂，成员的相互合作离不开对彼此能力与工作行为态度等的信任与认同。在项目的完成时，有助于团队成员共享团队产出，实现员工的价值，提高工作的满意度，提高个体对组织的忠诚度。

5. 明确的激励与约束机制

高效的项目团队需要每个人的努力，因此，建立激励机制有利于提高项目团队成员的工作积极性和工作热情，使他们全力投入工作，从而提高整个项目团队的工作效率。如果激励措施的力度不够，很可能会使团队成员出现消极的工作态度，工作效率低下，这样就会影响整个团队的绩效。同时，要对团队成员的一些不良或错误行为形成制约，这就是要建立约束机制，通过明确的规章制度规范整个团队及其成员的工作和行为，为团队的高效运行提供制度保障。

6. 具有团队精神

精神是生命的支柱。一个高效的团队必须具有团队精神。一个缺乏团队精神的团队就像一个缺乏精神支柱的人一样毫无生机。团队精神是指团队成员在团队发展过程中共同形成的价值观。主要体现在：团队成员对团队有着强烈的归属感，能强烈感受到自己是团队的一员，并且衷心地希望把自己的前途与团队的命运牢系在一起，愿意为团队的利益与目标尽心尽力；团队成员对团队具有高度的忠诚精神，绝不允许有损害团队利益的事情发生，并且具有团队荣誉感；团队成员之间相互协作、相互帮助、彼此促进，和睦相处，形成强大的凝聚力。

（二）建设高效项目团队的方法

高效项目团队建设的重点，既包括人员的招聘，也包括人员来了以后，如何使他们愿意全身心的投入。因此，高效项目团队建设的方法涉及整个过程。一般包括：纪律与规范、绩效考评与奖励系统、人的基本需求分析、人的个性组合与优化、人员的合理配置，以及对团队成员进行企业宗旨和企业文化的培训等。

1. 为项目挑选合格的人员组织团队

挑选项目组织的人员在项目形成阶段是一个主要的活动。由于对项目经理施加的种种压力，人员的选择有时很草率，或者没有明确地界定要完成的基本项目工作。结果造成了人员同工作要求不相匹配，最后导致项目性能不佳。因此，高效项目团队的建设必须从人员的"入口"开始。在人员的选择上，知识水平和能力固然重要，但与工作要求的匹配更重要。

2. 界定项目范围和形成团队核心

项目成员通常在他们的技术领域非常胜任。然而，工作只是项目4个参数中的一个：工作、时间安排、资源、责任。这些在招募人员开始之前就是必须界定的，至少要界定原则。项目计划在开始的时候，就要提出已确立的技术目标、进度、预算和责任。在最终完成项目计划和达到合同商定之前，应当形成核心团队。

3. 明确界定项目组织和汇报关系

成功创建一个高效项目团队的关键，是明确地界定和沟通项目责任以及组织关系。系统地描绘项目组织的工具来自传统的管理实践，包括：大项目或项目组织的章程；定义主要的汇报和权力关系的项目组织图；责任矩阵或工作单；工作说明。

4. 为团队发展创造一种氛围

一个项目团队的成功形成，需要基础结构的计划和系统建造。团队领导者必须确保团队在新的项目环境下感到职业的舒适，这包括相互信任、尊重，以及感觉到新任务是可操作的，得到了管理层的支持。

5. 建设优良的项目团队文化

项目团队文化是其在发展过程中形成的，为团队队员所共有的思想、作风、价值观和行为规范，它是一个项目团队所特有的信念和行为模式。[①] 项目团队文化主要包括团队的价值观、团队精神、团队道德、团队制度、团队目标、团队文化礼仪等。任何项目团队都有自己的文化，但内容却有优劣之分。高效项目团队的文化必须是积极向上、团结进取的文化。

三、福利彩票营销项目经理的条件

项目组织建立首先要任命项目经理，他/她要对项目的实施和完成负责。项目经理是项目团队的灵魂，是决定项目成功与否的关键人物。项目经理的管理素质、组织能力、知识结构、经验水平、领导艺术等都对项目管理的成败具有决定性的影响。福利彩票机构在选择项目经理时，必须明确项目经理的职责和项目经理应该具备的素质。

---

① 李剑锋、王珺之：《项目管理十大误区》，中国经济出版社 2004 年版，第 57 页。

(一) 福利彩票营销项目经理的职责

项目经理就是项目的负责人，有时人们也称为项目管理者或项目领导者，负责项目的组织、计划及实施全过程，以保证项目目标的成功实现。

项目经理作为福利彩票营销项目的负责人，其责任就是通过一系列的领导及管理活动使项目的目标成功实现并使项目利益相关者都获得满意。在项目的实施过程中，项目经理的主要任务就是要对项目进行全面的管理，具体体现在对项目目标要有一个全局的观点，并制定计划，报告项目进展，控制反馈，组建团队，在不确定环境下对不确定问题进行决策，在必要的时候进行谈判及解决冲突，保证项目的成功实施。项目经理的特殊地位决定了其责任可以分为对上级组织的责任、对项目的责任以及对所领导项目小组的责任。

项目经理对上级组织的责任包括资源的合理利用，及时、准确的通讯联系，认真负责的管理工作。为此，必须让所属上级组织的高级主管了解项目的地位、费用、时间表和进程，必须让上级主管了解未来可能发生的情况。项目经理应注意到项目推迟和出现赤字的可能，并掌握减少此类事情发生的方法。

项目经理对项目所应承担的责任具体表现在两个方面：一是对项目的成功负有主要责任；二是保证项目的整体性。

项目经理对项目小组所应承担的责任表现在三个方面：（1）为项目组成员提供良好的工作环境与氛围。项目经理作为项目的负责人，首先应该保证项目组成员形成一个好的工作团队，成员之间密切配合，相互合作，拥有良好的团队精神、工作氛围与环境。特别是对项目小组中的关键成员及高级研究人员要特别的照顾，这是激励项目成员的重要手段。（2）对项目小组成员进行绩效考评。公正的考评制度也是激励员工的一种手段。（3）为项目小组成员的将来考虑。由于项目小组是一个临时的集体，项目经理在激励项目成员的同时还应为项目小组成员的将来考虑，使他们在项目完成之后，有一个好的归属，这样可以使他们无后顾之忧，保证他们安心地为项目工作。

(二) 福利彩票营销项目经理的素质要求

项目管理的实践证明，并不是任何人都可以是合格的项目经理。项目及项目管理的特点要求项目经理必须具备相应的素质与能力，这样才能圆满地完成项目任务。福利彩票机构作为采用企业管理的事业单位，合格的项目经理应该具备良好的道德品质、全面的理论知识、系统的思维能力、娴熟的管理能力、卓越的领导能力以及健康的身体。

良好的道德品质是合格项目经理最基本的要求。道德决定了一个人的行为准则。项目经理控制着项目的财权和物权，如果他们的个人道德品质不良，就很可能在利益的驱使下，贪赃枉法、以权谋私，从而导致整个项目的失败。此外，项目经理要具备一定的社会道德品质，不能一味追求项目自身的经济效益，而应同时考虑福利彩票项目所带来的"扶老、助残、救孤、济困"的社会效益。

全面的理论知识是项目经理胜任的基础。项目经理的知识水平主要表现在专业技术知识的深度、综合知识的广度和管理知识水平三个方面。

系统的思维能力是指项目经理要具备良好的逻辑思维能力、形象思维能力及将两种思维能力辩证统一于项目管理活动中的能力。同时，要具有分析能力和综合能力。

娴熟的管理能力就是把知识和经验有机地结合起来运用于项目管理的本领。主要包括决策能力、计划能力、组织能力、协调能力、创新能力、人际交往能力、建设项目团队的能力等。

项目经理是项目的管理者而不是项目的具体执行者，权力有限却要面对复杂的组织环境，因此必须具备卓越的领导能力。项目经理的领导能力包括：具有清楚的领导意识，明确项目前进的方向；具有很强的沟通能力，能使新成员尽快地融入团队中来；能够权衡方案的技术性、经济性及其与人力因素之间的关系。

健康的身体是项目经理胜任工作的物质基础。项目经理面对繁重的工作任务，没有健康的身体是无法完成工作任务的。健康的身体不仅包括生理的健康，也包括心理的健康。

四、福利彩票营销项目团队的绩效管理

绩效管理是一种提高组织员工的绩效和开发团队及个体潜能，使组织不断

获得成功的具有战略意义的、整合的管理方法。福利彩票机构通过绩效管理，可以帮助实现其绩效的持续发展，促进形成一个以绩效为导向的企业文化，激励员工的工作热情，促使员工开发自身的潜能，增强团队的凝聚力，提高团队的绩效。

一般说来，绩效通过做什么和如何做两个方面来体现，既要考虑投入（行为），也要考虑产出（结果）。项目绩效管理是对项目团队的工作过程和最终结果进行的事前计划、事中管理和事后考核。项目绩效管理的内容包括绩效计划、管理沟通、薪酬管理、问题分析与处理、绩效考核与评价等。

绩效计划是绩效管理过程的起点。对项目团队来说，绩效计划是指确定团队成员在一段时期内该做什么工作、定义绩效评定方法、分析并计划克服工作障碍的过程及书面文件。绩效计划是由项目经理与团队成员共同研究确定并达成一致共识的，并据此签订绩效合同。绩效合同一般包括：工作目的描述、团队成员认可的工作目标、发展目标及其衡量标准等。绩效合同是进行绩效考核的重要依据。

管理沟通是项目团队绩效管理的行为表现。团队成员不论等级高低、年龄资历大小都是平等的，是一种服务和支持的关系。因此，持续的管理沟通能保证项目经理和成员共同努力，及时处理出现的问题，修订工作职责，提高项目成果的质量水平。通过不断的工作的沟通，发展员工与管理者之间的建设性的、开放的关系，给员工提供表达自己工作愿望和期望的机会。

科学合理的薪酬管理可以调动团队成员的积极性，从而加快项目的进度和质量的提高。因此，项目团队的薪酬管理应该与项目团队成员的工作绩效密切挂钩。项目经理可以通过手中掌握的项目团队的"财权"，通过公平、公正、透明度高的报酬设计，对干得好的成员进行奖励。

项目团队在工作一个阶段以后，要进行认真的总结和分析，以发现团队工作有哪些成绩，哪些优势需要继续保持和发扬，有哪些不足和失误需要改进。针对存在的问题，对现有的政策进行修订，对成员的工作进行调整。

项目团队的绩效考核可以根据具体情况和实际需要进行月考核、季考核、半年考核和年度考核。工作绩效考核是一个按照事先确定的工作目标和发展目标及其衡量标准，考核项目团队成员实际完成的绩效情况的过程。项目开始时签订的绩效合同或协议，一般都规定了绩效目标和绩效测量的方法及标准。绩效考核包括工作结果考核和工作行为考核两个方面，其中，工作结果考核是对

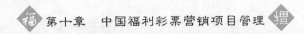

考核期内团队成员的工作目标实现程度的测量和评价；工作行为考核是对团队成员实施行为、过程进行评价。

第三节 福利彩票新产品开发项目管理

新产品开发是福利彩票机构营销项目管理的主要类型之一。新产品开发是技术与市场合一的营销项目，是福利彩票机构的大型营销项目。

目前，福利彩票发行机构都很重视新产品开发，在实施过程中也或多或少地使用了项目管理这一概念，但实际效果并不理想，在开发成本、开发质量和开发时间上都存在着不足。究其原因，是没有采用真正意义上的项目管理机制。为了改变彩票新产品开发的不利局面，福利彩票机构应加强新产品开发的项目管理。

一、福利彩票新产品开发项目管理的重点工作

福利彩票新产品的开发是一项艰巨而复杂的任务，涉及多个部门的分工协作，工作周期相对较长，协同管理相对困难。一般来说，新产品的开发要经过市场分析、产品设计、样品试制、小批试制、产品鉴定等环节，涉及到市场部、开发部、技术部等多个部门的工作，从开始市场分析到最后的批量生产的时间也较长，这就需要建立一个项目组来完成。

新产品开发是指从彩民的需要出发，应用现代技术成果研究新产品、设计新玩法的创造性活动。新产品开发是福利彩票机构的重大战略决策，是将科学研究成果转化为现实生产力的重要环节，是提高竞争能力和经济效益的根本性措施。新产品开发的项目管理是在一定的时期内，为了完成新产品开发项目的既定目标，通过特殊形式的临时性组织运行机制，采用项目管理技术，进行有效的计划、组织、领导和控制，充分利用既定的有效资源的一种系统化的管理。

产品开发作为一个项目整体，受到开发成本、开发时间和开发质量三方面

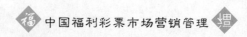

因素的制约。福利彩票新产品开发项目管理的重点内容是：建立有效的项目组织；开展产品的市场研究；搞好新产品开发的过程管理；加强项目进度管理；进行项目的资金和成本分析；搞好项目的质量管理；加强项目的物资管理；搞好项目的团队建设和沟通管理。

1. 建立有效的项目组织

彩票新产品中包含着新的玩法技巧、中奖概率的发布和安全防伪等高技术含量，彩票新产品开发需要掌握不同专业技术的人员协调进行，这就需要建立有效的项目组织。项目组织的形式根据项目的规模和人员的组成情况来确定。

2. 开展产品的市场研究

新产品开发的基础是市场需求。因此，市场研究是彩票新产品开发项目管理的重点内容。彩票新产品开发的市场研究包括市场需求分析、新产品的创意分析和销售预测三个方面。市场需求是分析彩民对新的彩票玩法的迫切要求。新产品创意是分析新玩法中应该包括哪些吸引彩民的项目和内容。市场需求是分析彩民对新产品的需要量。

3. 搞好新产品开发的过程管理

彩票新产品包含着玩法技巧、奖金比例和防伪设计等复杂的内容，其开发是一个长过程。因此，必须对提出概念、产生构思、形成创意、创意筛选、产品试制、正式投产的整个过程加强管理。只有每一个过程都是一丝不苟，才能保证工作成果的善始善终。

4. 加强项目进度管理

彩票新产品的开发是有时间限制的，推迟了新产品的上市时间就等于减少了彩票的销售量。进度管理的一般原则是"时间过半完成任务过半"。

5. 进行项目的资金和成本分析

进行彩票新产品开发的资金和成本分析既为了避免出现"赤字"和浪费，又为了避免出现不会花钱而延误工期。

6. 搞好项目的质量管理

彩票新产品的开发质量直接关系到彩票的销售、兑奖等一系列的工作，如果出现错号，会引起彩民的不满；如果错号与几百万的大奖相联系，甚至会造成社会的不安定。因此，彩票新产品开发的质量管理是彩票项目管理的重中之重。

7. 加强项目的物资管理

彩票新产品的开发主要是智慧的支出，不需要太多的物资，但需要先进的技术装备做保证。为此，必须加强物资的采购和使用管理。

8. 搞好项目的团队建设和沟通管理

项目团队建设和项目成员的沟通是保证福利彩票新产品开发成功的组织保证。福利彩票机构在新产品开发过程中，必须加强项目团队建设，尤其是加强团队文化建设，以便形成优良的企业文化。同时，必须加强团队成员的沟通，以保证全体成员充分发挥主观能动性和创造性。

二、福利彩票产品开发项目的四个阶段

根据项目生命周期理论，福利彩票产品开发项目的管理也可以分为四个阶段，即项目启动、项目规划、项目实施和项目结束。在这一系列过程中，项目经理应该充分运用规划、协调和控制能力，对项目实施有效的管理。

（一）项目启动

当福利彩票发行机构的决策层准备开发某种新产品，并任命项目经理后，产品开发项目就正式启动了。此时项目经理的首要工作是选择完成项目所需要的人员，组成项目小组。有的项目小组的成员是初次合作，项目经理必须明确了解各成员希望项目小组提供的支持，并对参与的各方进行协调。在这一阶段，项目经理需要召开一次较为正式的会议，向各项目成员明示项目已经开始

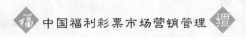

运行。这次会议还应该就项目目标和项目的组织形式达成一致意见。

(二) 项目规划

根据项目质量、成本和时间的要求，项目经理可分别针对各因素进行详细规划，主要工作包括：明确项目范围；确定需要完成的各项工作任务；确定各项工作任务所需的时间及相互关系；各工作任务的资源分配。

项目经理可以使用任务分解法来确定项目范围。任务分解是对项目的成本、时间和质量进行计划，分解的层次取决于项目的复杂程度。这里需要强调的是项目经理在进行任务分解时，应有一定的尺度，并不是分解得越细越好。任务分解过细会带来时间及资源分配上的困难，只要项目经理感到能够对某项任务进行有效控制，就不必再进行细分。福利彩票新产品开发项目管理的工作任务分解见图 10-10：

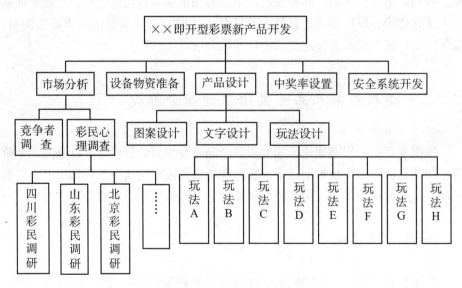

图 10-10　××即开型彩票新产品开发项目工作分解

在任务分解完成后，项目经理需要对每项子任务分配一定的时间。项目经理应该凭借经验和科学的评估方法确定各项子任务的时间及各子任务间的关系，并画出任务流程图，图中要显示关键路径和项目工期。子任务间的关系可分为"开始—开始"、"完成—开始"、"完成—完成"和"开始—完成"四种。

福利彩票产品开发中的资源分配主要是与人员有关的资源分配，这是因为福利彩票产品开发最后形成的是非实物化的交付成果，开发过程中很少涉及到物料的使用。因此，项目经理一般不需要精确制定产品的实物开发成本，但要进行人员活动的成本控制。人力资源的分配对项目的工期和开发质量都有直接的影响，各项任务对人力的需求是不同的，而同一项任务的完成时间又取决于分配资源的多少，所以，如何最合理的给各任务分配人力是资源分配的难点。

（三）项目实施

在项目实施过程中，项目经理的主要工作是对项目的三个影响因素进行实时监控，并对利益相关者的满意度负责。对福利彩票产品开发项目来说，项目经理在项目实施阶段的重点应该是控制工作进程。为了有效控制项目进程，项目经理必须注意加强项目组内外部的沟通，以及采取正确的方式来解决小组成员间的分歧。有效的沟通可以使所有参与人员都清楚项目的进程，有利于意见的交流，同时也有利于改善项目组和公司相关部门之间的工作关系。小组成员在开发过程中产生分歧在所难免，这种分歧在一定程度上有助于项目质量的提高，但如果处理不当，会严重影响项目的进程。为此，项目经理必须恰当地运用各种手段来化解成员间的分歧。

项目经理在进程控制时可采用三个步骤：建立标准、实时监控、采取应对措施。实时监控和采取应对措施可以同时进行，这是因为项目经理在监控中一旦发现问题，就应该立即采取措施，绝不能拖延。项目经理在采取应对措施时要注意方法，应该运用个人沟通技巧来激励成员，绝不能采用任何对抗性的做法打击项目成员的积极性。

（四）项目结束

当产品进入市场销售时，产品的开发工作进入了尾声。除了市场调研人员需要对产品的销售业绩进行追踪评估外，项目经理可以用召开项目结束会议等

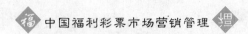

正式的方式宣布项目结束，并解散项目小组。在此之前，项目经理应该与项目成员和相关管理人员进行交谈，了解他们对项目过程的评价以及对管理方式的看法。项目经理应该记录项目所取得的主要成果和相关人员的意见，以便为未来的项目管理提供借鉴。

尽管项目小组已经解散，但项目经理的工作还没有结束。他需要对整个项目进行评估。项目的评估包含两方面的内容：一是对产品开发过程进行评估，如项目组是否完成了事先设定的各项任务，实施方式是否存在不足等；二是对开发结果进行评估，主要是根据协议评估产品是否达到各项标准。在对项目的成败原因进行分析之后，项目经理应该及时提交项目结束报告。如果项目组成员由各部门人员临时组成，项目经理还有责任向人力资源部门或相关部门主管提交各成员的工作表现报告。

第四节　福利彩票营销的策划和促销项目管理

策划项目和促销项目是福利彩票机构项目管理的两大内容。两类项目各有不同的内容和要求。

一、福利彩票营销的策划项目管理

承担福利彩票营销策划项目的团队是知识型团队，而对知识型团队成员的管理具有与其他团队不同的特点。在项目管理中，除了按照常规项目管理的程序进行外，基本的原则是"抓两头，带中间"，即重点抓住"立项"和"验收"，其他工作由团队成员自我管理。

（一）福利彩票营销策划项目的可行性研究

福利彩票机构设立并请外部专家承担营销策划项目，其原因有多种：可能是认为内部人不能胜任该项目的工作；也可能是认为"旁观者清"，希望外部

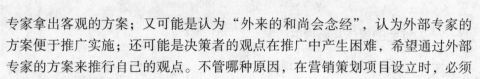

专家拿出客观的方案；又可能是认为"外来的和尚会念经"，认为外部专家的方案便于推广实施；还可能是决策者的观点在推广中产生困难，希望通过外部专家的方案来推行自己的观点。不管哪种原因，在营销策划项目设立时，必须要进行可行性研究。

可行性研究（Feasibility Study）是指在决定福利彩票营销策划项目之前，对将要进行的项目实施的全面分析论证并试图对其做出可行或不可行评价的一种科学方法。它是项目前期工作的重要内容和重要环节，是进行项目决策的一个必不可少的工作程序。在项目实施决策之前，调查、研究与拟建项目有关的自然、社会、经济、技术资料，分析、比较可能的决策方案，预测评价项目实施后的社会经济效益，并在此基础上综合论证项目投资建设的必要性、财务上的盈利性、经济上的合理性、技术上的先进性和适用性以及实施条件上的可能性和可行性，从而为项目决策提供科学依据。一个完整的可行性研究报告至少应包括三个方面的内容：一是分析论证项目实施的"必要性"，这主要是通过市场预测工作（即通过市场预测分析项目提供的产品的市场需求情况）来完成的；二是项目实施的可行性，这主要是通过企业的内部资源、技术分析和实施过程论证来完成的；三是项目实施的合理性（经济上的盈利性和社会上的合理性），这主要是通过项目的效益分析来完成的。其中，项目实施的合理性分析是可行性研究中最为核心的问题。

福利彩票营销策划项目可行性研究的任务，是通过对拟实施项目进行方案规划、技术论证、社会经济效益的预测和分析，经过多个方案的比较和评价，为项目决策提供可靠的依据和可行的建议，并明确回答项目是否应该实施和怎样实施。对福利彩票项目进行可行性研究的目的在于为投资决策从技术、经济、社会等多方面提供科学依据，避免和减少项目投资决策的失误，以提高项目投资决策的水平，提高项目的投资效益。

具体说来，福利彩票营销策划项目的可行性研究具有以下作用：

1. 为项目投资决策提供依据

在福利彩票营销活动中，一个项目的成功与否及效益如何，会受到社会的、自然的、经济的、技术的等诸多不确定因素的影响，而项目的可行性研究将有助于分析和认识这些因素，并依据分析论证的结果提出可靠的或合理的建议，从而为项目的决策提供强有力的依据。

2. 为项目的具体实施提供依据

在可行性研究报告中，对项目的实施方案、宣传方案、项目规模、实施场所、实施流程、主要设备和总体布局等作了较为详细的说明，因此，在项目的可行性研究得到审批后，即可作为编制项目实施计划的依据。

3. 为项目进行后期评价提供依据

项目完成后要进行评价和验收，可行性研究报告便成为项目后评价的对照标准，尤其是项目可行性研究中有关效益分析的指标，无疑是项目结束后进行评价的重要依据。

（二）福利彩票营销策划项目的验收

福利彩票营销策划项目完成以后，就要提交客户方或项目团队的上级部门进行验收。项目验收是指核查项目计划规定范围内的各项工作或活动是否已经全部完成，可交付成果是否令人满意，并将核查结果记录在验收文件中的一系列活动。

福利彩票营销策划项目验收要关注三个方面的内容：一要明确项目的起点和终点；二要明确项目的最后成果；三要明确各子项目成果的标志。

一般说来，福利彩票营销策划项目的起点和终点在协议中已明确载明，如果没有什么意外，按照协议的时间验收即可。但是，营销策划项目受环境的影响很大，需要客户的积极配合才能按时完成。因此，由于客户的资金不到位、工作条件不支持或者不能及时完成相关的配套工作、不能及时反馈策划意见造成的时间延误，项目团队不承担责任。

福利彩票营销策划项目的工作成果是策划报告或策划方案。项目验收时提交的工作成果要符合项目目标。由于策划报告是一项高智力劳动，体现着研究者的智慧和创意，没有固定的验收标准，只能组织相关的专家和管理人员凭个人的知识和经验进行判断。工作成果验收合格，项目才能终止。因此，项目验收的重点是对项目的工作成果进行审查。

福利彩票营销策划项目有的内容比较单一，其成果只有一个整体报告，没有子项目；有的项目内容较多，其成果由多个子项目组成。凡包含子项目的策划项目，在协议书中必须列出，以便在项目验收时作为依据。作为子项目的成果，其标志必须清楚，能够明确的与其他项目成果区别开来。

如果策划项目是由于无法继续实施而提前结束的，同样应查明哪些工作已经完成，完成到什么程度，并将核查结果记录在案。

项目验收后，如果项目产品符合验收标准和相关的规定，项目团队要和客户签订验收鉴定书，表示双方当事人已经认可并验收了该项目成果。

二、福利彩票营销的促销项目管理

促销是指福利彩票机构利用各种方式方法，向彩民和社会公众传递福利彩票的相关信息，提高彩民和社会公众对福利彩票的认识，从而促进彩民购买或增加购买福利彩票的活动过程。福利彩票机构作为一个销售彩票筹集公益金的社会组织，为了扩大福利彩票的销售量，必须不断进行促销活动。促销活动的效果与营销组织管理的水平有关，要提高福利彩票促销的效益，必须采用项目管理的方式。福利彩票的促销包括直接促销和间接促销。直接促销是指针对彩民的促销；间接促销是指针对社会公众开展的宣传彩票事业的公益活动。这样，促销活动项目可能涉及到直接促销和间接促销的综合内容。

福利彩票促销项目的工作成果是策划与实施的统一。因此，促销项目通常由福利彩票机构的内部成员完成。福利彩票促销项目是经常开展的活动，数量很多但规模较小。这就决定了在管理的步骤上与其他项目相同，但不需要在成果验收上像外部人员承担的项目那样履行复杂的交接手续。

福利彩票促销项目的内容很多，为了避免重复，本书不作详细论述。对本问题感兴趣的读者请阅读《中国福利彩票市场营销通论》中的"福利彩票营销的促销策略"一章。

第十一章

中国福利彩票营销绩效管理

研究市场营销管理的目的是为了提高自己的营销绩效水平。管理大师彼得·德鲁克（Peter Druck）指出："20世纪中，'管理'最重要、最独特的贡献，就是在制造业里，将体力工作者的生产率提高了50倍之多；21世纪，'管理'所能做的与此同样重要的贡献，就是必须增加知识工作和知识工作者的生产率。"① 福利彩票机构为了实现一个更高的绩效目标，必须建立一个有效的绩效管理系统，努力促进市场营销绩效的提高。但是，建立营销绩效管理系统本身只是手段，目的是要发现前期营销方式的不足及长处，以便在制定新的营销策略时加以改进或发扬。本章将从绩效管理的一般理论研究入手，分析福利彩票营销绩效管理的方法和流程，并探讨绩效管理系统的建设问题。

第一节　福利彩票营销绩效管理概述

随着彩票市场竞争的加剧，如何激励员工、提高组织绩效成为福利彩票管理者关注的头等大事。福利彩票机构的绩效和员工的绩效是紧密相连的，只有员工的高绩效才能形成福利彩票机构的高绩效。因此，员工绩效的良莠显然是影响福利彩票机构实现目标和创造机构高绩效的关键环节。这也是为什么都把

---

① 彼得·杜拉克：《21世纪的管理挑战》，三联书店出版社2000年版，第173页。

培养高绩效的员工作为重要任务来看待的原因。

一、福利彩票绩效和绩效管理的含义

绩效管理是一个学习、改进、控制、提高的系统工程，是一种防止绩效不佳和提高绩效的工具。要明确绩效管理的内容，首先要弄清绩效和绩效管理的含义。

（一）绩效的含义

提到绩效管理，人们自然会首先想到什么是绩效（Performance）。绩效的定义至今没有达成一致意见，原因是采用不同的视角定义绩效，决定着绩效评价标准的确定、评价指标体系的构建以及采用何种手段来进行绩效管理等基本问题。例如，社会主义的分配原则是"按劳分配"，依据的"劳"指的是什么？是劳动结果、劳动能力还是劳动过程？按劳动结果就不考虑学历和劳动态度的差别；按劳动能力就必须承认学历差别而不管劳动态度和结果如何；按劳动过程就只能考虑劳动态度而不管学历和劳动成果。因此，人们在日常谈到绩效时，一般是指员工完成职位工作要求的程度，完成的程度高就是高绩效，完成的程度低就是低绩效。在对福利彩票营销绩效进行研究之前，有必要对绩效的定义进行考察和分析。

关于绩效的定义，目前主要从结果、能力和行为三个角度进行了研究。

从"结果"的角度下定义就是考核"产出"，把绩效定义为"在特定的时间内，由特定的工作职能或活动产生的产出记录"。目标管理理论采用的就是"结果"标准，只不过是把个人的产出扩大到机构的产出。这一定义的优点是：可以使员工清楚地了解到组织对他们的预期；在目标结果能够被接受的前提下，可以提高员工的工作兴趣，减少其枯燥感，从而产生更好的绩效。但是，以"结果"定义绩效存在明显的不足：作为个人的员工往往把注意力集中于自己的绩效被评价的那些方面，而忽略了绩效的其他方面，结果导致过于注重短期利益，忽视了核心能力的培养和发展。同时，影响产出结果的因素是复杂的，其中部分因素是员工个人无法改变和影响的。当员工以外的其他因素左右着产出结果时，以结果作为评判员工绩效的主要标准显然有失公允。

从"能力"角度下定义，绩效是指人们能够胜任工作、产生绩效的能力。产生绩效的能力是指可能产生绩效所具备的知识、技巧及行为，它是个人所独具的特质，是一种能够表现出来、可以被确认，并具有产生未来绩效可能性的素质。具体表现为五个方面，即动机、特质、自我概念、知识和技能。这种观点的潜在假设是：合格的员工自然会带来合格的绩效。因此，通过工作前的能力测评和事后的评价来考核员工，就可以取得好的绩效。该定义的优点是提供了"向前看"的绩效标准。缺点表现在：绩效是能力与动机的乘积，因为能力并不能为绩效提供动力，动机才是产生绩效的动力源泉。可见，能力只是绩效的必要条件，而非充分条件。许多企业的实践已经说明了这一点。

从"行为"的角度给绩效下的定义是：绩效是指人们实际采取的能够控制且可以被他人观察到的行动。在确定基于行为的绩效定义的内部结构方面，最具影响力的理论是 1993 年美国学者 Borman 和 Motoweidlo 所提出的任务绩效（Task performance）和关系绩效（Contextual performance）概念。① 任务绩效代表着员工从事某些活动的熟练程度，这些活动或者是其本职工作的一部分，或者通过从事某项技术直接贡献于组织的技术核心，或通过提供必要的原材料或服务间接贡献于组织的技术核心。任务绩效包括两类行为：一是直接将原材料转化成组织所生产的产品或提供的劳务的活动，如在零售店中销售商品，在车间操纵一台机器，在学校任教，在医院执行一项手术等；二是通过补充原材料的供给来服务维持技术核心，分销最终产品以及提供重要的计划、协调、监督、人事等功能，以保证组织有效运行的活动。关系绩效本身不是直接的生产和服务活动，即它并不服务于技术核心，而是构成组织的社会、心理背景的行为，它可以促进任务绩效的提高，从而提高整个组织活动的有效性。例如：自愿承担本不属于自己职责范围内的工作；为了成功地完成任务，必要时会付出额外的热情与努力；帮助他人并与之合作完成任务；即使在个人不便的情况下也照常遵循组织的规则程序；赞同、支持并捍卫组织的目标；等等。基于行为的绩效定义，尤其是关系绩效的提出，使人们对绩效的结构有了更加清晰的认识，它丰富了绩效指标的内涵，并对企业的绩效管理实践产生了重要影响。但

---

① W. C. Borman and S. J. Motoweidlo. Expanding the Criterion Domain to Include Elements of Contextual Performance, in N. Schmitt, W. C. Borman. *Personnel Selection in Organizations*, Jossey-Bass, 1993, pp. 71 – 98.

是，在仅以行为作为绩效评价指标的情况下，容易出现为获得较高的绩效得分而做表面文章的现象，而任务完成的时间、成本、质量、数量等方面则难以保证。同时，基于行为的绩效定义更多的是一种"向后看"的绩效管理思维方式，虽然其关系绩效理论的提出对组织及群体的未来绩效有一定的帮助意义，但在其绩效维度的设定中并未涉及员工个体知识的积累和员工对组织知识的贡献。

以上分析可以看出，无论是基于结果、能力还是行为的绩效定义，虽然都具有一定的优点，但都存在一定的不足之处。为此，本书的研究从福利彩票营销人员都属于知识型员工的特点出现，将结合前人的研究成果，从系统的角度提出新的定义：绩效是指福利彩票员工运用自己所具备的能力实现其岗位职责目标的行为过程。该定义摒弃了前面分析的只用能力、成果或行为一个因素分析的缺点，综合三个因素的优点，保证了运用新概念指导绩效管理的科学性。

（二）绩效管理的含义

一般意义上的绩效管理，是指"一个普遍的整合的人力资源战略，以创造一个有关组织的目的、目标和价值观的共享和愿景，帮助每个员工理解和认识到他们在组织中的作用，以管理和提高个体和组织的绩效"。[①] 可见，绩效管理是一种提高员工的绩效和开发团队、个体的潜能，促进其不断获得成功的管理思想和具有战略意义的管理方法。通过绩效管理，可以帮助实现绩效的持续发展；促进建立以绩效为导向的企业文化；激发员工工作投入的积极性；促使员工开发自身潜能，提高工作满意感；增强团队凝聚力。

在具体操作上，绩效管理可以从组织层面、流程层面、个体层面和综合层面等多个层面展开。就组织层面而言，绩效管理是将组织的目标有效地分解到各个业务单元和个人，通过对部门和人员绩效目标的监控过程及对绩效结果的评价，了解目标的达成情况，发现阻碍目标达成的原因，并加以改进，以实现组织绩效的提高和竞争力的维护与提升。流程层面的绩效管理是指通过对团队

---

① 奈杰尔·尼科尔森：《布莱克韦尔组织行为学百科辞典》，对外经济贸易大学出版社 2003 年版，第 445 页。

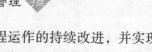

运作流程的输入、过程和输出的监控，以保证流程运作的持续改进，并实现团队产出的最大化。个体层面的绩效管理是指通过不断开发和利用员工的资源来提高其绩效水平。综合层面的绩效管理是把组织层面、流程层面和个体层面的绩效管理结合起来，在提高个人绩效的同时提高组织绩效。

福利彩票机构是一个特殊的营销组织，其绩效管理具有一定的特点。福利彩票机构绩效管理是指通过开发员工的个人潜力，提高他们的绩效水平，同时把员工的个人目标与组织的使命结合在一起，实现员工个人与管理者的互动，使组织的绩效不断提高，使市场竞争能力不断得到提升。该定义包含四层意思：

第一，福利彩票机构绩效管理的基础是开发员工的个人潜能。福利彩票机构的绩效需要每一个员工来创造，创造绩效的基础是个人潜力。因此，福利彩票机构必须利用各种方法和手段，调动员工的积极性，更好地挖掘个人的潜能。

第二，福利彩票机构绩效管理的措施是个人目标与组织使命的结合。绩效管理既要提高个人绩效，又要提高组织绩效，而组织绩效是通过个人绩效来实现的。如果每一个员工都没有个人的绩效，组织的绩效就是一句空话。反过来说，如果组织没有激动人心的目标，员工个人就没有创造绩效的积极性。因此，福利彩票机构在绩效管理中必须注意把员工的个人目标与组织的筹措社会福利资金、支持社会福利事业的使命结合起来。

第三，福利彩票机构绩效管理的途径是员工个人与管理者的互动。从某种意义上说，绩效管理就是组织中的管理者和员工就绩效问题所进行的双向沟通的过程。在沟通的基础上，帮助员工确定绩效发展目标，开发其潜能，实现绩效目标；并通过科学的手段和方式对员工的绩效进行考核，确立绩效等级，找出员工绩效的不足，进而制定相应的改进计划，帮助员工克服缺点，向更高的绩效目标迈进。

第四，福利彩票机构绩效管理的目标是组织竞争力的不断提升。福利彩票机构绩效管理的目标是通过提高组织的绩效来提升组织的市场竞争能力。因此，必须通过员工与管理者不断开展工作沟通和交流，发展员工与管理者的建设性的、开放性的关系，给员工提供表达自己的工作愿望和期望的机会，使员工的个人绩效与组织绩效共同提高，以达到提升市场竞争力的目标。

二、福利彩票绩效管理的作用

福利彩票机构开展绩效管理主要用于战略目的、管理目的和开发目的。"战略目的"是指通过绩效管理，使福利彩票员工产生与组织战略和目标一致的行为。有效的绩效管理首先要将战略目标转化为可衡量的绩效指标，然后层层分解制定各部门和员工的目标，并对这些指标加以落实，使得组织从上到下的所有行为、任务、业绩都在支撑着组织战略，以此来完成组织的战略任务。

"管理目的"是指通过指导、评价、沟通等绩效管理措施，使福利彩票机构的管理更有效。当福利彩票机构的目标和战略反映在绩效管理中，成为一系列指标和标准后，绩效管理的主要任务是将这些指标和标准在组织内部交流、沟通，使其成为每个部门和员工均能理解的共同语言，从而对其行为产生事前的诱导作用；行为发生以后对其进行客观、公正的评价，并在此基础上制定报酬计划，激励与组织目标一致的行为，从而最终促进组织目标的实现。

"开发目的"是指通过绩效管理来促进福利彩票机构的人力资源的开发，保持员工知识和能力的持续增长，以提高组织绩效。福利彩票营销绩效管理的开发目标是：挖掘员工的潜力，提高个人的绩效；将员工的个人目标与组织的战略目标结合起来，提高组织的绩效。

绩效管理是现代组织管理体系中不可缺少的一环，有效的绩效管理会给日常的管理工作带来巨大的好处。绩效管理在福利彩票机构营销管理中的作用是：

1. 有利于福利彩票机构目标的完成

实施绩效管理，可以通过绩效目标的设定与绩效计划的过程，将福利彩票机构的目标有效地分解到各个业务单元和个人。通过对团队和个人绩效目标的监控过程以及对绩效结果的评估，了解情况，发现问题，寻找原因，制定措施，提高绩效。绩效评估的结果也可以为人员的调配和人员的培训与发展提供有效的信息。绩效管理提供给管理人员一个将组织目标分解给员工的机会，并且使管理者能够向员工说明对工作的期望和工作的衡量标准，也使管理者能够对绩效计划的实施情况进行监控。

2. 有助于适应组织结构调整和优化

福利彩票的营销组织是从一般水平的营销组织演变而来，但其组织结构有其特殊性。在福利彩票机构中进行绩效管理，有利于福利彩票组织结构的调整和优化。通过营销绩效管理，可以使各层次员工的价值得到体现和认可；并且员工只要努力，就有发展的前景。员工在绩效管理的过程中广泛参与管理过程，从而改变以往的决策体制和信息沟通的模式，使其主动性增强。同时，员工及时收集、反馈各种有效信息，无形中将组织的触角延伸到更广阔的领域，有利于防范风险，抢占竞争的制高点。从而使组织的行政层级关系向扁平方向发展，更具有灵活性，适应当今社会对组织柔性化的要求。

3. 能够有效地避免组织与员工的冲突

组织与员工发生冲突和尴尬的情况常常是因为管理者在问题变得严重之前没有及时处理。问题发现得越早，越有利于问题的解决。管理者的角色是通过观察发现问题，去帮助员工评价、改进自己的工作，共同找出答案。如果管理者把绩效管理看成是双方的一种合作过程，将会减少冲突，增强合作。员工将会因为对工作及工作职责有更好的理解而受益，如果他们知道自己的工作职责范围，他们将会尽情发挥自己的智慧和潜力。因此，福利彩票机构的绩效管理不是讨论员工的绩效低下问题，而是讨论员工的工作成就、成功和进步，这是员工和管理者的共同愿望。当员工认识到绩效管理是一种帮助而不是责备的过程时，他们会更加积极合作和坦诚相处。有关绩效的讨论不应仅仅局限于管理者评判员工，应该鼓励员工自我评价以及相互交流双方对绩效的看法。

4. 可以节约管理者的时间成本，提高管理效率

福利彩票机构通过绩效管理，可以使员工明确自己的工作任务和目标，知道自己应该做什么，必须把工作干到什么样的地步，何时需要领导指导等。在绩效管理过程中，通过赋予员工必要的知识来帮助他们进行合理的自我决策，减少员工之间因职责不明而产生的误解；通过帮助员工找到错误和低效率的原因来减少错误和差错（包括重复犯错误的问题）；通过找出通向成功的障碍，以免日后付出更大的代价。这样，领导就不必介入到所有正在从事的各项事务中进行细节管理，从而节省时间去做自己应该做的事。可见，绩效管理是一种

为防止问题发生而进行的时间投资，可以节约时间成本，提高管理效率。

5. 可以激发员工的积极性，促进员工的发展

绩效管理是激发员工积极工作的管理投资。通过绩效管理，员工对自己的工作目标确定了效价，也了解自己取得了一定的绩效后会得到什么样的奖酬，就会激发自己的工作热情，努力提高期望值，比如学习新知识、新技能，以提高自己胜任工作的能力，取得理想的绩效，从而使个人得到了进步。从这个意义上理解，绩效管理是一种为促进员工发展而进行的人力资本投资。哈佛大学的詹姆斯教授在对激励问题进行了专题性研究后提出：如果没有激励，一个人的能力仅能发挥 20% ~ 30%，如果加以激励，则可发挥到 80% ~ 90%，两种情况之间的差距就是有效激励的结果。① 如果绩效管理运用得当，对每个人，包括员工、各级管理人员和组织都会有明显的帮助。

三、福利彩票营销绩效管理的误区防范

目前，许多单位存在着对绩效管理的认识误区，致使绩效管理的效果不理想。福利彩票机构在营销绩效管理中，必须引以为戒。

（一）把绩效考核等同于绩效管理

绩效管理的认识误区之一是把绩效考核（或称"绩效评估"、"绩效测评"）等同于绩效管理。绩效考核是人力资源管理中一个广为熟知的概念，很多人知道绩效考核而不知道绩效管理。绩效管理是指为了达成组织的目标，通过开发员工的个人潜力和持续开放的沟通过程，形成组织目标所预期的利益和产出，并推动团队和个人做出有利于目标达成的行为。绩效考核是指通过用来衡量、评价并影响与员工工作有关的特性、行为和结果的一套正式的结构化的制度，考察员工的实际绩效，了解员工的发展潜力，以获得员工与组织的共同发展。绩效管理与绩效考核虽然存在一定的联系，但存在明显的区别。

---

① 转引自姚新庄：《激励机制与 HR 管理》，载《商场现代化》2006 年 2 月（中旬刊）。

绩效管理与绩效考核之间的联系在于：绩效考核是绩效管理的一个重要组成部分，绩效考核能否取得成功，不仅取决于绩效评价本身，在很大程度上取决于与评价相关联的整个绩效管理过程。有效的绩效考核有赖于整个绩效管理活动的成功开展，而成功的绩效管理也需要有效的绩效考核来支撑。

绩效管理与绩效考核之间的区别是：绩效管理是一个完整的系统，绩效考核只是这个系统中的一个组成部分；绩效管理是一个过程，是对全过程进行的管理，而绩效考核是对一个阶段进行的总结；绩效管理具有前瞻性，能帮助组织深远地看待问题，有效规划组织和员工的未来发展方向，而绩效考核则是回顾过去一个阶段的成果，不具备前瞻性；绩效管理有着完善的计划、监督和控制的手段和方法，而绩效考核只是提取绩效信息的一个手段；绩效管理注重能力的培养，而绩效考核则只注重成绩的大小；绩效管理能建立管理者与员工之间的绩效合作伙伴关系，而绩效考核则使管理者与员工站到了对立面，距离越来越远，甚至会制造紧张气氛和关系。

可见，绩效管理与绩效考核是两个不能相互混淆的概念，不论是在含义上，还是在具体实施中都存在着较大的差异。因此，把绩效考核与绩效管理混同起来，在绩效管理中只看成果，不看能力和行为，必然会影响员工积极性的发挥，从而影响绩效水平的提高。

（二）认为绩效管理只是人力资源部和管理者的工作

绩效管理的认识误区之二是认为绩效管理只是人力资源部和管理者的工作，不需要其他员工的参与。毋庸置疑，人力资源部在绩效管理中是组织者和管理者，负责制定考核原则、方针和政策，组织协调各部门的考核工作。管理者则是通过开放的、持续的沟通，帮助员工按照预定的绩效计划开展工作，并对遇到的问题及时予以解决，以保证工作目标的实现。同时，管理者还要对员工的绩效表现做一些观察和记录，收集必要的信息，以保证绩效考核结果的客观和公正。但是，这些都不能排除员工在绩效管理中的作用。

绩效管理工作是将组织的目标有效地分解到了员工和团队中，员工是组织目标的最终完成者。员工绩效的提高就意味着组织目标的实现。绩效管理工作包括计划、沟通、评估和反馈四个环节，各个环节都需要员工的参与。在绩效计划环节，员工要参与制定并承诺绩效计划；在绩效沟通过程中，员工需要与管理者保持持续沟通；在绩效评估时，员工首先要进行自我评估；在绩效反馈环节，员工需与管理者共同完成绩效反馈面谈并协商绩效改进计划。应该说，在绩效管理工作中，员工、人力资源部和管理者都有各自的角色任务，缺一不可。只有三方面通力配合，才能使绩效管理工作达到预期效果。

可见，员工参与、配合、支持的程度是绩效管理工作成败的关键。把员工排除在绩效管理的工作之外，势必影响绩效管理的科学性和公正性。

（三）认为绩效考核只是对成果的考核

绩效管理的认识误区之三是不能正确理解"绩效"的含义，把绩效等同于成果，在绩效考核中只考核产出的成果，不考核在工作中的能力和行为。其理由是：绩效考核不是考核人，而是人的工作；对一个人来说，组织并不是他生活的全部，因此，作为组织对一个人进行考核，也并不需要考核他的全部，只需考核这个人与组织目标达成相关的部分，这就是成果。

这种观点的错误在前面对绩效含义的分析中已经说明。绩效是员工运用自己所具备的能力实现其岗位职责目标的行为过程，是成果、能力和行为三个方面的统一。有些单位采用德、能、勤、绩的考核，基本上反映了绩效考核的科学含义。而只考核结果的做法，由于方法不科学，必然会引导员工产生急功近利的做法，最终影响考核的公平公正。

第二节　福利彩票营销绩效管理的主要方法介绍

绩效管理方法是组织开展绩效管理活动不可或缺的重要手段和工具，能够为组织的人力资源管理和战略决策提供可靠的依据。因此，开展绩效管理方法研究，是福利彩票营销绩效管理的重要内容。

福利彩票机构自成立以来就建立了以销售量为核心的绩效评价指标体系，追求销量最大化一直是福利彩票发行中的最大目标。多年来，在这一目标的引导下，彩票行业的经营管理者和从业人员努力开展福利彩票销售，取得了巨大的销售业绩。但不可否认的是，这一评价标准在福利彩票机构营销绩效管理中存在显失公平的现象。对福利彩票营销绩效管理而言，如何制定具体的、可衡量的并且可以量化的绩效指标是整个营销绩效管理过程的关键。为此，要保证绩效管理能够取得公正的、可供阅读的考核结果，必须采用一些先进的绩效管理方法。本节介绍了绩效管理过程中常用的三种方法，即关键绩效指标、平衡记分卡以及360度绩效考评方法。

一、关键绩效指标（KPI）

关键绩效指标法产生于20世纪90年代初，内容是通过设立关键绩效指标体系，对管理过程进行控制，以达到掌握和检验营销绩效和组织管理绩效的目的，并通过结果的反馈，发现问题，分析并找出原因，及时采取措施，实现绩效的提升和管理的改善。

（一）关键绩效指标的定义

关键绩效指标（Key Performance Indication，简称 KPI）是基于组织经营管理绩效的系统考核体系。它通过对组织内部某一流程的输入端、输出端的关键参数进行设置、取样、计算、分析，把组织的战略目标分解为可运作的远景目标，是组织绩效管理系统的基础。关键绩效指标是指标而不是目标，但是通过关键绩效指标可以确定目标或行为标准。

关键绩效指标具有纵向分解、横向联系、整体考虑和简洁精炼的特征。[①]纵向分解是指关键绩效指标将每一岗位的工作、部门职能与组织远景、战略相连接，既有团队指标，也有个人指标。自上而下，目标层层分解、层层支持，相互具有因果关系。横向联系是指保证员工、部门的绩效与内部其他单元、外部客户的价值相连接，共同为实现客户的价值服务，最终保证组织整体价值的实现。整体考虑是指关键绩效指标的设计是基于组织的发展战略与业务流程的通盘考虑，而非仅仅从单个岗位的职责出发。兼顾长期和短期的指标，既有数量型也有质量型的指标，既有结果性指标也有过程性指标。简洁精炼是指与一

---

① 叶畅东：《关键绩效指标体系建立研究》，载《现代管理科学》2005年第7期。

般业绩考核指标相比，关键绩效指标可以更加简洁精炼地反映实际的业绩，直观性和可控性更强，便于考核和管理，导向性也更强。

（二）关键绩效指标体系的建立

关键绩效指标的设计过程是一个从上而下的分解过程，各层级间关键绩效指标要体现其与组织战略目标导向和支撑的关系。关键绩效指标系统是一个纵向的指标体系，首先确定企业的战略目标，通过头脑风暴法或鱼骨图分析法①，找出企业的业务重点，即企业层面的关键绩效指标；然后，各系统的主管对相应系统的关键绩效指标进行分解，分析绩效驱动因素（技术、组织、人），得到部门级关键绩效指标；接着各系统的主管和部门人员共同将关键绩效指标进一步细分，分解为更细的职位关键绩效指标。这样，经过层层分解之后，整个战略目标就在指标体系上把它落实到个人了。以关键绩效指标为核心的绩效管理模式如图 11 - 1 所示。

根据以上流程，关键绩效指标体系的建立需要做好以下几个方面的工作：

1. 分解绩效指标

所有不同层次的任务目标都是由组织总体的目标层层分解而形成的，因此在设定不同层次的关键绩效指标时，首先要回顾一下组织整体的目标和各个业务单元的工作目标。由于关键绩效指标是根据对组织绩效目标起到增值作用的工作产出来设定的，体现了绩效对组织目标的增值部分，因此，要设定关键绩效指标，首先要通过确定组织内各个层次的工作产出，分解绩效指标。

在绩效指标的分解过程中，要弄清每个关键绩效指标与部门之间的相关度，加强横向和纵向沟通，全面考虑时间进度、量化指标、权重、评价维度、测量方法、评价公式、实现关键绩效指标的必备资源、需其他部门配合等相关要求。分解关键绩效指标时必须明确关键绩效指标实现的三个关键环节的内容，即：关键绩效指标的输入（资源、技术、支持条件等）是什么，关键绩

---

① 鱼骨图又称"要因分析图"。就是将造成某项结果的众多原因以系统的方式进行图解，因其图形好像鱼骨，所以叫"鱼骨图"。"鱼头"表示需要解决的问题，主要原因及其相关因素分别以鱼骨分布态势展开。编制鱼骨图有四个步骤：第一步，确定要探讨的问题；第二步，找出大方向的原因；第三步，找出大原因形成的小原因；第四步，逐步过滤，确定原因。

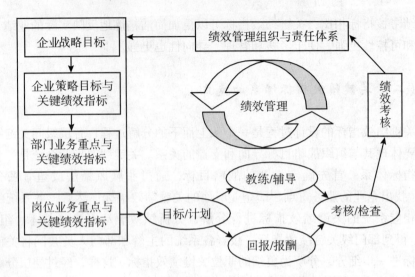

图 11 - 1   以关键绩效指标为核心的绩效管理模型①

效指标的转换（实现流程、监控节点）是什么，关键绩效指标的输出（形态、评价标准等）是什么，以保证分解过程的科学和完整。

为使分解的工作产出更加符合组织的战略目标，促进组织工作绩效的改进，在确定工作产出时，应该遵循以下原则：（1）增值产出原则。工作产出必须与组织目标相一致，即在组织的价值链上就能够产生直接或间接的工作产出。（2）客户导向原则。被考核者的工作产出的接受对象，无论是组织内部的成员还是外部的机构，都构成被考核者的"客户"，确定工作产出都须从客户的需求出发。（3）结果优先原则。一般来说，定义工作产出首先要考虑最终的工作结果。对于有些最终结果难以确定的工作，则应采用过程中的关键行为。（4）重点突出原则。对以上说到的各项工作产出，必须根据各项工作产出在组织目标中的相对重要程度设定相应的权重，以突出重点。

2. 建立考核指标

在确定了工作产出后，下一步是要确定应分别从哪些方面和哪些条件去衡

---

① 张建国、徐伟：《绩效体系设计——战略导向的设计方法》，北京工业大学出版社 2003 年版，第 45 页。

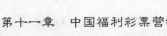

量各项工作产出。建立考核指标主要考虑两个方面的问题：（1）考核指标的类型。考核指标一般分为数量、质量、成本和时限四种类型。（2）考核指标的侧重。考核指标一般从两个角度进行设计：对结果的关注和对过程行为的关注。对处于不同层次的人员来说，由于他们各自承担的责任范围不同，结果指标和行为指标所占的权重也不相同。处于组织高层的管理者，工作内容主要是决策和管理，既需要原则性，更需要灵活性和艺术性，因而对其在达成结果的过程中的行为很难进行严格规范，所以考核指标也应该是以结果指标为主。而基层员工对结果的影响主要是通过其完成任务过程中表现出来的行为决定的，因此，在设计绩效考核指标时，其行为指标占较大权重，而结果指标所占的权重则较小。

3. 确定指标标准

指标体系确定后，还需要设定评价标准。绩效考核标准是对员工绩效的数量和质量进行监测的准则。考核指标和评价标准的关系是：考核指标指的是从哪些方面对工作产出进行衡量或考核，而评价标准指的是在各个指标上分别应该达到什么样的水平；考核指标解决的是需要考核"什么"问题，评价标准解决的是要求被考核者做得"怎样"、完成"多少"的问题，是数量方面和质量方面的问题。

关于指标评价标准的类型，一般采用定性指标和定量指标两类。对于非数量化的定性指标来说，设定绩效标准要从客户的角度出发，能够满足客户对被考核者期望程度的衡量要求。具体的行为指标标准可以直接从任职资格的行为标准中抽取或经过转换得出。对于数量化的绩效指标，设定的考核标准通常是一个范围，如果被考核者的绩效表现超出标准的上限，说明被考核者做出了超出期望水平的卓越绩效表现；如果被考核者的绩效表现低于标准的下限，则表明被考核者存在绩效不足的问题，需要进行改进。定量绩效标准的制定方法有"加减分法"和"规定范围法"两种。采用加减分法的方式确定指标标准，一般适用于目标任务比较明确、技术比较稳定、同时鼓励员工在一定范围内做出更多贡献的情况；而对于任务目标不是非常明确、技术进步速度比较快的情况，一般采用规定范围法来制定标准。此类标准只需设立一个评价范围即可，而不必确立准确的数字来衡量。

4. 审核绩效指标

当确定了工作产出并且设定了考核指标之后，还需要对这些指标进行审核，其目的是为了确认这些关键绩效指标是否能够全面客观地反映被考核对象的工作绩效，以及是否适合于考核操作，从而为适时调整工作产出、绩效考核指标和具体标准提供所需信息。

审核关键绩效指标主要考虑以下内容：（1）体现绩效的产品应该是本组织的最终产品。由于通过关键绩效指标进行考核主要是对工作结果的考核，因此在设定关键绩效指标的时候也主要关注与工作目标相关的最终结果。（2）多个考核者对同一个绩效指标进行考核时，结果应该一致。（3）必须充分体现组织内外客户的意见确定关键绩效指标。（4）关键绩效指标必须从技术上保证指标的可操作性，对每一指标都必须给予明确的定义，建立完善的信息收集渠道。要优先考虑流程的输入和输出状况，将两者之间的过程视为一个整体，进行端点控制。

（三）福利彩票机构运用关键绩效指标方法应注意的问题

关键绩效指标方法在应用中虽然具有很大的成效，但由于其目光只是聚集于员工而不是任务，在具体应用中仍然存在一定的缺陷。例如，对关键成功要素的自上而下的分解，实质上是一个以战略为中心的目标管理的过程，适合于具有固定工作特征的固定工作岗位，而对具有动态特征的非固定工作岗位则难以考核。为了保证绩效管理的科学性，福利彩票机构在运用关键绩效指标方法建立关键绩效指标体系时，必须注意以下问题：

第一，设计关键绩效指标应兼顾组织的长期和短期利益，可以使用另一种绩效考核方法"平衡计分卡"来全面考虑财务、客户、内部流程和学习成长四个方面的因素，以制定更加完善的指标。

第二，在分解关键绩效指标时，切忌三种极端的做法：一是脱离实际的夸大；二是不负责任的推脱；三是无所谓的随意。任何一种做法都将导致关键绩效指标的分解不能完全到位。

第三，在设计关键绩效指标时，要强调员工与管理者的互动性，并充分考虑组织现有的人力资源、设备资源和其他条件。在符合成本控制的原则下，制定合理的部门和个人关键绩效指标，并设定合理的目标值。

第四，在绩效管理过程中，运用关键绩效指标评价标准可对关键绩效指标的工作状态进行测量，通过测量可判定工作状态在时间、效率、数量、质量等方面是否达到预期效果。

二、平衡记分卡（BSC）

平衡记分卡作为一种前沿的、全新的组织绩效管理方法，在全世界的各行各业得到广泛地运用。对于福利彩票机构而言，平衡记分卡无疑将成为组织完善绩效管理的必备手段。

（一）平衡记分卡的内容

1990 年初，为了解决绩效测评指标的问题，哈佛商学院的罗伯特·S·卡普兰（哈佛商学院的领导力开发课程教授）和诺朗诺顿研究所所长大卫·P·诺顿（复兴全球战略集团创始人兼总裁）经过为期一年对在绩效测评方面处于领先地位的 12 家组织的研究后，发展出一种全新的组织绩效管理方法，即"平衡记分卡（the Balanced Score Card，简称 BSC）"，并在 1992 年 1/2 月号的《哈佛商业评论》上发表。

平衡记分卡打破了传统的只注重财务指标的绩效管理方法，它是一个具有多维度的绩效衡量模式，即通过财务、客户、内部流程及员工学习与成长能力四个层面来实施绩效管理。平衡记分卡中的目标和考核指标来源于组织战略，它把组织的使命和战略转化为有形的目标和衡量指标。

1. 财务方面的指标

平衡记分卡列出了组织的财务目标，主要反映企业的偿债能力、营运能力、获利能力和发展能力，其目的是解决"股东如何看待我们"的问题。由于企业在不同的发展阶段实施不同的战略，因此，采用财务指标的重点有所不同。财务指标主要包括销售收入、人均收入、新产品收入、毛利、纯利、股利、总资产、人均总资产、负债、资产负债率、现金流量、投资回报率、资产利润率、资本收益率、销售利润率、应收账款、应付账款等。这些财务指标将衡量战略的实施和执行是否能够在最终经营成果的改善方面做出贡献。

2. 客户方面的指标

客户是企业的重要资产，在买方市场条件下，能否为客户提供满意的产品和服务，决定了企业的竞争能力和未来的发展能力。为此，平衡计分卡列出了客户方面的指标，目的是解决"客户如何看待企业及产品"的问题。客户方面的指标主要是市场占有率、客户数量、客户保持率、新客户获得率、客户流失率、顾客满意度、品牌认同度、客户忠诚度、客户投诉率、客户成本、客户获利水平等。

3. 内部流程方面的指标

为吸引和留住目标市场上的客户，满足股东财务回报的要求，管理者必须关注对客户满意度和实现组织财务目标影响最大的那些内部过程，并为此设立衡量指标。内部流程是指从输入各种原材料和客户需求，到企业创造出对客户有价值的产品和服务，给客户提供这种产品和服务，并进行培训和售后跟踪服务的一系列活动。内部流程是平衡计分卡的重点考核维度，所列出的内部流程方面的指标，主要是解决"我们擅长什么"或"我们的核心竞争力在哪里"的问题。内部流程指标包括创新过程的指标、经营过程的指标和售后服务过程的指标，具体包括生产周期、新产品研发周期、设备利用率、存货周转率、合格品率、次品率、缺货时间、售后服务的时间等。

4. 员工学习和成长方面的指标

员工的学习和成长是实现企业愿景和发展战略的基础。通过改善和提升员工的能力，可以持续提升企业的核心竞争能力并创造价值，最终实现财务、客户和内部流程等各项发展指标。因此，员工学习和成长指标是平衡计分卡的出发点和基础，主要解决"我们能否继续提高并创造价值"的问题。员工学习和成长指标主要包括员工满意度、员工保持率和员工生产率三个核心指标，具体可以分解为员工的高学历比例、缺勤情况、员工建议情况、内部沟通情况、平均服务年限、员工流动比率、员工培训次数、平均培训时间、员工工作效率、按时完成工作的比率等。

平衡记分卡中的目标和衡量指标是相互联系的,这种联系不仅包括因果关系,而且包括结果的衡量和引起结果的过程的衡量相结合,最终反映组织的战略实现情况。平衡记分卡的特点是始终把战略放在其管理过程中的核心地位。四个方面的绩效指标联系见图 11 - 2。

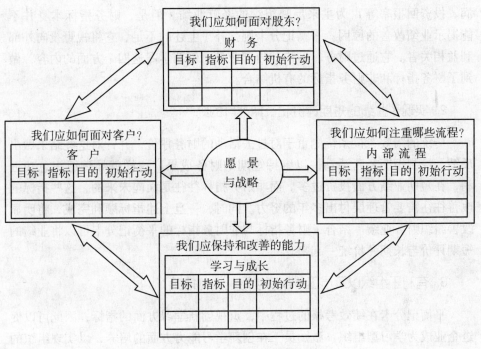

图 11 - 2　平衡记分卡四维模型①

(二) 平衡记分卡的优势

根据加特纳集团 (Gartner Group) 的调查,到 2001 年为止,在《财富》杂志公布的全世界前 1000 位组织中有 70% 的组织采用了平衡记分卡系统,世

---

① 卡布兰、诺顿:《将平衡计分卡用作战略管理系统》,载《哈佛商业评论》1996 年 1 ~ 2 月,第 76 页。

界最大的 300 家银行中约有 60% 正在使用平衡计分卡[1]。平衡记分卡的主要优势表现在以下方面：

1. 实现了财务指标与非财务指标的有机结合

传统的绩效考核系统建立在会计数据的基础上，主要以财务指标（如利润、投资回报率等）为主来反映组织的经营业绩。但是，财务指标本身并不能揭示业绩改善的原因。平衡记分卡则弥补了上述的不足，它将视野投向外部利益相关者。它通过财务、客户、内部业务、创新学习这四个方面的内容，做到了财务指标和非财务指标的有机结合。

2. 实现了业绩的短期评价和长期评价的统一

传统的绩效考核系统侧重于对过去活动的财务评价，并针对这些结果做出反馈，控制短期经营活动，以维持短期的财务成果。这样就导致组织急功近利，在短期业绩方面投资过多。而非财务指标往往是面向未来的，这些指标的改善往往需要管理层付出多年的努力。同时，一旦上述指标顺利完成，将明显改善组织财务业绩。结合了财务指标与非财务指标的平衡记分卡可以将业绩的短期评价与长期评价统一起来。

3. 有利于组织以及员工的创新学习能力的培养

平衡记分卡在绩效考核的过程中，重视创新学习方面的指标，因此可以促进企业成为学习型组织，激励员工在创新学习能力方面的培养，以实现组织的长远发展。

4. 有利于战略目标的实现

平衡记分卡中的目标和考核指标均来源于组织的战略目标，强调了绩效管理与组织战略之间的紧密关系。因此，运用平衡计分卡这一工具，有利于组织的战略目标的实现。

---

[1]　宝利嘉顾问：《战略执行》，中国社会科学出版社 2003 年版，第 35 页。

（三）平衡记分卡的应用条件

平衡计分卡管理方法虽然科学先进，但该方法的实施需要一定的前提条件，并不是所有的企业都适合应用此管理方法。实施平衡计分卡的前提条件是：

1. 具有变革管理的动力

变革管理的动力来源于企业谋求发展的需要，这是实施平衡计分卡的内在原因。但是，内因必须通过外因来激发，采取管理变革行动必须以竞争的压力为条件。如果企业尚未感知到市场竞争的压力，也就失去了进行管理变革的内在动力，就没有应用平衡计分卡的积极性。对于那些没有认识到竞争形势严峻性的企业，如果为了赶时尚而引入平衡计分卡，就不会起到应有的积极作用。

2. 具有发展战略目标

目标是企业在未来要实现的结果，战略目标是指企业的长远目标，它决定着企业前进的方向，而战略则是实现长远目标的步骤、措施。当企业的长远发展目标确立之后，战略的作用就是为解决"如何才能达到这个目标"的问题提供思路。平衡计分卡的成功之处就是将企业战略置于管理的中心。所以，企业要应用平衡计分卡，首先必须具有发展战略规划和目标。平衡计分卡与战略和绩效的关系见图 11 - 3。

3. 具有民主式的管理

平衡计分卡的考核关键维度之一是员工的学习和成长。因此，只有员工积极参与，才能保证该方法的顺利实施。这就要求应用平衡计分卡进行绩效管理的企业必须采取"四轮驱动"（前轮是员工的积极参与，后轮是管理者的管理）模式，只有这样，才能使企业机动灵活地快速反应于市场经济之中，而不至于陷入经营管理失败的泥潭。如果一个企业还处在家长式管理的阶段，不具有民主式管理风格，就不能实施平衡计分卡。

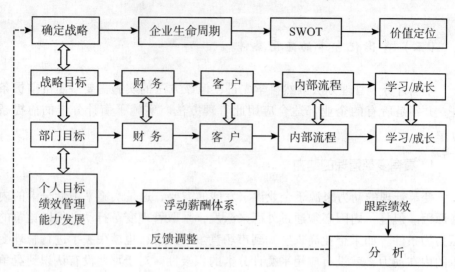

图 11 - 3　平衡计分卡与战略和绩效的关系①

4. 具有配套的信息系统

平衡计分卡是一个多指标交叉运行的系统，需要大量的数据，这就要求企业必须建立起自己的信息传递与反馈系统，以更快的速度和更低的成本统计、分析和储存更多的信息。企业的信息系统包括管理一家企业所必需的所有信息分类、产生这些信息的方法以及信息流动的有关规定，要有助于处理企业推行其战略的数据，尤其是顾客服务、创新、质量以及人员素质等以往企业关注不够充分的数据；同时，必须使企业能够得到所需要的全部业绩数据，如谁负责评价业绩、谁负责生成数据、谁负责接收数据等问题都要规定。信息系统框架是伞状结构的，能使信息层层向上汇总。如果一个企业没有这样的信息系统，就无法完成平衡计分卡所需大量数据的汇总分析工作。

（四）福利彩票机构应用平衡记分卡应注意的问题

虽然平衡计分卡是一种全新的绩效管理方法，但在实施中需要一定的条

① 毕意文、孙永玲：《平衡计分卡中国战略实践》，机械工业出版社 2003 年版，第 87 页。

件，并要与自身的条件结合。因此，福利彩票机构在应用平衡计分卡进行绩效管理时，必须在组织内部就战略问题达成共识，并弄清楚如何把一个部门的使命和战略转换成经营目标和衡量指标。在此基础上，还应注意以下问题：

1. 应用平衡计分卡要与薪酬体系相结合

任何绩效管理体系必须获得激励体系的良好支持才能充分地发挥作用。平衡计分卡绩效管理系统的重要目标之一，是根据绩效评价的结果，给予奖励来激励员工，促使员工改善业绩，以尽早实现公司的战略。如果缺乏有效的激励机制，则平衡计分卡将无法有效地开展。因为只有通过激励机制才可以把公司的目标与个人的利益相挂钩。员工要实现个人利益，只有先实现公司的目标，这样才有动力促进员工改进个人的绩效。这就要求福利彩票机构在应用平衡计分卡时必须与薪酬体系的设计相结合，以保证平衡计分卡的有效推行。

2. 综合考虑应用平衡计分卡的成本和效益的关系

平衡计分卡的四个层面彼此是连贯的，要提高财务方面的指标，首先要改善其他三个方面的指标。要改善财务指标就要有投入，所以，实施平衡计分卡首先出现的是成本而非效益。更为严重的是，效益的产生往往滞后一段时间，使投入与产出、成本与效益之间有一个时间差。因而会出现客户满意度、员工满意度和工作效率都提高，但相关财务指标却下降的情况。面对这种情况，福利彩票机构的管理者在实施平衡计分卡时必须清楚，非财务指标的改善所进行的大量投资，在可以预见的时间内，可以从财务指标中收回。不要因为在短期内没有效果就失去信心，而应该将眼光放得长远。

3. 应用平衡计分卡要从自身的具体情况出发

有人认为，既然平衡计分卡是一个绩效管理的通用工具，那么在应用平衡计分卡进行绩效管理时，只要模仿其他公司已经开发完成的平衡计分卡就可以了，不必自己花时间、精力去开发。这种认识是错误的。因为企业自身所面临的竞争环境是不一样的，据此制定的战略愿景和发展目标也就不相同，为实现自身战略而设计的平衡计分卡的四个维度的衡量指标也就存在差异，各个指标之间的关联性和驱动关系也不一样。这样，如果借用其他企业的平衡计分卡，在实施中必然会偏离目标。另外，不同的产业也会有不同的计分卡内容，福利彩票行业与其他行业存在很大差别，模仿其他行业的平衡计分卡将更是后患无穷。因此，福利彩票机构在应用平衡计分卡时，必须深入理解平衡计分卡原理的核心和本质，将其原理与福利彩票的行业特点和机构的具体情况相结合，开发出符合自己竞争战略、体现自己的优势、能弥补劣势的衡量指标体系，以发挥出平衡计分卡的独特功效来。

4. 应用平衡计分卡要全员参与并加强沟通

福利彩票机构应用平衡计分卡必须要有全员参与。这不仅是因为福利彩票机构的人员素质较高，能为福利彩票机构的发展提出许多重要的合理化建议；更重要的原因在于平衡计分卡制定的目标归根结底还是需要由基层的员工来实现。没有他们的支持和对平衡计分卡实质的了解，平衡计分卡不可能获得成功。提高全员参与性的途径有二：一是公司领导的重视；二是建立合适的激励制度。企业领导的重视不仅可以最大限度地避免推行平衡计分卡过程中的人为阻力，还能向员工表现出一种姿态，即企业对该体系的重视，从而使员工也能把它作为一项重要工作。同时，建立以平衡计分卡为基础的激励机制，还能使对员工的激励建立在对其工作全面考察的基础上，有利于员工将个人目标与企业战略目标相结合。

福利彩票机构在组织全员参与实施平衡计分卡的过程中，要加强内部的交流与沟通，因为平衡计分卡具有极强的可见度和透明度。激烈的竞争使得福利彩票机构不得不把自己的命运更多地和未来联系起来，使得基层的管理者和员工不能再根据自己已有的经验从事业务活动，而必须根据机构共同的愿景和战略开展工作。为此，管理者和员工之间必须相互学习，加强交流，以提高个人的能力和水平。

5. 应用平衡计分卡要搞好衡量指标的设计

平衡计分卡的价值在于将组织的战略目标与一组衡量指标有机地结合起来，从而体现出员工的业绩表现与组织的战略目标到底有多大的关联。因此，福利彩票机构应用平衡计分卡必须注意衡量指标的设计。衡量指标分为结果性指标和动因性指标。结果性衡量指标（如质量提升、收入增加）说明了执行战略的实际成果，是"滞后指标"。动因性衡量指标（如产品制造周期）则是"领先指标"，它显示了过程中的改变，并最终影响了产出。通过平衡计分卡所显示的"结果"和"动因"，管理者可以清楚地知道哪些活动是在促进机构的战略进步，而且也可以知道为了达成一定的战略目标需要在活动中完成哪些工作，进而从战略的高度清晰地把握彩票经营活动的总体方向。

在具体指标的选定上，财务指标的创立与量化是比较容易的，其他三个方面的指标就需要管理层根据机构的战略及运营的主要业务、外部环境加以仔细地斟酌。同时，有些考核指标是难以量化的，如员工受激励程度方面的指标，这需要收集大量的信息，而且要经过充分地加工后才有实用价值。这就对信息传递和反馈系统提出了很高的要求。

三、360 度绩效考评法

360 度绩效考评最早由被誉为"美国力量象征"的典范组织英特尔首先提出并加以实施。到了 20 世纪 80 年代，360 度绩效考评方法的内容日趋完善，成为组织绩效评价与效绩考核的首选工具。

（一）360 度绩效考评法的内容

360 度绩效考评也称为"全方位评价"、"全视角考评"或"多个考评者考评"，就是由被考评者的上级、同事、下级和（或）客户（包括内部客户、外部客户）以及被考评者本人担任考评者，从多个角度对被考评者进行 360 度的全方位考评，再通过反馈程序达到改变行为、提高绩效等目的。各方面考评关系如图 11-4。

1. 上级考评

上级是被考评者的直接上级，通常也是传统绩效考评制度的核心。上级考评的优势在于有机会与下级进行更好地沟通，了解下级的需求和想法，发现下级的潜力。上级考评的劣势在于上级掌握着奖惩权，考评时下级心理负担较重，导致上级的考评常常沦为说教，造成单向沟通，挫伤下级的积极性。

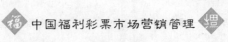

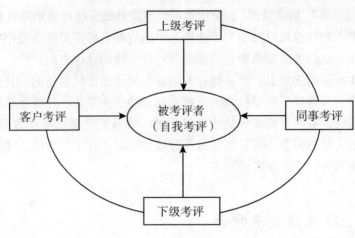

图 11 - 4　360 度绩效考评①

2. 同事考评

同事是对被考评者观察最深入、了解最透彻的人。如果同事是同一项目小组的，则同事对被考评者的工作贡献大小了解得最清楚。因此，若同事考评能采取实事求是的态度，则反映的情况最为可信。同事考评的优势在于同事间的合理比较、公平竞争可以提高整体绩效，同时对揭露问题、鞭策落后起着积极作用。劣势在于有时出现通过"轮流坐庄"获得奖励或避免惩罚的不负责任的行为，或者因为"朋友关系"和私人恩怨使考评结果脱离实际情况。因此，当绩效评价的结果是被用作管理决策的依据时，有时会使大家都不太舒服。相对而言，当同事考评只用在开发的目的上时，员工的反应才比较积极。

3. 下级考评

下级考评上级在开放的西方组织中亦是最近十几年来的新生事物，它对组织民主作风的培养、组织员工之间凝聚力的提高等方面起着重要作用。例如，美国电报电话公司（AT&T）、通用电气（GE）、杜邦等大型跨国组织纷纷引入了下级考评上级的考评系统，以考评上级在一年中的表现如何，取得了良好

①　杜映梅：《绩效管理》，对外经济贸易出版社 2003 年版，第 205 页。

效果。它的优势在于能够帮助上级发现其管理才能，同时达到权力制衡的目的，使上级在工作中也受到有效监控。劣势在于下级员工只有考评权而没有奖惩权，从而出现两种情况：从上级的角度，由于赋予了下级员工以超过他们的上级的权力，会导致管理者为了取得考评的好成绩而更重视员工的满意程度而不是工作效率；从员工的角度，害怕以后上级会打击报复而在考评时侧重于个别方面或不敢实事求是地表达意见，或者存在个人恩怨而产生片面看法。所以，为了避免以后出现打击报复，下级对上级的工作表现进行考评通常采用匿名的方式。

4. 自我考评

被考评者本人对自己的工作表现进行反省和评价，其内容一般包括工作总结、经验教训和自我评价等。自我考评最好用在绩效考评阶段的前期，以帮助员工思考一下自己的绩效状况，从而将以后的反馈面谈集中在上级和下级的观点存在分歧的地方。优势在于能使员工在考评过程中有一种参与感，明确自己的长处和短处，加强自我开发；劣势在于容易把自己的绩效估计过高，与上级或同事做出的评价差距较大。

5. 客户考评

由于福利彩票的发行具有服务的性质，即产品的生产和消费常常是在某一时点上同时发生的，所以，客户是惟一经常能够在现场观察第一线员工绩效的人。此时客户就成了绩效考评最好的绩效信息来源。客户考评的优势在于客户不受福利彩票机构内部利益机制左右，因此考评会具有真实性和公正性，并使每个被考评者都强化了要以客户满意度为导向的观念；弊端在于客户考评缺乏统一标准，而且比较费时费力，成本较高。福利彩票组织的客户主要由彩民组成，员工从事的工作直接为彩民提供服务，并且福利彩票机构也希望通过搜集信息来了解彩民希望得到什么样的服务。从这两个方面来看，让彩民进行的考评不仅有助于考评福利彩票员工的绩效，而且有助于确定福利彩票机构是否应当为改善彩民服务质量而在其他人力资源活动方面（例如培训、薪酬体系等等）也做出调整。

对于不直接与彩民打交道的员工来说，下道工序就是他们的客户。因此，福利彩票机构在组织绩效考评时，必须明确客户的范围。

（二） 360 度绩效考评法的优势

与传统的一些考评方法相比，360 度绩效考评法具有以下优势：

1. 考评的角度全面，因而考评结果更客观

从任何一个方面单独去观察员工做出的判断都难免片面。360 度绩效考评的考评者来自组织内外的不同层次，其信息来源具有多样性。这样，对被考评者的了解更深入，因此得到的考评信息角度更多，使得考评结果更全面、更客观。

2. 考评的过程完整，因而考评效果更有用

360 度绩效考评是一个从信息输入到反馈的完整过程。从信息加工过程的角度可以勾画出一个 360 度绩效考评过程模型，如图 11－5 所示。

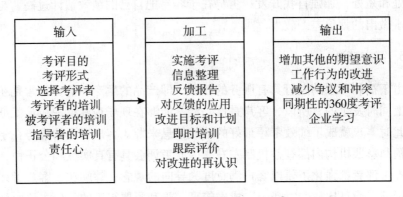

图 11－5　360 度绩效考评系统①

从图 11－5 可以看出，360 度绩效考评的过程是一个"系统工程"，包括确定考评目的、考评方式、进行各种相关培训、多源考评和收集评价信息、进行反馈以及事后培训等环节，而各环节之间又是互动的。从其输出结果来看，

---

① 袁颖：《绩效管理的发展及应用研究》，中国海洋大学出版社 2004 年版。

360 度绩效考评过程非常注重员工发展和组织学习的目的，与目前人力资源管理的发展潮流相一致。

3. 考评的范围广泛，因而考评热情更高涨

传统的考评方法通常只考评员工，不考评管理者，这样，考评只是管理者的事情，员工则没有参与的积极性。360 度绩效考评第一次把管理者推上了被考评者的地位，并给予了下级员工考评上级的权力，从而提高了广大员工参与管理的热情，促进了组织管理水平的提高。实践证明，员工参与管理，对组织绩效的提高具有重要的作用。

4. 考评的内容科学，因而组织绩效更提高

绩效考评的目的是通过对个人的考评，发现问题，改进工作，从而改善个人的绩效，进而提高组织的绩效。360 度绩效考评的内容通常是根据岗位职责的要求设计的，包括了个人胜任工作的德、能、勤、绩等各个方面。每个方面又设立了许多指标，考评的结果把某一工作中表现优秀者与表现平平者区分开来，对于每个人是否胜任工作做出科学的评价。绩效考评内容的科学性将调动员工的积极性，并提高整个组织的管理水平，从而使整个组织的绩效得到较大提高。

（三）福利彩票机构应用 360 度绩效考评法应注意的问题

360 度绩效考评方法提供了管理者与员工相互交流和学习的机会，具有帮助提高组织绩效的作用。但是，360 度绩效考评法也存在一些缺陷，主要表现在该方法是通过考核人员的主观判断来实施，因而可能出现考评结果不准确的情况。虽然在考评过程中经过了相互验证的环节，错误的评价仍然在所难免。因此，福利彩票机构在应用 360 度绩效考评法进行绩效管理时，必须注意如下问题：

1. 应用 360 度绩效考评法要全面展开

福利彩票机构在应用 360 度绩效考评法进行绩效管理时，要在组织内自上而下地全面展开。因为 360 度绩效考评法的实质是通过考核，有助于每个员工

的发展，因而不能把它看成是一种惩罚工具，也不能把它仅用在低绩效者身上。就是说，该方法的对象是全体人员，从高层领导到基层员工都适用。需要注意的是：对不同层级的员工进行考评时要使用不同的问卷。

2. 根据不同的考评目的确定考评内容

在使用 360 度绩效考评法的时候，福利彩票机构的管理者要明确本次考评的主要目的。通常情况下，考评的目的可能会有：为了员工的个体发展；为了团队发展；为了管理者发展；为了帮助那些落伍员工；等等。这时，就需要根据不同的目的选择不同的考评内容，具体体现为考评问卷中应该使用不同的形式和考评项目。

3. 应用 360 度绩效考评法要选择最佳时机

360 度绩效考评法是在常规绩效考评的基础上发展起来的考评方法，是用来帮助发展组织的人力资源的工具，它不能直接代替常规的绩效考评。因此，福利彩票机构在应用 360 度绩效考评法时，要选择最佳的使用时机。360 度绩效考评法的应用时机是组织发展蒸蒸日上或平稳发展时，而在组织面临士气低落、过渡时期或走下坡路时，不能使用这一考评工具。

4. 应用 360 度绩效考评法要培训专业人员

360 度绩效考评法是一个技术性很强的考核工具，需要专业的考评人员进行实施。因此，福利彩票机构在应用 360 度绩效考评法时，为了避免考核结果的片面性，必须培训专门从事 360 度绩效考评工作的人员，使他们能同员工一起检查考评反馈，并提供一些具体的方案去使用这些结果来提高员工的绩效。如果在福利彩票组织内部没有专门从事 360 度绩效考评的部门或人员，那么就应同外界专门从事这一事务的个人或机构订立合同来帮助完成这个过程。除非管理者是这个方面的专家，一般在没有助手的情况下不能随便使用这一考评工具。

5. 应用 360 度绩效考评法要强调反馈

反馈在 360 度绩效考评法中使考评起到"镜子"的作用，因此，福利彩票机构应用 360 度绩效考评法时，为了促进员工的发展，必须重视反馈的作用。在考评过程结束后，把所有反馈的考评图表复印件交给员工本人，而不能将这些表格放入员工的人事档案中。为了便于被考评者理解反馈的内容，要求考评者在对被考评者存在的问题做出评价时，一定要给出解决问题的具体方法，不能仅仅使用数字来回答问题，因为评论的方法比数字包含更多的信息。

四、营销绩效管理方法的选择依据

前面介绍的三种方法是目前流行的主要绩效管理方法。三种方法各有利弊，各有自己的应用角度和适用条件。因此，福利彩票机构在选择绩效评估的方法时，必须进行比较分析，以选择适合福利彩票行业特点和福利彩票机构规模特点的考核工具。福利彩票机构在选择绩效管理方法时必须考虑方法的效度、信度和难度三个因素。

1. 方法的效度

"效度"是指该方法评估绩效结果的准确程度。绩效评估结果的效度越高，表示它所考核评价的结果越能正确反映工作绩效的程度。绩效管理方法的效度决定于两个方面：一是方法本身的科学性；二是使用者的水平和能力。一般说来，方法本身越科学，其效度越高，但操作起来也越困难；使用者的水平越高，能力越强，结果的效度也越高。

福利彩票机构在选择绩效管理方法时，必须分析不同方法的效度差异，既要考虑方法本身的复杂程度，又要考虑使用该方法的人员的能力和水平。两个条件权衡，最好的方法不一定是效度最高的方法，而应该是效度较高且适合本组织人员操作水平的方法。

2. 方法的信度

"信度"是指绩效评估所得分数的稳定性或可靠性。信度主要表现在两个方面：一是同一次绩效评估过程中各项目的得分是否基本相符；二是两次绩效评估的分数是否前后基本一致。绩效评估结果的信度越高，表示它为考核评价提供的数据越真实。绩效管理方法的信度决定于绩效资料收集方法的一致性和稳定性。所谓"一致性"，要求收集同一资料的两种可交替方法在其结果方面

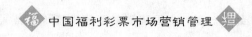

应当一致。所谓"稳定性"，要求运用该方法提供的测量指标在连续几次运用中产生相同的结果。

福利彩票机构在选择绩效管理的方法时，必须考虑不同方法的信度差异，认真研究其在绩效资料收集上一致性和稳定性的不同，选择一致性和稳定性较好的考核方法。

3. 方法的难度

"难度"是指运用该方法进行绩效管理工作的困难程度。绩效管理方法的难度决定于两个方面：一是方法本身的复杂程度；二是本次考核的工作量。绩效管理方法的内容越复杂，实施起来的难度就越大；本次考核的工作量越大，考核工作的难度也越大。绩效考核的工作量取决于评估绩效因素的数量、评估对象层次的数量和考核时间的长短三个因素。评估绩效因素的数量越多，协调起来的工作难度就越大；评估对象层次的数量越多，需要交叉进行的内容越多，因而工作的难度就越大；考核时间的长短与工作的安排有关，考核时间越短，大量的工作集中在短期内完成，考核工作的难度就越大。

福利彩票机构在选择绩效管理方法时，必须认真分析不同方法的难度差异，选择适合本单位实际情况的方法进行绩效考核。

第三节　福利彩票营销绩效管理的实施流程

福利彩票营销绩效管理的有效实施不是一蹴而就的，而是一个制定计划、进行沟通、开展考评、实施反馈和应用结果的复杂过程。遵循绩效管理体系的实施程序来开展工作，将有助于减少绩效管理过程中的阻力和障碍，提高其效率和效果。

一、制定营销绩效管理计划

绩效管理计划作为整个福利彩票机构营销绩效管理过程的起点，是绩效管理循环中的基础环节。从静态角度看，绩效管理计划是一个关于福利彩票营销目标和标准的契约；从动态角度看，绩效管理计划就是福利彩票全体员工一起讨论以确定在评价期内应该完成什么工作和达到什么样绩效的过程。

福利彩票营销绩效管理计划的中心是设立绩效目标。绩效目标的设立是企业目标、期望和要求的传递过程，是指导工作进行的基础。只有绩效管理的目标明确了，员工才会明白自己努力的方向，管理者才能明确如何更好地通过员工的绩效目标对员工进行有效管理，管理者和员工才会更加团结一致，共同致力于绩效目标的实现，更好地服务于组织的战略规划和远景目标，实现员工和组织的同步发展。绩效目标通常分为结果目标和行为目标两类。结果目标指的是员工在特定的条件下必须要达到的阶段性成果。例如：2008 年上半年全国福利彩票的计划销售额达到 500 亿元。行为目标是指在员工完成目标成果过程中的行为表现必须达到的标准要求。例如：2008 年上半年计划实现"首问负责制"①。

福利彩票营销绩效管理计划的制定过程，是一个管理者和员工双向沟通的过程，管理者和员工双方都负有责任。在这个双向沟通的过程中，通过互动的沟通手段使管理者与员工在如何实现预期绩效的问题上达成共识。管理者主要向员工解释和说明的是：组织的整体目标是什么；为了完成这样的整体目标，员工所处的业务单元的目标是什么；为了达到这样的目标，对员工的期望是什么；对员工的工作应该制定什么样的标准和期限；等等。员工应该向管理者表达的是：自己对工作目标和如何完成工作的认识；自己所存在的对工作的疑惑和不理解之处；自己对工作的计划和打算；在完成工作中可能遇到的问题和需要申请的资源；等等。让全体员工参与绩效计划的制定，可以使员工感到自己对绩效计划中的内容做出了公开的承诺，因而在工作中会更加遵守这些承诺，履行自己认可的绩效计划。绩效计划的周期一般为一年。

福利彩票营销绩效管理计划的结果是形成绩效计划书。绩效计划书是用于指导员工行为的指南。通过制定这样一份计划书，员工可以了解考核周期内的工作安排和目标，并了解将会遇到的障碍和可能的解决办法。绩效计划书的内

---

　　① "首问负责制"是指由第一个与顾客接触的人负责解决顾客提出的全部问题。例如，当彩民向福利彩票机构的工作人员提出问题时，该工作人员必须负责到底，直到该彩民满意为止。这就要求福利彩票机构的所有工作人员必须全面了解福利彩票的营销业务，掌握彩票销售、兑奖的流程和有关政策规定，而不论其工作岗位是否直接从事销售业务。

容除了最终的个人绩效目标之外，还包括为达到计划中的绩效结果应做出的努力、应采取的方式、应进行的技能开发等。在绩效计划书中至少应该包括以下内容：

（1）员工在本次绩效考核期间内所要达到的工作目标是什么？

（2）达成目标的结果是怎样的？

（3）这些结果可以从哪些方面去衡量，评判标准是什么？

（4）从哪里获得关于员工工作结果的信息？

（5）员工的各项工作标准的权重如何？

二、进行营销绩效管理沟通

制定了营销绩效计划之后，福利彩票组织的员工就要按照计划开展实施工作。为了保证每一位员工都能取得较好的绩效，在实施过程中必须加强与员工的双向绩效沟通。

绩效管理是通过管理者与员工之间持续的、动态的、双向的沟通方式来共同完成的。这意味着一个好的绩效管理系统包括听和说两个方面，是管理者和员工的对话的过程，也是管理者和员工共同学习和提高的过程。沟通在绩效管理中起着决定性的作用。制定绩效目标要沟通，帮助员工实现目标要沟通，年终考核也要沟通，分析原因寻求进步还要沟通。许多绩效管理活动失败的原因都是因为沟通出现了问题，从而导致了绩效管理活动的无效。绩效管理的过程就是员工和管理者持续不断沟通的过程，离开了沟通，组织的绩效管理将流于形式。

管理者和员工双向绩效沟通的目的，是通过共同分享有关信息，就工作进展情况、潜在障碍和问题、可能解决问题的措施以及管理者如何才能帮助员工等问题达成一致，以便保证员工能够按照绩效计划设定的目标，顺利地在规定时间内完成工作任务。在整个绩效实施期间内，需要管理者不断对员工进行指导与反馈，对发现的问题及时予以解决，并对绩效计划进行调整。

福利彩票机构在营销绩效管理沟通过程中，要注意做好以下三个方面的工作。

（一）学习辅导

辅导是一个改善员工知识、提高员工技能的过程。其主要目的是：及时帮助员工了解自己工作进展情况如何，确定哪些工作需要改善、需要学习哪些知识和掌握哪些技能；在必要时，指导员工完成特定的工作任务，并使工作过程变成一个学习过程。福利彩票机构的管理者应该认识到，辅导是一个学习过程，而不是一个教育过程；对员工的辅导是帮助其努力达到个人制定的计划目标。

对员工的辅导包括以下内容：（1）确定员工胜任工作所需要学习的知识、技能，提供持续发展的机会；（2）确保员工理解和接受对学习的需要；（3）与员工讨论应该学习的内容和最好的学习方法；（4）使员工知道如何管理自己的学习，并确定在哪个环节上需要帮助；（5）鼓励员工完成自我学习计划；（6）在员工需要时，提供具体指导；（7）就如何监控和回顾员工的进步达成一致。

（二）咨询服务

福利彩票绩效管理沟通的另一个手段是给员工提供咨询帮助。当员工没能达到预定的绩效标准时，管理者应该给员工提供咨询帮助，帮助员工克服工作过程中遇到的障碍。管理者在进行咨询服务时，首先要做到及时，即问题出现后立刻开展工作，不要等到问题严重时才进行。其次，咨询过程必须坚持开放原则，实现双向交流，鼓励员工多发表自己的看法，管理者应该扮演"积极的倾听者"的角色。再次，咨询前应做好计划，不要集中在消极的问题上，谈到好的绩效时，应具体并说出事实依据；对不好的绩效应给予具体的改进建议，共同制定改进绩效的具体行动计划。

咨询服务主要包括三项内容：（1）确定和理解所存在的问题；（2）帮助员工自己找出存在的问题、思考解决问题的方法并采取行动；（3）提供员工可能需要的其他帮助。

（三）进展回顾

员工工作目标和发展目标的实现对组织的成功是至关重要的，应该定期对其进行监测。这样，与员工进行工作进展回顾就成为福利彩票绩效管理沟通的第三个手段。进展回顾不是一年一度的绩效回顾面谈，而是一项在绩效实施过程中的经常性工作。对有些工作来讲，每季度进行一次进展总结是适当的，但对其他短期工作或新员工，应该每周甚至每天进行反馈。

福利彩票机构的管理者在进展回顾中应注意的问题有：（1）进展回顾应符合业务流程和员工的工作实际；（2）将进展回顾纳入自己的工作计划，不要因为其他工作繁忙而取消进展回顾；（3）进展回顾不是正式或最后的绩效回顾，目的是收集信息、分享信息并就实现绩效目标的进一步计划而达成共识；（4）如果有必要，可以调整所设定的工作目标和发展目标。

三、开展营销绩效考评

每年的年终岁尾是绩效管理工作的考评时间。绩效考评是绩效管理的中心和关键环节。福利彩票机构作为一个销售组织，营销绩效考评的结果是指导组织进行未来营销决策，甚至制定长远发展战略时不可或缺的重要参考依据。

（一）营销绩效考评的含义

考评是考核和评价的总称。绩效考评也被称作"人事考评"、"员工考评"，就是针对组织中每个员工所担任职务职责的履行程度，以及担任更高一级职务的潜力，应用各种科学的定性和定量方法，对其行为的实际效果及其对组织的贡献和价值，进行有组织的并且是尽可能客观地考核和评价的过程。

福利彩票机构的绩效考评是由管理者对员工的工作做系统的评价。有效的绩效考评能促进福利彩票组织人力资源管理不同组成部分的一体化，并使他们与组织目标紧密结合。绩效考评作为一种衡量、评价、影响员工工作表现的正式系统，可起到检查及控制的作用，并以此来揭示员工工作的有效性及其未来工作的潜能，从而使员工自身、组织和社会都受益。考评体系是一个多种因素相互作用的系统，如图11－6所示。

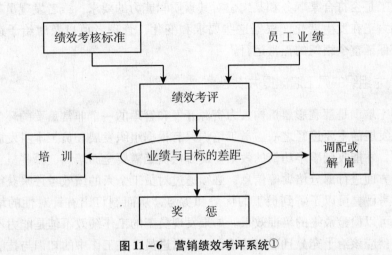

图11－6 营销绩效考评系统①

（二）营销绩效考评的作用

福利彩票机构开展营销绩效考评具有以下作用：

1. 为组织的员工薪酬管理提供依据

营销绩效考评结果最直接的作用，就是为制定员工的薪酬方案提供客观依据，根据员工的实际业绩决定其薪酬水平的高低。对于绩效好的人员，应当给予奖励来激励其更好的表现；对于绩效差的员工，应尽量了解其中的原因，帮助其提高绩效水平。若是因为员工的动力不够，则应该建立起一套良好的激励制度来配合，以增加员工改进绩效的动机。

2. 为组织的人员调配、职务升降提供依据

员工的职务调整包括员工的晋升、降职、调岗和辞退。员工职务和岗位的

---

① 袁颖：《绩效管理的发展及应用研究》，中国海洋大学出版社2004年版。

变动必须有科学的、符合组织发展的充分依据，以便调动员工的工作热情，为各项工作的顺利开展和完成打下坚实基础。福利彩票机构通过绩效考评，可以判定员工是否符合某职务和某岗位对其素质和能力的要求，或者发现员工的素质和能力正在发生变化，根据这些要求和变化，管理者可以及时给予适当调整，以保证整个组织的正常运行。

3. 为组织的员工培训提供依据

员工培训是福利彩票机构人力资源开发和管理的一个非常重要的环节，也是组织发展的主要途径之一。员工培训只有根据组织发展和员工本身发展的需要而定，才能收到事半功倍的效果。而哪些员工需要全面培训、哪些员工需要在哪些方面进行部分培训等信息，必须通过对员工个人的绩效考评来获得。通过绩效考评，可以了解到员工的优势和劣势，从而制订出有针对性的培训计划，并可以检验最终的培训效果。如果发现员工的工作绩效不佳是能力不足的原因，就应该给予充分且适当的培训，以增进员工在工作中的知识与技能。

4. 为员工个人更好地进行自我管理提供依据

福利彩票机构通过绩效考评，强化了工作要求，使员工责任心增强，明确自己怎样做才能更符合期望，有助于员工更好地进行自我管理。通过绩效考评，可以发掘员工的潜能，让员工明白自己可以干什么。同时，使员工明确自己工作中的成绩和不足，促使其在以后的工作中发挥长处，改善不足，使整体工作绩效进一步提高。

（三）绩效考评的过程

福利彩票机构绩效考评的过程，一般包括制定考评标准、实施考评活动和考评结果应用三个阶段。

1. 制定考评标准

绩效考评是通过准确测量员工的绩效，来达到提高整个组织绩效的目的。而要进行考核就需要有一把度量绩效的尺子，这就是绩效考评标准。因此，在考评之前，必须对绩效标准进行明确的定义，并就绩效标准与员工进行沟通。

参考其他组织的营销绩效考评标准，福利彩票营销绩效考评标准的确立要考虑以下几个问题：

第一，绩效考评标准的指标设立要与岗位职责密切相关。绩效考评标准是绩效考评的对照与依据，这个参照物的范围及难易，就会影响到绩效考评的结果。这就要求对不同的岗位制定不同的考评标准。因此，绩效标准的指标要以岗位的需求为基础，而这些需求是通过岗位分析得出来的，并反映了岗位的特征和特殊性。当正确地制定了绩效标准后，标准会帮助组织将它们的目标反映到对岗位的需求上，而这些岗位需求传递给员工的信息是：哪种工作水平是组织可接受的，哪种工作水平不能被组织所接受。

第二，绩效考评的标准要准确。绩效考评标准是福利彩票机构进行员工绩效考评的参照系，是一把衡量员工绩效的尺子，如果尺子上没有刻度或刻度不准，就不能度量每个员工绩效的大小。因此，考评绩效的尺度必须精确。为了保证考评标准的准确性，绩效标准应该具有衡量可靠、内容有效、定义具体、独立而非重叠、全面易懂等特征。为了便于比较，考评标准尽可能要量化。

第三，绩效考评标准的依据要科学。关于绩效考评标准的依据，分为历史标准、计划（预算）标准、客观标准、行业标准和竞争标准等多种。历史标准是指以组织过去的业绩作为衡量标准，进行自身纵向比较。具体运用的指标有与上年实际比较、与历史同期实际比较、与历史最高水平比较三种方式。该标准的优点是可以看到自己的进步，不足之处是缺乏横向比较，且具有排他性。计划标准是以事先制订的年度计划、预算和预期目标作为评估标准，代表了组织力争达到的绩效标准，是组织的努力方向。该标准的优点是通过将员工的实际工作绩效与计划标准相对比，可以发现实际绩效与目标绩效之间的差距，发现组织工作中的不足之处，以便在以后的经营活动中加以改进；缺点是没有考虑环境和人为因素对绩效的影响，因为营销环境的变化也可能使计划标准与实际绩效相差甚远。客观标准是以其他相同类型组织的营销平均绩效状况作为评估标准。客观标准因为广泛参考了类似组织的绩效评估数据，相对来说较为真实，应用范围广，评估结果可比性更强，并且比较符合测评工作的实际。缺点是真正的绩效平均水平难以计算；并且该指标只是一个中间水平，对于一个居于先进水平的彩票销售机构来说没有指导作用。行业标准是以组织所在行业的特定指标数值作为绩效评估的标准。包括与同行业公认的绩效标准相对比、与同行业的先进水平指标对比、与同行业的平均水平指标对比三种方式。采用行业标准，可以发现本组织在行业中的地位，以及与同行业领先者的差距，可以帮助组织找出工作中的不足，从而明确以后的工作方向。竞争标准是指以最主要的竞争对手的绩效标准作为评价标准。采用竞争标准时，通过对主要的竞争对手进行全方位的比较分析，找出与竞争对手的差距，调整战略、战术，改进经营管理，从而重新夺回或抢占市场份额。

以上分析可以看出，绩效考评标准的依据类型各有利弊，每个组织要根据自身的特点和条件选择不同的考评标准。可以选择一种标准，也可以采用几种标准相结合，以便发挥绩效考评作为组织提高工作绩效手段的重要作用。福利彩票营销机构作为一个特殊行业的特殊组织，其绩效考评带有一定的探索性。因此，在选择绩效考评标准时，要慎重考虑，以促进福利彩票营销绩效的提高。

2. 实施考评活动

福利彩票机构实施考评活动，其主要任务是对员工的德、能、勤、绩等从不同的侧面做出综合性的考核与评价，并要让员工接受这一考评结果。这样，绩效考评的过程必须抓好三个环节：

（1）考评人员的组织。绩效考评涉及到每一个员工的利益，必须人人参与，这就要求做好考评人员的组织工作。首先，要提高全体员工对绩效考评的认识，端正心态，出以公心参加绩效考评活动；其次，提前印发考评指标及其标准，以便使考评人员对每一个员工都能做出科学的评价；最后，要做好不同层次人员考评的时间安排，以保证人人参加考评活动。

（2）考评结果的平衡。常言说"屁股决定脑袋"。由于员工所处的岗位不同，对同一个人的工作在评价上必然存在差异。绩效考评是由若干人对同一个员工进行的考评，得出的结果很可能不同：可能是上级给的分数与下级打的分数不同，也可能是同一层级的不同人打的分数不同。这就需要对存在差异的考评意见进行平衡，以便使考评结果更加客观公正。平衡的方法一般采用算术平均法或加权平均法进行。

（3）考评结果的反馈。绩效考评的目的是为了提高整个组织的绩效，而组织的绩效提高要通过员工个人的绩效提高来完成。因此，绩效考评是一个双向沟通的过程，考评结果必须及时向员工反馈。绩效考评结果反馈是一项重要而复杂的工作，将在第四个问题进行专题论述。

3. 考评结果应用

福利彩票机构进行绩效考评的真正目的就是为了提高营销效率和效益，是为了帮助每个员工成功。为此，绩效考评活动完成、考评结果得出以后，不能把它束之高阁，锁在橱子里当档案，而是把它作为一种有效的管理手段，应用到提高绩效管理水平的工作中去。利用绩效考评结果，一方面可以发现组织工作中存在的问题，更好地调动员工的积极性；另一方面，可以充分挖掘员工的潜力，为福利彩票的销售做出更大的贡献。关于福利彩票营销绩效结果应用的具体内容，将在第五个问题进行研究。

（四）绩效考评的原则

为了保证考评结果的客观性和科学性，福利彩票机构在进行绩效考评时必须遵循以下原则：

1. 公平公正

公平公正是福利彩票机构确立和推行绩效考评制度的前提。不公平公正，就不可能发挥绩效考评应有的作用。公平公正原则是指福利彩票机构在进行绩效考评过程中，考评标准、考评程序、考评方法、考评人员、考评责任等都有明确的规定，并且在整个绩效考评过程中都严格遵守这些规定。公平公正的前提是公开，只有公开才能在组织内部建立一种公平、公正的氛围，让员工对组织产生信任感，坦然接受考评的结果。考评切忌秘密进行，搞"暗箱操作"会使员工产生一种被"调查"的感觉，产生对组织的不信任甚至鄙视的心理，使员工之间相互猜忌，挫伤员工的积极性。所以，福利彩票机构在进行绩效考评时，必须要把公平作为首要原则。

2. 客观严谨

绩效考评的客观严谨原则是指在绩效考评过程中，考评者要严格执行已规定的考评标准，对客观考核资料进行客观评价，尽量避免加入个人主观和感情色彩。具体表现在：有明确的考核评价制度；有严肃认真的考核评价态度；有统一的考核评价标准与科学的流程方法等。如果做不到这一点，就会使绩效考

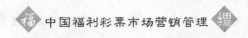

评最终流于形式，形同虚设，浪费时间、精力和资金。因为绩效考评不客观，不仅不能全面反映福利彩票机构某一阶段的工作成果，而且可能会误导组织制定未来的发展战略。为此，在绩效考评中考评者要"用事实说话"，要把被考评者与既定标准相比较，而不是与他人比较。

3. 结果公开

关于绩效考评的标准、过程、方法等的公开，在管理者中已经没有异议。但对于考评结果是否应该公开，仍存在不同的观点。反对者认为这样做会打击员工的积极性；赞成者认为会调动员工的积极性。笔者认为：考评的结果是否公开，取决于该组织的企业文化。在全体员工还没有接受该方式之前，可以把绩效评估的结果向本人公开；经过一定时间的宣传引导，选择适当的时机把整个考评结果向全体员工公开。这是保证绩效考评民主性、透明性的重要手段。一方面，可以使被考评对象了解考评期内自己的工作业绩，发现工作的进步和不足，从而在今后的工作中扬长避短，弥补不足；另一方面，可以使全体员工了解自己的工作成绩在组织中所处的地位，从而产生奋起直追的工作热情，积极向优秀的员工学习。同时，公开绩效考评结果还可以防止考评中可能出现的偏差和错误，提高考评的透明度，保证考评的公平与合理。

4. 奖惩结合

福利彩票机构之所以要进行绩效考评，就是因为绩效考评的目的之一是能够帮助建立有效的激励机制。奖惩结合原则是指在绩效考评结束以后，依据员工的考评结果，对优秀的员工进行奖励，对落后的员工进行惩罚。实行奖惩结合原则，根据绩效考核结果的优劣，有赏有罚，有升有降，才能起到鼓励先进、鞭策落后的作用。同时，也有利于在组织内部形成一种积极向上的工作氛围。

四、实施营销绩效考评结果反馈

绩效管理提供的不仅仅是一个奖罚措施，更重要的意义在于它能为组织提供一个促进工作改进和业绩提高的信号。在绩效考评过程中，考评者与被考评者的信息是不对称的，作为被评估对象的员工在绩效评估中处于信息劣势，如果没有及时、有效的绩效反馈，员工对组织的期望及其他人对自己帮助无从知晓，无法做出有利于信息双方的合理行为，那么绩效考评就会流于形式，实现组织目标和员工发展就会成为一句空话。因此，在取得绩效考评结果以后，下一步就要进行考评结果反馈。通过考评结果反馈，为管理者提供了一个与下级讨论其工作业绩并挖掘其工作中可提高和发展的领域的机会，为员工提供了一个了解自我的平台，从而促进双方交流。

（一）绩效反馈面谈的基本形式

绩效结果反馈的基本方式是面谈。反馈面谈采取的形式在很大程度上取决于面谈的目的、考核所选用的方法。诺曼·R·F·梅尔在其《反馈面谈》一书中分析了三种反馈面谈形式。福利彩票机构可以结合自身的实际情况，综合考虑采用的反馈面谈形式。

1. "谈与劝"式面谈

"谈与劝"式面谈是指主管与员工进行绩效反馈的交流面谈时，一方面采用交谈的方式反馈信息，另一方面采用劝说的方式让其接受批评性意见。使用该形式的反馈面谈要求主管具备劝服员工改变某一工作方式的能力。这种面谈可能会要求员工采用一种新的工作方式，而且要求上级能够熟练地使用激励手段。

2. "谈与听"式面谈

"谈与听"式面谈是指主管与员工进行绩效反馈的交流面谈时，在第一阶段，使用谈的形式向员工传递考评结果的信息；在第二阶段，员工对考评结果感到不满意时，主管能够认真听取员工的不同意见并缓解员工的抵触情绪，而不去反驳员工的陈述。为了获得员工的真实想法，主管应当鼓励员工多说话，充分表达自己的观点。因为思维习惯的定向性，主管似乎常常处于发话、下指令的角色，员工是在被动地接受；有时主管得到的信息不一定就是真实情况，下属迫不及待的表达，主管不应打断与压制。采用该方式面谈要求上级具备与员工沟通其工作优缺点的能力，能够在员工发泄不满情绪时认真听取对方的意见。

3. 解决问题式面谈

解决问题式面谈是指主管与员工进行绩效反馈的交流面谈时，注意倾听、接收和回应员工的感受，通过谈论员工遇到的问题、需求、满意与不满意之处，帮助员工解决存在的问题，从而激发员工的成长发展热情。采用解决问题面谈方式时，主管不仅应该具备一般的反馈能力，还必须能够给员工提供其提高工作业绩和未来发展的反馈信息，以促进员工的成长和发展。

（二）绩效反馈面谈的技巧

绩效反馈面谈是科学更是艺术，在具体应用中虽然要有一定的理论指导，但更需要掌握一定的技巧。为了使福利彩票机构的员工更容易接受考核信息，主管在与员工进行绩效反馈面谈时，必须能够运用多种技巧。

1. 充分准备

绩效反馈面谈准备包括时间安排、场所选择和内容准备三个方面。在时间上，应该尽早制定反馈面谈日程，并通知早作准备。具体时间避开上下班、开会等让人分心的时间段，与员工事先商讨双方都能接受的时间。面谈的场所要选择安静、轻松的小会客厅，给员工一种轻松的感觉。进行反馈面谈的主管要对即将接受面谈的员工所从事工作的工作描述进行研究，将员工的实际工作绩效与绩效考核标准加以对比，并对员工近两年来的工作绩效考核档案进行审查。至于采用什么样的开场白，取决于谈话的对象与情景，要设计一个缓冲带，时间不宜太长。可以先谈谈工作以外的其他事，如共同感兴趣的某一场球赛，上下班挤车的情形，孩子的学习等，以便拉近距离，消除紧张，再进入主题。

2. 平等对话

绩效反馈面谈的主要目的是创造一个平等对话的机会以帮助员工提高其工作水平。平等对话表现在三个方面。首先，双方在座位上要表现出平等。双方要成一定夹角而坐，而不要采用面对面的就座方式。其次，双方在发言的时间上表现出平等。要鼓励员工积极参与谈话，主管则要多听少说；应多提一些开放性的问题，激起员工的兴趣，排除戒备心理，慢慢调动员工的主动性。最后，在谈话态度上表现出平等。面谈中要保持诚恳的信任态度，尽管员工可能存在许多问题，也要抱有信任的态度，肯定员工的工作付出，真诚希望对方工作绩效有所提高，在称赞员工时用"你们"，在提出批评时用"我们"，以保证员工能够更容易接受反馈的结果。

3. 多表扬少批评

人人都喜欢表扬而不喜欢批评。表扬是一种很好的催化剂，在反馈面谈中特别如此，因为员工总是期望得到积极的回应。即使是最有自控力的员工，对批评的接纳程度也是有限的，超过限度就会产生抵触感。因此，在绩效反馈面谈时必须掌握"多表扬少批评"的技巧，并学会使用表扬引路，从一开始时就要对员工工作中的优点进行表扬，以便使员工减少抵触情绪，并更加愿意谈论其工作中的不足之处，从而保证面谈的顺利进行。如果一个员工有很多方面需要改进，主管应该尽量选择最严重的问题或对工作最重要的问题与员工进行着重讨论。然而，主管在绩效反馈中应尽量避免明显地使用"三明治方法"，即在表扬之后就是批评，然后又是表扬。以免使员工产生不信任心理。

（三）绩效反馈的原则

按照正态分布的理论，一个团队中应该是少数人的绩效属于团队前列，另有少数人的绩效属于落后者，多数人的绩效属于中间状态。如果以中位数为标准，则半数人员的绩效在中位数以上，半数人员的绩效在中位数以下。但是，员工对自己的工作往往有着良好的自我感觉。大多数职工都自认为自己的工作表现是居于团队前列的。这样，即使是非常准确的、实事求是的把绩效考评结果反馈给员工，也会有不少人感到绩效评估远低于自己的预期，不够公平，进而产生对批评类的负面反馈信息的反感与抵制心理。为此，福利彩票机构在进行绩效反馈时，为了有效打破员工在绩效反馈面谈时的自我防卫心态，促使其认真听取绩效反馈意见，虚心接受一时之间有些自感不适的负面信息，从而达到有效提高员工绩效、促进员工发展的目标，必须遵循以下原则：

1. 针对性反馈原则

所谓绩效反馈的针对性原则，是指在绩效反馈中，主管首先要理解员工工作中的行为及员工对考核结果的反映，了解员工需要得到什么样的反馈信息，根据掌握的情况决定该反馈什么信息。而员工的行为调整，是以考评期初设定的绩效标准为依据的。因此，只有反馈结果与绩效标准的差距才会引起他们的注意并调整其行为。期初的绩效标准是根据岗位差别分为不同层次的，绩效反馈的信息应该与这些不同层次的绩效标准相比较而产生。例如，对于高层次的管理人员来说，反馈的问题主要是：他/她做的哪些工作为组织发展做出了贡献，还存在哪些问题；他/她在组织中的定位是否准确，其工作是否与职位相符；他/她为组织未来的发展提出了哪些思路，还应该怎样要求自己；对下级的指导做得怎样，还存在什么问题；等等。对于中层管理人员来说，反馈的问题主要是：分管的工作任务完成的怎么样，是否想出更好的办法来完成这项任务，在完成任务过程中存在哪些问题；对上级安排的其他任务完成的怎样，存在什么问题；对下级的指导工作做得怎样，存在什么问题；上述问题应该怎样解决；等等。对于基层的工作人员来说，反馈的主要内容是：工作目标完成的怎样；执行过程中是否关注细节；在对外交往中是否重视个人形象和公司形象；工作的主动性和协作精神怎样；存在的问题应该怎样解决；等等。

2. 及时反馈原则

绩效考评反馈的及时原则，是指考核结果产生以后，应快速及时地反馈给每一个员工，切勿等到考核过去很久之后再作反馈。如果绩效考评发生已久再提出批评性反馈意见，则会产生"为什么不早说"的反感与抵制心理。

3. 对事不对人原则

绩效考评反馈的对事不对人原则，是指绩效结果反馈涉及到批评性意见时，仅仅针对所发生的具体事例提出批评，切勿从不当工作行为中引申出个人素质方面的攻击性指责，如斥责员工"蠢笨"、"无能"等。在反馈面谈中，某些管理者常常试图去扮演心理学家的角色，来解释员工为什么会有某种行为，在实践中却得不到预期的效果。原因是他们混淆了员工的行为方式与员工本人的关系，把员工的行为方式的错误记在其人格身上。所以，在员工的绩效反馈中，特别是在解决员工存在的问题时，一定要记住错误的是员工的行为方式，而不是他本人。管理者应该尽量避免提出有关改变个人性格的建议，而应提出一个更容易接受的改变行为方式的建议。也许某些主管认为措词严厉可以触动职工，使之能认识到问题的严重性，但实际效果往往适得其反，此类作法除了引发受批评者反感与抵制心态外，并无其他更多的作用。

4. 言之有据原则

绩效考评反馈的言之有据原则，是指绩效结果反馈的意见无论是赞扬还是批评，都应有具体、客观的结果或事实来支持，应摆事实讲道理，不能作泛泛的、抽象的、一般性评价。例如，当绩效反馈中涉及服务态度、服务质量方面的问题时，不能笼统地说"工作积极性、主动性不够"、"工作态度低劣"等，而应具体说明问题本身："不管什么理由，和彩民发生争吵是不应该的，这方面发行中心是有明确规定的"，"有彩民投诉说你在服务中不够细心"。这样说可以使员工了解之所以受到批评的具体原因是什么，使之能够耐心接受。当然，在必要时，也可以用一些相关的材料与数据佐证评估结果，使员工明白哪些地方做得好，差距与缺点在哪里，促使员工改变过高的自我评估预期。

5. 允许申诉原则

绩效考评反馈的允许员工申诉原则，是指绩效结果反馈以后，允许员工进行申诉，提出对考评反馈结果的不同意见与异议。绩效反馈是一个双向交流的平台，既可以向员工反馈考评结果，也是对有关情况作进一步深入了解的机会。当员工对绩效考评结果的意见不满意时，应允许他们提出反对意见；如果员工的解释是合理可信的，应灵活地对有关评价作出修正；如果员工的解释是不能令人信服满意的，应向员工作出必要的说明，要让他们心服口服，绝不能强迫他们接受其所不愿接受的考评结论。

6. 全面反馈原则

绩效考评结果的全面反馈原则，是指绩效结果反馈的内容要全面，既要肯定取得的成绩，又要找出存在的问题，还要帮助提出解决问题的办法。绩效评估反馈的目的并非是要对一个人作盖棺定论，而是为了能够更好地改进人的工作。为此，在绩效反馈时，不能简单化地把问题提出了事，然后一切就让员工

"好自为之"，"自己看着办"。而应该与其共同研究造成工作失误的原因，以真诚的态度协商提出改进工作的意见与建议。通过责任分担、一如既往的信任表态等作法减轻员工的心理压力，并通过以后在工作活动各个方面为员工提供实际的支持与帮助，来提高员工的绩效。

五、营销绩效考评结果的应用

福利彩票营销绩效考核本身不是目的，而是提高工作效率、促进组织更好发展的一种手段。因此，考评结果的运用便成为营销绩效考评的关键环节。绩效考评如果不能有效地服务于福利彩票机构的人力资源管理活动，不能有力地为其战略目标的制定服务，必将失去考核的意义和价值。利用绩效考核的结果，可以为人力资源管理和其他管理决策提供大量有用的信息，尤其在处理内部员工关系、开发员工潜能等方面具有重要作用。

（一）利用绩效考核的结果处理内部员工的关系

福利彩票营销绩效考评结果在组织内部员工关系处理中的作用，表现在改善组织氛围、提高员工士气、增强组织的凝聚力和战斗力等方面。运用考核结果，福利彩票机构可以发现哪些员工绩效优秀，值得大力表扬和宣传，充分发挥榜样的作用；而对后进员工，可以运用反激励的措施，来唤起他们的工作热情，奋起直追，形成组织内部融洽热烈的工作氛围。可见，绩效考核对于福利彩票机构处理内部员工关系具有重要作用。

1. 促进组织与员工的沟通交流

在福利彩票机构内，良好的沟通是组织的生命线。通过沟通，可以帮助员工更多地参与到组织决策中去，并在此过程中加强员工对组织的认同，进而提高其业绩。现代绩效考核的一个重要特点是交互性与双向性。为了确定绩效考核的标准，主管要与下属沟通交流；在考核过程中，主管也要不断同员工进行对话；取得考核结果后，主管更要与员工进行面谈反馈。可见，沟通与交流体现在绩效考核的整个过程中。而结果反馈起着特别重要的作用。对管理层而言，可以随时把握员工的工作情况，使员工了解组织的使命和目标。对员工来说，可以随时了解组织对自己的期望，从而保持组织与其员工的密切关系。

在绩效考核结果的反馈中，可以发现员工对工作场所、工作环境、人际关系、领导方式等组织内外问题的要求，从而创造出更好的工作空间和环境。通过沟通交流，可以发现在有的情况下，员工的绩效表现不佳不一定是员工自身的问题，而对这些影响员工绩效的非个人因素加以改善，既密切了组织内部关系，也提高了组织的绩效。

2. 塑造员工的共同心智

福利彩票机构良好的内部关系，可以归结为一种员工的共同心智。它表现为员工关系的和谐，有共同的信念、使命与追求，积极向上的团队精神等，使组织具有强大的向心力和凝聚力，使全体员工为了一个共同的目标而努力。而绩效考核是一种强化共同心智的过程。在这一过程中，绩效考核的结果提供了反馈控制的信号，正是通过这样不断地交流、强化过程，共同心智才得以形成。

3. 调整劳资关系

福利彩票营销尽管是一项社会福利事业，为社会弱势群体筹集福利资金是主要目标，但是，员工要获得个人的利益也是一个客观事实。所以，福利彩票营销在要求员工做奉献的同时，也必须为员工创造良好的工作环境和生活条件。随着组织对员工权益保护的重视，劳资关系问题开始成为人们关注的一个新问题。处理劳资关系，重要的表现就是尊重、保护员工的权益。而绩效考核制度则为调整劳资关系提供了条件。但是，由于对绩效考核不了解，很多人将绩效考核理解为一种对员工的管制，坦率无情的绩效考核方式往往使得员工感到自尊心受到伤害，从而使他们产生抵触心理。其实这是误解了绩效考核的主旨。绩效考核最重要的作用是对员工的潜力开发，不存在任何方面的歧视，否则可能会起到反作用。

（二）利用绩效考核结果调动员工的潜能

福利彩票营销绩效考核的另一个作用是调动员工的潜能。考核结束之后，将考核结果反馈给个人，考核者同时还指出其工作的优缺点，使员工改进工作有了依据和目标。在组织目标的前提下，员工不断提高工作能力，开发自我潜能，不断改进和优化工作，也有助于个人职业目标的实现，有助于个人职业生涯的发展。

科学表明，目前对人的潜能的开发还仅仅停留在人的整个能力中的很小一部分，有的人甚至认为还不到5%。可见，调动人的潜能如同开采一个无限的矿藏一样富有魅力。心理学理论认为，人的潜能和价值与社会环境的关系是一种内因和外因的关系。潜能是主导的因素，环境是外在的因素，它是促进潜能发展的条件。因此，调动潜能也就是首先要认识潜能，同时创造出适合潜能发挥的环境与平台，两者是相辅相成、缺一不可的。而绩效考评结果为认识潜能提供了条件。

绩效考评是通过定量化的方式对员工的业绩、能力、态度作出客观的评价。其能力考核是通过科学的程序和方法，在员工实际工作的情境中进行的，因而有一定的客观性和可靠性，同时也为人们科学地认识潜能提供了有价值的依据。通过绩效考核，使员工看到自己在一些能力方面的长处，以增强他的信心，鼓励他更进一步地发挥优势；同时，也可以让他发现自己的一些缺点和不足，明确努力的方向，以便在未来的工作中做得更好。

此外，绩效考评的结果也为福利彩票机构合理的配置人才提供了依据。不同的工作岗位，对人员的能力与潜能的要求是不一样的。不同的员工具有不同的潜能，所以不能武断地断定孰优孰劣。一个不适应研发的人员可能是一个优秀的销售人员，一个不称职的管理者可能是一个优秀的研发人员。通过评估结果，组织能够更有效的认识它的所有员工的潜能，从而使组织做到人尽其才，物尽其用。

同时，福利彩票机构可以利用绩效考评结果形成调动员工潜能的有效机制。在潜能开发与调动中，形成有效的人员激励机制是重要的环节，而工作本身的激励是最重要的激励。提高工作本身的激励，可以从以下五个方面入手：（1）技能的多样性：也就是完成一项工作需要运用各种技能、能力和智慧。（2）工作的完整性：即其工作在一定程度上要从开始到完成并取得明显的成果。（3）任务的重要性：即自己的工作在一定程度上在组织内或在组织工作环境以外影响到他人的工作或生活。（4）主动性：即工作在一定程度上允许员工有一定程度的自由、独立，以及在具体工作中有一定的个人制定计划和执行计划的自主权。（5）反馈性：即员工能及时明确地知道自己所从事工作的绩效及其效率。

为了提高工作本身的激励可以重新设计工作，增加上述这些要素的权重，改善员工的心理状态，从而强化他们对工作意义的体验，增强他们对工作结果负责的精神，进而增加工作的激励和工作的满意度，这样就能有效地开发他们的自我潜能，提高他们的工作绩效。福利彩票营销是一项富有挑战性的工作，应该在绩效评估中，强调工作本身的激励，形成调动员工潜能的有效机制。

第四节　福利彩票营销绩效管理系统

福利彩票营销绩效管理是一个循环的动态的系统，要想有效实施，就必须从系统的角度来考虑。影响营销绩效的直接因素包括考核制度、管理者和员工。其中考核制度通过激励机制影响组织的绩效；高层管理者通过支持与推动，其他各级管理者通过对于绩效管理理念、方法的掌握和大力推动，以及自身角色的认识来提高组织的绩效；员工通过对绩效管理的正确认识和实施来提高绩效。此外，福利彩票机构的组织文化、组织责任体系等因素也会对绩效产生很大影响。

一、福利彩票营销绩效管理系统的内容

福利彩票营销绩效管理系统由运行系统和组织保障系统两部分组成，每一部分都包含丰富的内容。

（一）福利彩票营销绩效管理的运行系统

福利彩票营销绩效管理的运行系统包含五个紧密联系的子系统。这些子系统环环相扣，任何一环的脱节都将导致绩效管理的失败。绩效管理运行系统的

构成如图 11 –7 所示。

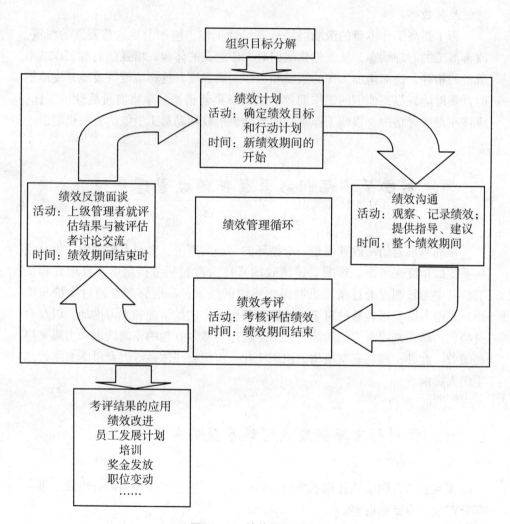

图 11 –7 绩效管理系统

① 华茂通咨询:《绩效管理与实施》,中国物资出版社 2002 年版,第 40 页。

1. 绩效计划子系统

绩效计划是福利彩票管理者与员工合作，对全体员工下一年应该履行的工作职责、各项任务的重要性等级和授权水平、绩效的衡量、管理者提供的帮助、可能遇到的障碍及解决的办法等一系列的问题进行探讨，并达成共识的过程。绩效计划在帮助员工找准路线、认清目标方面有一定的前瞻性，因而是整个绩效管理运行系统中最基本的环节。

福利彩票机构的营销绩效计划子系统从纵向来说由计划目标、计划任务、计划重点、计划措施、计划进度等组成。从横向来说，包含不同级别、不同岗位人员的绩效计划等内容。

2. 绩效沟通子系统

营销绩效沟通就是福利彩票机构的管理者和员工双向交流，以分享有关信息的过程。这些信息包括工作的进展情况、潜在的障碍和问题、可能解决问题的措施以及管理者如何才能帮助员工等等。这种交互沟通贯穿于绩效管理的整个过程。通过沟通，员工可以清楚地了解绩效考核制度的内容、制定目标的方法、衡量标准、努力与奖酬的关系、工作业绩、工作中存在的问题及改进的方法等。

福利彩票机构的营销绩效沟通子系统从内容来说是一个润滑系统，它保证营销绩效目标的实现。

3. 绩效考评子系统

绩效考评是绩效计划考评时间结束进行的工作，内容是对计划考评期内员工的绩效进行考核与评估。绩效考评在绩效管理中是一项承前启后的工作，本身是一个动态的持续的过程，与考评前期和考评后期的工作密切相关。绩效计划和持续的沟通是绩效考评的基础，只有做好绩效计划和沟通工作，绩效考评才能顺利进行。因为只要平时认真执行了绩效计划并作好绩效沟通工作，考评结果产生分歧的可能性就较小，也就减少了员工与主管的冲突。绩效诊断与绩效改进是绩效考评的后续工作。在考评工作结束后，要针对考评结果进行分析，寻找问题，并提供工作改进的方案以供员工参考，帮助员工改进工作绩效。同时，在考评中应将当前结果与过去的绩效联系起来，进行纵向比较，这样才能得出客观准确的结论。

福利彩票机构的营销绩效考评子系统包括考评人员系统、考评结果系统、考评历史信息等内容。

4. 绩效反馈子系统

绩效考评所得的资料可能是某些潜在管理问题的表面现象。因此，在进行绩效考评时不能停留在考评结果信息的表面，而应当并将其作为绩效改进的一个切入点，这就是绩效反馈。正确的绩效管理，关键不在于考评本身，而在于组织管理部门通过绩效考评发现了绩效低下的问题，并找出产生原因，制定出改进的措施。员工是查找原因的重要渠道，通过进行考评结果反馈，努力创造一个以解决问题为中心的环境，鼓励员工实事求是地指出组织存在的问题，积极出谋划策，改善组织绩效低下的问题。

绩效考评要有相应的反馈系统，即一定要把考评结果反馈给被考评对象，以便使考评工作更有效。福利彩票机构的营销绩效反馈子系统包括反馈的时间系统、地点系统、人员系统、信息系统等。

5. 绩效结果应用子系统

绩效考评结果有两个方面的用途。一方面，要对员工进行结果反馈；另一方面，要把这些结果应用到机构的绩效管理中去，以便把绩效管理持续进行下去，达到组织绩效再上一个台阶的目的。绩效考评结果在管理中的应用，主要体现在员工培训、实施奖惩、职位调整、改善绩效等工作中。

福利彩票机构的营销绩效结果应用子系统，主要包括应用的范围、应用的项目、应用的时间、应用的效果等。

（二）福利彩票营销绩效管理的组织保障系统

为了保证绩效管理运行系统的顺利运转，福利彩票机构必须建立相应的组织保障系统。该系统由三个子系统组成。

1. 绩效管理推进委员会

福利彩票机构的最高绩效管理组织是绩效管理推进委员会，它由各级组织的高层领导和各部门的管理者组成。绩效管理推进委员会主要进行绩效管理的指导性工作，各委员要规定明确的职责、工作方式、工作日程、解决的问题等，以免该组织的建立流于形式。

2. 绩效管理推进小组

福利彩票机构营销绩效管理的大量工作由各级组织建立的绩效管理推进小组完成。小组成员是各级组织有一定管理经验的管理者。各小组负责在本级组织内有效推行绩效考评制度，并定期向绩效管理推进委员会、绩效管理支持和咨询小组汇报工作进展状况和过程中发现的问题。

3. 绩效管理支持和咨询小组

福利彩票机构营销绩效管理的日常工作由绩效管理支持和咨询小组承担。绩效管理支持和咨询小组以人力资源部为主导组建，其任务是协助各绩效管理推进小组开展工作，培训各小组成员，向高层及时汇报推进过程，解决推进过程中遇到的各种问题。绩效管理支持和咨询小组成员要向绩效管理推进委员会成员和推进小组成员传输绩效管理理想、操作方法、制度内容和注意事项，并向全体员工进行宣传。绩效管理推进小组和支持、咨询小组对绩效考核实施全过程跟踪，了解管理制度的操作情况和部门、员工的营销绩效。

二、建立营销绩效管理系统应处理好的三个关系

福利彩票机构在建立营销绩效管理系统以后，接下来的工作一方面是进一步完善绩效管理系统的建设；另一方面是要处理好绩效管理与其他工作的关系。

（一）绩效管理与人力资源管理的关系

在探索建立营销绩效管理制度的过程中，由于绩效管理与人力资源管理在选人、育人、用人、留人等环节，尤其是"用人"环节上有着密切的联系，很多组织直觉地将绩效管理作为人力资源管理的一个部分，交由人力资源管理

部门负责。这种作法在实践中会造成很多问题，使绩效管理流于形式，还可能会在部门之间、员工之间产生很多矛盾。问题的根源是管理者将绩效管理等同于绩效考核。绩效考核仅是对员工工作结果的考核，是绩效管理的一个部分而不是全部。绩效管理是组织将战略转化为行动的过程，是战略管理的一个重要构成要素，其深层的目标，是基于组织的发展战略，通过员工与其主管持续、动态的沟通，明确员工的工作任务及绩效目标，并确定对员工工作结果的衡量办法，在过程中影响员工的行为，从而实现组织的目标，并使员工得到发展。

福利彩票机构的人力资源管理部门和其职能部门一样，是为业务部门提高运营效率而提供支持和服务的，是人力资源管理政策的执行者。而绩效管理的真正责任人，是组织的高层管理者及各级管理人员。可见，绩效管理的功能超出了人力资源管理部门的职能范围。人力资源管理部门在绩效管理过程中的角色，是在具体的操作中承担横向的组织和协调工作。

（二）绩效管理系统与考核方法的关系

有人认为，只要绩效管理系统建立起来，考核方法的选择无关紧要。其实不然。考核方法的选择是一个关键而又敏感的问题。在一些成熟的组织里，由于已经形成了良好的绩效考核的文化，纵向考核、横向考核、360度考核、自我考核等方式和方法已经多次使用，好像在考核方法上可以自由选择。但对于大多数机构来说，考核方法的选择关系重大。

据笔者了解，福利彩票机构刚开始实行营销绩效管理的运作，在方法上不能机械的套用上述办法，因为这很容易使考评过程成为考评者与被考评者的博弈游戏，或者成为填表游戏，并不能真正发挥提高绩效的作用，还可能使员工与管理者之间产生矛盾，影响员工的工作热情。因此，绩效考核方法的设计，应根据福利彩票机构的特殊文化、管理者的素质等因素慎重考虑。较好的考核办法是应当保证员工的充分参与，并纳入到绩效沟通的过程中。这样做的好处是，员工在沟通中就已经感受到绩效管理不是与自己作对，而是齐心协力提高工作业绩，从而减少了员工的戒备心理。同时，员工在沟通中已经明确其绩效目标，并认可了考核办法，因此考核只是对工作的一个总结，考核结果也不会出乎意料，使得考核过程在融洽、和谐的气氛中进行。

（三）考评制度化与管理者责任的关系

有些组织的管理者对绩效管理制度有一种不很现实的期望，希望通过指标体系的设计，将所有的工作过程和任务进行量化，以达到绩效考核的公正和公平，并减少管理者的责任。但这一目标是无法实现的，因为绩效管理的指标体系很难实现全部的定量化。例如对于营销业务人员，尽管可以直接用销售额去衡量其业绩，但是考虑到组织的长期战略目标，对销售人员开发新客户的能力、与彩民沟通的效果、服务彩民的态度及水平的定性评价也很重要。对于一些依靠知识、经验及技能从事创造性工作的员工，定性的评价可能比定量的考核更重要。

因此，福利彩票机构在绩效管理制度的设计中，不仅要将定量的考核与定性的评价有机结合起来，并且要明确管理者的责任。任何一个好的管理制度，都不能替代优秀的管理者的作用。管理者应当承担起而不应是逃避绩效管理的责任，对员工的绩效做出客观公正的、定性与定量相结合的评价。

参 考 文 献

[1] 弗朗西斯·布拉星顿、史蒂芬·佩提特：《市场营销学》（第二版），广西师范大学出版社 2001 年版。

[2] 梅清豪等：《市场营销学原理》，电子工业出版社 2001 年版。

[3] 菲利普·科特勒、洪瑞云、梁绍明、陈振中：《市场营销管理》（亚洲版·第 3 版），中国人民大学出版社 2005 年版。

[4] 约翰·伊根：《关系营销》，经济管理出版社 2005 年版。

[5] 菲利普·科特勒：《市场营销管理》（第六版），科学技术文献出版社 1991 年版。

[6] 艾略特·爱登伯格：《4R 营销》，企业管理出版社 2003 年版。

[7] 丹尼斯 J. 克希尔：《内部营销》，机械工业出版社 2000 年版。

[8] 菲利普·科特勒：《市场营销管理》（第 8 版），上海人民出版社 1997 年版。

[9] 胡正明：《市场营销学》（第二版），山东大学出版社 2000 年版。

[10] 胡正明：《中国福利彩票营销的战略选择》，载《中国民政》2005 年第 4 期。

[11] 孙元太、毕建华：《如何开发农村电脑彩票市场》，载《中国民政》2001 年第 2 期。

[12] 张湛彬：《彩票业的市场结构和市场营销创新安排》，载《社会科学辑刊》2002 年第 2 期。

[13] 王素芬：《营销策划的四大重点》，载《经济论坛》2004 年第 7 期。

[14] 胡其辉：《市场营销策划》，东北财经大学出版社 1999 年版。

[15] 陈国庆：《房地产营销策划》，中国策划研究院 2003 年版。

[16] 叶万春等：《营销策划》，清华大学出版社 2005 年版。

[17] 梁彦明：《企业营销策划》，暨南大学出版社 1996 年版。

[18] 胡正明:《中国营销》,经济科学出版社 2001 年版。

[19] 冯健民:《营销策划操典》,广东经济出版社 1999 年版。

[20] 胡正明:《经贸谈判学》,山东人民出版社 1995 年版。

[21] 王先民:《市场进入战略》,企业管理出版社 1999 年版。

[22] 傅浙铭:《营销诊断实务》,广东经济出版社 1999 年版。

[23] 庄贵军:《企业营销策划》,清华大学出版社 2005 年版。

[24] 罗伯特 E. 史蒂文斯等著:《营销规划》(第 2 版),机械工业出版社 2000 年版。

[25] 祁庆杰:《发好福利彩票 兴办福利事业》,载《发展论坛》2003 年第 1 期。

[26] 郭国庆:《市场营销管理——理论与模型》,中国人民大学出版社 1995 年版。

[27] 吴健安:《市场营销学》,高等教育出版社 2000 年版。

[28] 毛刚:《论非营利组织及其在中国的发展》,载《华东经济管理》2004 年第 2 期。

[29] 朱晓军:《彩票管理使用操作手册》,吉林音像出版社 2003 年版。

[30] 陈丽青:《捷克数家大学联手培养彩票业人才》,载《公益时报》2004 年 11 月 29 日。

[31] 胡正明:《推销技术学》,高等教育出版社 1993 年版。

[32] 邓小平:《高级干部要带头发扬党的优良传统》,载《邓小平文选》(1975～1982 年),人民出版社 1983 年版。

[33] 杨旭华、王新超:《卓越人力保证技术——企业人才选聘经典实务》,广东经济出版社 2003 年版。

[34] 赵慧军:《动力与绩效——知识工作者的资源开发》,经济管理出版社 2004 年版。

[35] 华茂通咨询:《现代企业人力资源解决方案——员工培训与开发》,中国物资出版社 2003 年版。

[36] 俞文钊等:《合资企业的跨文化管理》,人民教育出版社 1996 年版。

[37] 曹荣、孙宗虎:《至尊企业 至尊人力资源——绩效考评与激励管理》,世界知识出版社 2002 年版。

[38] 山东福彩:《山东福彩现象启事录》,载《参考消息》,2002 年 4 月

28 日。

[39] 康芒斯：《制度经济学》，商务印书馆 1983 年版。

[40] 林有成：《五缘文化与市场营销》，经济管理出版社 1997 年版。

[41] 胡正明、王磊：《华人企业管理中的信任观探析》，载《华人管理本土化之升华》，香港城市大学出版社 2006 年版。

[42] 居延安：《关系管理——从美利坚走回中国的报告》，上海人民出版社 2003 年版。

[43] 罗纳德·S·史威福特：《客户关系管理——加速利润和优势提升》，中国经济出版社 2002 年版。

[44] 唐璎璋、孙黎：《一对一营销》，中国经济出版社 2002 年版。

[45] 宝利嘉：《客户关系管理解决方案 CRM 的理念、方法与软件资源》，中国经济出版社 2002 年版。

[46] 一福：《回馈彩民　取信彩民——走进开奖现场　见证号码出炉》，载《新闻世界》2005 年第 6 期。

[47] 杨路明：《客户关系管理》，重庆大学出版社 2004 年版。

[48] 姜继忱：《数据仓库技术在 CRM 中的应用》，载《冶金信息导刊》2004 年第 5 期。

[49] 董金祥、陈刚、尹建伟：《客户关系管理》，浙江大学出版社 2002 年版。

[50] 王方华、洪祺琦：《关系营销》，山西经济出版社 1998 年版。

[51] 老威：《彩票投注站经营模式分析：兼营是现状专营是趋势》，载《北京晚报》2005 年 11 月 2 日。

[52] 周三多等：《管理学——原理与方法》（第四版），复旦大学出版社 2004 年版。

[53] 丁荣贵：《项目管理》，机械工业出版社 2004 年版。

[54] 伯纳德·科法、伯维茨·盖瑞、罗伯特·塞尔：《项目营销》，企业管理出版社 2004 年版。

[55] 丁荣贵、杨乃定：《项目组织与团队》，机械工业出版社 2005 年版。

[56] 李剑锋、王珺之：《项目管理的十大误区》，中国经济出版社 2004 年版。

[57] 骆珣：《项目管理教程》，机械工业出版社 2004 年版。

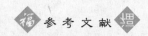
［58］彼得·杜拉克：《21世纪的管理挑战》，三联书店出版社2000年版。

［59］W. C. Borman and S. J. Motoweidlo. Expanding the Criterion Domain to Include Elements of Contextual Performance, in N. Schmitt, W. C. Borman. *Personnel Selection in Organizations*, Jossey-Bass, 1993, pp. 71 –98.

［60］奈杰尔·尼科尔森：《布莱克韦尔组织行为学百科辞典》，对外经济贸易大学出版社2003年版。

［61］姚新庄：《激励机制与 HR 管理》，载《商场现代化》2006年2月（中旬刊）。

［62］叶畅东：《关键绩效指标体系建立研究》，载《现代管理科学》2005年第7期。

［63］张建国、徐伟：《绩效体系设计——战略导向的设计方法》，北京工业大学出版社2003年版。

［64］卡布兰、诺顿：《将平衡计分卡用作战略管理系统》，载《哈佛商业评论》1996年1～2月。

［65］宝利嘉顾问：《战略执行》，中国社会科学出版社2003年版。

［66］毕意文、孙永玲：《平衡计分卡中国战略实践》，机械工业出版社2003年版。

［67］杜映梅：《绩效管理》，对外经济贸易大学出版社2003年版。

［68］袁颖：《绩效管理的发展及应用研究》，中国海洋大学出版社2004年版。

［69］华茂通咨询：《绩效管理与实施》，中国物资出版社2002年版。

责任编辑：吕　萍　于　源
责任校对：徐领弟
版式设计：代小卫
技术编辑：潘泽新

中国福利彩票市场营销管理

胡正明　著

经济科学出版社出版、发行　新华书店经销

社址：北京市海淀区阜成路甲 28 号　邮编：100036

总编室电话：88191217　发行部电话：88191540

网址：www.esp.com.cn

电子邮件：esp@esp.com.cn

北京汉德鼎印刷厂印刷

华丰装订厂装订

787×1092　16 开　35 印张　580000 字

2007 年 5 月第一版　2007 年 5 月第一次印刷

印数：0001—5000 册

ISBN 978 - 7 - 5058 - 6409 - 2/F·5670　定价：40.00 元